紫图图书 出品

★ 二战史诗三部曲 ★

A BRIDGE TOO FAR
THE TRUE STORY OF THE BATTLE OF ARNHEM

遥远的桥

1944 "市场—花园"行动的雄心与遗恨

[美] 科尼利厄斯·瑞恩（Cornelius Ryan）/ 著

黄文范/译

中华工商联合出版社

为了他们所有人

在装甲部队推进的狭窄走廊上，一共有 5 座主要桥梁需要夺得。这些桥必须派出空降部队、在保持桥梁完整的状况下占领。而让盟军第 1 空降军副司令布朗宁中将感到担忧的是第 5 座桥，它在一个叫阿纳姆、位于德军前线后方 103 公里的地方跨越下莱茵河。他指着地图上的阿纳姆大桥，问道："装甲部队来和我们会合之前，我们要等多久？"蒙哥马利元帅马上回答："2 天。"布朗宁仍然看着地图，他说，"我们可以守 4 天，"然后他又补充了一句，"但报告长官，我们可能打得有点太远了。"（But, sir, I think we might be going a bridge too far.）

引述厄克特少将的回忆录 Arnhem 于 1944 年 9 月 10 日在蒙哥马利总部针对"市场—花园"行动举行的最后会议的情形。

前言

"市场—花园"行动，1944年9月17日至24日

1944年9月17日，星期日，上午10点刚过不久，在单一作战行动中所能集结到最多数量的运输机队，正在全英格兰南部的机场起飞升空。第二次世界大战的第263周，盟军统帅艾森豪威尔将军（Dwight David Eisenhower），发动了"市场—花园"作战（Operation Market Garden）——是大战期间最大胆、最具创意的一次作战行动。出乎意料的是，这次由空降与地面攻势相互配合的作战，却授权给盟军将领中最谨慎的蒙哥马利元帅（Bernard Law Montgomery）来策划、实施。

空降阶段——"市场"，可以说是空前绝后。参与作战的飞机，包括了5,000架战斗机、轰炸机、运输机和2,500架滑翔机。在那一个星期日下午1点30分整，在史无前

例的白昼空降突击中，盟军整整一个空降集团军的兵力，包括了全部车辆、装备，开始空降在德军战线后方。这次大胆的历史性空降作战目标，是德军占领下的荷兰。

地面上，在荷比边境待命的"花园"部队，是英军第2集团军（British Second Army）兵力雄厚的坦克纵队。下午2点35分，在炮兵准备射击结束后发动攻势，接续由大批蜂拥飞来发射火箭弹的战斗机引导火力下，坦克沿着一条战略性道路，朝着荷兰的中枢猛冲，这条通路已由伞兵控制且保持开放。

蒙哥马利雄心勃勃的计划，旨在使部队与坦克奋力横越荷兰，以它作为跳板跨越莱茵天堑而进入德国本土。蒙哥马利推论，"市场—花园"行动正是打垮第三帝国，并在1944年内结束战争的雷霆一击。

目　录

1 ｜ 第一部　撤退

83 ｜ 第二部　计划

149 ｜ 第三部　攻击

255 ｜ 第四部　围攻

433 ｜ 第五部　魔窟

540 ｜ 针对伤亡人数的说明

542 ｜ 致谢

第一部

撤退

PART ONE
THE RETREAT

1

荷兰千年古村德里尔（Driel）的老百姓都在专心聆听。虽然天还没有破晓，睡不着的人都起来了，灯光透过百叶窗射出来。一开始只是有一种莫名的事情在远处发生着的感觉。渐渐地，模糊的印象具体化了；在远处传来一阵低沉、连续不断的隆隆声。

声音隐约且始终还在，并且一阵阵地传到村里来。很多人听不出这种隐约的声响是怎么回事，直觉以为是附近下莱茵河（Lower Rhine）的流水有了变化。荷兰有一半面积都是在海平面以下，海水是一个永恒的敌人，作为在这场永无休止的斗争之中的主要武器，筑堤自从 11 世纪以来就一直在进行着。德里尔村坐落在下莱茵河的大转弯处，在海尔德兰省百府阿纳姆（Arnhem, Gelderland）的西南方，荷兰人对这种与海的抗争一直提心吊胆。北边几百米远有一条突起 6.1mi 的大堤，堤顶是一条大路，挡住了滔滔不息、宽达 365.8 米的大河，保住了村落和附近地区。可是今天早晨河川并没有发生令人惊慌的情况，荷兰莱茵河以通常每小时 3.7 千米的流速，静静地涌向北海。在河堤的石壁上发出的声音，是来自另一个更为残酷的敌人。

天色渐明，阳光开始热散了蒙雾时，轰隆声越来越大。从德里尔正东的道路上，村民们可以清楚听到车辆行驶的声音——车辆声每分钟都在增加。现在，他们从不安变成了警觉，毫无疑问，人们辨识出这是他们熟悉的声音，在第二次世界大战的第 5 年、历经了德军 51 个月的占领后，人人都能听出这是德军车队的声音。

更使人害怕的是车队队伍的长度。有些人事后回忆说，他们以前只有一次见识过这等规模的车队——那是在1940年5月，德军攻进荷兰时。那时，希特勒的机械化大军，涌过了距德里尔16到24公里的帝国边境，驶上了公路干线，迅速地散布在全荷兰境内。而今，在相同的公路上，车队似乎又一次延绵不断地开动着。

奇怪的声音来自最近的一条公路干线——是一条双车道的公路，把下莱茵河北岸的阿纳姆市，与南面宽阔的瓦尔河（Var）上自8世纪就建城的奈梅亨（Nijmegen）连接起来。在低沉的引擎喧嚣振动声中，人们还可以清晰听到个别的声音——马车车轮的刮擦声，数不清的自行车沙沙声，以及迟缓而没有节奏的脚步拖曳声——在一支军方车队中有这种声音，似乎很奇怪。

这是一支什么样的车队？更重要的是，它往哪里行驶？在战争的这一时刻，荷兰的未来全靠这个问题的答案。大部分人都认为，车队上配有大批增援部队，要不是涌进荷兰用来支援原有的德国驻军，便是急急驶往南方，阻挡盟军的前进。盟军部队以惊人的速度光复了法国北部，目前正在比利时激战中，听说已经接近了比利时首都布鲁塞尔（Brussels），离这里不到161公里远。不断有谣言说，强大的盟军装甲部队，已经冲到了荷兰国境。然而德里尔村里，却始终没有人有把握说得出眼前的车队究竟是要驶往哪一个方向。声音的扩散效果和距离的遥远，使得要指认出是往哪个方向走是不可能的事，还有，宵禁也使村民们不能离开自己的家去打听消息。

村民们在半信半疑中烦恼，唯一的办法就是等待。他们不晓得拂晓前没有多久，小小德里尔村中驻守的3名年轻德国兵，全部骑上偷来的自行车，在晨雾中离开了，村子里再也没有军事当局来执行宵禁。

村民们什么都不知道,只好留在家里。可是有些急性子的人不耐等待,决心冒险打电话。年轻的科拉·巴尔图森(Cora Baltussen)就在蜂蜜场街(Honingveldsestraat)12号的家里,也就是自己的家庭果酱工厂旁,打电话给在阿纳姆的朋友。她不敢相信朋友亲眼所见的转述,德军车队并不是朝南方开到西部前线去。在1944年9月4日这个大雾蒙蒙的早上,德军和他们的支持者,似乎是要逃离荷兰,每一样带得动的东西都带走了。

科拉认为,大家预料会发生的战斗,应该是不会在这里上演了。她错了。对德里尔这个到目前为止还没有遭受兵灾、无足轻重的村落来说,战争才刚要开始。

2

在南方80.5公里处,接近比利时边境的乡村和小镇,荷兰人都欣喜若狂。他们不敢置信地眼看希特勒驻扎在法国北部和比利时大军的残兵败将,川流不息地在他们窗前经过。这种兵败如山倒的崩溃情况似乎有种传染性,除军事单位,成千上万的德国平民和荷兰纳粹党人也在离开。一路上,逃脱的部队看来全是朝着德国边境走。

一开始时的撤退很缓慢——只有稀稀落落的公务车和汽车越过比利时边境——几乎没有几个荷兰人说得准撤退是从什么时候开始的。有些人认为,撤退是9月2日开始,还有人说是3日。可是到了4日这天,德军和后续人员的行动,就看得出是打败仗的样子。到了9月5日,荷兰历史上称为"发疯的星期二(Dolle Dinsdag)"这天,逃亡的状况更是来到了狂乱的最高潮。

由英、美、波三国空降部队占领的各处渡河点,最北面的就是跨过下莱茵河的阿纳姆大桥,由厄克特少将的英国第1空降师,以及索沙保斯基少将的波兰第1空降旅负责占领。该桥是蒙哥马利计划在1944年结束战争的关键。照片显示与大桥相连的林荫大道,一直延伸至左下方的音乐厅。此为阿纳姆大桥的北岸。

德军的出逃可以说是惊慌、处于瓦解的状态。每一种用得上的工具都不放过。从比利时边境北上阿纳姆的路上、路边都挤满了货车、巴士、公务车、半履带车、装甲车、马拉的农用大车和民用的木炭车。在杂乱的车队里，到处都挤满了疲困不堪、满身尘土、骑着强行征用的自行车的士兵。

运输手法可说是五花八门。在比利时边境北边不到几公里的法尔肯斯瓦德（Valkenswaard），老百姓看见满身负重的德国兵，边走边吃力推着儿童的踏板车。96.7公里外的阿纳姆，好多人挤在阿姆斯特丹大道（Amsterdamseweg）上，看着一辆硕大的银黑两色的灵车，由两匹种田的马缓缓拖着，车后面放灵柩的位置，是好些军服散乱、精疲力尽的德国兵。

在这些可悲的车队中拖着脚步前行的，是好多个单位混杂在一起的德军士兵。其中有穿着黑色野战服、丢了坦克的装甲兵，还有空军的士兵，大部分是在法国或者比利时被打垮后的空军残部。同时还有从好几个国防军正规师败阵下来的士兵，以及武装党卫军里的士兵，他们军服上有骷髅和交叉骨头的可怕徽章。住在圣乌登罗德（St. Oedenrode）的年轻威廉敏娜·科彭斯（Wilhelmina Coppens），眼见这些显然没有人领头的士兵，毫无目标地茫然前进，他认为"他们绝大部分根本不知道自己置身何处，甚至不晓得要往哪里去"。有些德军士兵还要求指点德国的方向，让在旁边观看的荷兰人觉得好有趣，他们连方向都搞不清楚。

在飞利浦电器公司所在地的工业城埃因霍温（Eindhoven），当地居民好几天以来都听到了来自比利时方向的低沉炮击声。而今，眼见打败的德国大军残部挤在路上，人们预想盟军在几小时内就会到达，德国人也是这么想。在市政府财政处当职员的弗兰斯·科尔蒂（Frans

Kortie），当时才 24 岁，他认为这些部队并不打算停下来防守。附近的机场正传来爆炸的咆哮声，工兵正在爆破跑道、弹药库、油槽和机库。科尔蒂从一阵飘过市区的黑烟望过去，只见一批批的士兵，正匆忙撤收飞利浦公司屋顶上的高射炮。

从埃因霍温以北一路到奈梅亨附近，德军工兵都在拼命工作。在流经费赫尔（Veghel）的南威廉斯运河（Zuid Willemsvaart），小学教师科内利斯·德·菲瑟（Cornelis de Visser），目击一艘满载的驳船向天空炸开，飞机引擎的零件，像一片片致命的碎片般如雨而下。在不远处的于登（Uden），45 岁的车体建造工匠约翰内斯·德·赫罗特（Johannes de Groot），跟家人一起见证了德军的撤退，目击了德军放火焚烧距离他们家才 274 米远的前荷兰兵营。几分钟以后，营房中贮放的大量炸弹爆炸，把赫罗特家的 4 个孩子——5 岁到 18 岁——给炸死了。

在一些像埃因霍温这类地方，学校都付之一炬，德军不准消防队去救火，整条街区都被烧光。与在公路上溃逃的纵队成对比的是工兵，他们显然进行着某些既定计划。

在逃难潮中最着急、最昏头转向的就是平民，他们是德国人、荷兰人、比利时人和法国国社党员。荷兰人丝毫不同情他们。圣乌登罗德的农人约翰内斯·许尔森（Johannes Hulsen）说，他们看来都"吓呆了"；他想起来很称心如意，这也是有原因的，因为盟军"在步步紧逼，这些卖国贼晓得清算的日子（Bijltjesdag）不远了"。

荷兰纳粹分子和德国平民之所以忙乱逃避，是荷兰总督（Reichskommissar）引起的。声名狼藉的 52 岁阿图尔·赛斯-英夸特博士（Dr. Arthur Seyss-Inquart），还有野心勃勃、心性残暴的荷兰纳粹党（Nationaal-Socialistische Beweging in Nederland, NSB）领袖安东·阿德里安·穆塞特（Anton Adriaan Mussert）眼见德军在法国及比利时大势不妙，英夸特就在9月1日紧忙下达命令，要德国平民撤退到荷兰东部靠近德国边境的地方。50岁的穆塞特也就亦步亦趋，警示手下的荷兰纳粹党员。他们两个人是第一批从海牙东部撤到距阿纳姆24公里的阿珀尔多伦（Apeldoorn）①的。穆塞特让他一家人急忙地搬到更接近第三帝国，边境附近的艾瑟尔省（Overijssel）的特文特（Twente）。一开始，大多数德国人和荷兰人逃离时还从容不迫，后来因为一连串的事件竟演变成混乱状态。9月3日，英军攻占布鲁塞尔，第二天夺下安特卫普（Antwerp）。当时，英军的坦克和部队距离荷兰国境不过几公里远了。

紧跟着这些惊人的胜利，年事已高的荷兰女王威廉敏娜（Wilhelmina），从伦敦向子民广播，说光复即将到来。女王宣布已命驸马伯恩哈德亲王（Prince Bernhard）为荷军总司令，同时他也担任所有地下抵抗组织的首长。地下抵抗组织共分成三个党派的组织，在政治光谱上从左派到极右派各自独立，而今都编成一体，官方赋予的名称是"国内军"（Binnenlandse Strijdkrachten）。33岁的伯恩哈德亲王，是王位继承人朱丽安娜公主（Princess Juliana）的夫婿，在女王广播以后，也陆续发表了讲话。他要求地下武力准备好武器"在一声'橘子'号令之下动手"，但是"没有我的命令"，不能遂行反抗。伯恩哈德警告他们"保持当下的积极性，要抑制过早和各自的行动，否

---

① 穆塞特吓坏了。他在阿珀尔多伦花了超过25万元的经费建造了一座混凝土与砖头制的地下指挥所，内部配置会议室、通讯室与个人起居室。这座建筑目前依旧存在。靠近入口处的混凝土外墙上写有阿拉伯数字"$6\frac{1}{4}$"，这是对这个令人憎恨的统治者的称号。荷兰人就是忍耐不住，只好如此嘲讽他。穆塞特的荷语发音与"$6\frac{1}{4}$"几乎相同。

8　遥远的桥

则将危害到你们个人以及即将来临的作战"。

接下来,轮到盟军统帅艾森豪威尔将军的特别广播,证实自由为期不远。他许诺:"光复荷兰的时刻,已经等待了很久,现在已来到眼前。"这些广播发表之后几个小时,荷兰流亡政府首相彼得·舒尔茨·海布兰迪(Pieter Sjoerds Gerbrandy),作出了最乐观的声明。他告诉荷兰听众:"现在势不可当的盟国大军,已经越过了荷兰边境……我要求各位对来到我国的盟军,予以最热诚的欢迎……"

荷兰人乐坏了,荷兰纳粹党员都赶紧逃命去了。之前穆塞特一直吹牛说他们有50,000多名党员。假如这话不假,荷兰人认为他们全都在同一时间跑上马路去了。全荷兰的无数乡镇,由德国人指派的乡镇长和官员,都突然要逃离——不过却是在发薪以后才走。埃因霍温市市长和手下一些官员坚持要拿薪俸;市公所科员赫拉尔杜斯·莱吉厄斯(Gerardus Legius)认为他们的想法简直岂有此理,不过他发钱打发他们却一点都不觉得不高兴。相反,眼看着他们"把所有东西都装上汽车",匆匆离开市区,他不禁想:"他们能跑多远?能跑到哪里去?"银行这时也出现挤兑。9月4日星期一,瓦赫宁恩(Wageningen)的银行职员,24岁的尼古拉斯·范德韦尔德(Nicolaas van de Weerd)上班时,只见银行外,荷兰纳粹党员大摆长龙,银行大门一开,急急结束他们的户头,并清空保险柜内的一切。

火车站挤满了怕得要死的老百姓,驶向德国的火车塞得满坑满谷。年轻的弗兰斯·维辛(Frans Wiessing)坐火车到了阿纳姆。刚一下车,就见人山人海的乘客争先恐后上车,挣扎之剧烈,等到火车开走以后,可以看见丢弃在月台上堆积如山的行李。奈梅亨西边的泽滕村(Zetten),学生保罗·范·韦利(Paul van Wely)看见荷兰纳粹党员挤在火车站,等一班驶向德国的火车整整一天,可这班火车根本没

第一部 撤退 9

有驶到。女人和小孩都在哭叫,在韦利看来,"候车室就像塞满了乱七八糟旧货的二手店"。各地城镇都有类似的状况。荷奸们抓到任何不是钉牢的财物就逃之夭夭。阿纳姆大桥附近的市政建筑师威廉·蒂曼斯(Willem Tiemans)从办公室窗户看出去,荷兰纳粹党员正"没命似的"抢着上一艘驶向莱茵河往德国去的驳船。

随着时间过去,交通量越来越密。即使到了晚上,交通量还在持续增加当中。9月3日、4日的晚上,德军不顾一切要去到安全地区,完全无视盟军飞机的攻击。士兵们在一些交叉路口装设了探照灯,很多超载的车辆大开车头灯,在路口蠕蠕驶过。德国军官似乎已经无法管控了,在阿纳姆开业的家庭科医师安东·拉特费尔博士(Dr. Anton Laterveer),就看见德军士兵把步枪都扔掉了——有些德兵甚至想把他们的武器卖给荷兰人。少年约普·穆塞拉斯(Joop Muselaars),看见一名中尉想要叫停一辆空空如也的军车,可是驾驶员不理他的命令,把车径直开了过去,气得中尉失去理性用手枪朝着地面的鹅卵石开枪。

到处都有士兵开小差,在埃尔德村(Eerde),18岁的办事员阿德里亚努斯·马里纳斯(Adrianus Marinus)看见一名士兵从军卡上跳下来,朝一处农庄跑去不见踪迹了。马里纳斯后来才晓得那名士兵原本是苏军战俘,被强迫征入德军部队。距奈梅亨3.2公里远,位于瓦尔河北岸的伦特村(Lent),出诊的弗兰斯·惠更(Frans Huygen)医师目击部队在跟老百姓讨衣服,可是村民不肯给。在奈梅亨的逃兵就没有这么客气,有好多人都是用枪抢到的衣服。41岁的牧师威廉默斯·彼得斯(Wilhelmus Peterse),是加尔默罗会(Carmelite)的修道士,看见士兵匆忙脱下军服,换上民装,然后徒步朝德国走去。"德国人对战争感到厌烦极了,"阿纳姆的林业巡察长加里特·梅姆林克

（Garrit Memelink）回忆当年说，"他们使尽各种方法就是为了要躲开宪兵。"

军官们丧失了控制力，军纪也就荡然无存。一批批失控的散兵游勇开始偷窃马车、货车、脚踏车。有的用枪逼迫农民，要他们用马车把德国人送回德国去。荷兰人看见车队的货车、马车、手推车上——甚至溃逃士兵推着的婴儿车——高高地堆满了从法国、比利时、卢森堡偷来的、抢来的财物，从雕像、家具到女性内衣，应有尽有。在奈梅亨，德国兵想要把缝纫机、布料、油画、打字机等转售，有一名士兵甚至还提了一只关在大黑笼里的鹦鹉待价而沽。

撤退的德国兵绝不缺酒。距离德国边境不到 8 公里远的赫鲁斯贝克镇（Groesbeek），赫尔曼·胡克神父（Herman Hoek）看见一辆马拉的两轮车，装满了大批的葡萄酒与烈酒。赖因霍尔德·范戴伊克牧师（Reinhold Dijker）则是在阿纳姆看见一辆卡车上的德军，疯狂喝着好大一桶的葡萄酒，显然是从法国一路带过来的。阿纳姆市立医院药房主任舒尔特的 16 岁女儿阿加莎·舒尔特（Agatha Schulte）表示她所见到的大部士兵都是醉醺醺的。他们将大把大把的法国、比利时硬币朝小孩们抛，想把一瓶瓶的葡萄酒、香槟、干邑卖给大人。阿加莎的妈妈亨德丽娜·舒尔特（Hendrina Schulte）记得很清楚，她看见一辆德军卡车载着另一种抢来的东西，一张好大的双人床——床上有个女人[①]。

---

① "谁也不会认为在德军之中会发生的事情，却被世人所目睹了了。"德国历史学家瓦尔特·格利茨（Walter Garlitz）在著作《德国参谋本部》（*History of the German General Staff,* 1657—1945 年）中提道，行军中的海军部队没有武器，还卖掉多余的制服……他们告诉民众战争结束了，他们想回家。卡车挤满了军官、他们的情妇以及大量的香槟与干邑，试图一直撤退到莱茵兰（Rhineland），军方必须设立特别军事法庭来审理这类型的案件。

除了从南面驶来七零八落的纵队以外,从荷兰西部和海岸,也撤离了大量德军和平民的车辆,它们涌入阿纳姆区,然后朝东面往德国驶去。在阿纳姆繁荣的郊外奥斯特贝克(Oosterbeek),38岁的化学工程师扬·福斯凯尔(Jan Voskuil),正躲在老丈人家里。知道自己名列人质名单,是会被德国人逮捕的,便带着太太贝尔莎(Bertha)和9岁的儿子,从32公里外的海尔德马尔森镇(Geldermalsen)的家里逃了出来。他抵达奥斯特贝克时,刚好目击了这次的撤退。老丈人告诉他:"不要再担心德国人了,现在你也用不着'潜伏'了。"福斯凯尔俯瞰着奥斯特贝克的大街,只见"极端的混乱"。有几十辆装满了德国人的货车首尾相接,"全都危险超载"。他看见"骑着自行车、把皮箱提把挂在车把手上的士兵,拼命地踩着车前进"。福斯凯尔这下安心了,战争将在几天之内结束了。

阿纳姆的圣优西比乌大教堂(Church of St. Eusebius)——15世纪的宏伟建筑物,有一座高达93米的著名钟塔——大教堂司事扬·迈恩哈特(Jan Mijnhart),看见"德国佬"们"四个一排的队伍穿过市区向德国方向"走去。有些士兵看起来年老体衰。在附近的埃德村(Ede),有一个上了年纪的德国兵,恳求年轻的鲁道夫·范德阿(Rudolph van der Aa)通知他在德国的家人,就说他们遇见过他。"我的心脏很差,"他补充说道,"或许活不太久了。"10岁少年卢西亚努斯·弗鲁曼(Lucianus Vroemen)在阿纳姆注意到德国兵都精疲力尽,且缺乏"战斗精神和傲气"。他见到军官们很想把溃散的士兵整顿整顿,但只有些许或甚至没有效果。他们对荷兰人都没有反应,荷兰人都在吼叫:"滚回去!英国兵和美国兵几个钟头就要到了。"

眼看着德国兵从阿纳姆向东行进,40岁的外科医师彼得·德赫拉夫(Pieter de Graaff),认定自己见到了"结局,德国陆军显然已经崩溃"。高中数学教师苏珊·范·茨韦登（Suze van Zweden）有特别的理由记得这一天，她的丈夫约翰（Johan），是一位受人敬重的雕刻家，因为藏匿荷兰籍犹太人，自从1942年起就被关押在德国的达豪（Dachau）集中营里，现在战争显然接近尾声，先生也应该可以获释了。苏珊决心要见证历史性一刻——德军的撤走和前来解放的盟军抵达。她的儿子罗伯特（Robert）太小了，不会晓得发生了什么事情，所以她决定带9岁的女儿索尼娅（Sonja）进城。她替索尼娅穿衣服时说："这是你一定要见证的事情，我要你一辈子都记住。"

各地的荷兰人都欢欣鼓舞。荷兰国旗都露面了。有头脑的商人开始贩卖橘色纪念章和大型橘色缎带给期待的民众。伦克姆村（Renkum）的布料行生意大好，经理约翰内斯·斯努克（Johannes Snoek）的橘色缎带剪得多快就卖得多快。他大为吃惊的是，村民们当场把缎带做成蝴蝶结，马上就傲然地佩戴起来。斯努克本身就是地下抵抗组织的一分子，认为"这可有点太过头了"。为了防止村民们过于激动，他的缎带便不卖了。他妹妹玛丽亚（Maria）也感染了这种激动气氛，在日记中快乐地写道："街上的喜气洋洋，差不多就像是女王日（Koninginnedag）。"高兴的群众站在人行道上高喊："女王万岁！"老百姓唱着荷兰国歌《威廉颂》（*Het Wilhelmus*）和民谣《奥兰治至高无上》（*Oranje Boven*）。阿纳姆圣伊丽莎白医院（St. Elisabeth's Hospital）的安东尼娅·斯特兰茨基修女（Antonia Stranzky）和修女克里斯蒂娜·范戴伊克（Christine van Dijk），长袍飘扬地骑着自行车，到了市内最大的费尔佩普莱恩广场（Velperplein）。她们在那里加入了咖啡馆路旁的人群；那里，人们细品咖啡，慢嚼土豆饼，看着边上德军和荷兰纳粹党人流水般经过。

奈梅亨的圣卡尼修斯医院（St. Canisius Hospital），多塞特·西蒙斯修女（M. Dosithee Symons）看见护士们在修道院走廊上，高兴地跳起舞来。人们把藏了好久的收音机拿出来，边看着撤退的洪流从窗外流过，边听着伦敦的英国广播公司（BBC）播出的荷兰专属电台"橘色电台"（Radio Orange）。这还是相隔多月之后，人们再次公开收听敌后节目。圣乌登罗德的果农约翰内斯·胡尔克斯（Joannes Hurkx），认为广播内容实在太令人兴奋了，竟没有注意到有德军从他家后头，把家里几辆自行车都偷走了。

好多地方，学校停课、工人停工。法尔肯斯瓦德的雪茄工厂员工，立刻离开制烟机器，挤进街道上的人群。政府所在地的海牙市内电车停驶；首都阿姆斯特丹，气氛紧张但不真实。公司关门歇业，股票交易停止，主要通道上的军队，突然消失得无影无踪，中央车站被德国人和荷兰纳粹党人吵翻天。在进入阿姆斯特丹、鹿特丹和海牙市郊入口的公路旁边，夹道站满了携带着国旗和鲜花的人们，希望自己是第一个见证英军坦克从南方驶来的人。

每一小时都有谣言如雪球般传出。很多阿姆斯特丹人，认为英军部队已经解放西南方48公里靠近海岸的海牙。而许多海牙人，又以为24公里外的大港鹿特丹已经光复。火车乘客每逢火车停站，就收到新的传闻。其中一位是25岁的地下抵抗组织领袖亨利·约安·派恩堡（Henri Peijnenburg），他正从海牙坐火车回去奈梅亨，这段距离不到129公里，出发时已经听说英军进入国境的古城马斯特里赫特（Maastricht）；到乌得勒支（Utrecht），别人告诉他说英军抵达了鲁尔蒙德（Roermond）；然后，他到了阿纳姆，又有人向他保证，英军已经拿下了距德国国境不过几公里远的芬洛（Venlo）。"等终于到家时，"他回想，"我以为会在街道上看见盟军，可是我所见到的全是撤退的德军。"派恩堡觉得困惑和不安。

其他人也有跟他一样的顾虑——尤其是在海牙秘密召开的地下抵抗组织最高指挥部会议。他们紧张地注视着当前情况,荷兰似乎已经到了自由的门前,盟军坦克可以轻而易举地在国境中穿越,能够从比利时一路冲到须德海(Zuider Zee)。地下抵抗组织确定,这条"通路"——经荷兰、穿越莱茵河、进入德国——已是大大敞开。

地下抵抗组织领袖们都知道,德军实际上已经没有武力足以阻挡意志坚定的盟军长驱直入。他们几乎看不起驻荷兰的德军,认为他们是虚弱、缺员的师级部队,都是老兵,负责海岸防卫(他们自1940年起,就蹲在混凝土碉堡内,一枪都没放过)。还有一批低水平的部队,他们的作战能力也大有问题。其中有荷兰武装党卫军和杂凑成军的卫戍部队,不是在休养就是体格状况很差——最后编进来的,人们只知道是"胃病营"和"耳朵营",因为大部分士兵都罹患了胃溃疡和听觉失调。

就荷兰人的角度看,盟军的挺进是显而易见的,反攻是指日可待的。但是它的成功,却要看英军从南面冲得多快而定。对于这一点,地下抵抗组织司令部却知之甚少。他们无法判定盟军推进的确实范围。

海布兰迪首相的声明,说盟军部队已越过边境。要证实这项消息的真实与否并不简单。荷兰不大——只有爱尔兰的2/3大小,但有900多万的密集人口,因此,德国人很难控制颠覆性活动。在每一个村镇里都有反抗组织成员;然而,传递情报依然很危险。打电话是最主要,但也最具风险的方法。在情况紧急时,地下抵抗组织领袖可以使用复杂的网络、秘密线路和密码方式,转达信息给全荷兰的地下抵抗组织。因此,地下抵抗组织干部几分钟内就知道海布兰迪的声明是言之过早了,英军并没有越过边境。

"橘色电台"的另一项广播,更进一步加深了人们的困惑。12小时之内(9月4日晚上11点45分播了一次,9月5日早上又播一次)广播了两回,英国广播公司的荷兰节目部宣布,距离荷比边境11.3公里远的布雷达要塞城(Breda)已经光复了。消息传得很快,违法秘密印行的报纸,立即印出了光复专刊,标题是"攻占布雷达"。可是阿纳姆地区地下抵抗组织大队长,38岁的彼得·克鲁伊夫(Pieter Kruyff)——该大队是全荷兰训练最精良、纪律最严明的队伍之一——极度怀疑"橘色电台"的声明。他要手下的通信专家约翰内斯·施泰因福特(Johannes Steinfort)查证这个消息。施泰因福特是电话公司年轻的仪器制造技工,他马上通过一条秘密线路跟布雷达的地下抵抗组织接通。他成为第一个晓得残酷事实的人——那座要塞城依然在德军手里,没有人见到盟军部队,英军也好,美军也罢,都没见着。

由于谣言满天下,很多地下抵抗组织团体紧急开会,讨论该怎么办。虽然伯恩哈德亲王和盟军远征部队最高司令部(Supreme Headquarters Allied Expeditionary Force, SHAEF),都已警告不得大举起事,有些地下人员却按捺不住。他们相信时机已经来临,直接攻击敌军,也就是协助盟军的前进。他们指出,德军显然很害怕全面起义,警戒的卫兵都坐在后撤车队的挡泥板上,手端步枪或者冲锋枪戒备。很多地下抵抗组织成员不怕这些,急于第一次世界大战。

位于奥斯特贝克西北方几公里外的埃德村,25岁的门诺·安东尼·"托尼"·德诺伊(Menno "Tony" de Nooy),想说服小组的首领比尔·维尔德布尔(Bill Wildeboer)发动攻击。他主张过去一直以来的计划,就是配合盟军反攻时,他们的小组就占领埃德村。埃德村的兵营,原来是德国海军的训练营区,现在已是空无一人,德诺伊要把那些建筑物占领下来。年龄比较大的维尔德布尔,曾经在荷兰陆军担任过军士长，却不同意。"我不相信眼前的情况，"他告诉小组成员，"时机还没成熟，我们一定要等待。"

并不是所有的反抗组织都止住了脚步。鹿特丹的地下抵抗组织成员就占领了自来水公司的办公室。距离比荷边境不远的阿克塞尔（Axel），镇公所和它古老的城墙都被夺下来，好几百名德军士兵向平民战士投降。在不少村落，很多德国官员想开溜时被抓住。阿纳姆西面，以建有精神病院而为人所知的沃尔夫海泽村（Wolfheze），当地的警察局长在坐车中被抓了，并把他临时关押在附近的现成隔离所——精神病院——"英军来到时"再交出去。

以上这些都是个案。一般来说，地下抵抗组织各单位都按兵不动。然而，他们到处都在利用混乱状况，为盟军部队的到达做着准备。阿纳姆42岁的夏尔·拉布谢尔（Charles Laboucher），是法国一古老家族的后人，他在情报单位里相当活跃，忙得不可开交，才不理会那些谣言。他跟一批助手，坐在阿纳姆大桥附近的办公室窗边，注视着德军朝东边泽弗纳尔（Zevenaar）和东北边聚特芬（Zutphen）后退的每小时动态。拉布谢尔的任务便是判断部队数目，可能时还要辨识出所属单位。他把重要的情报资料记下来，由交通员送往阿姆斯特丹，再从那里经由秘密情报网络转往伦敦。

奥斯特贝克郊区，年轻的扬·艾克尔霍夫（Jan Eijkelhoff）在人群中客气地分开一条路，把伪造的食物配给券分送给当地躲避德军的荷兰人。阿纳姆的地下抵抗组织组织的其中一位首领，外号"老头子"的57岁约翰内斯·彭塞尔（Johannus Penseel），因他足智多谋，是手下弟兄当中了不起的人物。他认为搬运大批武器的时机已经来临。趁到处是德军时，他公然与一批挑选过的助手，沉着地把一辆糕饼坊的有顶货车，开到隐藏武器的市立医院。他们用棕色包装纸把武器包覆起来，把整批武器都运到彭塞尔家中。他家的地窖窗户，是监视市区广场非常方便的位置。彭塞尔和副队长托恩·范达伦（Toon van Daalen）认为时候一到，那里是向德军射击的最理想阵地。他的小组外号是"暴力小子"（Landelyke Knokploegen），他决心不要辜负了部队的名号。

兵力浩大的地下抵抗组织，各地的男女成员都在待命作战，在南部的村镇里，老百姓以为荷兰有部分已经解放了，全都跑出家门来欢迎盟军。奈梅亨西南方的奥斯村（Oss），气氛是狂喜的。神父蒂布尔齐乌斯·诺德梅尔（Tiburtius Noordermeer）看见兴高采烈的群众，在以庆祝的心情彼此拍拍背。把公路上垂头丧气的德军和欢欣旁观的荷兰人两相比较，他注意到"有一边怕得要死，另外一边却像是发了疯似的、无止境的狂欢下去"。这位顽强的荷兰神父回忆，"没有一个人的行为是正常的。"

随着时间过去，很多人就越发焦急。奥斯特贝克大街上的药店里，卡雷尔·德威特（Karel de Wit）正担忧着，他告诉太太兼主任药剂师约翰娜（Johanna），他不懂为什么盟军飞机不攻击德军的车队。荷军退役少校弗兰斯·舒尔特（Frans Schulte）认为，满街的欢庆鼓舞为之过早。尽管他弟弟和弟媳对于德军貌似瓦解的情况都欣喜若狂，施修德却不以为意。"事情或许会恶化，"他警告，"德军还没有被击垮。如果盟军想要渡过莱茵河，相信我，我们将会见证到一场恶战。"

3

希特勒做出足以左右大局的举措。9月4日，位于东普鲁士拉斯滕堡（Rastenburg）的格尔利茨（Gorlitz）森林深处的元首总部里，69岁的尔德·冯·伦德施泰特元帅（Gerd von Rundstedt）准备出发前往西线，原先他根本没料到还会有新指挥职务在等着他。

伦德施泰特原已被强迫退休。4天以前，他突然奉召到拉斯滕堡来。2个月以前，他本是西线总司令（或以德国军语来说，西线德军总司令，OB West）。从来没打过败仗的元帅，正力谋应付德军在大战中最大危机——盟军登陆诺曼底——的后果时，在两个月前的7月2日，希特勒下令把他撤换了。

元首跟这位最优秀的军人之间，对如何以最佳方法对付这次威胁，意见上从来都不一致。登陆以前，伦德施泰特请求增援，率直通知希特勒的总部（最高统帅部，OKW），西线盟军在兵员、装备与飞机上都占有优势，盟军可以"在他们想要的任何地方"登陆。希特勒却宣称说，没那回事。希特勒吹嘘大西洋壁垒一部分完成的海防工事，从希尔克内斯（Kirkenes，位于挪威芬兰边界）直到比利牛斯山（Pyrenees，法西边境），绵延达4,830公里，可以用"不可攻破的前线抵挡住任何敌人"。伦德施泰特太清楚了，这些工事宣传过于事实，对大西洋壁垒只想用一句话总结："胡说八道。"

著名的隆美尔元帅（Erwin Rommel），以第二次世界大战初期几年在北非沙漠中的胜利闻名于世，被希特勒派往伦德施泰特麾下，出任B集团军群司令，他也对元首的自信大为吃惊。对隆美尔来说，这种海岸防务只是"希特勒的镜花水月"。贵族化、保守的伦德施泰特，以及年纪较轻、雄心勃勃的隆美尔或许会发现，这是他们第一次彼此认同对方的地方。可是在另一方面，他们却又彼此排斥。隆美尔对于所领导的非洲兵团于1942年在阿拉曼（El Alamein）惨遭蒙哥马利的英军击败，心中一直耿耿于怀，他认为应该在海滩上挡住登陆部队。

第一部　撤退　19

伦德施泰特对这位小老弟的意见,冷淡地否决掉——他以带有挖苦的口吻称呼隆美尔是"娃娃元帅"(Marshal Laddie)。伦德施泰特极力主张应当在盟军部队登陆之后再加以扫荡。希特勒支持隆美尔。D日当天,尽管有隆美尔天才般的应对措施,但盟军还是在几个小时内就攻破了"牢不可破"的壁垒。

在其后的那些糟糕日子,德军要面对盟军压倒性的优势。尤其盟军在诺曼底战场享有空中优势,再加上希特勒"不准撤退"命令的束缚("每一个人都应当固守岗位,作战到死"),伦德施泰特备受压力的战线处处破裂。他竭尽全力填补破洞,尽管部下官兵拼命作战和逆袭,其结果却是很明显的。伦德施泰特既不能"把登陆部队赶下海",也不能"歼灭他们"(希特勒的原话)。

7月1日晚上,正当诺曼底激战之际,希特勒的参谋总长凯特尔(Wilhelm Keitel)打电话给伦德施泰特,忧心忡忡地问:"我们该怎么办?"伦德施泰特的个性坦率,大声吆喝说:"能怎么办?停止战争。你们这班蠢才,还能有什么别的办法?"希特勒听到这句话以后的批评很温和:"这老头没有勇气了,不能再应付这局面,他得走。"24小时以后,希特勒有礼貌地下了手谕,通知伦德施泰特"考虑到贵官健康,以及预料尔后日见增加的操劳",免了他西线总司令的职务。

伦德施泰特不敢置信,他是德国国防军中最资深和最可靠的元帅。5年大战期间,他的军事天才,为第三帝国建立了不世功勋。1939年,希特勒冷酷无情地攻击波兰,点燃了战火,最后扩及全世界。伦德施泰特明确地展露出德军克敌制胜的公式——"闪电战"。他的装甲部队前锋不出一个星期就抵达华沙近郊。一年以后,希特勒移师西进,以摧枯拉朽的速度,排山倒海般压倒了大半西欧,就是伦德施泰特负责指挥整个装甲集团军。1941年希特勒进攻苏俄,伦德施泰特又在最前面。而今，他的声誉和生涯都受到威胁，他非常激愤地告诉参谋长布鲁门特里特上将（Günther Blumentritt）说，他已经"被不专业的战略家毒辱式地撤职"。他愤慨地说，那个"波希米亚下士"，利用"我的年龄和生病作借口，为了要找个替死鬼而免我的职"。当被赋予完全的行事自由时，伦德施泰特曾拟定了缓慢退回德国的计划。那时他曾向布鲁门特里特概略说及，他将会为了"所放弃的每平方米土地，付出可怕的代价"。但是，他也向布鲁门特里特多次说过，由于"上级的经常指导"，他充任"西总"的唯一权限，就是"更换大营门口的卫兵"①。

自从他8月底，又奉召到达拉斯滕堡、希特勒所命名的狼穴（Wolf's Lair）后，在元首邀请下，参加了每天的简报会议。据作战次长瓦尔特·瓦尔利蒙特（Walter Warlimont）炮兵上将说，希特勒对老元帅热烈欢迎，以"罕见的谦虚和尊重"待他。瓦尔利蒙特也注意到，在冗长的会议过程，伦德施泰特坐着"一动也不动，且说不上几句话"。这位严谨、实事求是的元帅无话可说，当前的战况使他震惊。

简报清晰显示，东线方面苏军现在已经占据了一条2,253公里长的正面，北起芬兰到波兰境内的维斯瓦河（Vistula），再由那里到罗马尼亚和捷克境内的喀尔巴阡山脉（Carpathian Mountains）。事实上，苏军装甲部队已经抵达东普鲁士边境，距离希特勒总部还不到161公里远。

在西线，伦德施泰特见识到他前所未见的最可怕情况发生。而

---

① 伦德施泰特对希特勒发出"要求他离职"的信件感到受伤，后来布鲁门特里特在我的面访时提到"指挥部的一些人以为伦德施泰特会那样反应，但事实上不是这样的。伦德施泰特否认他曾经被要求离职，或是他曾有过这样的想法。他非常愤怒以至于他发誓，再也不愿意在希特勒的指挥下担任指挥官。我知道伦德施泰特意味的不是那样，对伦德施泰特来说，军人是必须无条件服从的。"

今，一个师跟着一个师被消灭，整个德军阵线在毫无希望下后撤。后卫部队虽然被截断、包围，但依然死守住许多重要的海港，像敦刻尔克（Dunkirk）、加来（Calais）、布洛涅（Boulogne）、勒阿弗尔（Le Havre）、布雷斯特（Brest）、洛里昂（Lorient）和圣纳泽尔（St. Nazaire），迫使盟军继续在遥远的登陆滩头运送补给品。可是现在，盟军迅雷不及掩耳，一鼓攻占了安特卫普——欧洲最大的深水港之一，盟军或许就能解决他们的补给问题。伦德施泰特也注意到这点，他本人和其他德国将领最拿手的"闪电战术"，已被艾森豪威尔的大军照本宣科，并用得更具破坏威力。而8月17日新任的西线总司令，54岁的瓦尔特·莫德尔元帅（Walter Model），显然没办法在混乱中整出个条理来。他的战线已经被分割得四分五裂；北面，英军第2集团军和美军第1集团军的坦克长驱直入，穿越比利时，直趋荷兰；而在阿登森林（Ardennes）以南，巴顿将军（George S. Patton）第3集团军的装甲纵队，正直趋梅斯（Metz）和萨尔（Saar）。在伦德施泰特看来，当前战况不只是不妙，简直是大势已去。

他有的是时间去思索战局已注定的结局。在希特勒要伦德施泰特以私人身份参与简报以前，时间已经过了4天。在这段等待期间，元帅住在一家专门提供给高级将领居住、位于占地宽广的总部中央前的旅馆里。总部是建筑在一大群带有地下设施的木造小屋和混凝土碉堡，并以铁刺网围绕的区域。伦德施泰特把久等的不耐烦，全发泄在参谋总长凯特尔身上。"为什么要把我叫来？"他问道，"究竟在玩什么把戏？"凯特尔也没办法答复。希特勒除了轻描淡写地谈到元帅的健康以外，并没有告诉凯特尔任何特别的理由。希特勒似乎相信了7月撤换这位帅时，自己所制造出来的"健康"理由；希特勒只对凯特尔说："我想看看老头子的身体是不是好了些。"

凯特尔两次提醒元首，伦德施泰特元帅在候命。终于在 9 月 4 日下午，希特勒召见他，与过去不同开门见山地说："西线重任我还想再托付给你。"

伦德施泰特笔挺挺站着，两只手都握在金色元帅杖上，仅仅点了点头。尽管从他的知识和经验角度来看，自己并不喜欢希特勒和纳粹党，可是普鲁士军事传统的尽忠职责已经根深蒂固，他并没有拒绝这项任命。正如他后来回忆："再怎么说，要抗议也没有用处吧。"[①]

希特勒粗略地说明了伦德施泰特的任务。这一回，希特勒又是来个即兴演出。"D 日"以前，他坚持大西洋壁垒牢不可破。现在，伦德施泰特十分惊愕，元首又强调"西线壁垒"固若金汤——久已为人忽略、没有兵员进驻，但依然庞大的前线工事，素为盟军所熟悉的"齐格菲防线"（Siegfried Line）。希特勒命令伦德施泰特，不但要尽可能在西方挡住盟军，而且还要执行反攻。照元首的看法，盟军最危险的仅仅是"装甲前锋"。然而，安特卫普的失守，显然使希特勒震惊。务必要尽一切代价，阻止盟军使用这个重要港口。希特勒提到，因为其他港口都还在德军手中，他可以预期，盟军的攻势将因补给线过度延伸而停顿。他很有信心，西线将会稳定下来，再加上冬天来临，德军就可以重新获得主动权。希特勒要伦德施泰特放心，他对"西线情况并不过度担忧"。

这是希特勒惯常的另一种自顾自唱，伦德施泰特在过去已经听

[①] 根据瓦特乔利兹《凯特尔元帅回忆录》（*The Memoirs of Field Marshal Keitel*）第 10 章 347 页的记载，伦德施泰特是这样子跟希特勒说的："我的元首，无论你指挥什么，我都会尽最后一口气履行我的职责。"而我对伦德施泰特的反应是根据前参谋长布鲁门特里特的回忆。伦德施泰特对他说："我没有说任何字。因为一旦我开口，希特勒会对我讲上三个小时。"

第一部　撤退

伦德施泰特元帅兵败诺曼底以后，被希特勒撤换了。但到了9月，这位德军最能干的上将又被召回了。那时西线局势可以说是灾难性的，伦德施泰特认为盟军在两周内便可攻进德国、结束战争。他之所以能破坏蒙哥马利"市场—花园"作战的计划，德军第15军团的突围是关键。（右图）

莫德尔元帅是伦德施泰特口中"称职的团士官长"。虽然无法阻止盟军在西欧纵横扫荡，却偶然中，在空降攻击前几天，把党卫军第2装甲军调到阿纳姆附近，并在攻击一开始的前48小时，掳获了盟军的整体作战计划，可是令人想不到的是，莫德尔拒绝相信这是真的。（下图）

24　遥远的桥

过不知多少次。对希特勒来说，"西线壁垒"现在已经成了他的既定想法，伦德施泰特再一次收到命令"不得放弃一寸土地"，而且要"不管任何情况都得撑下去"。希特勒下令用伦德施泰特替换莫德尔，这是两个月内，西线总司令三易主帅——免除伦德施泰特，换上京特·冯·克卢格元帅（Gunther von Kluge），再换上莫德尔。现在，又换回伦德施泰特。莫德尔当总司令才18天。而今希特勒要莫德尔只在伦德施泰特麾下任B集团军群司令。伦德施泰特长期以来对莫德尔都没有什么好话，他觉得莫德尔一路走来都不是靠实力，只因为希特勒的关系他才迅速晋升到元帅。伦德施泰特认为他只是个"称职的团士官长"。而今，他觉得莫德尔的地位毕竟有一点点不同了。情况已经无可救药，战败必不可免。9月4日下午，他出发到科布伦茨（Koblenz）附近的西线总部去时，看不出有任何办法能够在几个星期内阻挡盟军进攻德国、越过莱茵河，以及结束这场战争。

就是在同一天，在柏林市的万塞（Wannsee），54岁的库尔特·阿图尔·斯图登特（Kurt Arthur Student）空军大将，德国空降部队的创立人，已经投闲置散达3年之久，现在又重出江湖了。第二次世界大战一开始时，对他来说大有作为。他认为，1940年攻占荷兰，他的伞兵应居首功。那时有4,000名伞兵空投到鹿特丹（Rotterdam）、多德雷赫特（Dordrecht）和穆尔代克（Moerdijk），占据了重要的桥梁，使德国进攻的大军通行无阻。斯图登特的损失是难以置信的低——才180人。可是1941年空降突击希腊的克里特岛（Crete）时，情况却截然不同，损失太大——空降的22,000名官兵中，死伤超过了1/3——使希特勒禁止了此后的所有空降作战。元首说："伞兵的时代已经过去了。"斯图登特的前途也随之黯然无光。自此以后，这位雄心万丈的将军，干的是空降训练指挥官的内勤工作。而他手下的精锐伞兵，完

第一部 撤退　25

全被当成步兵使用。就在这个至关重要的9月4日,时间正好是下午3点整,斯图登特突如其来地又在主流中崭露头角。希特勒的参谋长约德尔将军(Alfred Jodl)打了一通简短的电话给他,命令他立刻编组一个集团军,元首授予的番号是"第1伞兵集团军"(First Parachute Army)。惊喜的斯图登特在聆听着,对于这件事情,他认为"作为一支根本不存在的兵力,这却是个相当响亮的称号"。

斯图登特的伞兵部队分散在全德各地,除了少数久经沙场、装备齐全的单位外,全都是刚入伍的新兵,仅仅配有训练用的武器。他的兵力大约有10,000人,几乎没有运输兵、装甲兵或者炮兵;斯图登特甚至连参谋长都没有。

然而约德尔解释,西线正紧急需要斯图登特的部队。要他们去"堵住一个莫大的缺口",介于安特卫普和列日—马斯特里赫特地区(Liege-Maastricht)之间,要守住"沿阿尔贝特运河(Albert Canal)的一线"。斯图登特立即以尽可能快的速度,命令所属部队赶紧开往荷兰和比利时,武器和装备会在"目的地车站"发放。除了伞兵之外,另外还有两个师也纳编他的新"集团军"中。斯图登特马上晓得,第一个师是719师,是由"担任荷兰海防的老兵所组成,连一枪都没有放过"。第二个师是176师,情况甚至更糟,都是由"半残废和养病的士兵组成,为了方便补给,都是根据他们各种不同的毛病而编成各营"。有"患胃病"的单位,甚至还有特别的"调养"厨房。除了这些单位外,他还可以得到一大批散布在荷兰、比利时的部队——空军、水兵、防空炮兵——和25辆坦克。对斯图登特这位伞兵作战专家以及那批受过良好训练的空降突击部队来说,这个临时凑合的"集团军",真是够得上"大规模的恶搞"。无论如何,他还是再度回到了战场。

一整个下午，斯图登特利用电话和电报，集中部队并动员出发。他判断最少需要四天时间，才能把整个部队开到前线。然而，他麾下最凶悍、最优秀的部队，乘坐专车火速运往荷兰，也就是斯图登特所称的"闪电机动"，24小时就可以到达阿尔贝特运河阵地，成为莫德尔将军B集团军群的一部分。

约德尔的电话，以及他奉令后所搜集来的情报，使斯图登特感到心惊肉跳。显然，他那能征惯战的部队——伞兵第6团再加一个营，全部兵力大约3,000人——或许是全德国唯一完成战备的预备队，他觉得局势不妙。

* * * *

西线总司令莫德尔元帅，手忙脚乱地想要把安特卫普以东的大缺口堵上，并把从荷兰和比利时退下来的溃流给止住。当时，伦德施泰特继任西总的消息还没有传来，部队太过于纷乱和毫无组织，莫德尔根本无从掌控。他跟麾下的另一半部队——南面的G集团军群，不再有联系。集团军司令约翰内斯·布拉斯科维茨将军（Johannes Blaskowitz），从法国成功撤退了吗？莫德尔可是一点把握都没有，对困扰不堪的元帅来说，G集团军群的困境犹在其次，危机显然是在北边。

英美军装甲纵队的快速和凶猛，使B集团军群已经被截成两半，该集团军所辖的两个集团军，第15集团军已经被堵住了，背对着北海，大约困在加来和安特卫普西北方某处的中间地带，第7集团军几乎被消灭，正朝向马斯特里赫特和亚琛（Aachen）后退。在两个集团军之间，是一道120公里宽的大缺口，英军便从这里穿过直捣安特卫习，同在这一条路上逃脱的，是莫德尔麾下士气溃散的部队。

莫德尔拼命力求阻止他们的溃逃，向部队颁发了诉诸情感的请求：

……在敌军前进，而我军战线后撤下，有数十万士兵溃退回来——陆军、空军和装甲部队——各部队必须按照预定计划重行改编，在新据点或阵前坚守。

在这些人流之中，有溃散部队的残余官兵，这时并没有明确目标，甚至没有决定在哪一处接受新命令。有秩序的纵队离开公路进行整编，但没有组织的单位却依然推进。从他们行进的车辆中，带来了谣传、妖言惑众、纷乱、了无止境的骚动和为自我利益的为非作歹。这种气氛传到了后方地区，影响了还未作战的部队，此际，应当以最坚硬的手段防止这种极度的紧张发生。

我以各位当一个军人的荣誉吁请大家。尽管我们在一次会战中失败了，但是我可以向各位保证：我们终会赢得战争！虽然我知道在各位口中，有迫不及待的各个问题，但目前我不能告诉各位。不论发生什么情况，绝不要丧失对德国未来的信心；同时，各位务必知道情况的严重。在这时候，就能分辨出谁是男子汉还是窝囊废。现在，每一位军人都有同样的责任，如果指挥官倒下去了，就应当准备肩负他的职责加以执行……

之后便是一连串长长的指示，莫德尔"分门别类"地要求溃散的部队应该立即"向最近的指挥点报到"，向他人灌输"信心、自信、自制和乐观"，摒弃"愚蠢的八卦、谣言和不负责任的消息"。他说，敌人"并不会同时在各地出现"，的确，"如果对谣言中所有的坦克加以计数，那一定会有100,000辆之多"。他乞求官兵不要放弃重要阵地，或者"在必须放弃以前"要摧毁装备、武器和设施。这份惊人的指示如此总结道，他强调凡事都有赖"争取时间，元首需要时间来使新武器、新部队投入作战"。

几乎没有什么通信管道，主要是靠无线电在联系。莫德尔只希望他的"特殊命令"能到达所有的部队。混乱之中，他甚至不能确定瓦解又分散部队的最新位置何在，更不能精确知道盟军的坦克与部队前进到了哪里，盟军的主攻方向是哪里——北方的英军和美军，指向齐格菲防线，然后越过莱茵河进入鲁尔区（Ruhr）吗？还是巴顿庞大的第3集团军，正冲向萨尔工业区、齐格菲防线，再过莱茵河进入法兰克福（Frankfurt）吗？

莫德尔的困境，是基于差不多两个月前发生的一个状况所导致的后果。希特勒撤换伦德施泰特，迅速任命克卢格接替老元帅。克卢格原任东线司令，其间请了几个月病假，刚好在这个时候去向希特勒做礼貌性拜会。当下元首正要撤换掉伦德施泰特，或许因为克卢格刚好是眼前唯一的资深将领，在毫无预兆的情况下，把吓得合不拢嘴的克卢格派任西线总司令职务。

战场老将克卢格，于7月4日接手，只干了44天。正如伦德施泰特所料，盟军突破防线，"整个西线被撕裂开来"。他向希特勒报告，由于盟军攻势排山倒海地涌过法国，克卢格跟前任的伦德施泰特一样，发现自己的双手全被希特勒始终"不准撤退"的命令束缚住了。在法境的德国大军被包围，全被歼灭。也就是在这个时候，意外的扰乱撼动了第三帝国——失败的刺杀希特勒行动。

在元首总部一次没完没了的会议中，克劳斯·申克·冯·施陶芬贝格上校（Claus Graf von Stauffenberg）把定时炸弹放在公文包里，摆在靠近希特勒的桌子下方。炸弹爆炸，室内很多人伤亡，元首只受点轻伤，躲过一劫。虽然仅仅只有一小批精英军官参与行刺，希特勒的报复行动却是惨无人道的。任何与阴谋分子，乃至与他们家庭有关联的人都一律加以逮捕，很多人不论有罪与否，立刻予以处决[①]，这一案死了大约5,000人。克卢格跟案件有间接关系，希特勒同时猜疑他想与敌军谈判投降，因此，由莫德尔接任克卢格，命令后者立刻向元首报到。万念俱灰的克卢格在离开总部以前，写了一封信给希特勒。然后，就在返回德国途中喝药自杀。信中写道：

当您收到这封信时，我已不在……我已竭尽所能来应付状况……隆美尔与我，或许还有西线所有与物质上占优势的英美军有过作战经验的指挥官，都预见到目前的发展。我们的意见无人接纳。我们的价值并非基于悲观主义，反而是认清了事实。我不知道在各方面都出色的莫德尔元帅，能否控制当前战况，我衷心希望他办得到。然而如果他办不到，而您新的武器……不成功；那么，我的元首，请下定决心终止战争。是时候该终止这种可怕的日子……我一直钦佩您的伟大……和您钢铁般的意志力……现在显示出您的伟大来，终止这场毫无希望的斗争……

希特勒并不打算承认盟军的胜利，尽管他一直狂吹第三帝国会持续1,000年，这时已暗中败坏、摇摇欲坠了。他在每一个战场都遭到

[①] 希特勒利用了他最资深的将领，伦德施泰特被任命为暗杀案的军事法庭庭长，并通过对那些嫌疑军官的判罪。伦德施泰特默地同意了希特勒的要求。"如果我不这么做，"他随后解释道，"或许我也会被当成叛徒"。伦德施泰特的回答让其他许多将官不能接受，众人在私底下谴责他屈服于希特勒的要求。

挫败。并且元首的每一个举措，都一个比一个毫无章法。

莫德尔接任西总并没有帮助。不像伦德施泰特，也不像接手没有多长时间的克卢格，莫德尔没有隆美尔的作战天赋来支援他。7月17日，一架盟军飞机的扫射导致隆美尔身受重伤之后，就没有再派人来接替他的职务[①]。一开始莫德尔还没有觉得有这种接替的必要，他有信心可以应对局势。莫德尔身兼隆美尔原有的职务，他不但是西线总司令，如今也成了B集团军群司令。尽管莫德尔很在行，可是局势的惨况哪怕是德军的任何指挥官都没辙了。

这时，B集团军群正为了保存实力，沿着比利时海岸到法国与卢森堡边境一线奋战。从那儿起到南面的瑞士为止，莫德尔的其余部队——布拉斯科维茨将军的G集团军群，已经被歼灭。紧跟着8月15日，美军和法军在马赛（Marseilles）发动第二轮的登陆攻势之后，布拉斯科维茨的集团军便撤离了法国南部。在遭受不间断的压制下，他们现在正零散地朝德国边境后退。

沿着莫德尔土崩瓦解的北面战线，盟军装甲兵已经撕开了一个120公里宽的缺口。这条从比利时到荷兰，再从那里越过德国西北部脆弱边界的通路，已经处于不设防的状态。盟军直闯荷兰，就可以绕过齐格菲防线。该防线的大量工事地带，是从瑞士起沿着德国国境延伸，直到荷德边境的克莱沃（Kleve）为止。在希特勒西线壁垒的北端一拐弯，再越过莱茵河，盟军便可转向鲁尔——帝国的工业中心。此举或许会使德国完全崩溃。

---

① 同样被怀疑牵涉到希特勒暗杀案，隆美尔在三个月后身亡。当时隆美尔正在家中疗养，希特勒让他做出选择为叛国罪出席审讯或是自我了断。10月14日，隆美尔吞下氰化物药丸后，希特勒随即宣布第三帝国最受人爱戴的元帅"因战伤去世"。

72小时当中，莫德尔两次气急败坏地向希特勒请求增派援兵。他那些位于无人防守缺口上的部队情况非常混乱，一定要恢复秩序、堵住缺口。莫德尔最新呈给希特勒的报告，在9月4日凌晨发出，警告说危机正在迫近，除非他获接最少"25个新锐步兵师和5个、6个装甲师当装甲预备队"，否则整个西线就会垮了，那样一来就会向敌人敞开"冲入德国西北的进路"。

莫德尔最大的担忧是有关英军进入安特卫普的状况。他不晓得欧洲第二大港口，究竟是原封不动地陷落呢，还是被德国驻军事前破坏了呢？至于还在内陆的安特卫普市区，却不是重点所在。为了要使用这处港口，盟军必须控制进港的航道。该水路全长87公里，进口处宽4.8公里。要从北海进入，经过荷兰的瓦尔赫伦岛（Walcheren Island），沿着南贝弗兰半岛（South Beveland peninsula）蜿蜒航道才能到达。这条航道太长，斯海尔德河（Schelde）河口的德军大炮就可以控制它，使盟军无法利用该港。

莫德尔真是倒霉。进港航道北岸除了瓦尔赫伦岛上有防炮连和重型岸防炮以外，就没有其他的部队了。但在斯海尔德河南岸，古斯塔夫·冯·灿根将军（Gustav von Zangen）的第15集团军——大约有80,000人，几乎被围困在加来一带。虽然是被包围了——大海在他们背后的西边和北边，而加军和英军则在东边和南边步步迫近——他们还是控制住了进港航道河口南岸的大部分地区。

而今，莫德尔认为英军坦克部队为扩张战果，一定会沿着水道北岸前进，对德军加以肃清。不久之后，整个南贝弗兰半岛就会落在他们手里，把它从距离安特卫普不到29公里的比利时国界北边的狭窄半岛底部给截断，将其与荷兰本土隔离开来。接下来，英军为了要打通港口，便会转攻被围困的15集团军、肃清南岸，灿根的部队一定要救出来。

9月4日中午过后没有多久，在列日东南边绍德方丹村（La Chaude Fontaine）的B集团军群司令部，莫德尔发布了一连串的命令。他以无线电下令给灿根，要他据守斯海尔德河南岸，同时增援敦刻尔克、布洛涅和加来这些比较小的港口。前些时日，希特勒曾经宣布，这些港口要以"金城汤池般的狂热决心"据守。倒霉的灿根还要以残余的兵力，朝东北方向攻击如滚雪球般袭来的英国装甲部队。这是孤注一掷的战法，然而莫德尔却没有其他行动方案可用。倘若灿根的攻击奏效，或许会把安特卫普市内的英军孤立起来，截断蒙哥马利向北疾进的装甲前锋。即使灿根的攻击失败，他的行动也许能够争取到时间，延缓盟军的长驱直入，足以让预备队赶到，沿着阿尔贝特运河据守一条新的防线。

对于会有怎样的部队来驰援，莫德尔毫不知悉。他呼吁增派几个师的生力军让前线稳定的要求，希特勒的回答终于来了。就像黑暗从天而降，消息简洁得很，他的西线总司令，由伦德施泰特元帅接任。西总一职，克卢格只做了44天，莫德尔则是18天不到。平时的他喜怒无常又充满野心，但对这件事的反应却很镇定。他比批评他的那些人更深刻了解到自己身为行政管理者的缺点[1]。现在，他可以专心致志于他最拿

---

[1] 莫德尔曾两次告知希特勒，他没有能力兼任西总和B集团军司令。"我们很少看到他，"西总参谋长布鲁门特里特回忆，"莫德尔很讨厌处理公文，把大部分时间都花在战地。"西总作战署长博多·齐默尔曼上校（Bodo Zimmermann）在战后写道（美国陆军军事历史研究所军事历史科主任办公室，Office of the Chief of Military History，Ocmh，齐默尔曼手稿编号MS 308，第153—154页），尽管莫德尔"是一员具有充分能力的骁将"，却时常"要求太多，要求传太快""对实际可能的结果视而不见"。齐默尔曼又补充说，他具有"虚掷兵力"的倾向，而且"经常性地不在位子，以及难以预测又反复无常的行事作风，参谋业务可说是困难重重"。

手的职务上了,一位仅仅负责B集团军群的前线指挥官。可是,他在担任西总最后一天所颁布的许多忙乱的命令中,其中一道却被证明是最为至关重要的。这是有关调整第2党卫装甲军部署地点的决定。

该军军长,50岁的威廉·比特里希中将(Wilhelm Bittrich),与莫德尔之间断了联系已经超过72小时。自从盟军登陆诺曼底以后,第2党卫装甲军几乎连续不停地在作战,伤亡非常惨重,所属坦克损失惊人,兵员、弹药和油料也很缺乏。再加上通信网络失灵,少数接到几项由无线电发给他的命令,到手时已经过时。他对于敌军动向毫无所知,迫切需要指示。他只好徒步出发去找莫德尔,终于在列日附近的B集团军群总部找到了总司令。比特里希后来回忆:"自从1941年在俄国前线以后,我就没有见过他,他还是戴着单片眼镜,穿着那件常穿的短皮外衣,站在那里看地图,满腔怒火地下达一个又一个的命令。彼此没有什么时间交谈。正式的命令会在之后补发,我被告知要把我的军部向北移驻荷兰。"他命令比特里希,以最快速度,"督导党卫第9、第10装甲师的整补"。莫德尔告诉他,这些备受重创的部队,要"逐步脱离战斗,立即北调"[①]。

---

① 可以想象,德军在这段时间的记录含糊且无法解释清楚。经常的状况是命令发布了,却没有收到,再发布一次,不是撤销前令就是更改命令。莫德尔的命令当中,有不少是这样的情况。根据B集团军的作战日志,党卫军第9、第10装甲师调动的命令,是在9月3日晚上发出去的。如果真是如此,这两个师根本就没有收到。同时,日志上也记载着,48小时之后,比特里希中将才收到指示要他督导部队的整补,对象不只是党卫军装9师,还有第2、第116装甲师。奇怪的是,并没有提到第10装甲师。我找不出任何证据足以证明,第2或116装甲师,曾经到过阿纳姆地区(看起来它们还在前线持续作战中)。根据比特里希本人的档案和作战日志,他是在9月4日接获莫德尔的口头命令,正式指示只有党卫军第9与第10装甲师北调。根据两师师长的说法,他们是在9月5日到6日的晚上,才开始逐步后撤的。

比特里希根本无法想象，他的党卫军第9与第10装甲师，将会在两个星期之后扮演重要的角色。莫德尔替比特里希选定的新整补位置，是在一个当时距离前线还有121公里远的平静区域。由于历史上的阴错阳差，比特里希所属地区还包含了阿纳姆在内。

4

德军轻率地从荷兰撤退的速度放慢了，却尚未有几个兴高采烈的荷兰人察觉到这一点。从比利时边境往北直到阿纳姆，道路依然是阻塞的，可是在这行进中却有些不同。拉布谢尔在阿纳姆大桥旁边的市政大楼上的岗位，眼见潮水般的车辆、部队和纳粹同情者，了无止息地通过大桥。但是在拉布谢尔位置以北几个街区外，古董书商赫哈德斯·威廉默斯·赫斯伯斯（Gerhardus Gysbers）却看见了变化。从西边进入阿纳姆的德军部队，已经不再前进了。赫斯伯斯家的威廉斯兵营（Willems Barracks），以及附近的几条街道，都挤满了马车和穿着凌乱的德军。赫斯伯斯留意到有德国空军营、防空炮兵人员、荷兰武装党卫军和719海防师上了年龄的士兵。这一点，在阿纳姆市地下抵抗组织首领克鲁伊夫看来，很明显不是一次暂时性的停歇，这些部队并没有要回德国去。他们正在逐步重整。719海防师的部分马车单位正开始向南行进。克鲁伊夫手下负责阿纳姆地区的情报组长，33岁的亨利·亚历克斯·赖尼尔·克纳普（Henri Knap），低调地骑着自行车经过那里，也目睹到一些很细微的变化。他深感困惑，并且怀疑伦敦播放的正向广播都是虚假的。当真如此的话，上述的欺敌手段就过于残酷了。他看见荷兰人到处都在欢欣鼓舞，人人都晓得蒙哥马利的部队已经拿下了安特卫普，确信荷兰在几小时内就会获得自由。克纳普看见德军正在重组。他晓得他们力量依然很小，可如果英军还不来的话，德军军力就会增加了。

往南 17.7 公里的奈梅亨，德军宪兵关闭了几条通往德国边境的公路。葡萄酒进口商埃利亚斯·布鲁坎普（Elias Broekkamp），看见一些部队正往北去阿纳姆，但大部分是向后倒退回去。交通依然瘫痪，队伍依然零散。阿纳姆内，轻松看热闹的人似乎还没有察觉到变化。布鲁坎普目击荷兰老百姓对着德国兵放声大笑并嘲讽他们，认为后者陷入了窘境。

事实上窘境正越来越少。奈梅亨成了部队的集结整备区，又一次在德国军队的严密控制之下。

更南边的埃因霍温，离比利时边境还不到 16 公里远，这里的撤退已经完全停止。这时向北行进的七零八落的车队里，德国的老百姓人数已经比部队多了。科尔蒂目睹德军拆走飞利浦工厂屋顶的防空炮，现在情况则不同了。在车站附近的铁道支线上，他看见一列火车拖着许多平板车进入阵地。平板车上都是重高射炮，科尔蒂瞬间感到一阵毛骨悚然。对这些作壁上观的荷兰人来说，更让人心惊胆战的是发现从德国来的增援部队。在蒂尔堡（Tilburg）、埃因霍温、海尔蒙德（Helmond）、韦尔特（Weert），人们都见到由火车运来的生力军，快速下车、集合之后便向荷比边境出发。他们并不是普通一般的国防军士兵，而是久经沙场、装备精良、纪律严明的军人，从独具一格的钢盔和迷彩军服，人们很容易辨认出他们就是沙场老兵——德国的空降伞兵。

5

9月5日下午,斯图登特上将的第一批伞兵部队,已经沿着比利时境内的阿尔贝特运河北岸的各处掘壕据守。他们的迅速接近于疯狂程度。斯图登特在中午到达,却发现莫德尔的所谓"德国新防线",仅仅是一条24.4米宽的水面障碍,还没有设置防御阵地,更没有据点、堑壕或者工事。斯图登特指出,尤其对守军来说更糟的是,"运河的南岸,几乎每一处地方都能俯瞰着北岸"。甚至连通过运河上的各处桥梁都还依然完整,仅仅安装了工兵爆破的炸药。在一片混乱之中,显然没有人下令把这些渡河点给炸毁。

虽然如此,斯图登特的时间表却计划得很好,他麾下空降部队的"闪电进兵",便是一次惊人的成功。他后来回忆当时,"想一想这些伞兵,从德国各地——从梅克伦堡的居斯特罗(Mecklenburg, Güstrow)到洛林的比齐(Lothringen, Bitsch),一赶到,从德国其他地方运来的武器和装备,就已经在各地火车站等候他们,这次进兵的速度非常惊人。"斯图登特钦佩"参谋本部和德国整个组织惊人的精确程度"。卡尔·西弗斯少将(Karl Sievers)的719海防师也准时抵达。斯图登特看着他们的纵队,正向安特卫普以北的阵地前进,精神为之一振,"他们的辎重、炮兵,都是由挽马拉曳着,在公路上咔啦咔啦地到前线去[1]"。每过一个小时，他匆匆编成的第1伞兵集团军各单位便陆续到达，同时，也是因为非一般的运气，从最料想不到的地方送来了援助。

从比利时轻率地退入荷兰，完全由于一个人——齐尔中将（Kurt Chill）的坚持和足智多谋，才使它缓慢了下来，然后完全停止。由于他的85步兵师几乎全遭歼灭，高层便下令他救出剩余的兵力送回德国。可是意志坚强的师长，眼见路上接近崩溃的情况，莫德尔的特殊命令更是为此推波助澜，让他决定忽略命令而自由行事。齐尔认为转变败局的唯一方法，便是沿着阿尔贝特运河组成一条防线。于是把八十五步兵师以及其他两个师的残部集合在一起，迅速把他们分配在运河北岸各处战略要点上。之后，他的注意力又转移到各处桥梁上，在各桥北面的引道，设立"收容中心"。24小时内，齐尔成功地网罗了数以千计的德国武装部队中接近所有军种兵种的官兵。这是一批"大拼盘的杂牌军"[2]，其中有空军机械士、军政府文职人员、海军岸勤单位以及属于十几个师的士兵。这些散兵游勇，虽然顶多只配有步枪，可是当斯图登特到达时，他们都已经被部署在运河北岸了。

斯图登特将齐尔这种熟练老手的表现，把接近兵败如山倒的情况

---

[1] 尽管情况混乱，爱马如痴的斯图登特还是抽出了时间，在日记中写下："这些高大的动物是苏格兰的克莱兹代尔马（Clydesdale）、法国的佩尔什马（Percheron）、丹麦马（Danish）和荷兰的弗里斯兰马（Frisian）。"与一般的想法刚好相反，希特勒的大军，并不像盟军那样已经全面机械化。甚至在德军的高峰时期，50%的运输量，还是靠挽马拖曳。

[2] 见麦克唐纳（Charles B. Mac Donald）《齐格菲防线》第124页。麦克唐纳这卷书是《美国陆军丛书》（*U.s. Army History series*）中的一部。该书与马丁·布吕芒松（Martin Blumenson）的《突围与追击》（*Breakout and Pursuit*）同时以最精确的方式，描述了德军在西线惨败以及之后事件发展的进程。另一本有关同时期的有价值作品，应该是米尔顿·舒尔曼（Milton Shulman）的在战后不久完成的《西线的失败》（*Defeat in the West*）。

挡住，称之为"奇迹"。在惊人的速度下，他已经建立起一条还算勉强的防线，在斯图登特的部队抵达以前，有助于争取一点时间。斯图登特兵力的到来，依然还要好几天，尽管有齐尔的援助，斯图登特新凑成的第1伞兵集团军，全部兵力充其量也不过18,000到20,000人，再加上一些火炮、高射炮和25辆坦克——却连美军一个师的兵力都比不上。斯图登特以这种微不足道的兵力——少得连安特卫普到马斯特里赫特间120公里的空隙都无兵把守，更不用提把它堵上了。朝他们疾驰而来的，却是英军第2集团军和美军第1集团军部分的强大装甲部队，在火炮与兵员数量上，斯图登特都屈居下风。而处于他与灾难之间的，却仅仅只有一条阿尔贝特运河。

敌人会在沿着运河的哪一点进攻？斯图登特的防线，处处都很脆弱，但有几处却是比别的地方更为严重。他特别关心安特卫普以北的地带，那正是实力软弱的719海防师刚刚进入阵地的所在。是不是还有时间可以利用这条24.4米宽的运河作为障碍，使它成为一条主抵抗线，推迟盟军的脚步，以便有足够的时间让增援部队抵达？这是斯图登特最大的期盼。

他料想攻击会随时发生，却依然没有任何有关盟军装甲兵的报告进来。尤其使斯图登特大感意外的是，在安特卫普以北，几乎没有和敌军接触。他在这时断定，英军坦克在占领市区以后，便会一路北驰，截断南贝弗兰半岛，直捣荷兰。在斯图登特看来，英军已经放慢脚步。可是，怎么会这样？

* * * *

18天之内，庞大的德国西线总司令部被迫迁移了四次。备受炸弹

第一部 撤退

轰炸、炮弹轰击，几乎被盟军坦克摧残的西总，终于在德国边境线后停顿了下来。9月5日下午2点，新到任的总司令，在科布伦茨附近的小镇阿伦贝格（Aremberg）找到了自己的总部。

经过长途跋涉之后，伦德施泰特元帅疲倦又恼火，他免了德军司令官新旧交接常有的军礼与军乐。他立刻切入一连串的参谋会议，一直开到晚上。对元帅不够了解的军官，都被他接差的速度大吃一惊。对总部的老手来说，就像他根本没有调走似的，伦德施泰特的到来，给他们带来了如释重负的感觉，以及恢复了的自信。

伦德施泰特的任务既深且巨，面临的问题极大，他必须尽快建构出战略蓝图，拟定一条由北海以迄瑞士边境，长达643.7公里的西线——这也是莫德尔元帅内心深处了解，已经超出他能力的计划——由伦德施泰特指挥的、备受重击的部队，北面是B集团军群，南面是G集团军群。伦德施泰特被期望要能守住每一处，甚至按希特勒的指示，还要发动逆袭。同时为了延宕盟军向德国的进攻，他要使希特勒"金城汤池"般的齐格菲防线成为事实。这条久已落伍，并没有完工的混凝土工事，早已躺在那里没人搭理、没人驻防。自1940年以后，大炮都拆卸一空。他还有很多难题，可是在这一天下午，伦德施泰特优先处理更多迫在眉睫的难题。它们比他所料想的状况还要糟得太多。

前景非常凄凉。7月份希特勒把他撤换时，伦德施泰特麾下共辖62个师。而这一回，他的首席作战参谋博多·齐默尔曼上校，列出了一张惨不忍睹的"资产负债表"。他向总司令报告，在两个集团军里，"一共有48个'账面'师，15个装甲师和4个装甲旅里，几乎没有坦克"。齐默尔曼表示，这48个师的人员、装备与火炮不足。在他看来，这些兵力只构成"相当于27个师的战力"。比"盟军兵力的一

40　遥远的桥

半"还要少。伦德施泰特这才晓得他的幕僚,认定艾森豪威尔至少有60个全部机械化且兵源充足的师级部队(这是错误的判断。当时,艾森豪威尔在欧陆只有49个师)。

至于德军的装甲部队,实际上已经不存在。沿着整个前线,与估算中的盟军2,000多辆坦克的兵力相对抗的,仅有100辆坦克。战场上空的德国空军,实质上已告全灭,盟军握有完整的制空权。就伦德施泰特本人所作的严峻结论,部队都已精疲力尽、士气涣散,盟军数量占了优势,兵力是2∶1,火炮是2.5∶1,坦克是20∶1,而飞机更是25∶1[1]。除此之外,更严重缺乏汽油、车辆和弹药。伦德施泰特的新参谋长西格弗里德·韦斯特法尔(Siegfried Westphal)中将,后来忆及"战况已经无可救药,只要敌人能够充分运用良机,在前线——它已经百孔千隙,根本不能称为'线'——任何一处大败我军,就会导致一发不可收拾的局面"。

布鲁门特里特将军完全同意韦斯特法尔的观点,甚至有更具体说法[2]。以他来看,如果盟军发动"一次大规模的攻势,便可在任何地方突破",德国便会崩溃。伦德施泰特麾下唯一的精锐部队,正面对着巴顿将军的第3集团军。美军那时正向梅斯长驱直入,进攻萨尔工业

---

[1] 德军兵员与物资的损失极为惨重,在诺曼底登陆后第92天,德军阵亡、负伤或失踪的人数达30万人,有20万人据守在"最后据点",如港口或者海峡群岛而盟军包围。被歼的部队共有53个师,从法国退到比利时,抛弃了大量物资,其中至少有1,700辆坦克、3,500门火炮、上千计的装甲车辆、挽马马车、汽车,堆积如山的装备和军品,从轻武器到庞大的弹药堆集所都有。伤亡人数中有元帅2名,将领20多人。

[2] 困扰伦德施泰特的是,作为其长时间的参谋长且最为信任的密友,布鲁门特里特于9月4日由韦斯特法尔接替,并命令要返回德国。伦德施泰特对此提出抗议,可是没有结果。布鲁门特里特参加了在阿伦贝格初期的会议,直到9月8日才离开总部。

第一部 撤退 41

区。那些部队可以迟滞巴顿，但在兵力上不足以挡得住。布鲁门特里特认为，盟军与其浪费宝贵时间，不如进攻德军最弱的所在——在莱茵河北方试图作一次猛烈进攻，渡河进入鲁尔区。他认为，美国人或英国人会优先考虑这样的大举进攻，因为诚如他后来所说，"谁占领了德国北部，谁就占领了德国"。

伦德施泰特也有同样的结论。占领鲁尔区，毫无疑问是盟军的主要目标。北面的英军与美军，正朝那个方向推进，指向亚琛所在的边境。几乎没有什么可以阻止他们穿过无兵驻守、又落伍过时的齐格菲防线。从那再渡过莱茵河最后一道天堑，直捣德国的工业心脏。

伦德施泰特慎思明辨，还想到一件事。艾森豪威尔麾下经验丰富、装备精良的空降部队，在诺曼底登陆时运用得非常成功，可是在德军的状况图上却不见踪影。他们并没有被当成步兵来使用，显然这些部队已经撤走，在准备另外一次空降作战。可是在何时？何地？空降作战与直扑鲁尔的行动同时配合，是一件合情合理之事。伦德施泰特认为，这种攻击可能指向两个重要地区：在西线壁垒的工事后方，或者在莱茵河以东以利攻占桥头堡。事实上早在几天以前，莫德尔元帅向希特勒报告的电文中，就表达出相同的忧虑，强调这种"立即威胁"的可能性。同样地，伦德施泰特不得不考虑盟军前线会同时"整体"前进，攻向鲁尔区和萨尔区的同时，以空降部队投入作战，对这些迫在眼前的任何一个威胁，元帅都未能找出解决的办法。盟军的选择太多、范围也广。他唯一的选择，是在混乱状况中恢复秩序，推测盟军的企图以争取时间——如果他办得到的话。

伦德施泰特并没有低估艾森豪威尔对德军处境日衰的情报，不过他仔细思索，盟军指挥官是否真正察觉到德军状况已经到了多么无可救药的地步？这就是他奋力以求的事实，诚如他对布鲁门特里特所说的,要以"筋疲力尽的老兵"和西线壁垒的碉堡,"来对抗盟军的猛攻,是绝对没有用的"。他说:"那是疯狂的事,就只为了个人威望而去防守这些老鼠洞。"虽然如此,虚有其表的齐格菲防线还是要加以充实,工事中要有驻军,也要有装备。伦德施泰特简单明了地告诉幕僚人员:"我们一定要想办法,至少要支撑6个星期以上。"

他研究当前各方情况,预画出盟军各项可能的行动方案,衡量盟军每一种选项。伦德施泰特指出,盟军最猛烈的攻击,依然是来自巴顿向萨尔区的各路进兵;在北面,英军与美军的压力,明显已经减少了。伦德施泰特认为他发现盟军这一带地区的进兵减少了,甚至是停顿了下来。布鲁门特里特后来忆及,伦德施泰特把他的注意力转向蒙哥马利前线方面,集中在安特卫普的状况上。因为有报告指出,英军已经超过36小时,却还没有发动由市区北进的攻势,也没有截断南贝弗兰半岛。这引起了伦德施泰特的注意。很明显,作为大港安特卫普的设施能解决盟军的补给问题。不过,如果87公里长进港水路的两岸,依然在德军手里的话,那么该港还是派不上用场。伦德施泰特认为,事实非常明显,他注意到了这种屯兵不前,很肯定盟军是出现了迟缓现象,尤其是在蒙哥马利的责任区。

伦德施泰特的职业生涯,一直都专注于研究英军的战术。但同时,很不幸的是,他还能有机会亲自观察美军的战术。他发现美军在运用装甲兵方面较具创意和雄心,英军则在步兵运用上高人一等。但不论在哪一方面的运用,都因指挥官而各异。因此,伦德施泰特认为,对手之中,巴顿还比蒙哥马利危险。根据布鲁门特里特的回忆,伦德施泰特对蒙哥马利的看法是"过度谨慎、习惯支配和有条不紊"。这时,元帅要对蒙哥马利行动迟缓的意义作出评断了。在伦德施泰特看来,只要海峡沿岸其他港口依然还在德军手里,那么安特卫普港对艾森豪威尔的挥军大进就至关紧要——既然如此，为何蒙哥马利已经36小时还不行动，没有派兵控制住欧洲的第二大港？原因只有一个：蒙哥马利并没有准备继续攻击。伦德施泰特确定他离不开惯常的做法。除非小心翼翼、深思熟虑的蒙哥马利有了充分的准备和补给，否则英军绝不会发起攻击。因此，伦德施泰特的答案是英军已经过分延伸。他告诉参谋们，这不是暂停，他有理由深信蒙哥马利不再追击的理由，是因为被上头喊停了。

很快，伦德施泰特把注意力迅速转移到过去24小时，莫德尔曾发布出去的命令上。因为在当下，假使以上推论是正确的话，那么就是机会来了。伦德施泰特不但可以阻止盟军使用安特卫普港，而且同等重要的是，还可以救出灿根将军的15集团军被围困的80,000多人，那正是伦德施泰特最迫切需要的兵力。

从莫德尔的命令可以看出，灿根奉派据守斯海尔德河口南岸和增援海峡各港口，同时他也有接到命令，要以东北部的其余部队，向长驱直入的英军发动侧翼攻击——这次攻击预定在9月6日清晨发动。伦德施泰特毫不迟疑，下令取消攻击。在当前情况下，他看不出这项攻击还有什么价值。除此以外，他有一个更为大胆、更富创意的计划。莫德尔命令中的第一部分可以不变，因为坚守海峡各处港口，比过去都更为重要。但是灿根的兵力并不是要从东北边发起攻击，反而奉令要把所余部队，经由海运越过斯海尔德河到达瓦尔赫伦岛。灿根部队一到河口的北岸，便可沿着瓦尔赫伦岛一条向东的公路，穿越南贝弗兰半岛行军前进，一直到达安特卫普以北的荷兰本土。由于盟军占有空中优势，把部队由布雷斯肯斯（Breskens）航渡到弗利辛恩（Flushing）港口之间，横跨4.8公里宽斯海尔德河口的渡河作业，只能在夜间实施。虽然如此，运气好的话，15集团军的一大部分兵力，或许能在两个星期内安全撤退。伦德施泰特晓得这个计划很危险，可是别无他法。如果一举成功，他就能得到几乎一整个完整的集团军战力，尽管被打得七零八落，但至少在他指挥之下。加上他还能够——令人难以置信——控制住安特卫普这个重要港口。不过这次作战的成功，是完全来自伦德施泰特的预感，蒙哥马利的进兵的确已经停顿下来。

伦德施泰特对这件事有十足把握。加之伦德施泰特也根据这一点，推断蒙哥马利的停顿还具有更深层的意义。他认为盟军先前不顾一切、追奔逐北的穷追不舍，由于交通线与补给线的过度延伸，已经来到了极限。布鲁门特里特后来回忆，在会议结束时，"伦德施泰特看着我们，并暗示一项难以置信的可能性，也就是这一回希特勒搞不好是对的"。

希特勒和伦德施泰特对情势的判断，尽管只有部分正确，却比两人中的任何一人所意识到的要准确得多。伦德施泰特稳定阵线所需要的宝贵时间，已经由盟军这边提供出来。但事实上，德军战败的速度，其实远比盟军战胜的速度还要来得快。

6

正当伦德施泰特使尽浑身解数，要把被困的德军15集团军救出来时，英军第11装甲师师长乔治·菲利普·罗伯茨少将（George Philip Roberts），在距离安特卫普市241公里处，喜滋滋地报告顶头上司一项意想不到的发展。第11装甲师不但攻占了市区，而且也拿下了安特卫普港。

仅仅5天之内,第11装甲师和英军禁卫装甲师(Guards Armored Division)的坦克同时完成长达402公里远的惊人推进。英国第2集团军司令迈尔斯·邓普西中将(Miles Dempsey)的这支先锋部队,是由第30军军长布赖恩·霍罗克斯中将(Brian Horrocks)指挥,他命令"给我像个疯子般前进、前进"。罗伯茨留下了禁卫装甲师去攻占布鲁塞尔,第11装甲师则绕过市区,9月4日凌晨,在比利时地下抵抗组织的英勇协助下,进入了安特卫普。经过36小时后,英军把该深水港内错愕与受到惊吓的敌军给肃清。罗伯茨报告说,第11装甲师已经把安特卫普港面积广达1,000英亩的海港地区,安然完整地加以攻占。仓库、起重机、桥梁、4.8公里半长的浅水码头、深水码头、水闸、船坞、轨道车辆——尤其使人无法置信,当中最重要、由电力控制的水闸,在完全堪用的情况下,统统夺下来了。

德军破坏安特卫普港的计划失败了。他们在重要桥梁和其他主要设施已经放置了炸药。可是,由于英军迅雷不及掩耳的速度,再加上地下抵抗组织(其中有许多比利时工程师,他们晓得炸药放置在什么地方)压倒性的兵力,已瓦解的德军卫戍部队,根本没有机会炸毁这庞大的海港设备。

37岁的罗伯茨,出色地完成被赋予的任务。不幸的是,这是欧陆战场中许多重大错误之一,没有人指示他利用当前的状况——挥兵北奔,占领市区北面阿尔贝特运河上各处桥头堡,然后朝着距离只有28公里南贝弗兰半岛的根部猛冲,掐住3.2公里宽的咽喉要道。如此,罗伯茨便可以把位于峡当中的德军堵死,为肃清重要的北岸进军作准备。这是一次重大的失误①。安特卫普港是第二次世界大战期间的最大港之一，且已经到手了，可是它的进港航道，却依然在德军手里。应该可以缩短补给线并提供盟军整个前线供应品的庞大设施，依然毫无用处。然而在当时冲昏了头的气氛下，却没有人料到这个败笔并非一时的情况。的确，当时看来用不着急忙扫荡德军。在德军溃败的情况下，随时都可以肃清残敌。第11装甲师已经完成了指定的任务，于是据守阵地，等候新的命令。邓普西的装甲部队，在北面气势万钧的大举猛攻，堪与巴顿在南面阿登的猛进媲美。前者已经攻对了地方，只是当时没有几个人意识到这点。罗伯茨的官兵困乏不堪，缺乏汽油与补给。霍罗克斯30军的其他部队也都是一样。因此，就在同一天下午，把德军驱赶回北边的无情压力，就散去、消沉、突然间懈怠了。英军一停下来"加油、整顿和休息"，对安特卫普的大错也因而铸成。

霍罗克斯将军是第30军军长，是一位有能力、有冲劲的指挥官，

---

① 已经过世的英国著名历史学家李德哈特（B. H. Liddell Hart）在《第二次世界大战战史》（*History of the Second World War*）中写道："这是自蒙哥马利以下，4位指挥官错误的相乘效果。"美国历史学家查尔斯·B. 麦唐纳（Charles B. MacDonald）在《巨大的努力》（*The Mighty Endeavor*）中，同意李德哈特的看法。他称这次过失是"第二次世界大战期间最大的战术错误之一"。对于攻占安特卫普所付出的代价，记载最详尽、也最好的一本书，毫无疑问是 R. W. 汤普森（R. W. Thompson）的《85天》（*The 85 Days*）。我也同意他的观点，错过这次机会的主要原因之一，便是"人困马乏"。他写道，第11装甲师的官兵，"在极端的精疲力竭、精神耗尽后，无论在什么地方站、坐、躺就睡着了"。如果我们接受他的立论，那么第11装甲师，能否以如此体力向前冲刺便成疑问。虽然如此，汤普森还是认为"如果有一位指挥官，每小时、每一天地紧跟着作战，而且在指挥上具有弹性，可以窥透战机"的话，那么安特卫普连同那至关紧要的进港航道，应该很容易就可以拿下来。

就连他也没有想到安特卫普[①]。跟英军第21集团军司令蒙哥马利元帅一样,他专心于着重在另一个目标上渡过莱茵河,迅速结束战争。就在几个小时以前,蒙哥马利对于各集团军的斗志高昂与猛冲行动而雀跃万分,因此,拍了个电报给盟军最高统帅艾森豪威尔:"本集团军目前已经来到如此阶段:对准柏林发动一次全力以赴的推进,即有可能就此结束战争。"

* * * *

在伦敦,荷兰伯恩哈德亲王与威廉敏娜女王讨论过后,打电话给人在加拿大的朱丽安娜公主,要她立即飞来英国,准备在国土光复时重返荷兰。他们的长期流亡就快到尽头了。光复荷兰的情况一旦发生,一切都会来得很快,他们一定要提早准备。然而伯恩哈德亲王却忧心忡忡。

过去72小时,他收到地下抵抗组织拍来的电文,一再强调荷境德军的惊慌,并不断地提到德军自9月2日就开始的撤退,依然还在进行当中。到了现在,9月5日,地下抵抗组织领袖报告,虽然德军依然溃不成军,但退出荷境的举动似乎已见缓慢。伯恩哈德亲王也听

[①] 霍罗克斯在回忆录里很坦白地解释:"本人的辩解是,我的注意力整个专注在莱茵河方面,其他事情就不是那么重要了。我从来没有想过,斯海尔德河会被布雷。除非这条航道经过扫雷,同时两岸的德军都被肃清以后,盟军才能使用安特卫普……毫无疑问,拿破仑想得到这些事情,可是区区霍罗克斯,却没有想到。"他也承认前方的抵抗微不足道,"我们每车还有161公里的油料,可以运到的补给也还有一天份的量"。但那会是"相当大的冒险",不过"我相信如果我们把握住了那次机会,以本军前卫径直继续挺进,而不在布鲁塞尔停下来,欧战的发展或许会整个改变"。

取了流亡政府首相的报告。海布兰迪首相多多少少有点不好意思,显然他在9月3日的广播,未免言之过早。可以确定,盟军部队还没有越过荷兰边境。亲王便和首相就此思量究竟是为何。为什么英军按兵不动?从接获的地下抵抗组织电文来看,荷兰当下的情况实在明显不过了。

伯恩哈德没有受过多少军事训练,全赖他身边的一些顾问,然而他却大惑不解[①]。如果德军依然如地下抵抗组织领袖般认为正在瓦解当中,"那么少数坦克的一次冲刺",应该能在"几个小时内光复荷兰"——那么,英军为什么不前进?是不是蒙哥马利不相信荷兰地下抵抗组织的报告,认为他们不专业、不可靠?否则伯恩哈德找不出其他的解释。要不为什么英军犹豫不决,不马上越过边界?亲王经常与荷兰内阁各部会首长、美国巡回大使安东尼·比德尔(Anthony Biddle),以及艾帅参谋长沃尔特·比德尔·史密斯(Bedell Smith)保持联系,因此,充分明了,在这段时间,推进的态势极度万变,几乎每一小时都有变动。然而,伯恩哈德想要掌握第一手的消息。因此,他决定要求盟军统帅部,准许他飞往比利时,并尽快见到蒙哥马利元帅。他对盟军高级将帅都有十足的信心,尤其是对蒙哥马利。即使如

[①] 年轻的亲王虽然由女王任命为荷兰三军总司令,在访问中对笔者谈及他的军事经历时非常坦白。"我没有作战经验,"他告诉我,"只在大战以前,进过战争学院,之后在英国继续进修。但是我大部分的军事知识,是在阅读中以及与属下军官讨论的方式得来。然而,我从不认为自己有足够的经验作战术判断。我倚赖幕僚人员,他们都是优秀人才。"虽然如此,伯恩哈德非常认真看待自己的职责。他把记载得极为详尽的1944年私人日记,非常客气地交给我处置。日记中,他以小笔迹记录了每一项行动,几乎是以分钟为单位,从每一通电话、军事会议到官方宴会无不齐备。根据他的记录,推估这段时间的他,每天平均工作16个小时。

此，如果是哪里有什么问题的话，伯恩哈德觉得他也得知道。

＊＊＊＊

距离布鲁塞尔市中心不到几公里的拉肯（Laeken），蒙哥马利元帅简单质朴的司令部设在皇宫御花园里，他正不耐烦地等候一封致"艾帅亲启"密码电文的回复。在那封电文中，他紧急要求对柏林作出有力而又全员出动的推进，那是9月4日晚上发出去的。而这时，已经是9月5日中午了，直率、坚毅的58岁阿拉曼战役英雄，在等候答复，对战争未来的前途感到非常的不耐烦、焦躁。诺曼底登陆前两个月，他就说过："如果我们把事情办得妥当而不出纰漏的话，那么我相信会在今年打垮德国。"从蒙哥马利坚定不移的意见来看，在盟军攻占巴黎，渡过塞纳河（Seine）以前，就铸成了一次战略上的重大错误。艾森豪威尔的"广泛战线战略"（Broad front Policy）——盟军各集团军平稳向德国边境前进，然后攻向莱茵河——这种方式在登陆以前的计划规划中很恰当，可是在德军突如其来地兵败如山倒时，这位英国将领认为，计划现在已经过时了。正如蒙哥马利所说，战略计划没有及时"修订"。他受过的军事教育都告诉他："我们是无法摆脱得了它的……英国人民将面临一场漫长的冬季战役。"

8月17日，他曾向美军第12集团军司令奥马尔·纳尔逊·布莱德雷中将（Omar N. Bradley）提出"单向挺进"的计划。他与布莱德雷的集团军，应该"待在一起，结合40个坚实的师级部队，就会强大到无所畏惧，共同向东北进攻"。蒙哥马利的第21集团军担任海岸地带的肃清，占领安特卫普与荷兰南部。布莱德雷的第12集团军，右翼在阿登高地，则攻向亚琛与德国的科隆（Cologne）。蒙哥马利建议，攻势的基本目的是，在"在冬季来临以前，迅速占领莱茵河对岸的各处桥头堡以及鲁尔区"。他推论，这么一来也将会结束了战争。蒙哥马利的计划，要使用艾森豪威尔4个集团军中的3个——英军第2集团军、美军第1集团军、加军第1集团军。至于第四个集团军——巴顿的第3集团军，当时正因为它追奔逐北而成了全世界报纸的头版标题，蒙哥马利却忽略了。他承认曾经建议，应该让第3集团军停止前进。

大约48小时后，蒙哥马利才晓得，布莱德雷所属意的——他认为是对自己构想的答复——实际上是美军领军，由巴顿长驱直入攻往莱茵河和法兰克福。艾森豪威尔对这两个计划都没有批准，他并不打算改变自己的战略观点。盟军最高统帅必须要保持充足的弹性，以便战机许可时，同时向鲁尔区与萨尔区进击。蒙哥马利看来，这已经不是什么"广泛战线战略"了，而是一种"双锋进击"的计划。他觉得，大家现在都打算要"各行其是"，尤其是巴顿，艾森豪威尔似乎准许他有相当大的自由度。就蒙哥马利来说，艾森豪威尔决心坚持原来的做法，明显表露出盟军最高统帅"完全与地面作战脱节"。

蒙哥马利的观点，是基于最近导致他火冒三丈的事态发展。他觉得自己的地位被贬低了。9月1日起，艾森豪威尔亲自担任地面部队总司令，蒙哥马利已不再是地面作战的总协调官。盟军统帅以前认为蒙哥马利"精娴韬略"，而把诺曼底的登陆作战，以及其后初期战斗的作战管制权交给他。因此，布莱德雷的第12集团军隶属于蒙哥马利。到了8月底，美国报纸上的报道，透露出布莱德雷的集团军，依然在蒙哥马利指挥下作战，使得舆论大哗，美国参谋总长乔治·卡特利特·马歇尔上将（George C. Marshall），马上下令给艾森豪威尔，"立即接手"指挥所有地面部队，美国各集团军这才回到了美军的指挥体系。此事触到了蒙哥马利的底线。据他的参谋长弗朗西斯·威尔弗雷德·德甘冈少将（Francis de Guingand）后来说:"我深信,蒙哥马利……从来没有想到这一天来得这么快;很可能他希望这个初始指挥系统,会维持久一点的时间。我认为,他对于声望和民族情感这种东西,甚至对美国在兵员与武器两方面日见增加的贡献的付出并没有给予足够的重视……然而,我们大多数人都很明了,由一名英国将领、一个英军司令部,依然无限期地指挥人数越来越多的美军部队是不可能的事。"对这码事他的幕僚或许很明白,但蒙哥马利可不以为意,他认为这是一种公然侮辱①。

蒙哥马利与顶头上司——帝国参谋总长艾伦·布鲁克爵士（Sir Alan Brooke）——两个人大力抨击艾森豪威尔并不是秘密。这两个人都认为他矛盾、优柔寡断。7月28日,布鲁克在致蒙哥马利的信中,批评艾森豪威尔"对战争仅有最模糊的观念"! 在另一个场合,他对盟军统帅的结论是"富有魅力的个性",可是"从战略观点上来看,却只有非常、非常有限的脑筋"。蒙哥马利从来都不是说话吞吞吐吐的人,"打从一开始,艾克根本就没有干这份差事的经验"。他觉得,历史会把艾森豪威尔记载成"是一位很好的盟军最高统帅,可是作为一位野战部队指挥来说,他非常之糟、非常之糟②"。恼羞成怒的蒙哥马利,意图促成增设一个掌握全局的"地面部队总司令"（Land Forces Commander）。这是一个夹在艾森豪威尔与各集团军之间的职位,他晓得有个人干得了这份差事——他本人。艾森豪威尔非常清楚这种在

---

① 英国社会也和蒙哥马利一样火冒三丈。英皇乔治六世在丘吉尔力恳下,于9月1日晋升蒙哥马利为元帅后,才多少有点缓和下来。

② 这是作者亲自访问蒙哥马利元帅的回复。

台面下的动作，却始终保持沉默。艾克有他的一套，他也像蒙哥马利一样固执。马歇尔下给他的命令，写得再清楚不过，是由他本人去接管该职务。因此，他并不打算随其他有关地面部队总司令的说法而起舞。

一直到8月23日盟军最高统帅到第21集团军司令部吃中饭以前，蒙哥马利都没有机会与艾森豪威尔当面讨论他建议的"单向挺进"计划，或者地面部队总司令的构想。饭后任性的蒙哥马利，以出乎寻常的不得体态度，一定要和艾克密谈，要求连艾克的参谋长史密斯将军都不能参与。史密斯出了帐篷，艾森豪威尔按捺住脾气，被这位部属训了整整一个钟头。蒙哥马利说需要"一个坚定、健全的计划"。蒙哥马利要求艾森豪威尔"决定在什么地方担任主攻"，以便"会迅速得到决定性的结果"。他一再要求实施"单向挺进"，并警告说，如果艾克还继续"广泛战线战略，要整体战线同时向前推进，并要每一个人一直都在作战的话，那么行动会不可避免地将停止下来"。一旦这种情况发生，蒙哥马利警告说："德军就会得到恢复的时间，战争就会一直打到冬天，打到1945年。如果我们把补给品均分，以广泛战线前进的话，便会处处薄弱，毫无成功的机会。"他心里只有一个策略——"右翼停止、左翼进击；或者左翼顿兵、右翼猛攻"。只应当有"单向挺进"，以一切人力、物力支持。

艾森豪威尔认为蒙哥马利的建议是要孤注一掷。它可获得迅速、断然的胜利，也可能是大灾难。他不打算承受如此的风险。然而，他却发觉自己夹在中间，一边是蒙哥马利，另一边是布莱德雷和巴顿——两边都力争"主攻"，都要艾森豪威尔信任他们。

蒙哥马利以用兵谨慎著称。就这一点来看，哪怕他在战术上成功了，但是否能像巴顿懂得利用战况配合速度的战法还有待证明。这

艾森豪威尔与蒙哥马利在战略规划上发生了激烈的争执。蒙哥马利认为盟军统帅优柔寡断,"对他的工作没有经验"。艾森豪威尔则认为这位最受英国人爱戴的元帅,是一个"完全以自我为中心,自认一辈子从没有犯过错误"的家伙。

美军第101空降师师长泰勒少将,在与英军第12军军长里奇中将会晤。

时,巴顿集团军的前进速度已经在几个集团军中遥遥领先,已渡过塞纳河向德国长驱直进。艾森豪威尔以外交手腕向蒙哥马利解释,不论"单向挺进"有什么优点,他都不能制止巴顿,把正冲上了路的第3集团军停下来。艾克说:"美国人绝对不会接受这一点,而舆论常赢得战争。"蒙哥马利不以为意,争得很激烈,"胜利才赢得战争,只要把胜利给人民,他们才不理会是哪一个赢来的"。

艾森豪威尔无动于衷,虽然他当时没有说话,却认为蒙哥马利的观点"太过于狭隘",并不"了解全盘状况。"艾克向蒙哥马利解释,他要巴顿继续东进,以便使美军与南面进攻的法军会师。总之,他说得很清楚,他的"广泛战线战略"还是会继续下去。

蒙哥马利话锋一转,转到了地面部队总司令的话题上。"总得有人来替你指挥地面作战吧。"照蒙哥马利的说法,艾森豪威尔应该"高高在上坐着,以便对涉及陆海空等各军种错综复杂的全面问题,具有超然的态度"。他从傲慢退到了谦恭,说"如果涉及美国的舆论",他乐于"由布莱德雷指挥作战,在他之下服务"。

艾森豪威尔立刻否决了这个建议,把布莱德雷安在蒙哥马利头上,英国人也不会接受,正和反过来美国人不愿接受一样。他解释说,以他个人所扮演的角色,是不能把计划与控制作战这两回事给分离。不过,在想办法解决部分迫切问题的情况下,他对蒙哥马利作了一些让步。他迫切需要海峡各处海港和安特卫普,它们对盟军整体补给问题至关重要。因此,艾森豪威尔说道,当下往北推进的21集团军拥有一切的优先权。蒙哥马利也可以运用在英国境内的盟军第1空降集团军(Allied First Airborne Army)——这也是盟军统帅部仅有的预备队。除此以外,他还可以获得在右翼前进的美军第1集团军的支持。

布莱德雷将军认为，蒙哥马利已经"打赢了一开始的那场小仗"，可是离这位英国佬满意还差得远呢，他坚定认为艾森豪威尔已经错过了"莫大良机"。巴顿得到消息时，也有同样的见地——而理由却不相同。艾森豪威尔不但牺牲了第3集团军的利益，把补给优先给了蒙哥马利，而且反对巴顿向萨尔区直进的建议。巴顿认为，这是"第二次世界大战中最严重的错误"。

自从将帅人事和军事学说争辩后两星期，又发生了很多事情。这时蒙哥马利的第21集团军，开始在前进速度上和巴顿竞争。9月5日，他的前锋部队已进入安特卫普，蒙哥马利更相信他的"单向挺进"观念是正确的。他决心要扭转艾森豪威尔的决定。战争已经来到了转折点，他认为德军正在崩溃的边缘摆荡。

有这种看法的并不只他一个。几乎各级指挥部的情报官，都在预言说战争将立即结束。最乐观的判断来自伦敦的盟国联合情报委员会（Combined Allied Intelligence Committee）。他们认定德军情况恶化之深，已经到了无力恢复的程度。该委员会的报告提到，从各个方面判断，"德军统帅部指挥下的有组织抵抗，不可能持续到1944年12月1日以后……甚或会结束得更早一些"。盟军统帅部也赞同这种乐观判断。8月底的情报摘要提到"8月的几次会战已经完成，西线的敌军也惨遭打击，两个半月的苦战，已经使欧战的尽头在望，几乎触手可及"。一周之后，他们认定德国陆军"不再是有组织的部队，而只是多个临时性的战斗团体，毫无组织，甚至士气消沉，缺乏武器装备"。即使是英陆军部保守的帝国副参谋总长约翰·诺布尔·肯尼迪少将（John Kennedy），也在9月6日记载着，"如果我们以最近的这种速度前进，28日应该会进入柏林"。

在众多乐观预测当中，似乎仅有一个杂音。那就是美国第3集团军的情报处长奥斯卡·威廉·科赫上校（Oscar W. Koch），认为敌人依然力足以发动困兽之斗，并警告说："尽管德国内部发生了剧变，国防军未来不太会有起义的可能……德国大军除非予以歼灭或俘获，否则依然会继续打下去。[①]"但是对第3集团军豪迈的集团军司令巴顿中将来说，所属情报处长这种谨慎的判断，并没有多大意义。如同往北的蒙哥马利，南边的巴顿现在距离莱茵河只有161公里远。他也认为时候到了，说法与蒙哥马利相仿，"把我们的前锋，在单独一翼的深入进击下，伸到敌人的领土去"，并一气呵成把战争结束。他们两个人唯一不同之处，便是由谁来担任前锋。两位指挥官都因胜利而得意扬扬，要求得到这份光荣，彼此竞争这次机会。蒙哥马利把自己的火力都集中在巴顿个人身上。一个统领英军一整个集团军群的陆军元帅，却想与美军只有一个集团军兵力的中将一争高下。

但是沿着整个前线的胜利狂热，却困住了前线指挥官。经过大军横扫法国、比利时，及德军败象显露，人们都深具信心认为，再也没有什么能够阻挡得了这支胜利大军，一定会继续穿过齐格菲及之后的防线，直入德国心脏地带。然而，要使敌军始终在瓦解状态站不稳阵脚，盟军必须施加持续不断的压力。而支持这种压力的情势，在这时造成了危机，却似乎没有几个人察觉到。那种使人飘飘然的乐观主义近乎自我欺骗。这个时候，艾森豪威尔的大军越过塞纳河后，已经猛冲超过322公里以上，眼前的保障与补给有莫大的困难。在6个星期毫无抵抗情况下，前进攻势几乎没有停过，鲜少有人感受到动力的突然消逝。可是当第一批坦克抵达了德国的门前，盟军在几处地方开

[①] 如要更详尽地了解盟军情报部门的评估参阅福里斯特·C.波格博士（Dr. Forrest C. Pogue）《最高统帅部》（*The Supreme Command*），第244至245页。

始试探西线壁垒的实力时,攻势就开始慢了下来。盟军的追击战已成过去,它被本身的成功给羁绊住了。

使得攻势裹足不前的主要难题是缺乏港口。补给品并不缺乏,可是都堆积在诺曼底,还是需要越过海滩或者经过唯一可用的港口,瑟堡(Cherbourg)——距离前锋部队大约有724公里远。要从这么老远的后方,补给4个全力追击的集团军,可以说是个噩梦。在登陆以前被空军所炸毁以及法国地下抵抗组织破坏的铁路网,都没办法快速修复,再加上运输工具的缺乏,加剧了问题的严重程度。唯有铺设油管向前延伸,但是从口粮到汽油,一律要由公路运补,结果又造成卡车的缺乏。

每一天,盟军的追击更向东推进,为了保持齐头追击,任何种类的车辆都被迫加入运补。火炮、防空炮,以及备用坦克,都从输送车队上卸下来留在后面,而把输送能量用来运送补给品。各师的运输连都被调走,英军把整整一个军都留在塞纳河以西,以便运输车辆可以为集团军中其余快速前进的部队运补。蒙哥马利发现他有1,400辆3吨重的卡车,因为活塞问题而全部失去效用,更增加了他的后勤困难。

这时,为了使追击不致停顿,盟军使尽全力组成一条川流不息的卡车动线——"红球快递计划"(Red Ball Express)——向东猛进,卸下补给军需后,便掉头西驶再来装载。有些车辆经常作极度疲劳的往返,一趟往往在966到1,287公里不等。即使动用了所有的运输车辆,昼夜不停地行驶,战地指挥官实施了最严厉的节约措施,还是无法达到各集团军的补给需求量。这种权宜之计的补给结构,超出负荷能力,几乎濒临崩溃点。

除了车辆的问题很严重之外,人员也疲倦了。从诺曼底以后盟军就像是个弹射器式的推进,装备也磨损了。坦克、半履带车和各种车荷兰抵抗运动成员与第101军团（可能是第506步兵团第2营的E连）的部队合作。

"红球快递"计划是盟军用来解决后勤补给问题的方法。

第一部 撤退 59

辆，都由于行驶得太久，没有适当的保养而损坏。笼罩在这之上一切的阴影，便是汽油严重缺乏。艾森豪威尔的大军，每一个集团军每一天需要100万加仑汽油，而所收到的数量，只是这个总数的零头。

如此的影响太严重了。在比利时，美军第1集团军整整停下来4天，坦克滴油无存，敌军就在面前逃掉了。巴顿的第3集团军，比每一个集团军都要领先160多公里远，遭遇的抵抗也极为轻微，却被迫在默兹河（Meuse）停了5天，因为装甲部队的汽油耗光了。巴顿发现他所要求的40万加仑汽油，由于优先顺序往后而减少到只有32,000加仑时，气得暴跳如雷。他立刻下令给最前面领头的军长："给我马上动起来，跑到引擎都滴油不剩为止，然后下车徒步前进，他妈的！"巴顿气愤地对司令部幕僚说，他在"抵抗两个敌人——德军和我们自己的统帅部，德军我可以收拾，可是抵抗蒙哥马利和艾森豪威尔，却不敢保证会赢"，因为他曾试过。巴顿深信自己可以在几天内，杀出一条路攻入德国。他激烈地向布莱德雷和艾森豪威尔请求，"我的官兵可以吃自己的皮带，"他暴怒地说，"但是我的坦克一定要吃汽油呀！"

德军在诺曼底的惨败以及盟军在突破以后，对德军部队予以有系统且迅速的歼灭，造成了后勤危机。诺曼底登陆的计划人员，原来假定敌人会在多条历史上的河流线据守作战，所以预料的前进速度非常保守。计划假定，在诺曼底滩头地区固守，以及占领海峡各港口后，会有一段用于重整部队和大量补给的时间。而立足地区预料会在塞纳河以西，依据计划的时间表，盟军不到9月4日（登陆后90天），不会抵达这一线。敌军部队一时间兵败如山倒，以及他们急忙向东逃窜，使得盟军的时间表毫无意义可言。谁又能预见得到呢，9月4日，盟军的坦克竟已在塞纳河东边322公里，还进入了安特卫普？艾森豪威尔的幕僚原先判断，大约要花11个月时间才能在亚琛附近进军抵达德国边境。而这时，盟军的各路坦克纵队已经接近第三帝国，盟军比原本的前进时间表提前了差不多 7 个月。原本设计要慢得多的补给与运输体系，已经在几乎接近于奇迹的激烈追击过程之中通过压力测试。

然而，尽管后勤状况极端严重，却没有人愿意承认，大军必须马上停下脚步，不然就是追击战就此戛然而止。"师级以上的指挥官，"艾森豪威尔后来写道，"心中都有这个想法，只要再多上几吨补给，他可以一直冲下去，打赢战争……因此，每一位指挥官都乞求、要求比别人更高的优先补给顺序，事实上也不能否定，在他们每一个人的前线上，都有可以迅速利用的机会，使得他们的要求完全合情合理。"但是，乐观气息依然影响着个人，甚至连艾克也是其中之一。他显然认为，可以长久保持这种挺进的冲力。盟军各集团军可以在德军有机会防守齐格菲防线以前先越了过去，因为他从"整体战场"上看出德军"崩溃"的迹象。9 月 4 日，他指示布莱德雷的"第 12 集团军，占领萨尔与法兰克福地区"，蒙哥马利的"第 21 集团军，攻占鲁尔区与安特卫普"。

这个宣布似乎也让巴顿缓和了下来。这时他很有把握，如果拨给他适当数量的补给，他强大的第 3 集团军，便能到达萨尔工业区，然后猛冲到底，一路直捣莱茵河①。在前所未有过的胜利气氛占上风的此

---

① 巴顿的每周记者招待会，一直都有新闻价值，尤其是巴顿不列入记录的谈话。因为他的用语总是多彩多姿，再怎么说也不能见报。9 月份的第一个星期，我当时以伦敦《每日电讯报》(*London Daily Telegraph*) 的战地记者身份，出席了那次记者会。巴顿以他典型的方式详细剖析德军的作战计划。他用高音调的嗓门，手搥在地图上宣布说："在第 3 集团军前面，可能有 5,000 名，乃至 10,000 名纳粹龟儿子在他们的混凝土工事与散兵坑里。现在，如果艾克停止跟蒙蒂手拉着手，把补给品拨给我，我就会穿过齐格菲防线，速度就像鹅拉屎一样的快。"

刻，蒙哥马利在9月4日发出一封密码电文，再度强烈要求他的行动方案。这一回却远远超出了8月17日他的建议案，以及8月23日他与艾森豪威尔的会谈内容。蒙蒂深信德军已经瓦解，他不但能到达鲁尔区，而且可以大军急进，直捣柏林。

在这封9节的电文中，蒙哥马利再次重复提出理由说服艾森豪威尔，他认为"作一次总动员、全力以赴的进击"的时机已经到来。因为，前面已经有了两项战略性的优势向盟军洞开，"一条是经过鲁尔区，另一条则是经过梅斯和萨尔区"。不过，他的论点是"由于我们没有足够的资源，因此，无法维持这种双管齐下的进击"。所以只有一个机会——他的机会。以蒙哥马利的说法，"经过鲁尔区"的北翼进击，"很可能会得到最好、最快的结果"。为了要确保作战的成功，蒙蒂的单翼进击便需要"所有资源，无限制地供应"。这时他对任何其他的选项都感到无法忍受。他接着表明，他所提的计划与他本人指挥方面的价值，以他个人就足以完成这项计划。其他的作战可以就后勤补给残余量的支持下一并发动。他警告盟军统帅，不可能有其他折中方案，他对双锋进击的可能性加以排斥，因为"那会分散我们的利益，任何一翼的进击都无法全力以赴"。那样一来，便会"延长战争"。从蒙哥马利看来，这个问题"非常简单、非常清晰"。但是时间"极为重要，务必立即下达决定"。

自从惠灵顿（Wellington）以来最具人气，言辞刻薄又态度专横的英国将领，被他自己的自信给迷惑了。一想到后勤情况的严峻，他便振振有词地认定自己"单向挺进"的理论，还比两个星期以前更为正当。蒙哥马利以他难缠的方式——而且毫不在乎对方对电报的语气会有什么感受——他不仅仅是向艾森豪威尔提出行动方案，根本就是在作指示。艾森豪威尔一定得把正在推进中的各集团军停止下来——

尤其是巴顿集团军——以便把所有的资源,都放在他单向挺进的后面。在他这封"M-160号"电报的末尾,更是蒙哥马利傲慢自大的典型例证。"如果你前往这边,或许可以顺道过来讨论,"他提议,"假使如此,乐于明天午餐见到你。别设想我会在这个时刻离开战场。"结尾这句话近乎跋扈,但蒙哥马利并不在乎。他心心念念的是,一定不能失去消灭德军的最后机会。他就像是条帽贝,紧紧咬住自己的"单向挺进"计划不放。因为他确信,艾森豪威尔一定也意识到,发动最后一击的时刻已经来临了。

* * * *

瑟堡半岛西侧格朗维尔(Granville)一处别墅,盟军最高统帅在寝室里,看到了"M-160号"电文,气得难以相信。55岁的艾森豪威尔,认为蒙哥马利的建议"毫不实际"和"异想天开"。蒙哥马利已经三度就单向挺进的事情纠缠艾克至怒火冲天。他认为在8月23日当天,已经一劳永逸地把战略问题给解决了。然而,这一回蒙哥马利不但再次提倡自己的理论,而且还建议直捣柏林。平常他冷静又和蔼,这一下却大发脾气,对手下幕僚人员说"没有鬼相信这行得通,除了蒙哥马利以外"。这时在艾森豪威尔心中最迫切的事情,就是开通海峡的各处港口,尤其是安特卫普,为什么蒙哥马利就不懂这一点?艾克对眼前那些诱人的机会知之甚详。可是正如他告诉盟军副总司令阿瑟·特德空军元帅(Sir Arthur Tedder)、助理参谋长弗雷德里克·摩根中将(Frederick Morgan)的说法,蒙哥马利"要向柏林进军,真是异想天开。大军的大量补给依然还是要靠滩头来运补"。

不可能有比蒙蒂电文的到达时间点更糟的时候了。艾克正靠在床上，由于受了伤，在膝盖上了夹板，而蒙哥马利当时却不知情。除了这项受伤以外，艾森豪威尔还有更多的原因很烦躁。他把盟军总部的主要部分留在伦敦，4天以前，也就是9月1日才到欧洲大陆来亲自指挥。在格朗维尔附近的瑞卢维尔（Jullouville），开设了一个小型的前进指挥所，却根本不管用。因为麾下大军惊人的推进，把艾森豪威尔丢包在距离前线643.7公里远的地方所在——到目前为止，既没有电话，也没有电传打字的电报设施，除了无线电和很基本的传令制度以外，根本不能跟战场上的指挥官立即通信。受伤是在他一次例行视察主要指挥官的飞航行程之后发生的。这也同时加剧了他在战术上的不便利性。9月2日，他与几位美军高级将领在沙特尔（Chartres）开会回来，因为风势强急、能见度不佳，专机不能在总部的机场降落，唯有迫降在——安全地——别墅附近的海滩上。但当时为了要帮飞行员把专机推离海水边缘，艾森豪威尔严重扭伤了右膝盖。就在战时这么重要的节骨眼上，盟军统帅正要接手地面作战的总指挥之际，有许多状况，极其需要当机立断时，艾森豪威尔却动弹不了。

虽然蒙哥马利或许觉得——就这一点上，布莱德雷和巴顿也是如此认为——艾森豪威尔"与地面战事没有脱节"，这是因为艾克远离战场才使这种说法成立。他麾下来自英美的优秀幕僚，对战场上每一天情况的了解，远比手下将领所认为的要更为清楚。当他期望战场指挥官要展现出主动与大胆的时候，是根据艾克和他的幕僚综观全局所下达的决心。毫不讳言，在这段过渡时期，正当艾森豪威尔亲自接手指挥时，却缺乏了一个明确的方向，这也是基于盟军最高统帅角色的复杂性所导致的结果。联合指挥绝不是件容易的事，然而艾森豪威尔却能保持着微妙的平衡，彻底遵照联合参谋长会议（Combined Chiefs of Staff）的计划，使体系发挥功用。为了盟国和睦的利益，他可以修改战略，可是艾森豪威尔却无意把小心谨慎给抛诸脑后，正如他后来所说的，让蒙哥马利"向柏林作单独的、匕首式的进击"①。

他对蒙哥马利并不止于容忍，对他一次又一次的让步，时常惹起其他美军将领的愤怒。然而，蒙蒂看起来"一直样样都要，可是一辈子却从来没有做过任何迅速牢靠的事"②。艾森豪威尔说他对蒙哥马利怪癖的了解程度，比英国人所认为的要多得多。"有人告诉过我他的童年事迹，"艾森豪威尔回忆道，"当一边是伊顿、哈罗这些贵族学校的学生，另一边是其他没那么好的学校校友相互竞争时，有些后进的军官会有自卑感。这个人，一辈子都在要证明他自己是个了不起的人物。"然而蒙哥马利的观点，却反映了他的英军上司对联盟应当如何维系下去的观念。

---

① 为蒙哥马利说句公道话，我们必须指出，他本人从来没说过这么一句话。他的想法是把40个师全部投入，向柏林急进——确实不是匕首式的进击——但这种说法已经与他绑在一起。就我而言，这个说法在多次的盟军最高统帅部战略会议里，都有损蒙哥马利的职业生涯。

② 在一次录音访问，艾森豪威尔总统提及当年与蒙哥马利剧烈争执时，差点向我重演他当时的感受。当我告诉他已经访问过蒙哥马利之后，艾森豪威尔立刻打断我的话，说"你用不着告诉我他说了些什么话——他说我对战争一无所知——对吧？听着，我只在意把这件事真实地、合乎逻辑地记录下来，因为任何历史学家都一定会推论得到……我就个人来说，不管哪个将军记得些什么，包括我在内的，并不是太看重。因为回忆是一种容易出错的事……他妈的，我不晓得你在那英国佬那里听到些什么，英国人可从来都不了解美国人的指挥体系……到等那该死的事情（第二次世界大战）整个结束……我从来没有从英国人那里听见他妈的半句赞美。现在你是更听不到了，尤其是像蒙哥马利那种人……他的同僚说起他来，我做梦都不想再说上一遍，我才不管要把他写成是全世界最伟大的军人。因为他不是，但如果要那么写下来，我也没差……他够胆亲自否认美国人，尤其是包括我在内，对第二次世界大战没有任何贡献，到后来我就跟他断绝了来往……对我一个不说真话的人，没有兴趣往来。"但请读者记得，大战期间，艾森豪威尔从来没有公开评论过蒙哥马利，此处所引述的看法，是首次披露的内容。

第一部 撤退

或许在这一点上可以了解到,蒙哥马利的跋扈是代表了这种一成不变的观点,使得美军高级将领们感到不悦。而艾森豪威尔以盟军统帅之身,负有联合参谋长会议总揽军符的大权,他只关心一件最重要的事,即使盟军团结一致,迅速赢得战争。盟军总部的一些幕僚,包括了很多英军参谋在内,都认为蒙哥马利令人讨厌且爱乱说话。艾森豪威尔除了私下对参谋长史密斯说以外,从来没有批评过他。艾克对蒙哥马利的气愤,事实上比任何人所了解的都还要深。他觉得蒙哥马利是个"神经病……以自我为中心"的人,他所做过的每一件事"都是那么的完美无缺……一辈子从来没有犯过一次错误"。这一回,艾森豪威尔也不打算让他犯错,他告诉特德"抢走了美国人靠瑟堡吃饭的东西,当然也不会把英国人给送到柏林去"。

尽管如此,艾森豪威尔还是为了他跟这个英国人所爱戴的将领之间日益扩大的裂痕而深感困扰。他决定要在几天之后同蒙哥马利会晤,尽力澄清他所认为的误解,无论这次会面多么勉强,他企图再度慎重说明自己的战略,希望能达成共识。在会晤以前的这段时间,他清楚表达一件事,坚决接受蒙哥马利"单向挺进",直捣柏林的计划。9月5日晚上,他以密码电文向蒙哥马利回复。"同意贵官对准柏林发动一次全力以赴的推进之构想,但不同意在此时发动,并因此排除其他的攻势。"艾克认为,"目前,德军在西线主力大军已经歼灭",扩张战果的做法应当是"立即突破齐格菲防线,以广泛战线渡过莱茵河,占领萨尔区与鲁尔区。就此,本人意图以最快的速度实施"。艾森豪威尔认为这些行动,会"紧紧勒住德国的重要工业区,消灭其从事战争的大部分能力……"艾森豪威尔继续提到,在对德国境内发动任何"强大攻击"以前,最重要的便是打开勒阿弗尔港和安特卫普,可是在这个时候,艾森豪威尔强调"我们现有资源对任何方向的转移,都不足以维持向柏林的推进……"

****

艾森豪威尔的决定花了36个小时才到达蒙哥马利手中,而且仅有电文的后半段送达。9月7日上午9点,蒙哥马利接到了结尾的两段,开头的一节一直到9月9日,也就是再过了48小时才收到。从蒙哥马利看来,艾森豪威尔的通信,又是一项确证,盟军统帅"距离战场太远了"。

从蒙哥马利接到的头批零碎片段中,艾森豪威尔非常清楚地批驳了他的计划,当中有一句,"支持向柏林的进击,而我们现有资源对任何方向的转移,都不足以维持向柏林的推进"。蒙哥马利马上回复,强烈地表达不敢苟同。

由于追击缓了下来,蒙哥马利已经感受到最害怕的事情发生了,德军的抵抗正在加强中。在他的电文中特别强调补给的短缺,蒙哥马利表示他只得到需求的一半。因此"我不能在这种情况下长此下去"。他拒绝改变进军柏林的计划。在电文中,对于立即打开关键港口安特卫普的明显需求,却只字未提。但他却着重表示"一等加来港口开通,我便额外需要大约2,500辆的3吨卡车,再加上确保每天平均有1,000吨的空运吨位,以便使我能攻抵鲁尔,最后直捣柏林"。蒙哥马利认为一切都"非常难以说明","不晓得是不是有可能"让艾森豪威尔过来见他。他对自己的信念毫不动摇,认为艾克的决定是个重大错误,深信自己的计划行得通。因此,蒙哥马利拒绝把艾森豪威尔的批驳当成就此结案,可是却又不打算飞到瑞卢维尔去改变艾森豪威尔的心意。虽然他清楚明白,唯一能使自己计划办得成的希望,全在与艾克当面晤谈上,然而这种外交手腕却不是他个性的一部分,只能在怒火中烧的情况下等待艾森豪威尔的答复。此时的蒙哥马利,正值自我封闭、急躁及易怒的状况,伯恩哈德亲王却在这时来到集团军司令部向元帅做礼貌性的拜会。

伯恩哈德在9月6日晚上抵达法国,只带了一小批随行人员、3辆吉普车、名叫马丁的锡利哈姆犬和一个鼓鼓的、装满荷兰地下抵抗组织报告的公事皮包。他们乘坐3架C-47运输机飞往欧陆,伯恩哈德自己驾驶1架,由2架战斗机护航。飞机降落在亚眠(Amiens)机场,便开车向北方80.5公里外法北的杜埃(Douai)前进。7日清晨向比利时和布鲁塞尔出发。在拉肯的集团军司令部,霍罗克斯将军前来迎接,"介绍了蒙哥马利的幕僚",并陪同前去到元帅面前。"他当时情绪不佳,且显然不高兴见到我,"伯恩哈德亲王回忆说,"他心事重重,而在他的战区之内有王室人员的存在,可以想见是他不想承担的责任。"

蒙哥马利以第二次世界大战最伟大的英国军人著称,以伯恩哈德的话来说,这个名气把他打造成了"百万名英国人的偶像"。37岁的亲王也敬畏蒙哥马利,他不像艾森豪威尔般平易得接近随便的举止,使得伯恩哈德要与他舒畅交谈变得很困难。从一开始,蒙哥马利就言辞刻薄且直言不讳地表明,伯恩哈德到他的责任区来令他很"担忧"。没有多加说明,且不圆融,直接就告诉亲王,要去视察离前线还不到16公里远、位处比利时的迪斯特(Diest)附近,隶属于英军第2集团军的荷兰部队——伊雷妮公主旅(Princess Irene Brigade)的做法一并不明智。伯恩哈德是荷军总司令,他有任何的理由去迪斯特视察,当时却没有做出回应,改而讨论起荷兰地下抵抗组织的报告。蒙哥马利随即打断,重回上一个话题,说"你一定不能留在迪斯特,我不容许"。被惹恼的伯恩哈德不得不指出,他是"直隶艾森豪威尔麾下,并不是调到元帅的司令部里来"。伯恩哈德记得这次会晤打从一开始,"对也好,错也好,我们出师便不利"(实际上,艾森豪威尔后来是支持蒙哥马利有关迪斯特的规定,可是他也曾说过,伯恩哈德可以停留在布鲁塞尔,"留在第21集团军司令部附近,那里或许需要你")。

伯恩哈德根据地下抵抗组织的反应,继续讨论荷兰境内的情况。他告诉蒙哥马利,自9月2日开始德军已经撤退与溃散,以及地下抵抗组织的组成。伯恩哈德说,据他所了解,这些报告很正确。据亲王表示,蒙哥马利反驳了他,"我并不认为你们的抵抗人员,对我们能有多大帮助。因此,我认为这一切都不必要"。伯恩哈德被元帅的直率所惊吓,"开始意识到,蒙哥马利显然不相信任何我在当地工作人员发来的'任何'报告。某种程度上来说,我不能怪他。我想他是够厌烦的了,他曾经在推进的时候,接到来自法国与比利时地下抵抗组织的误导性信息。可是我却认识从事这些地下工作的荷兰团体和负责主事的人士,因此我也知道这些消息都是正确无讹的"。他很坚持,因此,把电文档案给蒙哥马利阅览,并引述一件又一件的报告,才提出一个问题:"综合以上报告,为什么你不能立刻发动攻击呢?"

"我们不能倚靠这些报告,"蒙哥马利告诉他,"就因为荷兰地下抵抗组织说,打从9月2日起,德军就在撤退中,并不一定指他们现在依然还在撤退。"伯恩哈德不得不承认撤退"缓慢下来了",也有了"重新整顿的迹象"。然而,他却认为,依然有正当的理由要立即展开攻击。

蒙哥马利还是坚持己见。他说:"再说,我乐于攻击德军和光复荷兰,但因为补给问题我不能这么做。我们缺乏弹药,坦克也缺少油料,一旦展开攻击,部队就会陷入困境。"伯恩哈德为之骇然。他在英国时，从盟军总部、从自己顾问所得到的消息，都使他深信荷兰的光复，几天以内就可以达成。"当然，我很自然地认定，作为现场指挥官的蒙哥马利所知道的情况是比任何人都还要清楚的，"伯恩哈德后来说道，"然而我们得知德军所有的详细情形——部队人数、坦克与装甲车的数量、防炮阵地——而且我也知道，除了紧邻前线的抵抗以外，后面几乎没有什么兵力。我心中好难受，因为我知道随着一天天过去，德军兵力就会增强，我说不动蒙哥马利。事实上，我所说的几乎没有半点发生作用。"

接着，蒙哥马利一反过去的做法，披露以下信息。"我跟你一样迫不及待，要把荷兰解放，"他说，"不过我们打算的是另一种方法，甚至是一种比较好的方法。"他停顿了一下，想了一会儿，然后几乎是以勉强的口吻说，"我正在策划就近以我的部队来执行一次空降作战。"伯恩哈德大吃一惊，无数的问题一下涌到心头，计划空降在哪些地区？作战什么时候发动？目前的发展如何？虽然他克制住不问，蒙哥马利的态度也表现出他不会再多说些什么。显然，这次作战还在计划阶段。亲王认为，应该只有元帅和极少数参谋知道计划详情。尽管伯恩哈德没有听到细节，这时却满怀希望。虽然蒙哥马利刚才谈到补给的短缺，但光复荷兰的时日已经近在眼前了。他一定得忍耐、等候。蒙哥马利英名盖世，伯恩哈德深信不疑，觉得希望又恢复了。因为"蒙哥马利所做的任何事情，都会做得很好"。

※ ※ ※ ※

艾森豪威尔同意蒙哥马利的要求，定于9月10日星期天见面。他对这次开会并不怎么期待，并且预料到蒙哥马利惯常的激烈性争论。然而，他却有兴趣了解蒙哥马利在作战行动上取得了怎样的进展。虽然所有空降作战计划都要经过盟军统帅的批准，但他却已经授权蒙哥马利，可以对盟军第1空降集团军作战术上的运用，也准许他草拟包括这个部队运用的可能计划。他也知道，至少从9月4日开始，蒙哥马利已经悄悄地探索利用空降行动越过莱茵河去占领桥头堡的可能性。

就在6个星期以前，盟军第1空降集团军——集团军司令为美军刘易斯·海德·布里尔顿中将（Lewis Hyde Brereton）——组成以来，艾森豪威尔便一直在找一个目标以及一次适当的战机来运用他们。为了达到这个目的，他一直要求布里尔顿和几位指挥官，草拟大胆而富于创意的空降计划，在敌人阵线的远程后方作大规模的攻击。他们建议过很多次任务，也被上级认可了，可是却统统取消。几乎每一次都是因为神速的地面大军，已经抵达了原拟由伞兵攻占的目标所致。

蒙哥马利最早的建议，是要运用布里尔顿的部队往西、攻占位于荷德边境上的韦瑟尔（Wesel）。然而，那一带防炮密布，迫使蒙哥马利改变主意。然后，他又选择了另一地点，还在西边的荷兰境内，在阿纳姆跨越下莱茵河的大桥——这处交通接点距离德军战线超过121公里远。

到9月7日，"彗星行动"（Operation Comet）——行动计划代号——已经准备完成。但由于天气恶劣，再加上蒙哥马利担忧所属部队会遭受德军日见增强的兵力抵抗而被迫延期。在9月6日或7日有成功可能的行动，到了10日也许就会变成是有风险的。艾森豪威尔对此也感到担忧，其中一件事就是，他觉得在这处交通要道发动空降攻击，那么安特卫普港的开通势必会被耽误。然而，艾克对于发动空降攻击的可能性依然极感兴趣。

有好几次安排好的空降作战，几乎是到最后一分钟才取消，却对艾森豪威尔造成了很大的麻烦。每一次行动到了实施阶段，那些负责载送汽油到前线去的运输机，都得在地面待命，配合伞兵的行动。宝贵的空运吨位的流失，引来布莱德雷和巴顿声嘶力竭的抗议。他们表示，此时不间断的追击战期间，空运汽油要比空降作战重要得多。艾森豪威尔急于使用伞兵部队，也受到华盛顿方面的督促——马歇尔将军和陆军航空军司令亨利·哈利·阿诺德上将（Henry H. Arnold）都想知道布里尔顿新成立的空降集团军，能有什么作为——并不打算把这批训练精良的几个空降师留在地面。反之，他坚持要尽快寻找时机派上用场。事实上，当追击战已经缓和下来的这个时刻，也许就是把伞兵空投到莱茵河对岸的最好时机。可是，9月10日这天上午，他在飞往布鲁塞尔时，心中只想着开通安特卫普，其他的选项都退而次之。

蒙哥马利却并非如此。焦虑又坚定的他，去到布鲁塞尔机场等候艾森豪威尔座机落地。严谨的他，为会议作好准备，为此修饰及完善他的论点。他曾经和英军第2集团军司令邓普西将军、英军第1空降军军长兼盟军第1空降集团军副司令布朗宁中将（Frederick Browning）谈过。布朗宁在厢房中等待会议的结果。邓普西关心当前敌军抵抗的日益增强，并从情报中得知敌军的新部队正在移入。他请求蒙哥马利放弃对阿纳姆大桥的空降攻击，建议集中兵力，攻占莱茵河对岸的韦瑟尔。邓普西认为，即使有空降作战配合，英军第2集团军不见得能凭一已之力往北推进到阿纳姆。他认为，与美军第1集团军配合向东北方的韦瑟尔前进是较好的选项。

如今攻入荷兰境内，无论如何都势在必行了。英国陆军部已经通知蒙哥马利，德国的V-2火箭弹已于9月8日轰击伦敦。它们的发射地点，据信在荷兰西部的某处。不晓得是接收这项消息以前还是以后，蒙哥马利修改了他的计划。最先计划的"彗星行动"，只使用一个半师的兵力——英军第1空降师和波兰第1空降旅。他认为这点兵力不足，因此，取消了"彗星行动"，并用一个更为雄心勃勃的空降作战取代它。到当时为止，只有元帅麾下少数高级将领知道这件事。同时，他们担忧布莱德雷对艾森豪威尔的影响力，他们尽了极大的努力，不让计划露出任何痕迹，免得蒙哥马利集团军司令部内的美军联络官知情。当时布朗宁中将以及在英国本土的第1空降集团军司令部，也和艾森豪威尔一样，并不知道蒙哥马利新一轮的空降计划。

由于膝盖受伤，艾森豪威尔不能下飞机，这次会议就在机上举行。蒙哥马利也像8月23日那样，由他决定谁该出席这次会议。艾克带来的人，有副总司令空军上将特德和主管行政的助理参谋长汉弗莱·盖尔爵士中将（Sir Humphrey Gale）。蒙哥马利唐突无礼地要求艾森豪威尔，把盖尔排除在会议之外，却坚持自己的行政与补给处长迈尔斯·阿瑟·格雷厄姆少将（Miles Graham）留下。要是换了另外一位不那么逆来顺受的长官，或许就会对蒙哥马利的态度发作，艾森豪威尔却耐着性子准许所请，盖尔将军退出会议。

几乎一开始蒙哥马利就立刻抨击艾森豪威尔的广泛战线政策。他不断提到前一个星期艾森豪威尔所发来的电讯，他促请艾克注意自己的前后矛盾，对"优先"的意义没有清楚地弄个明白。他说自己的21集团军，并没有得到艾森豪威尔所答应过的补给"优先"，反而准许巴顿向萨尔区的进兵，占用了蒙哥马利所需的补给额。艾森豪威尔平静地回答蒙哥马利，说他从来没有给予后者"绝对优先权"并把其他人一概排除的意思。蒙哥马利反复提到，艾森豪威尔的战略错了，会导致"可怕的结果"。只要"继续这种时有时无、彼此不相连"的兵分两路，把补给在他和巴顿之间分享，就"没有一个会成功"。蒙哥马利说,最重要的,就是艾森豪威尔要在他与巴顿之间做一个选择。蒙哥马利话说得无礼又放肆,艾森豪威尔忽然一伸手,拍拍蒙哥马利的膝盖,说:"蒙蒂啊,镇定点!你可不能用这种态度对我说话,我可是你的上司呀。"蒙哥马利的气顿时烟消云散,默默地说:"艾克,对不起。①"

这种大异往常,但看起来非常真诚的道歉,并不是就此善了。蒙哥马利顽固地——虽然是略微不那么激烈——继续为他的"单向挺进"辩护。艾森豪威尔专心聆听,并对论点深表认同,但他自己的见地却依然不变。他的广泛战线前进还要继续下去,并清楚明白地告诉蒙哥马利原因。据艾森豪威尔后来回忆②:"你提议的是——如果我把你要的补给统统给了你,你就可以直捣柏林——直接打进柏林吗?蒙蒂,你傻了!你做不到。该死!假如你想来一个长长纵队的单向挺进,就得派出一个师又另一个师保护你侧翼免于攻击。好了,假定你在莱茵河上有了座桥过得去,你总不能长久依靠那座桥来补给你的进军吧?蒙蒂,你不能这么做。"

据艾森豪威尔说,蒙哥马利回答:"我会把他们的补给处理妥当,只要把我要的都给了我,我就会打到柏林,结束战争。"

艾森豪威尔坚决拒绝。他强调,在任何企图攻进德国的主要攻势以前,安特卫普必须要先开通。这时,蒙哥马利打出了他的王牌,最

---

[1] 蒙哥马利在回忆录中谈到这次会议时,说:"我们谈得很好。"但他也确实提及,在这些为战略路线争执的日子里,"可能我把自己的计划,向他要求得过火了一点,并没有对他所承受的沉重政治包袱,予以适当的考虑。回顾以往,我时常纳闷自己是否在充分理解艾森豪威尔的看法之后,再批驳他的意见。我想我是有做到。不管怎么说,我一直对他的忍耐与克制感到惊叹"。

[2] 是对本书作者述及。

近的发展形势——从荷兰境内向伦敦发动的火箭弹攻击——迫使盟军必须立刻攻进荷兰。他懂得该如何发动这种攻势。蒙哥马利建议，投入几乎整个第 1 空降集团军，发动一次震撼、大规模攻击，直捣德国。

他的计划是扩大、浮夸版的"彗星行动"，这一次他要用上三个半师——美军第 82 空降师、101 空降师、英军第 1 空降师和波兰第 1 空降旅——在大军前面的这支空降部队，要占领一连串跨越荷兰的渡河点，主目标是在阿纳姆横跨下莱茵河的桥梁。蒙哥马利料到德军会以为他将采取最短路线，向东北方进攻莱茵河与鲁尔区，蒙哥马利故意采取了朝正北方的"后门"路线进攻德国。这次奇袭性的空降作战，会为英军第 2 集团军的坦克部队打开一条走廊，通过夺下的阿纳姆各座桥梁，直接越过莱茵河再向西进发。一旦这些目标都达成以后，蒙哥马利便可以向东回转，从侧翼包围齐格菲防线，一鼓作气攻入鲁尔区。

艾森豪威尔对此兴致勃勃、印象深刻。这是一项大胆、极富想象力的计划，正是他一直为那几个长时间闲置的空降师所寻觅的大规模攻击行动。可是艾克这时却左右为难了起来。倘若他同意攻击，那么开放安特卫普港的作战就不得不耽误下来，给巴顿的补给品也得转移。然而，蒙哥马利的建议可以使泄气的前进重获生机，或许会把追击推过莱茵河直入鲁尔区。艾森豪威尔被这个计划的大胆所吸引，不但亲自批准[①]而且坚决主张，这次作战要尽早实施。

[①] 根据斯蒂芬・E.安布罗斯（Stephen E. Ambrose）在《盟军最高统帅》(*The Supreme Commander*) 第 518 页中，引述艾森豪威尔告诉他的话："我不但批准……也坚决主张这一点。我们最需要的，便是越过莱茵河的一处桥头堡。如果能够达成，我心甘情愿把其他作战行动给缓一缓……"

然而，盟军统帅强调这只是一项"有限度的攻击"。他向蒙哥马利再三强调，他认为这次陆空联合作战，"仅仅是向北前进直趋莱茵、鲁尔的延伸"。艾森豪威尔记得这次谈话，他向蒙哥马利说："蒙蒂，告诉你我会怎么做。你要渡过莱茵河所要求的，无论什么我都会拨给你，因为我要一处桥头堡……但是我们得先渡过莱茵河，才能谈其他的事情。"蒙哥马利还要争论，可是艾森豪威尔不为所动。元帅大受挫折，不得不接受他所称的"半吊子方案"，会议就在这种情况下结束了。

艾森豪威尔走了以后，蒙哥马利在一张地图上，把自己建议的作战概要，向布朗宁中将提示。高雅的布朗宁是英军鼓吹空降作战的先驱人士之一，在地图上见到伞兵与机降部队，要集结起来据守一连串的渡河点——当中有5座大桥，包括了横跨默兹河、瓦尔河、下莱茵河这几条大河——从荷兰边境到阿纳姆，绵延长达103公里。此外，他们还要负责据守维持这条走廊畅通——在大部分地区，只有单一条北向的公路——让英军装甲兵得以通过。如果要使装甲兵的奔袭成功，这5座大桥必须完整拿下。风险性是显而易见的，不过这也正是空降部队接受训练所要执行的奇袭攻击。但是布朗宁依然不安，他指着下莱茵河上最北边的阿纳姆大桥，问道："装甲兵到达我们这里要多久时间？"蒙哥马利利落地回答"2天。"布朗宁依然专注在地图上，说："我们可以挺上4天。"然后又补上一句，"不过，长官，我认为我们要攻占的这座桥太遥远了。"

蒙哥马利下令，初期计划是以最大的速度开展（之后会以代号"市场—花园"行动"称之——"市场"代表空降，"花园"则指装甲部队进军）。他坚持这次攻击要在几天之内发动。他告诉布朗宁，不然就太迟了。蒙哥马利问道："你们最快要多久准备好？"布朗宁这时只能瞎猜，他告诉元帅："最快能安排行动的时间点是在9月15日或者16日。"

布朗宁带着这份计划大纲。衡量到这件事的紧迫性，要在短短几天内准备这么一次大任务，便立刻飞回伦敦。在郊区接近里克曼斯沃思（Rickmansworth）的摩尔高尔夫球场（Moor Park Golf Course）落地之后，便打电话到32公里外的第1空降集团军司令部，通知集团军司令布里尔顿中将和参谋长弗洛伊德·拉维纽斯·帕克斯准将（Floyd L. Parks），时间是下午2点30分，帕克斯记下来布朗宁的电话内容，"首次在本司令部提到'市场'"。

空降部队的指挥官们并不意外。蒙哥马利的大胆计划，使得批评他最甚的人——布莱德雷也万分惊讶与印象深刻。后来他回忆道："如果虔诚、滴酒不沾的蒙哥马利，此时带着宿醉踉跄走进盟军总部，我可能都不会这么惊讶……我从来不会心甘情愿去做任何的冒险，但是我不得不坦白承认，这是第二次世界大战期间最富于想象力的一次行动。"

情况就是如此，可是蒙哥马利并不开心。这时他对艾克盯得更紧，并再次恢复成谨慎保守、完美主义者——这些造就了他职业军人的个性。他警告艾森豪威尔，在这次"已经定案的方向"中，除非第21集团军得到了额外的补给与运输工具，否则"市场—花园"不可能在9月23日或之前发动，甚至会延到9月26日。布朗宁预估"市场"部分可以在15日或16日准备妥当，可是蒙哥马利在意的是"花园"——地面作战。他再一次要求自己一直索取的东西：绝对优先补给。这一点在他心中认为是成功的保证。艾森豪威尔在记事本中，记下的9月12日"蒙蒂的建议很简单——'一切都拨发给他'"。深恐任何延误或许会危及"市场—花园"，艾森豪威尔唯有答应。他立即派参谋长史密斯将军去见蒙哥马利。史密斯向蒙帅保证，每天1,000吨军需外加运输工具。此外，还答应把巴顿向萨尔区的进兵暂停。蒙哥马利对这种"闪电式"的反应——用他自己的说法——感到兴高采烈，认为自己终于赢得了艾克的认同。

尽管蒙哥马利大军正面的抵抗力量已经加强，他却认为荷境中的德军，在前线那些外壳后面的兵力是有限的。盟军的情报更证实了他的判断。艾克总部报告，在荷兰只有"极少数步兵预备队"，甚至连这些部队都被认为是"战力低下的部队"。情报认为敌军"在漫长、急促的撤退后，依然溃不成军……在这附近，或许会有为数众多的小股德军"。但却不能作任何大规模且有组织的抵抗。这时，蒙哥马利确信他可以迅速打垮德军防线。到那时，只要他渡过莱茵河，长驱直入鲁尔区，他看不出艾森豪威尔要如何阻止他的攻势。他推测艾克没有多少选择，唯有放手让他继续直捣柏林——正如蒙哥马利的说法，"合理迅速地"结束战争。他满怀信心，指定9月17日星期天，作为"'市场—花园'行动"的D日。他所拟定的精彩计划，会成为整个第二次世界大战期间最大规模的空降作战。

＊＊＊＊

对于"'市场—花园'行动"，并不是每一个人都像蒙哥马利那样的自信，至少有一员高级将领就有理由担心。英军第2集团军司令邓普西将军不像蒙帅，并不驳斥荷兰地下抵抗组织报告的可靠性。邓普西的情报参谋从这些报告拼凑出一个轮廓，显示在埃因霍温到阿纳姆之间，也就是空降计划的目标区，德军兵力正迅速增强当中。甚至有一个荷兰人的报告，说"受创的德军装甲部队，正调往荷兰整补"。

这些单位也位于"市场—花园"目标区。邓普西把这些消息，送往布朗宁的英军第1空降军。可是蒙哥马利或者其集团军参谋，并不认同这个消息。这项不祥预兆，甚至没有列入情报摘要内。事实上，在21集团军司令部占优势的乐观态度下，该报告根本不受重视。

7

伦德施泰特元帅冒着高风险赌注，把灿根将军被围在加来地区的第15集团军救出来的举措，现在有了显著成效。自从9月6日起，在黑夜的掩护下，一支临时凑合的船队，包括两艘荷兰陈旧货轮、几艘莱茵河驳船、一些小艇、橡皮艇，在斯海尔德河4.8公里宽的河口，来来回回拼命行驶，把兵员、大炮、车辆，甚至马匹运载渡河。

虽然位于瓦尔赫伦岛上的重型岸防炮，可以防护任何来自海上的攻击，可是盟国海军竟放任德军自由行动，让后者深感惊讶。瓦尔特·波佩中将（Walter Poppe）原本预估，运载他那溃不成军的第59步兵师的船队，"会在水中炸开"。就他看来，从布雷斯肯斯到弗利辛恩的这一小时航程，"坐在既暴露又没有防护、乌漆墨黑的船只里头，那真是最不愉快的一次经历"。德国人猜想，盟军完全低估了这次后撤的规模。很显然，对方知道后撤的进行。伦德施泰特和B集团军群司令莫德尔元帅两个人，都迫切需要增援兵力且动作要快，他们有时被迫在白天过河，但很快盟军战斗机便会来攻击小型船队。黑夜里，不论多么不愿意，却要安全得多。

在这段航程中最危险的一段，便是在斯海尔德河的北岸。那里，会经常受到盟国的空中威胁，灿根的部队只能使用仅有的主要公路，由瓦尔赫伦岛向东,越过南贝弗兰半岛而进入荷兰。这条逃命的公路,有部分就在与本土相接的窄狭颈部,距安特卫普与英军在阿尔贝特运河的战线,只不过几公里远而已。难以理解为何英军即使到了这个时候,依然没有采取认真态度向北进攻、布下埋伏,把那处地峡基部切断。这条逃生的公路一直畅通无阻,尽管遭受盟国毫无止息的空中攻击,灿根的第15集团军终究还是——正是在蒙哥马利"'市场—花园'行动"最紧要关头——抵达了荷兰。

第15集团军能够逃脱,比起运气,有完整周详的计划才是原因。但现在,相反的事情发生了,出乎预料及不可预测的命运之手伸了过来。大约在129公里外,比特里希中将受创的精锐装甲部队——沙场老兵的党卫军第2装甲军(II SS Panzer Corps),到达了阿纳姆附近的宿营地。根据莫德尔元帅9月4日的指示,比特里希逐步地让党卫军第9装甲师、第10装甲师脱离战场,进行"整补与休息",莫德尔为其选择了阿纳姆。这两个兵力减少,但却依然犷悍的装甲师,便在市区的北、东和南面散开。比特里希把阿纳姆北和东北边一大片长方形地带,指定给党卫军第9装甲师,全师大部分人员与车辆都配置在高地上,很轻松隐匿在树木浓密的国家公园里。第10装甲师则在市区东北、东和东南的半圆形地区宿营。因此,两个师都在附近——贝克贝亨(Beekbergen)、阿珀尔多伦、聚特芬、吕洛(Ruurlo)以及杜廷赫姆(Doetinchem)——的树林、村落与城镇当中伪装、隐匿起来。两个装甲师都在阿纳姆的打击距离之内,有些单位离郊区只有1到2公里远。诚如后来比特里希所说"莫德尔选择阿纳姆周围,并没有什么特别的用意——只不过那是片平静、从来没有发生过什么状况的地区。"

这一遥远、与世隔绝的地区,可能会对盟军具有的战略价值,显然被忽视了。9月11日上午，一小批莫德尔的参谋人员，被派出去——在阿纳姆——寻找B集团军群的司令部新址。

莫德尔的一名参谋，35岁、总部的行政运输官，古斯塔夫·泽德尔豪泽中尉（Gustav Sedelhauser）后来回忆，"我们去过贝克贝亨的党卫第9装甲师师部、吕洛的党卫第10装甲师师部和杜廷赫姆比特里希将军的军部，然后又去巡视阿纳姆。那里有我们所需的一切条件；良好的道路网和优良的住宿环境。但还不算是我们的首选，一直开车到西边的奥斯特贝克，这才总算是找着了"。这是一个富庶的住宅村，离阿纳姆中心才4公里，那边有一群的度假酒店，其中有一栋雅致、白色的哈滕斯坦酒店（Hartenstein），拥有宽敞的月牙形草坪，延伸进入鹿群自由自在地漫游、森林公园般的自然环境里。另外面积较小、两层楼、树木荫蔽的塔费尔贝格酒店（Tafelberg），则有落地窗的走廊和镶木壁板的房间。泽德尔豪泽印象深刻，据他回忆："尤其是住房棒极了。"参谋立刻向参谋长汉斯·克雷布斯上将（Hans Krebs）建议，奥斯特贝克是"B集团军群设立总部最好的位置"，莫德尔同意了。他决定一部分参谋住在哈滕斯坦酒店，自己则住在比较僻静、较为平实的塔费尔贝格酒店。泽德尔豪泽中尉很开心，自从他到差以来，集团军总部从没有在一个地方待上过几天，这一下子，泽德尔豪泽"期待会有平静日子，也有机会把衣服洗干净了"。莫德尔指示，在奥斯特贝克镇的B集团军群总部，最迟要在9月15日以前完整运作。总部的位置距离一个广袤的灌木、草地与放牧场大约有4.8公里远，那一带将会是英军第1空降师9月17日空降的位置。

第二部

计划

PART TWO
THE PLAN

1

9月10日傍晚前不久，布朗宁将军跟蒙哥马利元帅结束会议还不到几个小时，布里尔顿中将便已经召开百次"市场行动"基本计划会议。集团军部离伦敦56公里，就在上流社会的雅士谷赛马场（Ascot racecourse）附近的森宁希尔公园（Sunninghill Park）里。27名高阶军官挤在布里尔顿满布地图的大办公室里。布朗宁把蒙哥马利的计划作过简报以后，布里尔顿告诉他们由于时间不多，"至今为止所做的各项主要决策务必维持——而且一定要立刻下达"。

这次任务极为重要，而且几乎没有什么指导原则可循。以前从来不曾试过把规模如此巨大，且完整包含车辆、火炮与装备，力量足以独立作战的空降武力，深入空投到敌军战线后方去。若与"市场行动"相比，以前的空降作战不过是小巫见大巫，可是它们都经过好几个月以上的规划。如今，布里尔顿和计划人员却只有7天不到的时间，准备有史以来连想都没有想过、最大规模的伞兵与机降步兵的作战计划。

布里尔顿最担忧的倒不是时间问题，而是这次作战搞不好会像之前的那些行动一样被取消。他所属空降部队因长时间闲置，已经迫不及待想参与作战了，其结果就是造成了严重的士气问题。几个星期以来，在欧洲大陆的地面部队正大获全胜，横扫法比。而他手下训练精良的各精锐师，却从前方退了下来。有传言说胜利已近，战争可能在第1空降集团军加入战局以前就结束了。

布里尔顿从不怀疑他的幕僚有能力完成这个只有一星期的、紧迫的作战准备。过去他们已经就拟订空降计划做过多次演练，集团军部与各师参谋，都具备高效率水平。除此以外，"彗星行动"以及其他多次取消的作战，它们的计划方案也可以用在"市场行动"中。例如，胎死腹中的"彗星行动"准备工作中，负责的英军第1空降师和波兰第1空降旅，已经对阿纳姆地区做过彻底的研究。然而，"市场行动"的大部分构想，依然要大幅扩充规划的工作——这非常耗费时间。

布里尔顿将军表面上沉着、有信心，可是幕僚人员却注意到他香烟一根接着一根抽。在他的办公桌上，有一个格言框，司令时常指给参谋们看："当一万名士兵从天而降，他们不需要出现在很多地方，只要能够做出无止境的伤害行为；那么请问，那个能够花得起钱，负责让全国各地满坑满谷都站满士兵的亲王，来得及把部队拉过来抗击这些敌人吗？"这是1784年本杰明·富兰克林（Benjamin Franklin）所写的话。

布里尔顿对这位18世纪政治家与科学家的观点着迷。"即使过了160年，"他告诉幕僚们，"这种想法还是一样的。"可是富兰克林却会因"市场行动"的规模与复杂程度而手足无措。为了要从空中进攻荷兰，布里尔顿计划要投下35,000人——将近是诺曼底登陆所使用的伞兵、机降步兵人数的两倍。

"以迅雷不及掩耳的奇袭方式攻占各桥梁。"布里尔顿如此说明，然后守住并保持狭窄、单一前进走廊的公路畅通，供英军"花园"地面部队，由比荷边境的攻击发起线，直达北边103公里外的阿纳姆。一共要动用三个半的空降师，其中两个是美军师。几乎直接落在霍罗克斯将军第30军坦克面前的是马克斯韦尔·达文波特·泰勒少将

（Maxwell D. Taylor）的第101空降师，占领从埃因霍温到费赫尔长达24公里范围内的运河与河流渡口；该师以北，是詹姆斯·莫里斯·加文准将（James M. Gavin）经验丰富的第82空降师，负责从赫拉弗（Grave）到奈梅亨长约16公里的区域，占领瓦尔河与默兹河这两条大河上的各渡河点，尤其是在奈梅亨那多跨连续桥，这座大桥连同引道，将近有800米长。

"'市场—花园'行动"最重要的单一目标，便是阿纳姆和那座横越122mi宽下莱茵河的大桥。这座混凝土、钢架、三跨连续的公路大桥，连同混凝土的引道，几乎长达609.6米。攻占这座大桥的任务，指定给英军和波军——罗伯特·埃利奥特·"罗伊"·厄克特少将（Robert Elliott "Roy" Urquhart）的第1空降师和斯坦尼斯瓦夫·弗朗齐歇克·索萨博夫斯基少将（Stanislaw Franciszek Sosabowski）的波兰第1空降旅。在"花园"部队最远方的阿纳姆，就是他们的目标。没有了莱茵河的渡河点，蒙哥马利想光复荷兰、侧翼包围齐格菲防线、直扑德国的鲁尔工业区等这些雄心壮志都将会失败。

要把一支这么庞大的部队，运到483公里以外去，必须拟订复杂的飞行计划，要求建立3个独立划分的作业：运输、掩护和再补给。供起飞需要的机场不得少于24座。布里尔顿计划运用集团军中每一架堪用的滑翔机——这支庞大的机队便有2,500架以上。滑翔机除了运送吉普车、火炮这些重装备以外，还要空运35,000人部队中1/3的官兵，其余人员跳伞降落。所有这些滑翔机都要检试、分配装载空间，装妥装备与军需，准备好补充兵力。

滑翔机只是飞行计划当中的其中一个问题而已，载运部队与曳引滑翔机的运输机，都得从正在补给推进中的部队的日常任务中改拨、停飞，以便从事"市场"作战的准备。各轰炸机中队的空勤人员，都得为了"市场—花园"攻击之前提高戒备及任务做简报提示。全英国各地的战斗机中队——数量在1,500架以上——都需要投入担任空降部队的护航任务。重要的是规划出不易被解读的飞行航线。画出从英国到荷兰的航线,以避免敌人猛烈的防空炮火,以及同样具备危险性的飞机互撞的可能。海空救难作业、再补给飞行任务,甚至在荷兰其他地区欺敌的假空降,都得加以计划。依据判断,总共在"花园作战"中要使用的各型飞机达5,000多架;而草拟计划、到完成这支庞大机群准备,最少需要72小时。

布里尔顿认为,会议中最迫切的问题便是这次作战应该在白天或在晚上实施?之前几次的大空降作战,都是在月光下实施的。可是半明半暗的天气曾经导致寻觅降落地区的混乱、部队不能集中和造成不必要的死伤。集团军司令宣布,这次大规模空降突击,要在光天化日下进行。这是一项史无前例的决定,在空降作战史上,以这种规模作白昼降落,从没有实施过。

除了想要避免混乱以外,布里尔顿还有其他的理由,拟定实施"市场行动"的这一个星期没有月色,因此,大规模的夜间空降根本不可能。除此以外,布里尔顿选择白昼攻击,还因为这是在第二次世界大战期间首次可以这么做。盟军战斗机在战场上获得了压倒性的空中优势,这时德国空军的干扰实际上已不存在。但是德军有夜间战斗机,在晚上空降,德国空军对上一队队飞行缓慢的运输机和滑翔机,或许是毁灭性的杀伤力。另外一项考虑便是德军的高射炮火力。进入"市场"空降区的航路,在高射炮标示图上都是星罗棋布的防空火炮阵地。图表是根据侦察机的照片,以及飞往德国、途经荷兰的轰炸机空勤人员的回报而来。这看上去很可怕——尤其是滑翔机除了驾驶舱外,没有装甲的保护,运输伞兵和曳引滑翔机的C-47,都没有自封油

第二部 计划 87

箱。尽管如此，布里尔顿还是认为，敌人的高射炮阵地，可以在轰炸与攻击阶段，集中轰炸机与战斗机的火力加以压制。更何况大多数高射炮都由雷达指挥，因此，高射炮在天黑以后的威力与白天一样。不论白天还是晚上空降，估计都会有损失。还有，除非天气恶劣和强风干扰，空降部队在白天攻击，几乎可以高精准度降落在着陆区，确保走廊地带里的空降部队可以迅速集结。"这些优点，"布里尔顿告诉所属部队长，"远远超过了各种危险。"

布里尔顿最后宣布，这次庞大的作战行动，他指定自己的副司令，现年47岁、过分严谨的布朗宁中将（Frederick Browning），英军第1空降军军长担任总指挥。这是一项非常好的抉择，虽然使集团军中另一位军长——第18空降军军长马修·邦克·李奇微（Matthew B. Ridgway）少将很失望。布朗宁曾被指定担任已取消的"彗星行动"的指挥官。该行动规模虽小，也只使用英军和波军部队，但在作战观念上与"市场—花园"作战很类似。在蒙哥马利草拟的新一轮扩大实施、富有创意的作战计划中，美军伞兵会首次在一位英军空降指挥官麾下作战。

布朗宁对出席会议的空降部队的指挥官们，传达了乐观的结论。他以虚幻的信心结束谈话，这经常使他的部下以对待英雄人物的眼光看待他。他的参谋长阿瑟·戈登·沃尔克准将（Gordon Walch）回忆："布朗宁将军兴致勃勃，非常欣慰我们终于要出发作战了。'我们的目标，'他说，'是由空降部队在前方打开通路，好让我们的地面部队通过'。他深信这单一行动将会是决定第二次世界大战结束时间早或晚的关键所在。"

布朗宁的热情感染了各人，结束大型会议以后，又召开一整夜的小型参谋会议。少数几个军官察觉到，布里尔顿和布朗宁之间有某种潜在的摩擦存在。第1空降集团军成立时，英国人就满怀希望，期待他们最资深的空降权威，以及运用伞兵的先驱——布朗宁，能身居高位，当上集团军司令。但这支刚编成的集团军里，美军部队在人数与装备上都占了多数，这个令人称慕的职务因此落在一名美军将领——布里尔顿身上。

资历上，布朗宁比布里尔顿还要资深6个月。虽然布里尔顿是一位出色的战术空军军官，但以前从来没有担任过空降部队的指挥官。除此以外，两个人的个性也差得很远。布里尔顿第一次世界大战时是个飞行员，第二次世界大战时的战绩也很辉煌，起先在远东和中东，后来又担任驻英第9航空军司令，他为人不屈不挠、率直，可是他的热情却被安静、平静的风度所掩饰。现在，布里尔顿着手进行令人赞叹的任务，他以塑造了美国职业军官的特质——果断、勇往直前的方式来处理。

布朗宁是个来自禁卫掷弹兵团（Grenadier Guards）的军官，也是个完美主义者，同样坚决要证明伞兵的价值。但在此之前，他从来没有指挥过军级的空降单位。与布里尔顿相比较，"小伙子"布朗宁多少是位出色人才，为人风雅、仪容整洁，带着一种自在有把握的态度，常常被人误以为跋扈。不但美国人这么想，连有些他自己的长官也是如此。虽然喜怒无常，有时又过于急躁，但无损他作为一名空降理论家在他的崇拜者眼中传奇性的声望。但他依然缺乏某些将领——像英国第6空降师师长理查德·盖尔（Richard Gale）将军，以及美军空降老兵加文、泰勒——的作战经验。而且，他是否有空降指挥官中最有经验的李奇威将军般高强的行政才能，也还有待证明。

几天以前才发生了一件事，说明了布里尔顿和布朗宁之间的差异性。9月3日，布朗宁向布里尔顿抗议，说在下令预告36小时之后就要发动空降攻击的危险性。自诺曼底 D 日登陆以来已经有 17 次的空降作战做了准备且取消的。布里尔顿掌管职务的 33 天中，由于他求战心切，几乎在每一周都可以完成一次作战计划的速率。但没有一次是真正派上用场的。布朗宁眼看着空降计划的大量产出，心里却担忧着它们的仓促以及连带的危险性。当"红雀 1 号作战"（Operation Linnet I）——在英军进入比境以前空降——于 9 月 2 日取消，布里尔顿很快就发现，在这支疾进大军前出现的新目标，建议"红雀 2 号作战"（Operation Linnet II），于 9 月 4 日早晨发动，代替原有的攻击。

据布里尔顿之后对这件事的回忆，"布朗宁对实施'红雀 2 号作战'相当激动，说严重缺乏情报、照片，尤其是地图。因此，'小伙子'表示，他无法对所属好好地做任务提示"。布朗宁主张，空降作战"不应该试图在这么短的时间预告下实施"。原则上布里尔顿很同意，不过他告诉布朗宁："敌军正在瓦解中，要把握这种机会。"两个人各执一词，最后布朗宁强硬地宣称，要以书面提出抗议才结束了对话。几个小时以后，他的函件就来了。由于"我们之间意见的明显差距"，布朗宁写道，他再也不能"继续担任第一空降集团军副司令一职"。布里尔顿一点也不退缩，立刻开始考虑布朗宁的继任人选。他先是通知李奇威将军"待命接任"。这个需要小心处理的问题，在"红雀 2 号作战"取消时解决了。隔天，布里尔顿说服布朗宁把辞呈撤回。

如今两个人把歧见放一边，共同面对"市场行动"庞大、复杂的准备工作。不管有什么异议，面对当前的任务，布朗宁的意见也只能退居次要。

有一个决策是布里尔顿在任务初始会议中无法决定的。究竟要如何才能将打开通路的空降部队投送到预定作战目标区。除非这个最大的问题得到解决，否则各级指挥官就无法拟定详细的计划。事实上，空降部队的机动力，是来自于载运他们的运输机。除了滑翔机以外，布里尔顿本身并没有运输机。为了要达成奇袭，最理想的计划就是把"市场行动"的三个半师，在同一天同一个时间内在各空降场降落。可是这次作战的庞大规模，使得以上设想成了不可能。当时飞机与滑翔机都极度短缺，运输机只能再多飞一趟来补足，其他因素也迫使要采取不同的解决办法。每一个师都有各自不同的作战要求。譬如说，载运泰勒将军101空降师的运输机队，最主要是人员酬载多于装备，以便攻击一开始，该师能执行指定的任务，以在任务最初几小时，就能与"花园"部队会师。同时，101师也要迅速与走廊北面的第82空降师会师。第82空降师不但必须占领默兹河、瓦尔河上的各处重要桥梁，同时还要守住西南边的赫鲁斯贝克高地，该处因为地势关系，能够阻挡德军前进。加文的特定任务也有特别需求。由于第82空降师在会师以前的作战时间较101师长，加文不但需要部队，而且还要火炮。

更往北是厄克特将军的英军第1空降师，需求又不同了。第1空降师要守住阿纳姆大桥直到换防为止。运气好的话，德军的反应如果很迟钝，便足以使盟军装甲部队能够在敌军兵力真正加强以前，增援武力单薄的英军。可是除非霍罗克斯的坦克抵达，否则厄克特的官兵就得挺下去。厄克特不能因分兵南下与加文会师，就分散了本身的实力。第1空降师是在空降走廊的最北边，也就是要比任何其他部队挺得更久。出于这个原因，厄克特的兵力最大。该师除了波兰伞兵以外，还配属了52低地师（52nd Lowland Division）。该师一等到阿纳姆的着陆场选定、准备妥当之后，便立刻空运前往。

11日早晨，经过忙碌的一晚，对可投入攻击的飞机数量评估、分

第二部 计划 91

英军第2集团军指挥官邓普西中将,在与美军第82空降师师长加文准将交谈。

英国第1空降师师长厄克特少将,虽然在指挥作战方面经验丰富,但指挥空降师则是第一次。他不但对德军装甲部队的出现毫无所知,还不得不将部队在距离关键性的奈梅亨大桥之外6~8英里的地方降落。攻击才一开始,通信便失灵。师长本人身陷在德军阵线后方,与师部失去联络,造成在攸关大局的39个小时不见踪影。

92　遥远的桥

析以后，美军第9空运指挥部司令保罗·兰登·威廉斯少将（Paul L. Williams），也是这次"市场行动"航空行动的负责人，向布里尔顿提出了他的评估。他报告说，由于滑翔机与运输机的严重缺乏，即令竭尽全力，在D日当天，充其量只能输运布里尔顿全部兵力的一半。重要物资，诸如火炮、吉普车和其他大型装备等安排滑翔机运送的部分，只能在极其严格的优先级的基础上包括进去。布里尔顿敦促威廉斯设法在D日飞两趟任务，可是这种提议根本行不通。"由于白昼时间的减少，以及涉及的飞行距离，"威廉斯少将说，"是不可能在一天之内实施超过一次以上的空运。"他指出那太冒险，这样将没有时间做飞机的维修与损害管理，几乎可以确定"这样会使飞行员与机组员疲劳，进而造成伤亡"。

由于受到飞机短缺、时间不足的限制，布里尔顿做了个局部的概要评估。对荷境桥梁与地形的空中侦察照相，需要整整一天。准备与分配任务区地图，又一定要花两天。同时还有情报的搜集与分析，详细战斗计划的拟订。最攸关大局的一个决策是布里尔顿被迫修改"市场行动"，以对应现有的空运能力。他只能分批运送部队，在3天之内，把三个半师兵力空运到目标区。风险会很大：德军增援兵力可能比料想更快就抵达"'市场—花园'行动"地区；高射炮火力可能增强，出现恶劣天气的可能也一直存在。在一年中的这段时间，浓雾、强风和突如其来的暴雨都很可能发生——灾害也就会发生。

更糟的是，伞兵和滑翔机载运的步兵一旦落地，没有重炮或者坦克支持就会非常脆弱。除非布里尔顿的部队守住各座桥梁，保持这条狭窄前进路线的畅通，否则霍罗克斯第30军的装甲纵队，就无法对阿纳姆以及更远地区，一口气作103公里的长驱直入。反过来说，与空降部队的会师要以最快速度完成。深入敌后远处的空降部队，就得靠空运补给支持。他们将会面对每一天都有增援兵力加入的德国守军。陷入困境的士兵最多只能在他们的"空头堡"坚持几天。假使英军的装甲部队突进被挡住,或前进速度不够快的话,空降部队不可避免将招致击溃、歼灭。

还有更可能出错的事,如果泰勒将军的"啸鹰"师,没有占领英军第2集团军先锋坦克部队正前方的桥梁,那么加文将军的部队是不是占领得了奈梅亨的目标,厄克特的官兵是否固守住阿纳姆的目标,也都无关紧要了。他们的兵力将会被孤立。

有些空降作战特有的危险是必须承受的:部队也许降落在错误地区;攻击一开始,各处渡河点就先被敌军炸毁;恶劣天气会使空中再补给不可能实施,即使任务桥梁都守住了,打击走廊的任何一处地点或许会被截断。这些都无法预料,计划人员赌的是速度、大胆、精确和奇袭——所有这些变因都得出自一个地面与空降作战配合得天衣无缝的计划,而这个计划又是赌上德军的解体和薄弱的兵力。"'市场—花园'行动"的每一个环节都互相联结在一起,一旦有其中一个出了纰漏,祸害就可能影响全局。

布里尔顿认为,这些都是一定得承受的危险性。机会或许永远都不会再出现。除此以外,根据蒙哥马利第21集团军有关敌军兵力的最近情报资料,空降集团军各级司令部依然觉得他们足以应付"哈希成军、水平不一的敌军"。预料不会有"任何旅级(3,000人)以上的机械化部队",在"与地面部队会师以前,德军能集中不多的火炮与坦克抵抗空降部队"。盟军只认为"飞行与降落阶段很危险,完整占领目标桥梁是要靠突袭和迷惑敌军,而非硬仗"。没有任何一件事情,是计划人员没有想过的。情报摘要的最后一段似乎是画蛇添足——"假如空降作战成功,地面部队的前进会极为迅捷。"

＊＊＊＊

布朗宁将军的第 1 空降军司令部中的乐观气氛，深深困扰着布赖恩·厄克特少校（Brian Urquhart）。25 岁的情报科长认为，他或许是司令部各参谋人员当中，唯一对"'市场—花园'行动"有所疑虑的人（他与英军第 1 空降师师长厄克特没有任何亲戚关系）。他根本不相信每天从蒙哥马利第 21 集团军司令部发下来的，有关敌军兵力的乐观判断。9 月 12 日星期二早上，距 D 日只有 5 天，他对"市场—花园"的怀疑程度接近于恐慌。

触发厄克特这种感觉的，正是邓普西的英国第 2 集团军司令部一封慎重的电文。引用自荷兰人的报告，邓普西的情报官警告说，"市场—花园"地区中的德军兵力正在提升，而且有"受创后的装甲部队出现，相信是在荷境进行整补"。固然这项消息很含糊，由于缺乏任何证据，邓普西的报告，在艾森豪威尔或者蒙哥马利总部的情报摘要中都没有列入。厄克特不明白这是怎么一回事。他从司令部的荷兰联络官那里，也得到了类似使人不安的消息。他跟邓普西的参谋一样，相信这个情报。加上他自己的情报，厄克特少校有理由确定，至少有两个装甲师，正在阿纳姆某处。证据很薄弱，番号未经查明，兵力又不清楚，他也说不上敌军究竟是进行整补呢，或者只是路过阿纳姆。尽管如此，厄克特后来回忆，"真的非常震惊"。

自从"彗星行动"以来，并进化成为"'市场—花园'行动"之后，厄克特少校的畏惧一直有增无减。他一再把自己反对这次作战的意见，说给"任何愿意聆听的参谋"。他直言不讳地对"'市场—花园'表示害怕。它的弱点是在于盟军似乎断定了德军不会作有效抵抗"。厄克特则认为，德军正迅速恢复。他们在荷兰或许会有更多比人们料想到的兵员及武器。他认为，这个计划的整个要点，"完全依赖一种难以信服的见解，说一旦攻占了各处桥梁，30军的坦克就能冲上这条窄得要死的走廊——只不过比堤道要宽一点，根本无法机动展开——闯进德军阵地中去，就像新娘子走进教堂没有两样。我根本不相信德军会屁滚尿流，就此请降"。

在计划会议上，厄克特少校见到"大家都极力要让空降部队投入作战"，就更警觉了。人们经常把当前的情况，与1918年德军的崩溃相比。他记得布朗宁，或许是反映蒙哥马利的看法以及"其他一些英军将领，正想着要来另一次的大突破"。在这位忧心忡忡的情报科长看来，四周的人都以为战争会在冬季以前结束，"阿纳姆攻势或许是空降部队进入作战的最后机会"。一提到"市场—花园"时，常有的轻松比喻更让他胆战心惊——"人们谈起这次作战就像是'开派对'"。尤其，布朗宁宣布空降部队攻击的目标，是"用空降部队在主力部队面前做开路先锋，好让我们的地面部队通过"更使他震惊。他认为"那种陈词滥调的心理效果，使许多指挥官陷入被动和一点想象空间都没有的状态。对于德军的抵抗除了顽强的勇气之外，没有任何别的反应"。他认为各级司令部的气氛是不切实际，他在一次计划会议上，问道："那个'开路先锋'是活生生的，还是死翘翘的空降部队所构成？"

厄克特后来谈及，"要他们面对状况中的现实是绝对不可能的事，人们热切盼望在战争结束之前投入战斗的私人情感，蒙蔽了他们的双眼"。但是年轻的厄克特认为邓普西的警告很正确，他相信德军装甲部队就在阿纳姆附近，可是要使报告言之有物，还需要更多的证据。他知道在牛津郡本森市（Benson）附近，驻有一个喷火式战斗机中队，配备特种倾斜式照相机，目前正在荷兰海岸一带飞行，侦察火箭弹阵地。

9月12日下午，厄克特少校向皇家空军申请在阿纳姆地区作低空侦察飞行。为避免被侦察，敌军坦克会隐匿在树林里或者伪装网下面，以躲过高空侦察照相。他的要求获得批准，侦察中队会在阿纳姆地区作低空侦察飞行，尽快把空拍照片给他。如果那里有坦克的话，就证实了厄克特少校心中的担忧。

*　*　*　*

在这个节骨眼，已经没有多少时间让各空降师师长参阅情报报告了。他们都依赖军部、第1空降集团军司令部作最近期的分析。每一位师长都晓得，依据过去的经验，这些消息到手时，都已经过时了好几天。可是在全面性的分析来看，依然没有理由推断敌人会有什么强力的抵抗。结论就是，"市场—花园"当中所带来的风险，被认为是足以承受的。

布里尔顿和布朗宁的计划一旦概略成形，选定了目标、确认了空运能力之后，每一位指挥官便着手草拟本身的作战计划。首先，必须以空投区和着陆区作为优先考虑。根据过往的行动，有作战经验的空降指挥官都晓得，作战的成功概率，全靠攻击部队空投时，距离目标远近而定。最理想的是他们几乎在目标上落地，或者在一段急行军的距离内攻占一座桥梁。地面的运输车辆极为缺乏，对这些目标作精准着陆极为重要。

泰勒将军非常清楚，这些空降点的选择，要能发挥最大威力。在D日那天，他的"啸鹰"师兵力大部分都会空降，而工兵、炮兵和大部分的车辆，要在D日后1到2天之内才会到达。经过研究这条走廊

第二部　计划　97

的最南端，也就是101空降师所要扼守由埃因霍温到费赫尔的地段，泰勒很快就察觉这条绵延24公里的公路上，他的师必须占领两座运河大桥和不少于9座公路与铁路桥梁。在费赫尔镇，越过阿河（Aa）和南威廉斯运河就有4座桥，其中1座是运河大桥。在南面8公里的圣乌登罗德镇，1座跨越下多默尔河（Lower Dommel）的桥要占领；距那里6公里的松村（Son），又有1条越过威廉敏娜运河的大桥；往西去，接近贝斯特村（Best）又有1座，更往南8公里的埃因霍温，要拿下跨过上多默尔河的4座桥梁。

泰勒细察在埃因霍温到费赫尔之间一段平坦的地形，当中有曲折的水道、水圳河床、水坝，还有3条铁路，便决定把主要降落区，选在差不多是101师攻击地区的正中央，距离松村不到2.4公里的森林边缘，约略与埃因霍温和费赫尔距离相等。在那里，该师空降两个团——502伞兵团和506伞兵团。502团负责攻占圣乌登罗德和贝斯特，506团占领松村和埃因霍温。第3个团——501伞兵团，则在这两个团以北、费赫尔以西跳伞，距4座重要的大桥，都在几百米以内。该师官兵要在没有支持部队辅助下，于D日当天达成以上艰巨任务。泰勒认为，"走运的话，我们可以办得到"。

第82空降师的任务更是错综复杂。它那16公里长的地段，比101师还要宽，位于走廊中段的赫拉弗镇，是跨越默兹河的一座长457.2米、9跨连续的大桥；连接默兹河与瓦尔河的运河上，至少还有4条比较小的铁公路桥梁要加以占领。在90,000人口的奈梅亨市中心，那座越过瓦尔河的大桥，也是主要目标。除非把奈梅亨市外东南3.2公里、控制全地区的赫鲁斯贝克高地拿下来，否则就守不住了。还有在东边沿着德国边境，是一块庞大的森林——帝国森林（Reichswald）——那里可能是德军集结发起攻击的所在。加文将军向师部军官解释82师被赋予的任务时，师参谋长罗伯特·亨利·威内克上校（Robert H. Wienecke）抗议说"我们需要两个师才能全部做到。"加文简洁地说，"就这样了，我们只打算用1个师完成。"

加文记起82师在西西里岛和意大利空降时，他的部队分散远离降落区有时候达56公里远（该师的日常笑话，"我们一直用瞎了眼的飞行员"）。这一回，加文决定要全员直接降落在各自的目标附近。依据优先级，他决定目标如下：第一，赫鲁斯贝克高地。第二，赫拉弗大桥。第三，默兹—埃斯科运河瓦尔运河各渡河点。第四，奈梅亨的瓦尔河大桥。"由于敌军或许会很快有所反应，"加文后来回忆，"我决定把主力落在赫鲁斯贝克高地和帝国森林的中间。"他选择了两个降落区，都在赫鲁斯贝克高地附近，一个距离不到2.4公里，另一个在奈梅亨西南方5到6公里处。这两地由508团、505团，再加上师部参谋跳入。而第3个团——504团要在赫鲁斯贝克高地西侧跳伞，正在默兹河和默兹—瓦尔运河间的三角地带里，东端1.6公里是赫拉弗大桥，西边距默兹—瓦尔运河的桥梁3.2公里。为了确保攻占重要的赫拉弗大桥——该桥可能准备被爆破——他在计划中再加一段，把504伞兵团的一个连，在大桥西端800米处降落。趁敌军来得及反击以前，504团将从大桥两端一拥而上。

显而易见，奈梅亨大桥是加文将军各目标中最为重要的一个，也攸关整个"市场—花园"关键之所在。但是他也很清楚，其他目标没有成功占领的话，这处瓦尔河渡河点本身也毫无用处。布朗宁同意他的看法，假如头一批桥梁没有拿下来，或者敌军守住了赫鲁斯贝克高地，"花园"部队的这条走廊就无法打通。因此，布朗宁特别指示加文，除非首要目标都已经确实到手，否则可别打算对奈梅亨大桥发动攻击。

加文虽然对部队的大范围散布感到担忧，但对计划还是很满意。只有一件事让他烦恼，也同时困扰着泰勒。除非 D 日加 1 及加 2 天内，该师支持部队按时抵达，否则部队在建制上的不完整，他不知道部下——他们这时对"市场—花园"还一无所悉——会有什么反应。然而，久经沙场的第 82 空降师，士气依然像以往般高昂；很多官兵都已经执行过 3 次战斗跳伞。"跳伞吉米"（Jumping Jim）加文，37 岁，是美国陆军中最年轻的准将。毫无疑问，自诩为"平均法则下的亡命之徒"（Fugitives from the Law of Averages）的该师官兵，绝对可以达成任务。

至今最困难、也最危险的任务，指派给了谦虚、沉默寡言的专业军官。他是英军第 1 空降师和配属的波兰伞兵旅的指挥，42 岁的厄克特少将。

跟布朗宁以及美国同僚不同，厄克特是一位高度专业的军人，在北非、西西里和意大利，都有杰出的战功，却没有空降作战的经验。这也是他头一遭在战场上指挥空降师。布朗宁选中他，为的是他"作战勇猛"，可是厄克特对这项任命深感意外。他一直认为空降部队是一个"紧密的组织，封闭的小圈子，相当排外"。然而，厄克特对于领导这支精英部队有相当信心。只要部队到了地面，基本的作战原则还是一样。他把这个空降师，以受过"极高难度训练的步兵部队"来看待。

尽管他有丰厚的作战经验，有一件事却让厄克特很苦恼。他从来没有跳过伞，也没有坐过滑翔机。据他后来提及"我甚至很容易晕机。" 9 个月前，也就是 1944 年 1 月接任以后，他曾经向布朗宁建议，作为新任师长，他应该去接受伞训。对厄克特留有深刻印象的布朗宁认为，他是"身段柔软、完美无缺的人物，但外表却像个静不下心的老鹰"。布朗宁指出,厄克特的工作,是使该师完成进攻欧陆的战备。布朗宁看着这位身高1.83米、体重90.7千克的苏格兰大汉,补上一句"让小伙子去跳伞吧,你不但块头太大,而且你年纪也不小了[①]"。

在那漫长的几个月训练期间,厄克特"时常觉得自己是个局外人、部队里的菜鸟"。他很清楚"自己正受人密切注意,不是敌意的那种。虽然有些空降军官还有些含蓄,少数几个却根本懒得掩饰。我好像是站在法庭上,自己的一言一行都受人评断,这不是一个值得羡慕的职位,但我已经接受了"。渐渐地,厄克特有信心确实能够指挥得动第1空降师,并取得军官们的信任。至于在基层之间,声望之好还超出了他所知。第1空降师第1伞兵旅的二等兵詹姆斯·W. 西姆斯(James W. Sims),回忆起"师长的无上信心和镇定沉着"。师部的约翰·拉特上士(John Rate),印象中则是"师长不论什么工作都能完成。他不会要求别人来做他的工作,而且他也受不了仪式性场面"。通信兵肯尼思·约翰·皮尔斯(Kenneth John Pearce)称他是"了不起的大块头,他称我们'小子',如果是他认识的人的话,就叫我们的小名"。滑翔机驾驶员团(Glider Pilot Regiment)的罗伊·欧内斯特·哈奇中士(Roy Ernest Hatch),对厄克特更是赞颂备至。哈奇断然声称"他是一位了不起的师长,就算要他去干上士的工作他都不介意"。

使厄克特丧气的是,诺曼底登陆时第1空降师没有上场,"整个夏天就那样过去了,计划了一次又一次的作战,却只见到取消、取

[①] 两人第一次见面时,厄克特依然挂着准将军阶,穿着紧身的苏格兰花呢长裤和高地师的靴罩。会面结束以后,布朗宁指着厄克特的裤子说"请你也去准备正式的服装,以及丢掉这些花格裤"。

消"。到了这个时候，他的"红魔鬼"（Red Devils）人人都"渴望第一次世界大战"，但他们几乎是放弃了。第4伞兵旅的杰弗里·斯图尔特·鲍威尔少校（George S. Powell）回忆当时："我们自称是'空等师'（The Stillborn Division），看来我们被当成是胜利大游行的预备队。"厄克特则认为，"我们的生活被混杂着危险的厌倦与讥诮给慢慢地渗透了进来。我们已经训练到最好的状态，如果不立刻投入作战，就会损失掉这种能量。我们已经准备妥当以及欣然接受任何任务，包括任何'假设性'的任务在内。"

厄克特的目标——"市场—花园"的最终目标——是阿纳姆下莱茵河上那座混凝土与钢架混建的公路大桥。此外，第1空降师还有两个次要目标：附近一座浮舟桥，还有河流上游距市区以西4公里处的双轨铁路大桥。厄克特的任务有一连串的麻烦，其中两个尤其使人忧心。这带地区回报有密集防空炮火，有证据显示敌军的这些部队就在阿纳姆大桥附近集结。要把所属的英军和波军伞兵，完整空运到目标区需要3天时间，这也使得厄克特放心不下。这两个问题与厄克特的着陆区选择有直接关联。不像82师和101空降师，他无法选择在主目标或甚至靠近它的地方着陆。最理想的状况，他应该让部队分别降落在接近阿纳姆大桥以及前后两岸的位置。可是，厄克特目标区内的地形一点都不理想。渡河点北面的引道，直接进入人烟稠密、建物林立的阿纳姆中心；根据情报，南面引道则是低洼开拓地，过于潮湿，不宜于伞降或机降。"师内很多指挥官，"厄克特回忆说，"都十分愿意降落在南面，哪怕它是沼泽。当然，也有些人准备冒受伤的危险，在北面跳伞——落在市区里。"

前一个星期从其他任务归航的轰炸机空勤人员报告说，在阿纳姆大桥附近以及北面11公里的迪伦机场（Deelen Airfield），防空炮火增加了30%。因此，皇家空军的长官们强烈反对他们预定派出要去拖曳空降师滑翔机的任务，过于靠近阿纳姆大桥。如果着陆点决定在接近大桥南端的地方，拖曳机放开滑翔机后向北掠过，就会闯入机场上空的猛烈防空炮火。向南转也好不到哪里去，可能和16公里外、在奈梅亨上空载着82师跳伞的运输机发生碰撞的危险。厄克特可真是左右为难。他不能硬要皇家空军把他的部队运到大桥附近，也不能选择阿纳姆外距离较远的空降场。那么做，将面临所有各种的风险——耽误、失去了奇袭性、德军可能的反抗等。这些风险是多重的，因为在D日这天，厄克特师只有部分的兵力。"我的困难就是要在第一轮空运，派足够的兵力落下去。"厄克特回忆。"不但要占领市中心的那座大桥，而且还要警戒、守护供后续空运部队使用的空降场。第一天派去占领大桥的部队，已经减少到只有一个伞兵旅的兵力了。"

面对这些限制，厄克特便向布朗宁请求拨更多的飞机。他向军长报告，在他看来"美国人所要的样样都有了"。布朗宁不以为意，他要厄克特放心，飞机的分配"完全根据优先级，而不是任何高阶层美国人的压力"。他解释说，整个作战必须从南至北加以策划，"由脚到头"，在走廊南段和中段的各处目标，一定"要先行占领，以便地面部队通过；否则的话，第1空降师就会被歼灭"。

布朗宁的司令部，是在摩尔高尔夫球场的俱乐部里，离厄克特的指挥车不远。厄克特在地图上仔细端详、思索状况。在阿纳姆北边有些开阔地区，是在一座国家公园内，可是都太小了，地形也不适合。这些地点充其量只适宜小部队跳伞，但滑翔机却不行。唯一可以替换的方案就是在阿纳姆西和西北，一片海拔76.2米的草地和牧场，四周都是松林，地方非常宽敞。草地地质结实平坦，伞兵和滑翔机降落最理想。那里在各方面都很理想——除了，这里离阿纳姆大桥有10到

11公里远。面对着皇家空军持续反对在邻近大桥的地方空降,厄克特只有勉强选择了这些遥远的地点。"一点办法都没有,"他回忆,"只有接受风险、完成计划,我没有选择余地。"[1]

9月12日,厄克特的计划准备完毕。在地图上画出5处横在阿纳姆到阿姆斯特丹的铁路线两旁、在阿纳姆西北大约6公里的沃尔夫海泽村附近的空降场。3处位置在村北,2处在村南。南面的2处在一起,形成了一处不规则的盒状面积,占地约2.6平方公里。所有这5处离阿纳姆大桥至少都在10公里以上。最远的,便是在西北边的沃尔夫海泽村,大约13公里。

D日当天这两个旅将投入作战,菲利普·希克斯准将(Philip "Pip" Hicks)率领的第1机降旅(1st Airlanding Brigade),负责把守各空降场;杰拉尔德·威廉·拉思伯里准将(Gerald Lathbury)的第1伞兵旅则直扑阿纳姆,攻占公路、铁路与浮舟桥。先锋部队是由吉普车和摩托车组成的机动化侦察中队。厄克特全靠查尔斯·弗雷德里克·霍华德·高夫少校(C. F. H. "Freddie" Gough)这支高度专业化的兵力。侦察中队官兵共有275人,分成4个分队——这是英国陆军中唯一这种形态的单位——冲抵公路大桥加以固守,一直到旅主力部队到达为止。

第二天,也就是D日后一天,约翰·哈克特准将(John "Shan" Hackett)的第4伞兵旅也应该到达,同行的还有机降旅的其余部队。

---

[1] 滑翔机驾驶团团长乔治·斯图尔特·查特顿上校(George S. Chatterton)记得,他想要的是奇袭式的攻击,"一支五六架滑翔机载连的部队,降落在大桥旁边就可以一举攻占。我看不出有什么理由办不到,可是显然没有人看得出有这种需要。我还清楚记得因为我作了这种建议,被人称为是暗血的凶手和杀手。"

第 3 天，索萨博夫斯基少将的波兰第 1 伞兵旅着陆，厄克特为波军选定在第 6 个空降场降落。因为预期在 D 日后 2 天，厄克特部队会攻占大桥，德军各防空炮连都已摧毁，波军可以在下莱茵河南岸、阿纳姆大桥南端 1.6 公里的艾尔登村（Elden）附近降落。

尽管必须承受各种风险，厄克特还是觉得很有信心，认为自己有了"一次合理的行动和一个良好的计划。"他以为，人员伤亡或许"会在 30% 左右"。考虑到这次行动的复杂性，他并不认为这种代价会太高。9 月 12 日傍晚，他向所属各级指挥官做任务提示。厄克特记得，"似乎每个人都对这个计划很满意"。

然而，一位指挥官却有重大的疑虑。波兰第 1 伞兵旅旅长，瘦削、52 岁的索萨博夫斯基少将，十分确信将"会有一场苦战"。这位前波兰战争学院的教授第一次知道"彗星行动"时，就已把自己的立场告诉厄克特和布朗宁。那一次他要求厄克特下达书面命令给他，如此"我不用为这场灾难负责"。他跟厄克特一起去见布朗宁，告诉他"这项任务不可能成功"。索萨博夫斯基回忆，布朗宁问道愿闻其详，"我告诉他，以我们现有的兵力试图这么做是自杀行为。而布朗宁回答，'可是，我的索萨博夫斯基老兄，红魔鬼和英勇的波兰人任何事都办得了啊'"！

如今，一星期过去了，他又在聆听着厄克特的简报。索萨博夫斯基认为，"英国人不但大大低估了阿纳姆地区的德军兵力，而且似乎还忽略了阿纳姆对他们祖国的重大意义"。索萨博夫斯基相信，对德国人来说，阿纳姆代表"到德国的大门口，我不认为德国人会让它敞开无阻"。他也不相信"那一带的部队素质低落，四周只有少数受损的坦克摆着"。当厄克特召集几位旅长开会，告诉他第 1 空降旅要空投"在距离目标至少 10 公里远"的地方，更是让他感到震惊。要到达大桥，部队主力要"行军 4 小时，那又怎么能达成奇袭？德军中任何一个笨蛋都会马上知道我们的计划"。

计划中还有一部分索萨博夫斯基很不喜欢。波兰旅的重装备和弹药，都由滑翔机在前一次空运运载过去。因此，他的堆积所会在北边的某个空降场，而部队却在南岸降落。如果波军跳伞落地时，大桥还没有到手那又该怎么办？厄克特陆续讲解计划说，如果那时大桥依然还在德军手里，波军伞兵就要把它拿下来。听到后，再次使索萨博夫斯基目瞪口呆。

索萨博夫斯基尽管忧心忡忡，9 月 12 日作简报时，他依然默不作声。"我记得厄克特问大家是否有问题，没有人提出来，"他回忆当时，"每个人都满不在乎地坐着、跷起二郎腿，看起来都很无聊的样子。我打算对这个不可能的计划说点什么，可是却不能这么做。我当下已经不受人欢迎，再说一次谁又会听呢？"

后来，各级指挥官在布朗宁的军部对整体空降作战做检讨时，其他人也对有关英军行动的部分，表示深重的忧虑，但也都是保持沉默。82 师师长加文准将，听到厄克特选择的着陆地点时，好不吃惊，然后对他的作战科长约翰·诺顿中校（John Norton）说："我的老天爷，他不是真的吧。"诺顿也是同样吃惊，"他真要这么干，"他冷冷说道，"不过要试试看我也不在乎。"加文认为，"宁可一开始在大桥上空。或在邻近大桥降落，并且造成 10% 的伤亡，也总比冒险到远处的空降场着陆"要好得多。他"很惊讶布朗宁并没有质疑厄克特的计划"。加文依然没有说什么，"就我来看，英国人有丰富的作战经验，绝对清楚知道自己在做什么"。

2

党卫军少校泽普·克拉夫特（Sepp Krafft）认为只要能避免的话，就不打算再搬家了。过去几个星期，他这个兵力不足的第16党卫装甲掷弹兵野战补充营（SS Panzer Grenadier Training and Reserve Battalion）已经奉令在荷兰境内来来回回调动了5次。现在，刚过了5天，又奉令迁出奥斯特贝克镇一下命令的人不是克拉夫特的上司，而是国防军的一名少校。

克拉夫特强烈抗议。他的主力3个连都在村子里宿营，其余的官兵还在阿纳姆。另外，1,000名党卫军新兵不久就会抵达受训。国防军少校的态度坚如磐石，"那不关我的事，"他毫不通融地告诉克拉夫特，"你们一定要搬出去。"克拉夫特也加以反击，这位雄心勃勃的37岁党卫军少校，只接受党卫军上级的命令，他说道："本人拒绝接受。"国防军少校没有怕的。"让我把话说清楚，"他说，"你们要迁出奥斯特贝克，因为莫德尔的总部要搬进来。"

克拉夫特立刻平静下来。他可不想跟莫德尔元帅起冲突。然而，那个命令还是令他很火大。克拉夫特搬走了，但并没有离开很远。他决定要在奥斯特贝克西北边的树林与农舍中宿营，离沃尔夫海泽村不远。他选中的地点，正是沿着沃尔夫海泽村的公路。该处刚好就是盟军在英国的地图作业上标出、第1空降师空降场的中间点，扼守了进入阿纳姆区的通路。

3

阿纳姆地下抵抗组织情报组组长克纳普,在他的新职位上觉得很安全。为了保护太太和两个女儿免得被牵连进来,他早在4个月前离家,搬到几条街区外的地方。他的总部这时在一位执业的家庭科医生——莱奥·布雷巴尔特医师(Dr. Leo C. Breebaart)——的诊所里。克纳普穿着白袍,现在是大夫的"助理医师",有些"病人"则是他的信差——40个成年男女以及几位青少年。

克纳普的工作既耗时又易受挫。他得判断截获的消息,然后再用电话传送出去。阿纳姆地下抵抗组织领袖克鲁伊夫给了他3组电话号码,每一组号码都是12位到15位的数字,要他好好记住。克纳普从来不晓得他打电话过去接电话的人是谁、打到的是什么地方,他收到的指示就是轮流拨每一组号码,直到接通为止[1]。

搜集情报甚至更为复杂,克纳普的要求经由情报体系传下去,他也不晓得会是哪一个情报员负责搜集情报。如果一份报告看来可疑,克纳普便会亲自前往调查。当时,好几份有关奥斯特贝克镇内敌军活动的报告到了他手里,使他既好奇又大惑不解。

---

[1] 克纳普从未知道他接触的人是谁,只知道自己的报告,都传往一个称为"阿尔布雷赫特小组"(Albrecht Group)的最高机密单位。他知道拨的都是长途电话。当时,荷兰的电话号码只有4位。一位优秀的电话技术员尼古拉斯·查林·德博德(Nicolaas Tjalling de Bode),为地下抵抗组织发明了一种方法,拨动某一组电话号码,就可以不经本地电信局交换总机,而自动接通荷兰各地。

一位佩戴参谋领章的德军军官——霍斯特·斯默克尔少校（Horst Smöckel）——走访伦克姆村、奥斯特贝克镇和阿纳姆市一些商店，并采购了各种物资送到奥斯特贝克的塔费尔贝格酒店去。使克纳普好奇的是采购清单，其中有很难找得到的食品，还有一些荷兰老百姓很少见到的珍品，像是杜松子酒。

除此之外，德军通信兵正忙于架设大量的电话缆线到郊区的一些酒店里去——塔费尔贝格酒店也在其内。克纳普认为，结论很明显，一个高级司令部正要迁入奥斯特贝克，会是哪一个司令部？主官是谁？到了没有？

更重要的是，克纳普要对阿纳姆及周围敌军兵力的消息，随时保持更新。他知道在每一个镇里，都有情报员把情报送回来，而他"只不过是一个庞大搜集体系中的小小齿轮而已"。因此，或许会有"信息重复的现象"。尽管如此，每一件事都很重要，因为"一个基层所错过的，我们可以再补救回来"。

他后来回忆，两星期以前，"阿纳姆几乎没有几个德军"。自那之后，当地的军事状况就顿时有了改观。这时，克纳普对德军兵力的增多提高了警觉。根据他的情报来源，克纳普报告在过去7天，"德军好几个师的残部——包括装甲师在内，正在阿纳姆一带整补或正调返德国。"可是现在，更为具体的消息来了。他的消息来源说，在阿纳姆北边和东北边已经出现坦克。克纳普相信这"至少是一个装甲师，或者是两个装甲师的一部分"，已经在本区域活动。只是到目前为止，它们的番号与确实地点还不清楚。

克纳普需要详细的数据。他紧急把话传给情报网，要求更多有关战车活动的精准资料，以及要马上了解塔费尔贝格旅馆的"新住客"是谁。25岁的沃特·范德克拉茨（Wouter van de Kraats）从来没听说过克纳普这个人。他在反抗军的联系人,是一个同住在阿纳姆某处,名叫"扬森"(Jansen)的男性。扬森交给他一个新工作——监视费尔贝格旅馆。他接到的指示说,德军一位高级将领到达了,要他去看看在外面的公务车上有没有"装着足以识别的三角旗或其他旗子"。如果有的话,报告旗帜的颜色和徽章。克拉兹已经注意到旅馆附近,涌进大量德军。宪兵和卫兵已经进驻。现在麻烦的是,他要怎么才能通过这条满布卫兵,前往费尔贝格旅馆的彼得山路(Pietersbergweg)。他决定用蒙混的方式闯关。正当他要往费尔贝格旅馆走去的时候,卫兵立刻把他拦住了。"可是我一定要通过呀,"克拉兹告诉卫兵,"我在这条街上的加油站工作。"卫兵放他走了,另外3名德兵只略略看了他一下。一经过费尔贝格旅馆,他很快瞄了大门口和车道一眼,停着的车辆中没有一辆有标志,不过在酒店正门附近,却立着一面金属质地、黑红白三色的方格旗——德军集团军群司令的司令旗。

* * * *

9月14日星期四下午,克纳普从他的情报网听到了这个消息。还有其他几个消息来源报告说,在阿纳姆北边的半圆形地带,有大批德军装甲掷弹兵、坦克、装甲车宿营;在贝克贝亨、埃普斯(Epse)和沿着艾瑟尔河(Ijssel River)都有部队。还有更骇人的报告,说有"20辆到30辆虎式坦克"出现。究竟一共包括了多少部队,他无法确定,只能清楚辨识出一个部队的番号,而这也是全凭侥幸。一名情报员注意到在一些坦克上,"有古怪的徽章——一个倒'F'字母,下面有一个圆球"。纳普通过查阅德军的专门手册,才识别出这个部队。他立刻以电话联络,报告党卫军第10装甲师的出现。从情报员的报告,他判断该师的位置,大约分布在阿纳姆到阿珀尔多伦之间的北面,从那里向东到聚特芬。

他接到有关塔费尔贝格酒店的报告后不久,也立刻把它给转发出去。那面黑红白三色方格旗的意义不言而喻,在西线战场的这一地区,只有一名集团军司令。虽然克纳普是根据传闻来报告这项消息,但他觉得这位将领铁定是莫德尔元帅。

4

奥斯特贝克东边40公里,杜廷赫姆郊外一处小古堡,军长比特里希将军正在跟两个幸存的师长于第2党卫装甲军军部里开会。比特里希心情恶劣,勉强按捺住自己的火气。这个被打惨了的装甲军,前景比起一个星期以前要糟。比特里希不耐烦地等候人员、武器和装备的补充,却一样都没有到来。与此相反,他的部队反而遭到削减,奉令要派两个装甲战斗群到前线去。一个派往德军第7集团军,想堵住亚琛方面的美军。另一个战斗群则被派去支持斯图登特将军的第1伞兵集团军。英军坦克已经成功突破阿尔贝特运河防线,越过默兹—埃斯科运河(Meuse-Escaut Canal)在距离荷兰边境不远、比利时的下佩尔特(Neerpelt)附近取得桥头堡。而现在,正当英军大量集结重启攻势时——B集团军群情报处长称之为"迫在眉睫"——比特里希却从莫德尔元帅那里,接收"柏林那些笨蛋的疯狂指令"。他其中一个已被打得四分五裂的师,在拆解之后要撤回国内整编。

曾经一度是个非常激情的纳粹党员的比特里希,对这个命令深恶痛绝。他"对柏林的命令,以及围绕希特勒左右,一班逢迎谄媚、耍尽一切手段的小人,感到既厌倦、又恶心"。比特里希一生大半辈子都在军中服役,为人英勇又能干。第一次世界大战时,他是德国空军的一名中尉,两度负伤。战后有好几年,他在一家股票经纪行工作。之后又重新加入武装部队,成为德国"地下"空军部队中的一员。教俄国人飞行达8年之久。希特勒执政以后,比特里希加入新成立的德国空军,但在20世纪30年代中期他请调到党卫军,因为这里升迁要快得多①。

比特里希对希特勒领导统御的信念感到动摇始于诺曼底战役。他支持隆美尔元帅,反对希特勒"发疯似的、战至最后一人"的原则。有一回他对隆美尔透露,"上级的领导太差劲,我再也不能执行毫无道理的命令,我从来不是个机器人,也不打算成为木头人"。7月20日事件后,听说前任司令埃里希·赫普纳大将(Eric Hoepner)是起事人,已经被判处绞刑时,他对幕僚们气得吼叫说:"这是德国陆军最黑暗的一天。"比特里希对希特勒在军事统御上的直率批评,很快就传到了柏林。比特里希后来回忆,"我的话都被报到亲卫队全国领袖海因里希·希姆莱(Heinrich Himmler)那里去,从此以后在希特勒总部,再也没有提过比特里希这个名字了"。到了现在德军西线濒临崩溃,战况需要比特里希的将才,以及同情他的指挥官们救了他,他

---

① 作为一名战争罪嫌疑犯,比特里希在第二次世界大战之后,于监狱度过了8年的时间,直到1953年6月22日以无罪获释。要想确定过去的党卫军指挥官何在并加以访问,是一件很困难的事。但比特里希和他的军官却大力帮助我,让阿纳姆战役中很多迄今未为人知的事件可以清楚记录下来。比特里希要求我帮助澄清一件与他个人生活有关的小事。在很多英国的记载中,"都形容我是名音乐家,一心想当指挥家,"他如此告诉我,"他们可能是把家兄格哈德·比特里希博士(Dr. Gerhard Bittrich)和我混为一谈,他是一位天赋极高的钢琴家和指挥家。"

也没有被召回国内。尽管如此，希姆莱依然"急盼我能回德国小叙"。比特里希对希姆莱的邀请并不存幻想，莫德尔更是如此，他决心把比特里希留在西线，断然拒绝希姆莱多次要比特里希回国的要求。

这时，怒不可遏的比特里希，正把柏林最近的计划向两位师长提示——党卫军第10"弗伦茨贝格"（Frundsberg）装甲师师长海因茨·哈梅尔准将（Heinz Harmel）和党卫军第9"霍亨施陶芬"（Hohenstaufen）装甲师师长瓦尔特·哈策尔中校（Walter Harzer）。比特里希告诉哈策尔——该人早已从集团军参谋长汉斯·克雷布斯上将（Hans Krebs）那里，听到了有关这个计划的一部分——他的霍亨施陶芬师准备立即经由火车运送回国，驻地在科布伦茨东北面、锡根（Siegen）的附近。哈梅尔的第10装甲师依然留驻荷兰，在目前的驻地——阿纳姆东及东南边——整补，全师兵力足额后，准备再行投入作战。

38岁的哈梅尔，为人坦诚，手下官兵替他取了个表示爱戴的外号"老弗伦茨贝格"（der alte Frundsberg）。他对这个决定并不高兴。他认为，"比特里希就像平常一样，显现出他对霍亨施陶芬师的偏爱，可能跟他升任军长前是该师师长的关系，也或许因为哈策尔以前干过他的参谋长"。他虽不认为"比特里希有意不公正，但每一次的结果总是由霍亨施陶芬师接到最轻松的差事"。

他较为年轻的同事，32岁的哈策尔，对这个消息可是雀跃万分。虽然他认为"能够到柏林休假的可能性似乎微乎其微"。最好的情况是，在整补之后，他期待会是"新面貌的霍亨施陶芬师"。就个人而言，犷悍、面上带一条军刀伤疤的哈策尔，对于达成自己的雄心壮志怀有很高的期望晋升成为担任党卫师师长的合适官阶——准将。然而，比特里希说明整体计划时，有一部分并不合哈策尔的意。

哈策尔的第 9 装甲师虽然人员、武器损失惨重，但依然比哈梅尔的那个师要强。通常一个师是 9,000 人，霍亨施陶芬师不到 6,000，弗伦茨贝格师大约只有 3,500 人。哈策尔有将近 20 辆豹式坦克，并不是全都能备战。然而，他有相当可观的自行火炮、装甲车以及 40 辆装甲运兵车，全部配备有重机枪，有些还装置了大炮。哈梅尔几乎没有坦克，各型装甲车辆极其缺乏。两个师依然还有可观的大炮、迫击炮和防炮单位。比特里希交代，要整补留下来的弗伦茨贝格师，哈策尔要尽可能地把车辆和武器转交给哈梅尔。哈策尔是怀疑的，"在我心里，"他后来回忆说，"我非常清楚知道，如果我把这少数几辆坦克，或者装甲人员运输车交给哈梅尔，它们就绝不会再有补充进来了。"对于这个决定，哈策尔并没有抗议，但无意放弃手头所有的车辆。

好久以前，哈策尔就学会了要节约使用部队的资源。他师里有的车辆，远比比特里希知道的还要多——其中包括了从法国撤退时，大量缴获的美军吉普车在内。他决定耍些"文书技巧"，忽略掉这个命令。把履带、轮胎或枪炮从车辆上拆卸下来，这样就可以使它们暂时成为"不堪使用"，直到他返抵国门为止。同时，还可以把它们列在装甲武器统计表的"废品"栏里。

比特里希继续指示，弗伦茨贝格师尽管从哈策尔那里把人员武器接收过来，但兵力是依然不足的。只有一个办法向柏林强调这种情况的紧急：直接告知党卫队作战总局（SS-FHA）实况。这么一来，补给与增援或许不久之后就会来到。可是比特里希不打算去到柏林，于是派哈梅尔去，使他出乎意料。"我不晓得他为什么派我去，而不是哈策尔，"哈梅尔回忆，"不过我们急切需要兵员和装甲装备，或许比特里希这么想，派一员将军或许分量要够一些。这件事一定要瞒着莫德尔元帅。所以，我们没有想到阿纳姆地区会有什么麻烦，上级决定要我在 9 月 16 日晚上启程前往柏林。"

比特里希下达的两项命令，哈策尔与哈梅尔两个师之间的装备交接，以及霍亨施陶芬师解编、调回德国的事立刻开始执行。他又补充了一句，在作业期间，莫德尔元帅要求成立小型机动攻击群，作为"警戒部队"，以便在紧急状况时可以派上用场。因此，哈策尔决定，手上"最精锐的部队最后才装载"。比特里希预期武器调拨与部队调动，要到 9 月 22 日才会整个完成。一天有 6 列火车开往德国，哈策尔认为这个工作会完成得早一些。他认为手上最后、也最精锐的部队，再过 3 天就能启程返回祖国——或许就是在 9 月 17 日的下午成行。

* * * *

一股能降低士气的谣言传遍各地。到了 9 月 14 日，在荷兰的一些德军将领，都纷纷传说即将有一场空降作战登陆。

这种说法起源于希特勒的作战厅长约德尔上将，与西线总司令伦德施泰特元帅之间的谈话。约德尔很担忧盟军或许会从海上登陆荷兰，他说，如果艾森豪威尔遵照着他的惯用战术，便会以空降部队作海上攻击的前奏。伦德施泰特虽然对这项暗示表达怀疑（相比之下，他认为伞兵会与向鲁尔区发动的攻击相配合），却把这个消息传给 B 集团军群司令莫德尔元帅。莫德尔的看法和伦德施泰特相同。但是，他却不能把约德尔的警告当耳边风，便下令给荷境驻军司令——神经过敏的德国空军弗里德里希·克里斯蒂安森将军（Friedrich

Christiansen），从他那支兵力单薄、混杂着——陆军、海军、空军和荷兰党卫军人员的部队中，抽派兵力去防守海岸。

自从约德尔在9月11日打出这通电话，恐惧就从此向下传到了各级指挥部，尤其是德国空军的各部门。虽然登陆到目前还没有具体实现，对空降作战的惧怕却依然在上升，每一个人都在推测可能发生的地点。有些德国空军指挥官，从地图上看到，从北部海岸与阿纳姆地区之间大片开阔的地带，都是可能的空降场。还有些人，正紧张兮兮地等待着英军从默兹—埃斯科运河的桥头堡下佩尔特，再兴攻势直入荷兰，纳闷伞兵会不会配合这种攻击，在奈梅亨空降。

9月13日，德国空军第3航空军司令奥托·德斯洛赫大将（Otto Dessloch），在科布伦茨、伦德施泰特的总部，知道了柏林方面的惧怕，他很是担忧，第二天便打电话给莫德尔元帅。元帅觉得柏林的担忧是"无中生有"，他一点都不在意，"他邀我到奥斯特贝克的塔费尔贝格酒店、他的新总部去吃晚餐。"德斯洛赫一口回绝了，告诉莫德尔说："我可不打算做俘虏。"就在电话挂断以前，德斯洛赫还补上一句"如果我是你，就离开那里"。德斯洛赫回忆当时，只听见莫德尔在哈哈大笑。

有关可能发生空降攻击的消息，传到了阿纳姆北边的迪伦机场，德国空军战斗机司令瓦尔特·格拉布曼少将（Walter Grabmann）耳里。他开车到奥斯特贝克，跟莫德尔的参谋长克雷布斯中将开会，格拉布曼表达出空军方面的担忧时，克雷布斯回应，"看在老天爷份儿上，不要谈这些事吧。话又说回来，他们会在什么地方降落？"格拉布曼走到地图前，指着阿纳姆西边地区说，"这一带的任何地方，这些草地是伞兵完美的空降地点。"格拉布曼后来回忆，克雷布斯"哈哈大笑，警告我如果继续这么讲话下去，定会使自己的表情很滑稽"。

* * * *

就连荷兰恶名昭彰的警察署长，党卫军中将汉斯·阿尔宾·劳特尔（Hanns Albin Rauter）也听到了这个谣言，可能是从他的上司克里斯蒂安森将军那里听来的。劳特尔深信任何事都有可能，包括空降攻击在内。这位在荷兰一手奠定纳粹恐怖统治的首脑人物，推测荷兰地下抵抗组织随时会发起攻击，老百姓也会响应起义。他决定镇压任何形式的动乱，简单的办法就是每有 1 个纳粹被杀，就处决 3 个荷兰国民。两个星期以前，德军撤退、荷兰纳粹党人向德国蜂拥溃逃时，劳特尔便立即宣布进入"紧急"状态。任何人只要与荷兰地下抵抗组织有那么一丁点的关联，他的警察便会采取剧烈的报复手段，不分男女逮捕入狱、枪决或者送进集中营。一般老百姓的日子也不见得好过，各省间的所有旅行都告禁止，强迫实施更为严格的规定。宵禁期间若发现任何人在街上，可以不用警告便开枪射杀。在荷兰南部，预料英军即将发动攻击的地方，荷兰人都被迫充任劳工，替德军挖掘堑壕。在奈梅亨，劳特尔以把一整个家庭送入集中营作为要挟，充实了他的劳工缺额。任何形式的集会都被严禁，劳特尔在公告上警告，"如果发现有 5 人以上聚集，德军、党卫军和警察即可开枪射杀。"

而这时，英军在南部的攻势迫在眉睫，柏林又警告会在北部发动海空攻击，劳特尔的世界开始分崩离析，人都吓惨了①。他晓得莫德尔

---

① 在第二次世界大战之后一处安全的牢房内，劳特尔向荷兰的讯问人员坦承："那时我紧张得很，不得不瘫痪地下抵抗组织的活动。"1949 年 1 月 12 日，荷兰法院判定他有罪，犯罪事项广泛，包括"迫害犹太人，放逐居民充任奴工，掠夺、没收财产，非法逮捕、拘禁、杀害无辜平民……作为对反抗占领当局的报复"。劳特尔于 1949 年 5 月 25 日处决。

在荷兰，为了保险起见，便前往塔费尔贝格酒店。9月14日晚上，劳特尔与莫德尔、参谋长克雷布斯会面。劳特尔表示，"盟军将在荷兰南部使用空降部队"。他认为这在心理上正是大好时机，莫德尔和克雷布斯都不以为意。莫德尔说，精锐的伞兵部队"太宝贵了，他们的训练代价太高"，怎么会滥加运用。元帅的确料到蒙哥马利会从下佩尔特攻入荷兰，但是情况还没有危急到必须动用空降部队。还有，因为攻击部队会被南部的3条大河分隔，他不认为英军有可能向阿纳姆攻击，奈梅亨与阿纳姆对英军来说都太远了。此外，莫德尔继续说道，蒙哥马利"用兵谨慎，他绝不会在鲁莽的冒险中用上空降部队"。

* * * *

9月15日，奥斯特贝克镇西边的德里贝亨村（Driebergen），俘虏押到荷兰的德军反情报处、弗里德里希·基斯韦特少校（Friedrich Kieswetter）副处长的本部时，基斯韦特已经对前者的事迹知之甚多。对于这位脑筋迟钝、28岁的克里斯蒂安·安东尼厄斯·林德曼斯（Christiaan Antonius Lindemans），有好大一堆档案。由于他的身材魁梧（身高1.83米7.6厘米，体重118千克），"金刚"的大名谁都知道。他在荷比边境、英德两军间的无人地带被巡逻队俘获。起先，因为他穿着英军的野战服，德军把他当成军人。但是到了法尔肯斯瓦德附近的营部，他却让审讯员错愕不已。他要求见赫尔曼·约瑟夫·吉斯克斯中校（Hermann Giskes）——荷兰境内的特务头子，也是基斯韦特的顶头上司。通过几回电话以后，更使捕获林德曼斯的人员骇然，居然奉命要把俘虏立刻押往德里贝亨去。林德曼斯个人对此并不感到惊讶。有些同志以为他是荷兰地下抵抗组织的忠诚成员，可是德国人却晓得他的另一面——间谍，"金刚"是个双面谍。

林德曼斯是在1943年开始叛国的。那时他向吉斯克斯投靠，回报便是释放他当时的情妇和他的弟弟亨克（Henk）。亨克因为担任地下工作被德国秘密警察逮捕，据说即将处决。吉斯克斯欣然同意。从此以后，林德曼斯便为德国人卖命。他的里应外合，导致许多地下抵抗组织的分支被渗透，很多荷比爱国志士都被捕、处死。尽管他为人粗俗、大言不惭、酗酒无度和喜爱女色，出奇的是到当时为止，他竟未曾暴露过身份。虽然很多地下领袖认为他是很危险的人物，但布鲁塞尔一些盟军军官却对林德曼斯印象深刻。他替英军一个情报单位工作，主管是一名加拿大上尉。

吉斯克斯人不在，基斯韦特第一次与林德曼斯互动。他看着这位巍然矗立的大盖仙，向办公室各人自我介绍是"大金刚"时，心中感到厌恶。林德曼斯向少校说出最近的这一任务。加拿大情报官派他来预警埃因霍温的地下抵抗组织领袖，不要再把击落、跳伞在敌后的盟军飞行员，经过"逃脱线"送回比利时。英军即将在下佩尔特桥头堡向埃因霍温突破，飞行员都要藏起来。林德曼斯花了5天时间，通过两军战线，才得以把英军集结的若干详细情报告诉基斯韦特。他斩钉截铁地说，攻击定在9月17日发动。

英军即将大举攻击并不是什么新闻。基斯韦特也像其他人一样，知道随时都可能发生。林德曼斯又告诉基斯韦特另外一个情况，他报告说与英军的攻势配合，盟军计划在埃因霍温之后方远处作伞兵空降，以协助占领该市[①]。这项消息对基斯韦特来说毫无道理。如果英军本身能够轻而易举兵临埃因霍温，为什么还要用伞兵？或许是林德曼斯的消息看起来很真实，但也可能是基斯韦特基于对"金刚"的反感，他告诉林德曼斯继续执行任务，然后再回到英军防线那里去。基斯韦特并没有立即采取行动，他认为林德曼斯的消息无关紧要，没有直接传往国防军总部，而是经由党卫队保安局（Sicherheitsdienst，缩写SD）发出去。同时他也把跟林德曼斯的谈话，口述了一份记录给当时公出的吉斯克斯。一直认为"金刚"可靠的吉斯克斯，等到9月17日下午才收到这份对谈记录。

5

距离实施"市场—花园"已经不到48小时。盟军统帅部参谋

[①] 战后，部分英国媒体指控，由于林德曼斯准确道出阿纳姆是空降作战的主目标，所以德军装甲师会在此等候。但显然不是这么一回事，比特里希的装甲军，在9月10日艾森豪威尔与蒙哥马利开会决定"'市场—花园'行动"以前，就已进抵驻地位置。林德曼斯无从得知任何有关对阿纳姆的攻势，以及这次作战的庞大规模。而且，盟军对攻击日期、空投区位置等的决定，都在林德曼斯离开布鲁塞尔、穿越德军战线很久以后才下达。另外一则时常提及的报导，说曾把林德曼斯带到菲赫特（Vught）的斯图登特将军的司令部去讯问，并且认为是这位伞兵专家正确判断他的报告而发出警告。斯图登特断然否认这种主张。"那是好大的鬼扯，"他告诉我说，"我从来没见林德曼斯。的确，我是在战后的战俘营才第一次听到这个说法。"斯图登特补充道："真相是，攻击发生之前，德军司令部里根本没有人晓得这件事。"市场—花园行动后不久，荷兰人怀疑林德曼斯，并逮捕了他。"金刚"这位大名鼎鼎的浪荡子，死到临头都还是名不虚传。1946年7月，距他受审前48小时，人们发现他在监狱医院中和身旁一位狱院护士不省人事。他们两人立下了怪异的"爱情合约"，共同服下过量的安眠药。林德曼斯一命呜呼，女生获救生还。

长史密斯中将，在办公室里听取情报署长英军肯尼思·威廉·多布森·斯特朗少将（Kenneth W. Strong），带着提高的警觉性揭露他获得的消息。斯特朗说，毫无疑问，德军装甲部队已经出现在"市场—花园"作战地区。

几天以来，斯特朗和手下的参谋们，事无巨细地筛分、判定每一份情报，力求断定德军党卫军第9和第10装甲师的位置。自从9月份第一个星期起，就不再有这两个部队的接触报告。两个师都被打得很惨，但要认定是完全被歼灭却不太可能。一个说法是，这两个单位或许已奉令调回德国。可是这时荷兰地下抵抗组织传来的信息却传达了不同的情况，消失的两个师被人发现了。

党卫军第9装甲师假定在荷兰境内的话，那么第10装甲师想必也是如此。斯特朗向史密斯报告说"最有可能是在做坦克整补"。谁也说不上这两个单位还有多少兵力或者战力如何。但有关它们的位置，已经不须怀疑了。根据斯特朗的报告，它们肯定就在阿纳姆周遭。

史密斯高度忧虑"市场—花园"，依他自己的话说："担忧有失败的可能。"他立刻与盟军统帅商量。他告诉艾森豪威尔，由于要降落在阿纳姆的英军第1空降师"无法对抗两个装甲师而守得住"。为了确定他的想法，要先搞懂一个问题——一个大问题——就是有关这两个装甲师兵力。为了安全起见，史密斯认为"市场—花园"应该增加兵力，阿纳姆需要两个空降师（据推测，史密斯心中还有一支部队，那就是盖尔少将的英军第6空降师，该师经验丰富，在诺曼底登陆时，运用得很成功，却没有列入"市场—花园"中）。史密斯告诉艾森豪威尔，不然这个计划就一定要修改。

"我的感觉是，"他后来说，"如果我们不能把另外一个兵力相等的师投入这个地区,那么我们就应该变动美军一个空降师的位置,再往北移连成战线增援英军。"

艾森豪威尔考虑这个问题和所冒的风险。根据这个情报,同时差不多邻近攻击发起的前夕,艾森豪威尔被力劝要推翻蒙哥马利的计划——但同时也是艾克个人曾经核准的计划。这样一来,就是挑战蒙哥马利的用兵之术,使得已够脆弱的指挥情况更加混乱。作为盟军统帅,他还有另一个选择——取消"'市场—花园'行动",可是做出这个决策的唯一根据,却仅仅只有这么一份情报。艾森豪威尔明显认定蒙哥马利已经对他当前的敌军兵力做出了最佳的研究分析,他是根据研析结果来策划作战计划。艾森豪威尔向史密斯解释"我不能告诉蒙蒂该怎么部署部队"。他也不能"取消这次作战,因为我已经给蒙蒂开了绿灯"。如果要加以修改,也该由蒙哥马利来做。但艾森豪威尔依然准备让史密斯"飞往第21集团军司令部,去向蒙哥马利就这件事作讨论"。

史密斯立刻动身前往布鲁塞尔,他发现蒙哥马利既热诚又富有自信。史密斯说明他对阿纳姆区内德军装甲部队的担忧,极力建议或许需要修改计划。蒙哥马利"对这种想法大加嘲弄。他觉得最大的抵抗会来自艰困的地形,而不是德军。他一直反复说,如果我们在总部的人,帮他克服后勤上的困难,一切都会顺利进行。他对德军装甲兵并不担心,认为'市场—花园'会按原定方式顺利实施"。这次会谈毫无结果。"至少,我想阻止他,"史密斯说,"可是却失败了,蒙哥马利就那么一挥，把我的反对意见轻率地甩到一边。①"

****

就在蒙哥马利和史密斯见面的时候，惊人的证据已经来到海峡的这一面，到达英军第1空降军军部。这天凌晨，皇家空军配备了特种照相器材的侦察机中队，从海牙一带返航，拍摄了阿纳姆地区的低空飞越照片。情报官厄克特少校在办公室里，拿起放大镜，检视5张倾斜角度的照片——这是战斗机拍摄的条幅式侦察照片中的"最后"几张。过去72小时，在"市场—花园"地区拍摄了上百张空拍照，以及作了判定。可是唯有这5张，显示出厄克特一直以来担忧的事情——德军装甲部队的出现已经是毫无疑问了。"这是压垮骆驼的最后一根稻草，"厄克特后来回忆道，"照片上，我清楚见到坦克——如果不是正好在阿纳姆附近的预定空降场上，也确实很靠近它们。"

厄克特少校带着足够证明的照片，急忙冲进布朗宁的办公室，把照片放在布朗宁面前的办公桌上，"看看这些照片。"将军把这些照片一张张进行研究。厄克特再也回忆不起所说的每一个字句，只记得布朗宁说："如果我是你的话，对它们就不会自找麻烦了"。然后他指着照片上的坦克，继续说："它们可能已经不堪使用了。"厄克特大吃一

---

① 这一整段内容，是根据第二次世界大战欧洲战区作战史首席历史学家，塞缪尔·莱曼·阿特伍德·马歇尔（Samuel Lyman Atwood Marshall）准将提供给我的数据写成。马歇尔非常友善地同意让我阅览各种他有关"市场—花园"的专著，同时还有他在1945年访问史密斯将军，有关与艾森豪威尔，以及后来与蒙哥马利会晤的经过。

惊。无助的他指着照片上的坦克说,:"堪用与否,它们总是坦克,上面有大炮呀!"回忆起来,厄克特觉得"也许是因为我对情报一无所知,布朗宁将军并不准备接受我对空拍照的判断。我的感觉还是一样——每一个人都很起劲,没有事情能够拦得住他们了"。

厄克特并不知道,布朗宁的参谋中,有些人认为这位年轻情报官似乎积极过头了。好戏正要上场,大多数军官都迫不及待赶去参战,厄克特这种悲观的警告惹火了他们。一名高阶参谋军官如此说道"他的观点因为紧张不安而过度渲染,他已经有点快要歇斯底里了,明显就是工作超时所造成的"。

厄克特与布朗宁见过面后不久,军部医官就来找他。"他告诉我说,"厄克特回忆,"我已经体力透支——谁不是?——或许我该休息,请几天假。我出局了,我已经成为军部的头痛人物。就在这么临近攻击前夕,把我从军部里赶走。我被告知要我回家去。我已经无话可说。虽然我不同意这个计划,并担忧最坏的情况,但这依然是一场大戏呀。说也奇怪,我并不想被留在后面。"

6

9月16日星期六中午,阿纳姆各处的公布栏都贴上了德军的公告。奉秘密警察命令,宣布下列事项:

斯哈普斯德里夫特(Schaapsdrift)高架铁路桥,夜间发生一宗涉及炸药的攻击事件。请全体民众合作缉捕此次攻击的罪犯。

如不能在1944年9月17日星期日，中午12点钟以前缉获，将枪决一批人质。本人吁请全市市民合作，以求人质免于毫无必要之牺牲。

代理市长利拉（Liera）

阿纳姆地下抵抗组织领袖们，在一处地窖里召开紧急会议。这次对高架铁路桥的破坏，干得十分差劲。阿纳姆市情报组长克纳普，对这次任务打从一开始便不喜欢，他觉得"一旦到了要破坏的时机，我们充其量只能算是外行"。以他的看法"不如集中力量，把情报供给盟军，让那些知道该做些什么的人去执行破坏，这样要好得多"。阿纳姆地下抵抗组织首领，38岁的克鲁伊夫，要其他人发表意见。尼古拉斯·查林·德博德（Nicolaas Tjalling de Bode）提议破坏组员投案。克纳普回忆："付出的代价太大了，一座桥梁上炸个小洞，竟要枪毙这么多人质——无辜老百姓的命。"海斯贝特·扬·纽曼（Gijsbert Jan Numan）良心上过意不去。他和哈里·蒙特福里（Harry Montfroy）、阿尔贝特·多伊斯（Albert Deuss）、范达伦等几个人，去筹措制作炸药的材料和策划破坏行动。他们没有一个人想使无辜老百姓牺牲。然而该怎么办呢？克鲁伊夫听取了每个人的意见之后做出决定，"即使会有无辜人民被枪决，我们组织也一定还要保持完整"。据德博德回忆，他宣布以后，环顾参加会议的干部并告诉他们，"不准有任何人向德军投案，这是我的命令"。克纳普感到害怕，他晓得如果按照德军通常的做法，全市会有10到12名高知识分子——他们当中会有医生、律师、教师——于星期天中午，在阿纳姆广场被公开处决。

7

盟军各级司令部以降,把阿纳姆地区出现德军装甲师的情报判断给搞砸了。9月16日,也就是"'市场—花园'行动"前夕,盟军总部发布的第26号《情报摘要》——刊载着之前引起史密斯将军深感不安、不祥预兆的警告——都遭到了漠视。摘要中有一部分提到"党卫军第9装甲师,推测还有党卫军第10装甲师,据报已经撤退到荷兰境内的阿纳姆地区。它们可能会从一处位于克莱沃已知的补给站获得新坦克的补充"。

蒙哥马利与史密斯会晤时,前者已经质疑这项情报。而今,邓普西将军的英军第2集团军司令部情报参谋又将这项情报打折——9月10日最先提出荷兰境内出现"受创的装甲部队"的,也是该司令部。邓普西的情报参谋于9月14日,犯了最严重的错误,他形容"市场—花园"地区中的德军是"兵力薄弱、士气消沉、一旦与大规模空降攻击对垒,可能全面崩溃"。这一回,与他们原来的态度有了180度的改变,而忘掉了德军装甲师的存在,只因为邓普西的参谋人员,无法在任何侦察照相片上,发现敌人的装甲部队。

盟军第1空降集团军司令部,情报处长英军安东尼·塔斯克中校(Anthony Tasker),也不准备接受盟军总部的情报报告。他检视所有手头的数据,断定在阿纳姆地区"除了已知悉的相当数量的防空炮兵以外",没有直接证据显示还有其他更多的兵力。

似乎每一个人都接受了蒙哥马利司令部的乐观看法,沃尔克准将当时是第 1 空降军参谋长,他回忆:"第 21 集团军司令部,是我们情报的主要来源,所颁布下来的,我们都信以为真。"英军第 1 空降师师长厄克特少将说"不准许任何事情,糟蹋了英吉利海峡两岸的乐观气氛。"

然而,除了盟军总部对"失踪"装甲师的报告以外,另外还有德军兵力增强的证据,又是几乎草草带过。在前线,也就是霍罗克斯将军"花园部队"——英军第 30 军当面,显然有越来越多的德军单位进入战线。十天以前,在安特卫普所犯下的战略错误,这时开始发酵,威胁"市场—花园"的整体计划。填补了斯图登特将军前线的德军部队,正是几个渡过斯海尔德河河口逃出来、被盟军打得七零八落的师级部队,是灿根将军第 15 集团军苦战脱身的官兵,这个集团军已经被盟军注记成全灭了。情报军官注意到了这点,尽管德军兵力已经增加,却认为这些前线新单位的状况"无法抵抗任何够决断的前进"。但在比荷边境上的任何英国士兵都晓得不是那么一回事[1]。

* * * *

比利时北部煤炭矿城利奥波德斯堡(Leopoldsburg),距离前线

---

[1] 英军休伯特·埃塞姆(Hubert Essame)少将(退休)在他的佳作《德国之战》(*The Battle for Germany*)第 13 写道:"盟军情报参谋对 8 月下旬和 9 月上旬实际情况的误解,几乎能与 1917 年帕斯尚尔战役(Passchendaele Battles)中,英军第 2 集团军司令道格拉斯·黑格(Douglas Haig)的情报处长约翰·查特里斯准将(John Charteris)相提并论的地步。"在第一次世界大战当时,英国战时内阁首相劳合·乔治(David Lloyd George)认定,查特里斯"只选择适合自己想象的数字和事实,然后据此发出充满希望的报告"。1917 年的佛兰德战役(Flanders campaign)期间,查特里斯多次报告敌军"瓦解""重创""几乎没有预备队",甚至于"溃逃中"。7 月 31 日到 11 月 12 日在帕斯尚尔附近发生的惨重战役中,根据英国官方历史所载,死伤总数高达 244,897 人。

还不到 16 公里。在以鹅卵圆石铺成的街道上，震响着吉普车和搜索车的声音。所有的道路几乎都指向火车站对面的一家电影院——从来不曾有过哪一家类似这样毫不起眼的剧院，让这一类观众留住脚步。霍罗克斯中将麾下第 30 军，也就是要北上直趋荷兰、与伞兵会师的"花园部队"的军官，挤满了整个街道，成群结队围在戏院门口，由头戴红帽的宪兵检查他们的通行证。他们是一批生气勃勃、精力充沛的军人，这使得第 43 威塞克斯步兵师（43rd Wessex Infantry Division）214 旅旅长休伯特·埃塞姆（General Essame）少将想起，"就像是承平时期，聚集在索尔兹伯里平原（Salisbury Plain）观看越野赛马或者表演的群众"。他被各级指挥官色彩缤纷的军服吸引。军帽的花样繁多，没有一个人戴钢盔。各种颜色的扁帽，上方佩戴着久享盛名的各团光荣团徽，当中有爱尔兰禁卫团、掷弹兵禁卫团、冷溪禁卫团、苏格兰禁卫团、威尔士禁卫团、皇家骑兵禁卫团、皇家陆军勤务队、皇家炮兵团等，虽然随性，但看起来每一个人依然庄严。埃塞姆注意到大多数指挥官都穿着"狙击手专用罩衫服、伞兵外套和军常服上衣，下半身是颜色鲜艳的军袜、灯芯裤、短裤，甚至还有马裤"。不打领带，反而是系领巾，或者可以称为"色彩丰富的围巾[①]"。

爱尔兰禁卫装甲战斗群鼎鼎有名的指挥官约翰·奥姆斯比·伊夫林·范德勒中校（J.o.e. Vandeleur），身体结实、脸色红润、身高 1.83 米，总表现出禁卫军军官那种漫不经心的优雅。43 岁的他，今天穿着他平常的战斗服装：黑色扁帽、多色的伞兵迷彩外套、灯芯绒长裤及

[①] 埃塞姆在他写的《战争中的第 43 威塞克斯步兵师》（*The 43rd Wessex Division at War*）中的 115 页写道，"将来的服装设计师"要记得，"当英国陆军士气达到其历史上任何时候最高峰期间，军官会穿着他们认为最适合其生存和战斗条件的衣着"。

128　遥远的桥

高筒橡皮靴。此外在范德勒的腰际，一如以往，佩戴着一把点四五科尔特手枪，还有在外套里塞着一条很帅气的鲜绿色领巾。远在英国的那位要求严格的"小子"布朗宁将军，看到一定会大皱眉头。有一次甚至连霍罗克斯也都面无表情地规劝范德勒，"乔，如果德国兵把你抓住的话，"他说，"他们会以为是抓住个种田的呢。"不过到了9月16日这天，就连霍罗克斯也没有英国参谋军官那种通常对穿着无可挑剔的优雅了，他没有穿军便服，而是一件条纹高领的马球毛衣，在战斗服外面，再加一件没有袖子的短皮上衣，使人想起像是英国贵族侍从的打扮。

　　受人爱戴的霍罗克斯，从拥挤的戏院走道过去时，四面八方都向他欢呼致意。他所召集的这次会议，已经引起了高度的激动情绪，官兵们都渴望再度前进。从塞纳河到安特卫普，霍罗克斯的坦克，平均每一天前进80.5公里。可是自从9月4日那天起，为了"整补、加油、休息"，3天灾难性的休兵以来，前进就变得艰难多了。英军的冲力一消，敌人可以很快恢复过来，从那至关重大的两个星期以后，英军的前进减少到了如爬行的速度。禁卫装甲师——由范德勒的爱尔兰禁卫装甲战斗群一马当先——一共花了4天时间，前进了16公里，占领了下佩尔特附近、渡过默兹—埃斯科运河的桥梁。明天起他们就要从那里开始攻入荷兰。霍罗克斯对德军的抵抗并不存幻想，但是他很有信心，手下部队定能突破敌人的防线。

　　上午11点整，霍罗克斯走上台。开会的人全都知道，英军即将再兴攻势。可是蒙哥马利的计划保密得很，与会人士中，只有极少数几名将领知道细节。距"'市场—花园'行动"的D日不到24小时，蒙帅麾下的指挥官这时才头一遭了解这个计划。

　　挂在戏院布幕上的是一幅好大的荷兰地图。彩色胶带沿着唯一的

第二部　计划　　129

一条公路向北蜿蜒，越过几条大河的障碍，穿过法尔肯斯瓦德、埃因霍温、费赫尔、于登、奈梅亨等市镇直到阿纳姆，距离将近103公里。从阿纳姆，胶带继续贴了48公里到达须德海。霍罗克斯拿了根长长的指示棒开始作简报。"这是你们会告诉儿孙们的故事，"他告诉台下听众。他停了一下，然后补上一句，令与会军官们哄堂大笑，"但也会是他们很厌烦的故事。"

听众当中，101空降师的联络官柯蒂斯·D.伦弗罗中校（Curtis D. Renfro），是少数出席的美军人员之一。他对霍罗克斯的热心与信心，印象很深刻。长官说了一个钟头，伦弗罗记录说："只偶尔看一下笔记。"

霍罗克斯按部就班说明错综复杂的"'市场—花园'行动"。他说，空降军最先进入，目标为占领第30军当面的各座桥梁。将由霍罗克斯下令攻击开始的时间。但还是需要依据气象情况而定，地面部队的攻击发起时间，预定会在下午2点钟。到时候，350门火炮开始射击连续35分钟，形成炽烈浓密的炮兵弹幕。然后在下午2点35分钟，在一波波台风式战斗机发射的火箭弹前导下，30军的坦克从桥头堡一涌而出，"在主干道上打出通路"，禁卫装甲师获得领先攻击的荣耀，紧跟着便是第43威塞克斯步兵师和第50诺森伯兰步兵师（50th Northumberland Divisions），再之后是第8装甲旅和荷军伊雷妮公主旅。

霍罗克斯强调，这次作战"不许停顿，不许休息"，禁卫装甲师要"不要命地前进"一直到达阿纳姆。霍罗克斯相信，从桥头堡的突破是"几乎马上就能达成"的。他预料禁卫装甲师的第一批坦克，在两三小时内，就会进入埃因霍温。假使敌军反应迅捷，在空降部队还没有占领之前便把各座桥梁炸毁，那么在后面跟进的第43威塞克斯步兵师的工兵，从后方往前急调，带着人员与桥材前往架桥。霍罗克斯解释说，这种大规模的工兵作业，所将需要动用到的工兵 9,000 人，以及 2,277 部车辆，都已经在利奥波德斯堡范围内。整个第 30 军的装甲纵队车辆，将填满这条主道路上两线道的车道，每公里是 35 辆车，交通采取单向通行。霍罗克斯预料，"60 个小时内，20,000 辆车要通过前往阿纳姆的道路"。

威名四播的禁卫装甲师师长，46 岁的艾伦・亨利・沙夫托・阿代尔少将（Allan Adair），听着霍罗克斯的提示，觉得"市场—花园"是一个大胆的计划，但也认为"或许会很棘手"。他推测最麻烦的地方，应该是在默兹—埃斯科运河桥头堡突破的时候。只要一从那里通过，尽管他确信会有德军的抵抗，却认为前进"不会太困难"。除此以外，他对领先攻击的部队——范德勒中校的爱尔兰禁卫装甲战斗群——充满信心。

范德勒一听说他的坦克部队又在这次突破攻击中打先锋，只记得自己这么想："啊，老天！怎么又是我们。"他深以选上了自己能征惯战的部队为傲，但他也晓得官兵困乏，兵力不足。不论人员或者坦克，自从诺曼底突破以后，便几乎没有什么补充。尤其是，"他们竟他妈的不多给一点时间来计划"。不过他也想到，要从德军战线中径直猛冲过去，真正需要多少时间来计划？在他麾下第 2 装甲营营长，也是他的堂弟，33 岁的贾尔斯・亚历山大・梅西・范德勒中校（Giles Vandeleur），却被"以单一坦克纵队正面，从德军抵抗中猛冲突破的计划吓惨了"。对他来说，这不是恰当的装甲作战，可是他回忆当时，"就像是赛马来到了起点横杆前，吞下了心中所有的顾虑，受到怪异、紧绷的兴奋感所驱使"。

任务的宣布对戏院中的 3 个人，触动了内心深层的个人感受。荷军伊雷妮公主旅的高阶军官，由诺曼底一直鏖战到现在，起先与加军并肩作战,攻下布鲁塞尔以后,又转调英军第2集团军。现在,他们要回家了,迫切等待着光复荷兰的他们是旅长阿尔贝特·德勒伊特·范斯泰芬宁克上校(Albert "Steve" de Ruyter van Steveninck)、副旅长查尔斯·帕胡德·德莫尔唐斯中校(Charles Pahud de Mortanges)、参谋长约恩克海尔·扬·贝拉茨·范布洛克兰少校(Jonkheer Jan Beelaerts van Blokland)。但他们对于要如何去达成心中愿望的方法,深感担忧。范斯泰芬宁克认为整个计划太冒险,德莫尔唐斯的印象,则认为英军对当时的任务,不以事实为依归而过分掉以轻心。据他表示:"计划的制订似乎相当简单。首先,我们拿下这一座桥;然后那一座桥,过河……当前的地形满是河流、沼泽、堤坝和低洼开拓地,极为困难——我们多次提出,英国人该知道得很清楚。"33岁的参谋长范布洛克兰,忍不住想起过去的战史,"我们似乎违反了拿破仑的格言,除非至少有了七成半的必胜把握,否则绝不要打这一仗。英军反其道而行,我们是把这75%拿来碰运气。到阿纳姆一共只有48小时的时间,只要有一丁点环节出了纰漏——一座桥被炸断了、德军顽强抵抗的程度超出预料——我们就会落后于时间表。"范布洛克兰还有个人因素要担忧的,他的父母住在奥斯特贝克,离阿纳姆大桥只有4公里远。

少数听取简报的军官当中,职级在旅参谋长以下的,有一位是来自爱尔兰禁卫团的21岁约翰·雷金纳德·戈尔曼中尉(John Gorman)。他被现场的种种引起了情绪上的激动,认为是霍罗克斯个人的"最佳时刻"。对于军长,他事后回忆,"发挥了他所有的机智和诙谐,利用他的幽默作为辅助,强调了那些需要多加留意或有关技术性的要点"。戈尔曼尤其对"花园作战"感到高兴,因为"禁卫装甲师又是一马当先,显然他们的角色极具戏剧性"。

简报结束后，指挥官们回去对所属士兵提示任务，年轻的戈尔曼这时"头一次私底下怀疑成功的概率有多大"。徘徊在一幅地图前，他记得是想着"市场—花园"是"一次行得通的作战——但也只是行得通而已"。那一带纯粹就是"有太多的桥梁"。他对那儿的地形也不看好，他认为那里是坦克行动困难的地形，而且"以单一坦克纵队正面前进，我们将非常脆弱"。可是上级承诺将有台风式战斗机发射火箭弹支持，却又使人安心了不少。此外，也还有别的许诺。戈尔曼记得好几个月以前的某一天，蒙哥马利亲手颁授他作战英勇的"军功十字勋章"（Military Cross）①。在授勋仪式中，蒙蒂说道："如果要我打赌的话，我可以跟你一对一打赌，战争将在圣诞节以前结束。"至于霍罗克斯，戈尔曼记得他"也曾告诉我们，这次攻势可以结束战争"。戈尔曼觉得还有另一替代方案，那就是"向北前进，在埃斯科运河旁扎营，过上一个又长又闷的冬天"。他认为蒙蒂的计划"需要有刚好的冲劲与实践的胆量。如果这有机会在圣诞节以前赢得这场战争的话，那么我赞成继续推进"。

平坦、阴郁的比利时乡野，这里的煤田和炉渣堆，让许多威尔士人想起了老家。他们将在邓普西将军的英军第2集团军里负责打头阵。这时，他们听到了这个计划，以及打到阿纳姆去的目标。沿着路旁、在宿营地、在帐篷中，士兵们围绕着军官，知道了在"'市场—花园'行动"中自己所扮演的角色。范德勒中校告诉手下军官，爱尔兰禁卫装甲营负责打先锋时，29岁的爱德华·盖伊·泰勒少校（Edward G. Tyler）记

---

① 戈尔曼是因在诺曼底的卡昂的表现获得的"军功十字勋章"。当时他率领3辆谢尔曼坦克，突然遭遇了4辆德国坦克，其中一辆是60吨的虎式坦克，他的手下打垮了德军3辆坦克，他自己猛攻虎式，摧毁坦克上的主炮，并击毙试图逃脱的坦克驾驶员。

得集合的军官中,有人冒出了"低声的呻吟"。他想起,"我们原以为攻下了埃斯科运河上的桥梁后——我们用范德勒的名字,把它命名为'乔桥'——就该有稍作休息的机会。可是指挥官告诉我们,挑上我们是莫大的光荣"。泰勒尽管很希望免除这种光荣,但还是觉得,"我们已经习惯了单一坦克纵队的正面,"他回忆,"在这种情形下,我们全靠速度与后勤支持,看来没有人为此感到担忧。"

可是刚满21岁的约翰·巴林顿·珀柳·奎南中尉(Barry Quinan),则"感到满心的不安"。他将头一次参加作战,是要跟着迈克尔·詹姆斯·帕尔默·奥科克上尉(Mick O'Cock)率领的、禁卫装甲师打先锋的坦克连。奎南的步兵要像苏俄军队的方式,乘坐在坦克的后面随车前进。在他看来,"前面的河流之多似乎是不祥之兆,我们不是两栖部队"。然而,奎南还是深感荣幸,他的坦克排将会"带领一整个英军第2集团军走在前头"。

鲁珀特·马哈菲中尉(Rupert Mahaffey)也是21岁,还清楚记得被告知,"如果这次作战成功,国内的老婆孩子,就能免除德国V-2火箭弹的威胁"。马哈菲的母亲,那时住在正遭受火箭弹猛烈轰击的伦敦。尽管他对这次攻击的前景感到兴奋,但对于只有单一道路能直达阿纳姆,却认为"这条前进的路可远得吓人"。

23岁的罗兰·斯蒂芬·兰顿上尉(Roland S. Langton),受到炮弹碎片致伤,在野战医院住了5天,刚刚回到部队。他这才晓得自己不再是爱尔兰禁卫第2装甲营的副官了,已经调到了领先突破的坦克中队,成了奥科克上尉的副中队长。他对新职务感到无比开心。兰顿认为,这次突破攻击是那么的直截了当。"花园"作战除了成功以外,不会有别的结果。"很显然,所有的德军都溃不成军且在瓦解当中、缺乏凝聚力,只能在小范围战斗。"

并不是人人都有这样的信心。皇家工兵团21岁的安东尼·G.C."托尼"·琼斯中尉（A. G. C. "Tony" Jones）听取计划之后，觉得"这分明会很困难"。各座桥梁将是整体作战的关键所在，就好像一名军官说："第30军的长驱急进，就像一根棉线要穿过7根针的针眼，只要错过一个针眼就会出纰漏。"24岁的禁卫军老兵蒂姆·史密斯（Tim Smith）认为，这次攻击"只不过是另一场战役"。这一天他最关心的，还是在纽马基特（Newmarket）举行的圣莱杰赛马（St. Leger）。他有小道消息，说是一匹名叫"德黑兰"（Tehran）的马匹，由名骑师戈登·理查兹（Gordon Richards）骑乘，准"错不了"！他跟营部的一名下士对赌，把自己的每一分钱都押在"德黑兰"身上。如果"市场—花园"是打赢这场大战的一次战役，那么这一天也是他在圣莱杰赛马中赢钱的日子。令他惊讶的是，"德黑兰"赢了。这时他也非常确定，"市场—花园"会第一次世界大战成功。

但有人是"极端地不舒服"。皇家空军战斗侦察机飞行员，28岁的唐纳德·洛夫上尉（Donald Love），身在禁卫装甲师的军官当中，觉得很不自在。他是航空联络小组的一员。攻击一开始，这个小组从地面把发射火箭弹的台风式战斗机招来。他那辆配有帆布车斗以及大量通信器材、装甲薄弱的车辆（代号"红酒杯"），将开在车队前半，邻近着范德勒中校的指挥车。洛夫觉得这就像是一丝不挂、毫无自卫能力。这个空军联络小组拥有的武器，只有左轮手枪。他听到范德勒谈到"一道滚动的弹幕，会以每分钟183米的速度向前移动"，然后再听到他魁梧的爱尔兰人，形容洛夫的小小搜索车，是"与天空中飞行员直接通信的装甲通信车"之后，更加剧了他的担忧。

"我给人的印象就是，我是负责跟头上'台风式'飞行员直接沟通的那个人。"这种想法无法使人安心，他对无线电机的组装几乎一无所知，以前也从来没有担任过陆空战术管制官。这时他听说有一位专家——马克斯·萨瑟兰空军少校（Max Sutherland），要在第二天跟他一起处理攻击初期的通信，之后才由洛夫负责。他简直如释重负。洛夫开始想到也许起先自己不应该自告奋勇。他之所以担任这个工作，"只因为我觉得转换一下步调也蛮不错嘛"。

另外一种不同性质的变换，却使爱尔兰禁卫装甲战斗群指挥官心烦。在攻占埃斯科运河桥头堡时，范德勒中校失去了"一位亲近而杰出的友人"。他那辆车顶上大喇叭式的扩音器播音车，被德军一发炮弹炸毁了。打从在英国训练，以及从诺曼底以后的大举进军，乔都会用它向部队播放音乐。范德勒酷爱古典音乐，经常挑选一两张唱片来播放，但不见得都能取悦他的官兵就是了。播音车被炸成了碎片，古典音乐唱片被打得稀巴烂——连带范德勒喜欢的流行歌曲唱片一如暴雨般落在田野里。这次损失使他很伤心，他部下的爱尔兰禁卫官兵却不见得如此。他们认为长驱直袭阿纳姆，并不算什么难事，只要不听指挥官的扩音器播放他那首主题歌《赞美上帝，把弹药递过来》（*Praise the Lord and Pass the Ammunition*）就好了。

同时间，在英格兰的盟军第 1 空降集团军的伞兵和机降步兵，都已进入集结整备区，待命起飞。过去 48 小时，军官已经使用地图、空照图、地形模型，向所属士兵反复作了任务提示。准备工作既庞大又仔细。在 24 处空军基地中（英军 8 处，美军 16 处），一列列不见底的运输机、拖曳机、滑翔机都已经检查完毕、装满油料，载满从火炮到吉普车等装备。加文准将外号"全美师"的第 82 空降师，已经在伦敦市北边 144.8 公里的林肯郡（Lincolnshire）格兰瑟姆镇（Grantham）附近的好几个集中的机场与外界断绝联系。厄克特将军外号"红魔鬼"的第 1 空降师，索萨博夫斯基少将的波兰第 1 伞兵旅，也都是如此。在南边，大约距伦敦西方 128.9 公里的纽伯里（Newbury），泰勒少将外号"啸鹰"的 101 空降师，也同样"封印"了。从这里一直延伸到多塞特郡（Dorsetshire），便是厄克特剩下的其他部队，该师的主力要直到 17 日早晨才进驻机场，现在驻扎在靠近出发机场的村、乡和宿营地区，他们也都完成了准备。各地的"市场—花园"空降部队，正等待着起飞的时刻，从空中向荷兰作历史性的反攻。

有些人在意自己被锁住了，这点更甚于任务本身。拉姆斯伯里（Ramsbury）附近的一处机场，101 空降师 502 团的汉斯福德·C. 维斯特下士（Hansford Vest），对于实施的安全措施感到十分不安。"飞机和滑翔机在机场上排开好几公里长，到处都是卫兵。"他注意到机场四周被铁刺网给包围，"外面是英军卫兵，里面是我们的卫兵。"维斯特觉得"我们的自由没了"。508 团的二等兵詹姆斯·R. 阿勒代斯（James Allardyce），在拥挤的帐篷城市中，试着不去理会铁刺网和卫兵的事。他再三检查装备，"一直到它们差不多都快要磨损了为止"。阿勒代斯甩不开他心中的感受，"我们像极已经被处以极刑的人，就等着给带出去处决而已"。

其他人担心的，主要还是实施这次任务的概率，毕竟之前好多次作战都被取消了。这使得 506 团的 19 岁新兵梅尔文·艾斯尼克夫（Melvin Isenekev）二等兵，即使已经进入集结整备区待命，他还是不相信这一次会去得成（他 6 月 6 日来到这里，正是 101 空降师在诺曼底跳伞的那一天）。他觉得自己为了跳伞，"训练时间既长又辛苦，我可不想被留在后面"。然而他差一点就被留下来了。他想用一个临时燃油炉来煮点热水，于是把一根点着的火柴，往油桶里一丢。然而，没有动静，艾斯尼克夫便"俯首去看看油桶，它却轰然炸开来"。这让他一下子看不见，心中想到"这下完了，他们不会让我去了"。可是过了几分钟，眼睛不再发烫，又看得见东西了。不过他相信到时候101空降师在荷兰跳伞时，他将会是全师当中唯一一个没有眉毛的人。

502团24岁的丹尼尔·约翰·扎帕尔斯基（Daniel Zapalski）二级军士长"对这次跳伞显得很紧张，希望伞包有正确折好，落地的田地松软，还希望别落在树上"。他巴不得出发作战，尽管上次在诺曼底跳伞时的腿伤还没有完全恢复。扎帕尔斯基认为自己的伤，"还没有严重到妨碍执行正常的勤务"。他的营长，受人爱戴的罗伯特·乔治·科尔中校（Robert G. Cole）却不同意他去，驳回了扎帕尔斯基的请求。他可不泄气，没有经过营长，从团部医官那里弄到了一纸适合战备的书面证明。虽然科尔和扎帕尔斯基在诺曼底有过共同作战的情谊，这时却挨了"典型的科式训斥，骂我是'笨蛋波兰佬、不切实际、负累和蛮不讲理'"。但却还是让扎帕尔斯基去了。

502团随军牧师雷蒙德·S.霍尔上尉（Raymond S. Hall）也有类似问题。他是"最急于能回来跟同团弟兄共同参加作战的人"。他也是在诺曼底受了伤。可是这一回医官不准他跳伞，到最后才被告知允许搭乘滑翔机去。随军牧师可吓坏了，他是个老伞兵，不认为滑翔机是安全的。

其他人要么害怕阵亡，或者害怕说表现不够好而觉得非常懊恼。22岁的上尉连长勒格兰德·金·约翰逊（LeGrand Johnson），想起在诺曼底登陆前的那一晚，101空降师实施夜间空降攻击的"恐怖和间不容发的死里逃生"，就完全变得"听天由命"起来，认定这次任务他将回不来了。然而，年纪轻轻的约翰逊"还是充分打算要尽力打他一个天翻地覆"。对于在大白天空降这个主意究竟是不是喜欢，他自己也说不准，可能会造成更多的伤亡。反观，"我们也看得到敌人"。

为了隐藏自己的紧张不安，约翰逊跟自己的手下打赌，看谁能先把荷兰的啤酒弄到手。约翰逊有一位名叫查尔斯·J.多恩（Charles Dohun）的上士，几乎对忧虑"麻痹"了。他"不晓得要如何把这次白昼跳伞跟诺曼底比较，也不知道该期待些什么"。48小时内，多恩上士就会忘掉了他的麻痹，英勇地营救相信宿命论的约翰逊上尉一命。

22岁的马歇尔·科帕斯（Marshall Copas）技术军士长，或许他比大多数人都有更为焦急的理由。他是"导航组"（Pathfinder）组员之一，是第一批跳伞下去的人，负责为101师标定空降场。科帕斯回忆在诺曼底跳伞时，"在主力部队跳伞以前，我们有45分钟时间——而这一回却只有12分钟"。他和朋友，29岁的约翰·鲁道夫·布兰特下士（John Rudolph Brandt），对某件事情的想法是一致的。两人都觉得，"如果空降部队下面的是巴顿将军的第3集团军"，那就太好了，"我们以前从来没有跟英国仔一起打过仗"。

在格兰瑟姆，第82空降师一位参与过三次战斗跳伞的老兵，二等兵约翰·加齐亚（John Garzia）可吓惨了。他觉得，"'市场—花园'行动完全是疯狂行为"。他认为"艾克已经投靠到德国人那一边去了"。

眼前，"'市场—花园'行动"是真的要上场了。第82空降师508团3营营长小路易斯·冈萨加·门德斯中校（Louis Mendez），毫不迟疑地指出了一件事。他心中依然有该团在诺曼底跳伞时的阴影，于是对明天要载该营去跳伞的飞行员们，下了严厉的警告。"男士们，"门德斯冷冷地说，"我手下的军官都了解荷兰的地图，内心里也熟悉了各空降场，我们也完成了准备去作战。之前诺曼底的提示任务时，我带的那个营是空前优秀的作战部队，可是我在诺曼底把他们集合起来时，却丢掉了一半。我拜托你们，要么把我们丢在荷兰，要么就把我们丢到地狱里去，但总要把我们整体丢在同一个地方。"

第二部 计划 139

24 岁的一等兵约翰·亨利·艾伦（John Allen），是跳过 3 次伞的老兵，在诺曼底所受的伤还没有完全康复，对这次作战却看得很开。"晚上跳伞他们没有打中我，"他一本正经地告诉同连的弟兄，"这一回他们看得到我，所以可以好好打上一枪了。"拉塞尔·R. 奥尼尔中士（Russell R.O'Neal）以前有过 3 次夜间战斗跳伞经验，认为"自己的爱尔兰人运气快要用完了"。一听说 82 师要在白天跳伞，便写了一封信，却一直没寄出去："妈，您今晚可以在窗户挂上一面金星的旗子了，就算我们还没有落地，德国人就有大好机会可以打中我们。"504 团的二等兵菲利普·H. 纳德勒（Philip H. Nadler）为了舒缓气氛——反而弄得更糟——散布了几个谣言，他最喜欢的其中一个，便是说有一批德国党卫军宿营在 82 师其中一个空降场里。

纳德勒对排上的任务指示并没有多少的印象。504 团的其中一个目标是赫拉弗的桥梁。简报任务的排长把全排人集合在周围，一个沙盘模型上盖的布掀开后说："各位弟兄，这就是你们的目的地。"他用指示棒指着一座桥，上面只有一个字"坟墓"（赫拉弗）。纳德勒头一个发表意见。"是呀，排长，我们都晓得那里是，"他说道，"究竟我们是要去哪个国家跳伞啊？"

504 团第 2 营的爱德华·尼古拉斯·韦勒姆斯少校（Edward Wellems），也认为这桥名太不吉利。事实上，向他们作简报的军官们，也突然改变了发音，称它是"格拉韦桥"（Gravey Bridge）。

任务提示还引发了各种不同的反应。19 岁的杰克·路易斯·博默下士（Jack Bommer）以为"在 6 个星期到 8 个星期之后，就会看到我们回国，然后再把我们派到太平洋去"。21 岁的二等兵利奥·迈克尔·哈特（Leo Hart），认为他们根本不会出发。他听说——也许是纳德勒的谣言——在整个跳伞区，德国有 4,000 名党卫军在那里。

38岁的埃德温·艾伦·比德尔少校（Edwin Bedell），记得有个兵，他唯一关心的便是一只野兔的安全。那是他在当地村子里买彩券赢来的，这只兔子养得好乖，无论到哪里都跟着他走。他怕的是它跳伞下去活不了，即使活得了，也还是会在炖肉锅里送终。

格兰瑟姆地区的斯潘霍机场（Spanhoe）附近，第1空降师伞兵第4旅的约瑟夫·温斯顿·格洛弗中尉（"Pat" Glover），担心的是"桃金娘"（Myrtle）。那是一只红棕色的鸡，自从这年夏初就成了他特别疼爱的宠物。"伞鸡桃金娘"脖子的一条伸缩带上，吊挂着一枚伞徽，它是一只完成过6次跳伞训练的鸡。第一次跳伞时，格洛弗左肩上带着一个有拉链的小帆布袋，把"桃金娘"装在里面。到离地还有4.6米高度时，就把它放出来。现在"桃金娘"已经是跳伞专家了，格洛弗可以在离地91.4米时把它放开，它的翅膀一阵猛烈地拍打，加上粗声大气地嘎嘎啼叫，"桃金娘"便不优雅地朝地面飘落下去。格洛弗记得，"这只相当斯文的小东西，会在地面上耐着性子等我降落把它捡起来"。"伞鸡桃金娘"也要去阿纳姆，这将会是它头一次参与战斗跳伞，可是格洛弗并不打算冒险，他计划要自己落到了荷兰土地上，才把"桃金娘"从袋子里放出来。

第1空降旅23岁的悉尼·纳恩下士（Sydney Nunn），驻扎在英格兰南部基维尔（Keevil）附近，对于要离开他的"宠物"简直是太高兴了。他认为这处营房真是"一场噩梦"，他简直等不及要去阿纳姆或者任何其他地方，只要是远得可以躲开一只固执的鼹鼠，它老是藏在他的床垫里。

第1空降师的官兵，这时正从英格兰中部地区（Midlands）南边到多塞特郡的各处基地待命。个人的心情一般是感到轻松，他们终于要上场了。除此以外，作任务提示的军官们也强调——"'市场—

花园'行动"能缩短战争。对自 1939 年起就开始打仗的英国人来说，这个消息令他们很是欢迎。21 独立伞兵连的罗纳德·肯特中士（Ron Kent），听说"这次作战成功的话，甚至最后会把柏林给我们"。关于阿纳姆的地面抵抗，"主要只有'希特勒青年团'的小孩和骑自行车的老头子们"。第 1 伞兵旅的沃尔特·英格利斯中士（Walter Inglis）也有相同的信心，他认为这次攻击是"小菜一碟"。"红魔鬼"们所要做的，只是"固守阿纳姆大桥 48 小时，等第 30 军的坦克抵达。到时候，大战也就差不多要结束了"。英格利斯预料在一周之内就会回到英国。第 1 伞兵旅戈登·F. 斯派塞下士（Gordon Spicer）漫不经心地认为，"是一次相当简单的事情，那些只是被我们的推进给吓惨了躲在幕后的德军。"第 1 机降旅的炮兵下士珀西·帕克斯（Percy Parkes），听完简报之后觉得，"我们在阿纳姆将遭遇到的，只是德国佬的文书、伙房的杂鱼部队。"帕克斯说，坦克的出现只不过是"顺便亮个相，简报还跟我们说会有强大的空军支持掩护，足以把我们的头顶给遮蔽"。信心使得医护兵杰弗里·斯坦纳斯下士（Geoffrey Stanners）想说应该"只有几个疝气营的德军"。通信兵维克托·里德（Victor Read）"期待见到的是德国的妇女辅助队"，他以为"那是德军防守阿纳姆的唯一部队"。

有些人原本可以有合理的理由留在后方，却急着要去参战。第 1 机降旅炮兵艾尔弗雷德·W. 鲁利耶中士（Alfred Roullier）便是其中一人。31 岁的鲁利耶发现阿纳姆作战没有派他去。虽然他受训时是炮手，但目前在营部担任食堂助理上士（acting mess sergeant）。由于他在烹饪上的拿手，看起来他很可能在战争剩余的时间都会待在这个位子。鲁利耶两次向约翰·西利军士长（John Siely）请求，要求参加这次攻击，可是每一次都被打了回票。第三次他再向西利求情："我晓得这一仗能缩短战争。我有老婆和两个孩子，不过如果这次行动能让我提早回家，保证他们会有更好未来的话，那么我就要去。"西利动用点关系，把鲁利耶的名字加进赴阿纳姆作战的名册上。之后在阿纳姆的那个星期，这位食堂助理中士将成为一名传奇人物。

在"市场—花园"开始之前，人们的情绪都极为高昂时，部分士官兵暗地里还是有不确定感的存在。他们因为各种不同的理由而感到烦忧，可是大多数人都小心掩藏了自己的感受。第一伞兵旅的丹尼尔·T. 摩根斯下士（Daniel Morgans）认为，"'市场行动'是个不寻常的行动"。不过"要在远离目标 9.7 到 11.3 公里的地方跳伞，然后通过在市区的作战之后再到达目标，还真的是自找麻烦"。在陆军干了一辈子的约翰·克利福德·洛德士官长（J. C. Lord）想法也是如此。他觉得"这个计划有点冒险"。他对敌军兵力薄弱、疲惫困乏的说法也不大相信。他晓得"德军不是傻瓜，而是力量强大的战士"。洛德的举手投足都足以镇住自己手下的老兵（几乎是畏惧，有些人在背后称他是耶稣基督），他没有透露出自己的不安，因为"那会危及士气"。

埃里克·麦克拉琴·麦凯上尉（Eric Mackay）手下的工兵负有许多任务，其中之一便是冲往阿纳姆的公路大桥，把设想中德国安装的炸药拆除。但他对整体作战却心存疑虑。他认为"整个师投落在目标区 161 公里以外，同投落在 12.9 公里外的道理是一样的"。奇袭和"迅捷闪电打击"的时机一定会丧失。麦凯默默下令连上弟兄多带上一倍的弹药和手榴弹，而且亲自向每一个人传授脱逃的技巧[①]。

---

① 其中一份有关英军第 1 空降师在阿纳姆大桥行动的精确描述，参阅麦凯所写，刊载于《布莱克伍德杂志》(*Blackwood's Magazine*) 1945 年 10 月号的文章《阿纳姆大桥之战》(*The Battle of Arnhem Bridge*)。

27 岁的安东尼·迪恩 - 德拉蒙德少校（Anthony Deane-Drummond），是第 1 空降师通信营副营长，非常在意他负责的通信业务。除了师部的主要通信机件外，他更担心的是小型"22 型"无线电。在攻击阿纳姆时，会由厄克特师和各旅使用。这种"22 型"的最好收发是 4.8 到 8.1 公里的半径距离。可是由于投落区离目标有 11.3 到 12.9 公里远，可以预料它们的效能会不稳定。更糟的是和布朗宁的空降军军部联系也是使用这型无线电机，预定军部会开设在奈梅亨，位于第 1 空降师空降区以南约 24.1 公里位置。加剧困难的是地形问题。在阿纳姆公路大桥与空降区中间，便是阿纳姆区，还有浓密的树木地带和开阔的郊区。同时，有一个称为"幽灵（Phantom）"的独立情报搜集联络单位——编组这个单位，为的是把情报判断和紧急报告，传往战地指挥官，而在这次作战中，指挥官是空降军的布朗宁——却一点也不担心"22 型"的收发距离。代号"幽灵"的统帅部联络团团长，是 25 岁的内维尔·亚历山大·海伊中尉（Neville Hay），由他指挥受过高度训练的通信人员。幽灵团甚至"有点看不起皇家通信团"，认为后者就像是"穷亲戚"。海伊这组人使用一种特制的天线，可以使"22 型"无线电机的发报距离，超出 161 公里以上。

即令海伊有了这种成就，还有各式各样的通信方法[①]，可供在紧急情况时派上用场，可是德拉蒙德还是不放心。德拉蒙德向通信营长汤姆·戈弗雷·沃恩·斯蒂芬森斯蒂芬森中校（Tom Stephenson）提起这件事，"要在作战初期阶段，让这些机件都能正常运作的可能性令

---

① 通信方法中还包括 82 只皇家空军提供的通信鸽，鸽舍位于伦敦地区——也就是说，如果鸽子活过了空降、躲过了德军的话，还要飞上大约 286.2 公里来传递一封信。

人怀疑"。斯蒂芬森虽然同意，但依然觉得这并不太要紧。他认为在奇袭的情况下，部队会很快就逼近阿纳姆大桥。认为部队与司令部之间的联系中断，不会超过一到两个小时。德拉蒙德还听到说，到时候"船到桥头自然直，而厄克特的指挥所，也会和第一伞兵旅共同在大桥上开设。"尽管德拉蒙德并不十分安心，他记得后来"就跟其他人差不多，随着趋势走'不要往坏处想，看在老天分儿上，让行动继续执行下去吧'"。

* * * *

到了这个时间点，攻击的最后命令靠的不是人的意志，而是要看天气了。盟军总部以下的各级将领，都在焦急地等待气象报告。如果考虑到距离蒙哥马利的最后期限还有不到7天时间，那么"市场—花园"的准备已经极其充分了，但还是需要起码3天的好天气预报才行。9月16日傍晚时分，气象专家发布了他们的预测，除了清晨有雾以外，以后3天都会是晴天、云量极微、无风。盟军空降第一集团军部里，布里尔顿中将旋即做出决定，7点45分，由电传打字机把电文传给各级指挥官。

市场确认17日周日，收悉回报。

布里尔顿在日记中写着"终于，我们要上场了"。他认为自己当天晚上会睡得很好，他告诉参谋们"现在我已经做了决策，不再担心害怕了"。

****

在拥挤的机棚内、成排的"帐篷城"里和尼森式活动营房中，等待的官兵们都得到了消息。格兰瑟姆附近的第 1 空降师通信营士官餐厅壁炉上有面大镜子，有人用粉笔写着"再过 14 小时出发……不会取消"。霍勒斯·"霍克"·斯皮维中士（Horace "Hocker" Spivey）注意到，每过一小时，那个数字就会用粉笔再写一次。斯皮维已经厌倦了那之前许多次从没有真正实施过的任务提示。那镜面上越来越小的数字，便是最好的证明，这一回"我们真要出动了"。

盟军空降第 1 集团军的官兵们，在各基地作最后一分钟的准备。他们都已经有过充分的任务提示，武器完成检查，把钞票换成了荷兰盾。对这些隔离的士兵来说，这时没有什么可做的了，只有等待。有些人用写信来打发时间，"庆祝"明天早晨的出发，把私人用品打包、睡觉，或者参加马拉松式的牌局，从 21 点、打扑克到玩桥牌。第 1 伞兵旅 2 营 21 岁的弗朗西斯·W. 蒙克尔中士（Francis Moncur），连续不断地每一个小时都在玩 21 点。他很惊讶，他一直不断在赢钱。眼看着自己面前堆得越来越高的荷兰盾，感觉就像是个百万富翁。他想说"在这场作战以后，大概会在阿纳姆待上一阵子"。他认为，"不过要挺住 48 个小时而已"。中士觉得，光用这些时间打死德国人也就足够长的了。72 小时前，蒙克尔那个 17 岁、在皇家空军担任士官长的弟弟，想从失事的轰炸机跳伞逃生但阵亡了。当时高度不到 60.1 米，伞没有完全张开。

格兰瑟姆南边的科茨莫尔基地（Cottesmore），伞兵第 4 旅的拉尔夫·森利中士（"Joe" Sunley），正执行安全巡逻，确保"没有伞兵溜出基地到外面村子去"。回到机场，发现体能教官金杰·格林中士

（"Ginger" Green），"一个斯斯文文的大块头"，正把一个抽了气的足球往空中抛。格林灵巧地一把接住，再往森利抛过来。"你带着球干什么？"森利问道。格林解释说他要把这个泄了气的球带到阿纳姆去。"等事情办完以后，我们就可以在空降场踢上一场。"

在肯特郡的曼斯顿（Manston, Kent），滑翔机驾驶团的乔治·悉尼·贝利斯士官长（George Baylis）期待着到时候会有一些休闲活动。他听说荷兰人喜欢跳舞，因此，他仔细地打包了他的舞鞋。第1伞兵旅的通信兵斯坦利·G. 科普利（Stanley G. Copley），替自己的相机多买了一卷底片。虽然料想会有轻微的抵抗，"却是个拍摄荷兰的田野和城镇照片的绝好机会"。

有一个人带着几天前在伦敦买的礼物。荷兰遭受德军蹂躏时，32岁的荷兰海军阿诺尔德斯·沃尔特斯少校（Arnoldus Wolters），乘坐扫雷舰逃到了英国。从此以后，便隶属荷兰流亡政府——担任过各种内勤工作，处理数据和情报。前几天，沃尔特斯被要求去荷兰，配属在厄克特将军的师部里，准备要在军政府的民事小组工作。这也就是要沃尔特斯在空降部队光复后，担任地区的军政长官。他回忆"那真是个惊人的建议：从内勤的办公桌一下换成到滑翔机上"。他分配到第1机降旅副旅长希拉里·纳尔逊·巴洛上校（Hilary Barlow）的部队。一旦夺得阿纳姆，巴洛将出任该市的军事指挥官，沃尔特斯则担任他的副手。沃尔特斯为回到荷兰的机会大为兴奋，"我被乐观冲昏了头，对我所听到的每一句话都深信不疑。我真的没有料到那次作战会那么困难。战争看起来差不多就要结束了，而攻击行动也不会太困难。我还想说星期天落地，星期二就能回到妻儿所在的希尔弗瑟姆（Hilversum）的家中"。沃特替太太玛丽亚（Maria）买了一只手表，又替四年前最后见到还是个小娃娃的女儿，买了个0.7高的泰迪熊。

他希望不会有人介意带着泰迪熊上滑翔机。

31岁的约翰·达顿·弗罗斯特中校（John Frost），要负责率领他的营夺取阿纳姆大桥。在个人战斗装备中，他把猎狐用的铜号角也一并带上。那是"皇家群猎会"（Royal Exodus Hunt）会员赠送给他的。1939年到1940年间，他曾担任该组织的队长。在训练时，弗罗斯特曾用这把铜号集合本营官兵，在这次作战中他也要这么干。他对白昼跳伞倒没有什么疑虑，他从任务提示的数据中，"觉得德军兵力薄弱、士气溃散。在这个地区的部队素质极差、装备不全"。不过他对空降场确实有些不安。有人告诉他说"桥梁南端的低洼开拓地，并不适合伞兵和滑翔机"。他对此感到奇怪，"如果那里不适合的话"，为什么波兰伞兵选择在桥南降落？

尽管渴望投入作战，弗罗斯特却"很不愿意出发前往荷兰"。背地里，他倒希望在最后一分钟取消或延后。他很享受在林肯郡附近的斯托克罗奇福德（Stoke Rochford）的环境，但愿"或许还有个一两天，继续我过去曾享受过的玩乐"。但心中也有别的念头"告诉我，我们在这里够久了，是离开的时候了"。9月16日晚上，弗罗斯特睡得很熟。虽然他并不天真地以为阿纳姆这第一次世界大战会是可以"闹着玩的"。他确实曾告诉勤务兵威克斯（Dennis Wicks），在之后送来的公务车上，装上他的猎枪、子弹、高尔夫球杆和晚礼服。

＊＊＊＊

士官餐厅里这时已经没有人，壁炉上方的镜子，还有最后一条注记，是在人们开始忙得不可开交的时候草草写上的。"再两小时出发……不会取消。"

第三部

攻击

PART THREE
THE ATTACK

1

庞大机群的轰鸣声,此刻正震耳欲聋地响起。牛津郡和格洛斯特郡(Gloucestershire)的英军滑翔机基地周围,马匹和牛都惊慌得在田野乱窜。英格兰东部和南部,成千上万的人们在惊异中抬头仰望,有些村庄和市镇的公路上,交通都堵到了停顿的情况。火车卧铺里的旅客,彼此推挤从车窗里往外看。对这种空前未见的壮观景象,人们目瞪口呆、哑然无语。历史上最强大的空降部队正起飞离地,朝目标飞去。

1944年9月17日,在这个阳光灿烂的星期天早晨,全英国恰巧举行特别礼拜,纪念"少数英雄",也就是4年以前,皇家空军的那批飞行员。他们大胆向希特勒的德国空军挑战,把敌人打得弃甲曳兵。礼拜的人们屈膝祈祷时,螺旋桨源源不绝而极为强烈的嗡嗡声,把大部分进行中的仪式都给覆盖了过去。伦敦的威斯敏斯特大教堂(great Westminster Cathedral),高入云霄的风琴所奏出庄严的《圣母颂》竟听不见了。人们三三两两离开教堂长椅,挤进街上早已聚集的人群里。街道上,伦敦人抬头仰望,被一个编队接续一个编队从头顶上低空飞行而过的机群所震慑。北伦敦,救世军的乐队被噪音干扰到得停止演奏,不过那位大鼓手,眼望着天空,砰砰然击出一个象征性节拍三短、一长——摩斯电码里的V字母,代表"胜利"。

从围观者的角度看,牵引着滑翔机的庞大机队,清楚透露了这是一次带有攻击性的任务。可是一直要到6个钟头以后,英国人才晓得他们目击了至今为止最大规模空降攻势的第一阶段。红十字会员工安杰拉·霍金斯（Angela Hawkings），可以说在目击过这支庞大空中机队人士当中，她作出了最好的总结。她从一列火车的车窗抬头仰望，看到一波波飞机在上空飞过，就像是"成群结队的八哥"，不禁大吃一惊。她深信"这次攻击不论朝什么地方出发，确定都能结束战争"。

盟军第1空降集团军的官兵们——起飞前往荷兰的伞兵、机降步兵和飞行员们，也和地面的老百姓一样，被突如其来的机队离场、威风凛凛的壮观，以及机群的庞大与威势给吓着了。随附在第82空降师的荷军阿里·迪尔克·贝斯特布鲁尔切上尉（Arie D. Bestebreurtje），认为这种景象"难以置信，盟国所有的飞机一定都参加了这一次行动"。事实上，使用的飞机有4,700架——是单一空降任务中所使用过的最大数量。

这次作战从破晓前的几小时就开始，一直延续到一整个上午。首先，盟军1,400多架轰炸机从英国各处机场起飞，轰炸"市场—花园"地区的德军防空炮阵地和部队集结地。然后在上午9点45分起，连续两小时又十五分钟，2,023架运输机、滑翔机和拖曳机，从24处美军和英军基地蜂拥飞上天空①。C-47运输机以长长的45机编队，载着伞兵飞行。更多的C-47运输机和英国轰炸机——哈里法克斯式、斯特林式、阿尔比马尔（Albemarle）式——拖曳着478架滑翔机，在曳航机后面91.4米长的曳引索末端时上时下。装载着装备和部队的大型滑翔机，看上去就像是永不止息的空中列车。在小型的霍萨（Horsa）

---

① 许多官方记录都说明，"市场行动"第一架飞机离地，是在上午10点25分。或许他们想的是先遣导航组的起飞时间是他们要最先抵达目标的时间。但是在检视许多飞行记录和空军管制官预定时间表上，都清楚记载着，指明是上午9点45分开始起飞的。

第三部 攻击 151

式、韦科（Waco）式滑翔机群中摇摇摆摆的，是巨型、细长的哈米尔卡（Hamilcar）式，每一架载重达八吨，可以装上一辆小坦克，或者两辆三吨卡车，连同火炮或者弹药在内。在这批庞大机群的上空、下方和左右，是盟军接近1,500架，担任掩护的战斗机、战斗轰炸机——有英军的喷火式，发射火箭弹的台风式、暴风式和蚊式，美军有P-47雷电式、P-38闪电式、P-51野马式和低空俯冲轰炸机。空中的飞机太多，101空降师的尼尔·J.斯威尼上尉（Neil Sweeney）记得，"看上去就像我们可以走出机外，从相接的机翼上一路接续走到荷兰为止"。

英国的滑翔机部队最先起飞，它们比美军在"市场—花园"的走廊上要更往北，要求也不同。厄克特将军需要的第一批空投，有最大数量的兵员、装备和火炮——尤其是战防炮——以便占领、据守各处目标，直到地面部队会师为止。因此，第1空降师的主力由滑翔机载运，320架滑翔机，运送希克斯准将的第1机降旅的官兵、车辆和火炮，预定在下午1点过后不久，飞抵阿纳姆西边的降落区。30分钟以后，拉思伯里准将的第1伞兵旅，在145架运兵机上开始跳伞。因为笨重的滑翔机和牵引机飞得慢，每小时才193.2公里，而运兵机为每小时225.3公里，所以这些队形庞大的"空中列车"——或是空降部队称之为"机群"——必须在第一批起飞。从格洛斯特郡和牛津郡的8处基地，滑翔机和牵引机滑行到跑道上，以从来没有尝试过的密集度起飞——每一分钟就有一组。各机组成编队尤其复杂、危险。飞机缓缓爬升，朝向西、越过布里斯托湾（Bristol Channel）飞去。飞行速度一致后，牵引机与滑翔机向右一对一对排成梯队，掉头回来飞越起飞的基地，再飞向伦敦北边的哈特菲尔德（Hatfield）上空的调配整备点集结。

就在英军第一批滑翔机"机群",在布里斯托湾上空编队时,英军12架斯特林式轰炸机和美军六架C-47运输机,开始在上午10点25分起飞前往荷兰。机队中有英军与美军的导航组——这批官兵最先跳伞降落,为"市场部队"把空降场标示出来。

同时,在格兰瑟姆和林肯郡附近的基地,第82空降师和第1空降师的伞兵部队同时起飞,一共是625架运输机,以及50架由C-47曳引的滑翔机。第9空运司令部的飞机,以惊人的精确度,每隔5秒到20秒的间隔离地。它们一批批在剑桥郡马奇镇(March, Cambridgeshire)上空汇合,然后在那形成3条平行的机队出发,并从奥尔德堡(Aldeburgh)飞越海峡。

同一时刻,位于格林纳姆(Greenham Common)南边的机场,101空降师分乘424架C-47运输机和70架牵引机与滑翔机起飞。编队以后,它们也飞经哈特菲尔德航管点向东飞往布拉德韦尔湾(Bradwell Bay)后出海。

这3支庞大纵队集结在一起,横宽至少有16.1公里,几乎长达161公里,庞大的机队在英国的田野上空横掠而过。在北航路上的,是飞往奈梅亨和阿纳姆的第82空降师和第1空降师。一支特别"机群"的38架滑翔机,载着布朗宁将军的军部,随着它们飞向奈梅亨。在南面飞过布拉德韦尔湾的航路,是首先飞往埃因霍温略北面空降场的101师。到上午11点55分以前,整个部队——20,000多名官兵、510辆车辆、330门火炮和590吨器材——已经全部离地。82师的詹姆斯·约瑟夫·科伊尔中尉(James J. Coyle),从不到457.2米的高度俯瞰英国的乡间,看见一处修院的修女们,站在院子里挥手。他想到"这么好的天气和修女,构成了一幅油画似的景色"。他也挥着手,不晓得"她们是否知道我们是谁,要往哪里去"。

大部分空降部队的成员，在这段飞越海峡的初始航程，心情倒都很轻快。伞兵第1旅的二等兵罗伊·诺里斯·爱德华兹（Roy Edwards）说："所有事情都这么平静，就像是坐巴士到海边去似的。"二等兵艾尔弗雷德·乔治·沃伦德（A. G. Warrender）记得，"一个好得不得了的星期天，适合在乡间小径散步、在当地喝上一品脱酒的上午"。

滑翔机驾驶团团长乔治·詹姆斯·斯图尔特·查特顿上校（George S. Chatterton），担任载运布朗宁将军滑翔机的机长，形容这个星期天"好极了，看上去我们不可能是出发去参加历史上最大规模的战役之一"。查特顿见到了布朗宁的随行人员和装备，同这位军长一起的，有传令兵、军部医官、勤务兵，还有他的帐篷和专属吉普车。布朗宁坐在驾驶和副驾驶中间的沃辛顿（Worthington）啤酒空箱上，查特顿只见他"穿着整洁无瑕、呢绒布料制成的野战服，擦得雪亮的军官武装带，折痕像刀锋般的军裤，皮革手枪套像镜面般闪闪发光，一根短杖，毫无瑕疵的灰色小羊皮手套"。查特顿说，军长"穿得极为正式，因为他意识到，自己已经到达了一生事业的高峰，有一种极端愉悦的神气感"。

在另一架滑翔机里，沉默寡言的苏格兰人，肩负着"'市场—花园'行动"中最困难的任务。第1空降师师长厄克特少将，觉得"我们终于出发了，要不感到兴奋是很难的一件事"。然而，深得弟兄爱戴的师长内心，也心心念念着自己的部属和当前的使命。如同布朗宁，他也有随行人员，从这架霍萨式滑翔机的机舱中望去，有侍从官格雷厄姆·查特菲尔德·罗伯茨（Roberts）、勤务兵汉考克（Hancock）、滑翔机驾驶团随军牧师乔治·阿诺德·佩尔（G. A. Pare）、一名通信兵、两名宪兵、宪兵的摩托车和师长的吉普车。想到麾下的伞兵，一身满满带着背包、武器、装备，挤在那沉重的运输机里，厄克特觉得良心上过意不去。而他自己只带一个小型背包、两枚手榴弹、一个图囊和一个笔记本，很为自己的舒适感到不安。

几乎就在起飞的同时，还有人要厄克特做艰难的决策。出发前几个小时，美国航空军一位高级军官打电话给厄克特的参谋长查尔斯·贝利·麦肯齐中校（Charles Mackenzie），问他位于沃尔夫海泽的精神病院要不要轰炸？麦肯齐报告说，那个美国人"要获得厄克特的亲自保证，那里面只有德军而没有精神病人。否则的话，美国人将不负这个责任"。该精神病院距第1空降师集合点很近，近得很危险，厄克特的参谋认为里面有德军据守。麦肯齐承担起该责任，那名美国人就答道："那责任就在你们身上。"厄克特批准了参谋长的这个举动，他回忆当时，"我要求尽可能一切都准备妥当，以上就是全部该做的了"。

正当麦肯齐要登上自己的滑翔机时，厄克特私下把他带到一边。"听我说，查理，"他告诉麦肯齐，"万一我出了什么事，全师的指挥继任者按照这个顺序：第一顺位，拉思伯里，然后是希克斯，之后是哈克特。"厄克特的人选是根据个人经验。"大家都知道拉思伯里是副师长，"他后来回忆说，"哈克特的职级比希克斯高，可是他太年轻了，我深信希克斯在带领步兵方面经验较多。我做这个决定，并不是根据哈克特统御的能力。"厄克特回忆当时，或许应该早早把自己的决定通知每一位旅长，可是他也"坦承这只是个纯理论性的问题"。第1空降师中，厄克特和拉思伯里双双阵亡的概率，实在是微乎其微。

如今，所有的事情都安排好了。厄克特无所事事地看着"一中队又一中队的战斗机，闪电般超过滑翔机队"。不久前他才吞了几颗晕机药,这还是厄克特第一次坐滑翔机出发作战。他喉咙干得难以吞咽。他意识到"我的传令兵汉考克以关怀的眼神正注意着我,他跟其他人一样,料到我会晕机"。厄克特不想臣服于官兵的既定想法,想尽各种方式不让自己晕机。"我们正在一个庞大的机队之中,我集中精神思索。我们尽心尽力,制订出一个良好的计划。当时我仍然希望可以更接近大桥一点,但并没有为此想太多。"

纵然这支庞大的兵力在它发动过程中,展现出其在作业上的效率,但也几乎就在同时,不幸发生了。就在刚要起飞前不久,一架滑翔机的左翼被一架斯特林式轰炸机的螺旋桨切掉了,没有人受伤。至于载着第1机降旅艾伦·哈维·考克斯中尉(Alan Harvey Cox)的那一架滑翔机,笨重地飞向天空,却遇到了麻烦。低云阻碍了滑翔机驾驶员的视线,无法对正牵引机的机尾。滑翔机往一个方向飞,牵引机却往另一个方向,眼见拖缆就要在滑翔机翼上卷成一圈圈并把它给翻转。滑翔机驾驶员没办法再与牵引机对正,便抓住红色的放缆杆放开拖缆,滑翔机便安然落在泰晤士河畔桑福德(Sandford-on-Thames)的一处草堆里。伞兵面对面坐着、载运82师的一架C-47运输机则发生了更为奇特的意外。起飞后5分钟,杰克·博默下士看着"在我正对面的机舱门弹开来"。空气的力量几乎把人们从机舱里吸到外面的天空去。博默回忆,正当他们拼命抓紧时,"飞行员作了个漂亮的甩动,机舱门就碰地一声关上了"。

一等兵悉尼·纳恩巴不得离开基维尔附近的那处基地,以及他床垫中藏着只鼹鼠的日常,这时觉得能够活着真是太好了。经过一个多小时不平稳的飞行后,滑翔机开始进入云层。等到从云层上一出云,滑翔机驾驶员发现拖缆已经缠在左翼上,纳恩听见驾驶员在机内通话器中说:"出事了!出事了!"他马上脱缆。"我们似乎在空中静止不动了,"纳恩回忆,"然后滑翔机头向下掉,我们向着地面斜下去,还带着那根拖缆挂在一边,就像是风筝上的断线。"纳恩"惊呆"地坐着,听着沿着机身狂啸的风声,"希望那辆捆紧了铁链的吉普车能承受得住这种力量"。然后他听见驾驶警示:"振作点,小伙子,我们到了。"滑翔机触地、弹起,再触地一次之后,才缓慢停了下来。在突如其来的静寂中,纳恩听见驾驶员问:"小伙子们都好吧?"大家都很好,这批人回到基维尔,等到9月18日的第二批空投再出发。

别人可就没有这么幸运了,威尔特郡(Wiltshire)上空,一架滑翔机发生了悲剧。皇家空军的沃尔特·T. 辛普森空军中士(Walter Simpson),正坐在斯特林式轰炸机的塑料玻璃制的枪塔里,看着在后面拖曳的霍萨式滑翔机。说时迟那时快,"滑翔机就在空中分了家,看上去像是后段从前段掉了出来"。辛普森吓坏了,向机长叫道:"老天,滑翔机裂开了!"拖缆一断,滑翔机的前半节"就像石头般朝地面坠落下去"。斯特林式轰炸机离开编队,渐渐降低高度,飞回去找残骸的位置,看到前半段在田野里,尾部却再也找不到了。标定位置以后,机组飞回基维尔,改搭吉普车赶到失事现场。辛普森在那里只见"一个像是被踩过的火柴盒",人员尸体还在里面,辛普森没办法评估里面有多少人死亡——"根本就只是一大堆的手臂、大腿和身躯"。

等到最后一个滑翔机群抵达英国海岸线,北面机群通过奥尔德堡的检查点,南面机群飞越布拉德韦尔湾的时候——已经有30架载运部队与装备的滑翔机掉了下来。牵引机的发动机故障、拖缆断裂,以及有些地方由于云层厚,只好放弃任务。虽然从军事标准上来看,这次作战从一开始就有了卓越的成就——伤亡非常轻微,很多掉下去的人员与大多数的装备,都会在之后的空投中补齐——但这种损失是确确实实造成了伤害。在这个至关紧要的一天,每一名官兵、每一辆车、

第三部 攻击 157

每一件装备，对厄克特将军都很重要，他已经损失了23架滑翔机的装载量，指挥官们还未到达阿纳姆的空降场前，还不会发现这些损失有多致命。

此时，天空中这些长长的列车挤满了英吉利海峡，大地落在后面，另一种新的期待正弥漫在各个机群之间，"星期日外出"的心情很快就消失殆尽了。一架美军滑翔机飞过马盖特（Margate）海滨胜地的海岸时，101师二等兵梅尔文·艾斯尼克夫，看见多佛的白色悬岩落在右面，远远看去，它们很像他家乡纽约州东北部阿迪朗达克山（Adirondacks）山麓的冬天景象。第1空降师的D.托马斯下士（D. Thomas），从敞开的机舱窗口看出去，直到祖国的海岸线消失，这才觉得眼眶中都是泪水。

在马奇和哈特菲尔德这两处调配整备点，各种不同的导航设备为机群提供协助雷达信标、特种灯罩的灯光和无线电定向器。然后到了北海上空，船舰上的信标开始导引飞机。除此以外，更有一连串的巡逻艇——北航路有17艘，南航路有10艘——绵延着横越这一带海面。拖着4吨霍萨式滑翔机的牵引机上，威廉·汤普森空军上士（William Tompson）说："飞机上没什么导航工作好做的，航路下面安排好的巡逻艇，就像是跨过海峡的踏脚石。"不过这些海军的快速巡逻艇，并不只是辅助导航，它们同时也是庞大海空救难作业的一部分，它们是很忙碌的。

飞越北海的30分钟行程，人们见到滑翔机在灰暗的海水上起起伏伏，水上飞机会在上面低飞盘旋，标注它们的位置，一直到救难巡逻艇驶到现场为止。搜集情报的幽灵团的海伊中尉，见到"两架滑翔机完全分离地掉了下去，还有一架在海上迫降。"他拍拍同团一名下士的肩膀，喊说："霍布柯克（Hobkirk），你看看下面那里。"中士往下一看,海伊记得,"我几乎看着他的脸变绿"。他连忙安慰中士:"没什么好担心的,你看那些巡逻艇已经把人救起来了。"

驾驶滑翔机的约瑟夫·H. 基奇纳士官长(Joseph Kitchener),对海空救难巡逻艇的速度,也有同样深刻的印象。他瞄到它们正靠近一架漂在水上的滑翔机,"他们救人可真快,我想那些人的脚甚至都没有打湿"。西里尔·莱恩上士(Cyril Line)驾驶的滑翔机上的人可没有这种福气——但运气好,人都还活着。他坐在一架摇摇摆摆的黑色霍萨式滑翔机里,目击一组飞机与滑翔机缓慢地开始掉队。他像是被迷住了,眼睛紧紧盯住眼前的滑翔机脱缆,然后差不多可以说是悠哉悠哉向海面掉下去。一圈白色泡沫出现在落海滑翔机的周围。他心中纳闷,"不晓得是哪些倒霉鬼"。就在这时,拖曳自己滑翔机的斯特林式轰炸机的右螺旋桨不转了。拖航速度变慢,甚至是停滞。飞机速度一慢下来,莱恩发现发生了让人为难的情况,他的滑翔机变成在拖航它的拖曳机。他立刻放缆脱离,向副驾驶叫道:"准备迫降!"他们只听见后面机舱,一阵枪托捣碎滑翔机合板机身的声响,后面慌了手脚的乘员正想打开一条逃生的出路。滑翔机高度越来越低,莱恩回头一看可吓坏了,那些拼了命的士兵"已经打穿了滑翔机顶部和两侧,正准备要走"。莱恩厉声大叫道:"不要动!绑好安全带!"这时,一声沉重的轰隆声,滑翔机撞到了海水。等到莱恩浮起来时,眼见滑翔机残骸在9.2米外漂浮,整个机舱都见不着,可是所有人都生还了下来。没过几分钟,他们都被救了起来。

第一批的空投中,一共有8架滑翔机安全迫降海面。它们一落水,海空救难队便以出色的表现,几乎把所有机员与乘员都救起。再一次,厄克特的兵力又有折损。8架滑翔机中,预计飞往阿纳姆的就有5架。

第三部 攻击 159

除了一些长距离、不准确的炮击击落了一架滑翔机以外，在飞越海峡的过程中，敌人并没有什么严重的抵抗。101 师的飞行过程几乎完美，该师走南航路途经盟军占领的比利时。可是正当远处荷兰海岸在望时，北航路的第 82 空降师和第 1 空降师的官兵，开始看到不祥的状况，预示有危险的灰黑色烟云——德军的防空炮火出现。他们的飞行高度仅仅只有 457.2 米，对荷兰外海的瓦尔赫伦、北贝弗兰、斯豪文（Schouwen）这几个岛上的防空炮射击，以及在斯海尔德河的防空炮艇、驳船上的射击，都看得清清楚楚。

护航的战斗机群离开编队去清除防炮阵地。坐在飞机中的人，还听得到动能已衰的炮弹碎片擦过 C-47 侧面金属机身的声音。82 师的老伞兵哈特二等兵，听见机上一名新兵问："这些机舱座椅防不防弹？"哈特只有凶巴巴瞪他两眼，这种轻金属的座椅，对一块掉落得正着的石头都抵挡不住呢。另一架 C-47 里，哈罗德·雷蒙德·布鲁克利下士（Harold Brockley），记得有一名补充兵在纳闷："喂！下面那许多小小的又灰又黑的云团是什么东西啊？"谁都没有答话之前，已经有一块炮弹碎片从机舱穿过，没有打着人，砰地一声打在一组野战餐具上头。

老伞兵会用不同的方式，把自己的恐惧给隐藏起来。保罗·D. 纽南上士（Paul Nunan）看见"熟悉、如高尔夫球般的红色曳光弹，向上射来，把我们给包围起来"。他假装眯眼打盹。曳光弹就从搭载肯尼思·W. 特鲁瓦克斯二等兵（Kenneth Truax）的飞机边擦过，他记得，"没有人说话，只有一两声的苦笑"。曾在诺曼底经历过防空炮火洗礼的比尔·塔克中士（Bill Tucker），被"极端惧怕被从下方来的炮弹给打中"的景象所纠缠。他得坐在 3 件叠在一起的空军防弹背心上面，才觉得"比较安全"。鲁道夫·科思二等兵（Rudolph Kos）则记得，当时"很想坐在自己的钢盔上，但我晓得脑袋也需要它"。

有人对于飞机里面危险的在意程度，更甚于发生在机身外的。挣扎着要让霍萨式滑翔机在空中保持稳定的英军副驾驶比尔·奥克斯中士（Bill Oakes），回头看看机上的乘员状况如何。不看还好，这一看让他大吃一惊，3名士兵正"镇静地坐在机舱地板上，在小炉子上用餐具煮水泡茶。5个人站在四周，手里拿着马克杯，等着倒茶。"奥克斯马上采取行动，把驾驶控制权交给驾驶便急忙赶到后舱，生怕滑翔机合板材质的地板会马上烧起来。"或者更糟的是，装在拖车里的迫击炮弹会爆炸，那个野战油炉的火力太可怕了。"他气得一脸发青，有名士兵安慰地告诉他："我们只有一点点的火苗而已。"奥克斯急忙回到驾驶舱，把这件事向驾驶报告，驾驶员伯特·沃特金斯上士（Bert Watkins）笑笑说："告诉他们，茶好了可别忘了我们。"奥克斯听毕，一屁股坐进自己座位上，只好放手不管了。

虽然护航的战斗机，把大多数海岸的防空炮阵地打趴了，但还是有些飞机受了伤，一架牵引机连带滑翔机，还有一架载运伞兵的C-47运输机，被击落在斯豪文岛上。牵引机坠地机毁，机组人员都死了。那架隶属82师韦科式滑翔机，在半空爆炸，或许就为在附近飞过的英军机队中的丹尼斯·斯图尔特·芒福德蒙福特少校（Dennis Munford）所目击。他惊呆地看着韦科式四分五裂，"人员和装备往外抛，就像是圣诞节大爆竹里炸出来的玩具"。其他人则见到那架运输机掉下去，包覆在C-47机身下的装备包被曳光弹打中、起火。在附近驾机飞过的阿瑟·威廉·弗格森上尉（Arthur Ferguson）回忆，"黑烟中冒出了红色、黄色的火舌垂流。几分钟后，C-47便被火焰吞噬"。弗吉尔·F. 卡迈克尔中尉（Virgil Carmichael）站在自己飞机舱门口，看着伞兵从受创的飞机中跳出。"由于我们的人都用伪装色的伞衣，

第三部 攻击 161

他们离机时,我能够数得清清楚楚,看见他们全都安然逃离了"。

虽然飞机已被火焰吞没,但无论如何飞行员还是要让飞机保持稳定一直到伞兵都跳下去为止。卡迈克尔又见到一个人影离机。"航空队用的是白色的降落伞,所以我看得出他一定是机长",他是最后一个离开的人,这架火烧的飞机,几乎立刻垂直俯冲,以最大速度冲去下方的斯豪文岛上。卡迈克尔还记得,"撞击地面时,一具白伞在飞机正前面喷飞,可能是因撞击力量给抛射的"。詹姆斯·梅加勒斯中尉(James Megellas)觉得,亲眼目睹 C-47 掉下去的过程是会有很"恐怖的影响"。他本身是跳伞长,他以前会"在到达空降区以前 5 分钟"告诉士兵准备听他的口令,作"起立,挂钩"。现在他都是直接下达指令了。在其他飞机上,很多跳伞长的做法也跟梅加勒斯所下达的口令类似。对他们来说,作战已经开始了——事实上,这支空降部队的空降时间,也不过就在三四十分钟而已。

2

真的很难相信,即使这天晚上这么大范围的轰炸,加上这时候对阿纳姆、奈梅亨和埃因霍温展开了空中攻击,德军依然还是没有意识到究竟发生了什么事情。其整体的指挥体系的注意力,只集中在单一的威胁上,英军第 2 集团军对默兹—埃斯科运河对岸的桥头堡恢复了攻势。

"各级指挥官和官兵,尤其是我本人和手下参谋都已经负担过重,虽然面对各种困难、承受如此严重的压力,但我们唯一所想的只有地面作战相关的事情。"斯图登特上将回忆当时。他是德国名声赫赫的空降作战专才，当时正在埃因霍温西北约33.8公里的菲赫特（Vught），一栋作为司令部的别墅中与"'例行公事'"交手，"即使人在战场，堆积如山的公文还是如影随形地跟着我"。斯图登特走出阳台外，看了轰炸机队几眼，然后一副事不关己的态度，又回到他的公文堆上去。

党卫军第9装甲师师长哈策尔中校，已经按照自己的盘算，把许多装备转拨给竞争对手——党卫军第10装甲师师长哈梅尔准将。而哈梅尔在军长比特里希将军的命令下——却没有让莫德尔知道的情况，这时人已经来到了柏林。一列装载着哈策尔"报废品"——装甲运兵车的最后一批平板车，已准备在下午两点出发回德国。自从诺曼底以来，哈策尔的装甲部队反复遭受轰炸，他"不怎么在意飞机"，也看不出飞越荷兰的轰炸机大编队与往常有什么不同。他和手下的装甲老兵都知道，每天可以看见轰炸机向东飞往德国又飞回来，一天几次，司空见惯了，"本师官兵和我，对经常性的攻击和轰炸，已经麻木了"。哈策尔带了第9装甲师的军医科科长埃贡·斯卡尔卡少校（Egon Skalka），从贝克卜亨的师部动身到阿纳姆北边12.9公里的洪德洛（Hoenderloo）兵营去。那里驻有600名官兵的侦察营，他要在全体官兵前，向营长保罗·格雷布纳上尉（Paul Grabner），颁授"骑士铁十字勋章"。典礼过后，便是香槟酒和盛大会餐。

位于杜廷赫姆的党卫军第2装甲军军部，比特里希中将对空袭也是同样的无动于衷。对他来说，"这是家常便饭"。在奥斯特贝克的塔费尔贝格酒店，集团军总部里的莫德尔元帅，盯着轰炸机群看了一阵子。在总部这里所见到的景象都是一样的，各个中队的空中堡垒轰炸机在夜间炸完德国后返航。跟平常一样，这个永无止息的轰炸德国行动，有不同的空中堡垒机群正取道往东面其他的目标飞去。至于当地的情形，轰炸机把没有投在鲁尔区的炸弹，转投到荷兰这里来也不是什么不平常的事。莫德尔和参谋长克雷布斯将军，认为这种轰炸与低空扫射是一种"软化行动"——是英军展开地面行动的前奏曲。

有一名军官对荷兰境内空中活动的增加，稍微有点担忧。大约193,2公里外，在科布伦茨附近阿伦贝格的"西总"，伦德施泰特元帅——他依然认定，空降部队只会在攻击鲁尔区时上场——要求有更多的情报。在9月17日晨报附件2227号（Annex 2227）中，西总作战署长记载，总司令要求莫德尔调查在荷兰北部，盟军是不是有进行海空联合攻击的可能性。原文是"一般状况及敌军侦察活动显见增加……总司令要求再度审视船舰登陆与空降作战的可能性……判断结果将报呈'最高统帅部'（希特勒）"。

这份电报到达莫德尔集团军司。令部时，正是庞大机队中的第一批飞越海岸线的时刻。

* * * *

上午11点30分，经过3小时接近饱和的轰炸后，阿纳姆全市烽火四起，卷卷黑烟柱正升入空中。沃尔夫海泽村、奥斯特贝克镇、奈梅亨市和埃因霍温市，所有建筑物都被轰平，街道上遍处弹坑，散布着玻璃碎片和断垣残壁，死伤人数每分钟都在增多。即使现在，低飞的战斗机还在扫射整个地区的机枪与防空炮阵地。教堂、各家各户、地窖和防空掩体中挤成一团的荷兰人，或者带着一股傻憨不畏死的勇气，骑着自行车在街上跑，或站在屋顶上观望的人，他们心中交互着惧怕与狂喜的情绪。没有人知道该相信什么，或者下一步会发生什么。在南边，离奈梅亨133.6公里的马斯特里赫特，是荷兰第一座被光复的城市。9月14日美军第1集团军已经入城，很多荷兰人预料美军步兵会在任何时刻来到他们的城市村落。从伦敦播放的"橘子电台"，在一则激动的快报中给人这种印象，"日子快到了，我们一直在等待的事情终于快要发生了……由于盟国大军的进军神速……很可能部队来不及带上荷兰货币。如果你们的盟友拿出法郎或者比郎……要配合并接受这种钞票作为支付……农民应该收工，把收获运出来……"伯恩哈德亲王在一篇广播文告中，吁请荷兰人"盟军部队光复荷兰领土时，不要献花果表示欢迎……过去敌人曾经在呈献给光复部队的礼物中藏有炸弹"。大多数荷兰人心中最先想到的，便是认为加强轰炸的行动，正是盟军大举进攻——展开地面攻击——的前奏。他们跟征服者德国一样没有料到马上就有空降攻击。

福斯凯尔夫妇躲在奥斯特贝克、老丈人家中的防空洞里，以为轰炸机在附近投弹，定是瞄准了塔费尔贝格酒店的莫德尔总部。福斯凯尔记得那一天天气晴朗，"适合轰炸的天气"。然而他认为难以把"正在到来的战争与成熟的甜菜根香味，以及成百棵向日葵的画面连在一起。向日葵花茎都被它们沉重的花朵给压弯了，很难想象会出现人死亡、房屋在焚烧的画面"。他出奇地冷静，在他岳父家的走廊上，眼看着战斗机在头顶上刷地掠过，它们一定是在扫射那处酒店了。突然，一名德国兵在花园里出现，没戴钢盔也没有步枪，身上只穿了件军便服和军裤。他有礼貌地问福斯凯尔："我可以在这里躲一躲吗？"福斯凯尔直视着他，问："为什么？你们有自己的防空壕呀！"德国兵笑着答："我知道，可是都客满了。"德国兵走到走廊上，"这回炸得很凶，"他告诉福斯凯尔，"不过我想奥斯特贝克不是目标，它们好像集中在轰炸村子的东边和西边。"

福斯凯尔听见屋子里有人说话，是沃尔夫海泽村附近来的一位朋

第三部 攻击　165

埃因霍温光复后莅临的伯恩哈德亲王。策划作战的过程中,从来没有人向他,或者任何荷军参谋本部成员征询有关作战区内的地形概况。等到对方愿意开口时,一切都太晚了。同时,伯恩哈德亲王从荷兰反抗军那里得到的有关阿纳姆地区有德军装甲兵出没的详细情报,也被置之不理。

荷兰人深信国家要光复了,完全忘记了危险,爬上屋顶观看规模庞大的运输机与滑翔机群飞临。

友,她告诉他们,那里被炸得很惨烈,很多人都死了。"我很害怕,"她颤栗着说,"这是我们的'最后晚餐'。"福斯凯尔看着这名德军平静地说:"或许他们炸塔费尔贝格,是为了莫德尔。"德国兵面无表情,"不是,"他告诉福斯凯尔,"我不这么想,那里一枚炸弹都没有落下。"后来这名德兵走了以后,福斯凯尔便出外巡视。谣言满天飞,他听说阿纳姆被炸得很惨,沃尔夫海泽差不多被夷平了。他想,此刻盟军一定在推进,随时会抵达这里。他既伤心又高兴,想起诺曼底的卡恩,在盟军反攻后成了一堆废墟。他认为奥斯特贝克,也就是他和家人到这里来避难的城镇,最后也会成为一堆颓垣败瓦。

沃尔夫海泽村附近的树林里,德军弹药堆积所正在爆炸,那处有名的精神病院也遭直接命中,行政大楼四周的4处楼房都被炸平了,炸死了45个病人(后来又增加到了80人),还有数不尽的受伤人数。有60个吓坏了的病人——大部分是女病人——正在附近的树林里到处晃荡。电力中断了,副院长马里厄斯·范德贝克医师(Dr. Marius van der Beek)找不到人来帮忙。他焦躁地等候奥斯特贝克和阿纳姆的医师到达,相信他们一定会收到消息并前来支持。他需要尽快设置两个包含有外科医师小组的手术室。

其中一名"病人"亨德里克·韦堡(Hendrik Wijburg),其实是在精神病院里藏身的地下抵抗组织人员。他回忆说:"尽管德军在附近有阵地,在树林里有大炮和弹药,但实际上当时院内并没有德军。"德军一处弹药堆积所被炸中时,韦堡正在一栋大楼的走廊上被震倒在地。他记得,"一次大爆炸,堆积所的炮弹开始嗖嗖落到医院里,死伤了好多人"。韦堡急忙站起来帮助护士,在扫射攻击到达最高潮时,他们在草地上用白色床单铺了好大一个十字。这附近被炸得很惨。他觉得,"这个地方很快就会被死人、要死的人堆到屋梁一般高"。

阿纳姆的消防队拼命把蔓延的火势给控制下来。迪尔克·扬·希丁克（Dirk Hiddink）带领一个15人的消防小队，用的是过时的消防器材（队员推着两辆大车，一辆装着盘成一圈圈的水管，另一辆装载消防梯），奉令到驻有德军的威廉斯兵营去，那里刚被低飞的蚊式轰炸机直接命中。尽管兵营大火四起，希丁克从阿纳姆消防大队部所得到的指示却很不寻常，总部告诉他，让它被烧光，但是要保护附近的房屋。等到他的小队抵达时，希丁克看见再怎么说要救这座兵营都不可能了，火势烧得太过猛烈了。

28岁的赫斯伯斯，从他父亲位于威廉广场28号（Willemsplein 28）的公寓里，看见四周的一切都已经被熊熊火舌给吞噬。不但是兵营，连附近的高中和对面的"皇家餐厅"（Royal Restaurant）也都在燃烧。赫斯伯斯记得，温度之高，"我们窗户上的玻璃，突然变成波浪状，然后整个熔解了"。全家人立刻从屋里逃出去，攀爬过砖墙和木头之后才来到广场。赫斯伯斯看见耳鼻流血的德军从炸倒的兵营废墟中跌跌撞撞走出来。有轨电车驾驶员亨德里克·卡雷尔（Hendrik Karel）并非要开到威廉巷（Willemsplein unintentionally）来的，轰炸切断了电力，卡雷尔黄白两色的电车，便从一个小小的斜坡上滑下来到了巷道的车站。他发现站里塞进了好多车，他们都像他一样，车子滑进来后就无法开走了。透过浓烟、人群和废墟，卡雷尔看见皇家餐厅的服务生，从起火的大楼里逃了出来。不管那些朝餐厅门口散去的客人，服务生直接从窗户跳到大楼外面。

位于阿纳姆大桥东南方的"市立煤气公司"（Municipal Gas Works），技术员尼古拉斯·恩克（Nicolaas Unck）很钦佩轰炸机人员的技术。遥望莱茵河对岸，只见12处防炮阵地都已被摧毁，只留下了一门，不过几个炮管都已经弯曲、报废了。这时全市已经没有电力。恩克的问题来了。他再也不能发电，3个巨大的贮气槽中剩的煤气都已经泄光。阿纳姆除了煤和木柴以外，这晚没有了电力，以及取暖和煮饭用的燃料。

上千人藏身在教堂里。光是在荷兰归正会的格拉特可克大教堂（"Grote Kerk" Church）就有1,200人。教堂司事扬·迈恩哈特记得，"我们能清楚听到外面炸弹的爆炸声"。他说，"约翰·格里森牧师（Johan Gerritsen）还是镇静地继续讲道。当停电时，风琴也停止了演奏。其中一个会众走上前去，用手来压动风箱。"那时以警报声、爆炸声和飞机的轰鸣声作为背景，风琴轰然响起了，结果全体会众起立高唱荷兰国歌《威廉颂》。

在阿纳姆火车站附近的归正会教会，地下抵抗组织的纽曼正在聆听多米尼·博特（Dominee Both）讲道。他觉得就算是这次强烈轰炸，也都吓阻不了德军实践他们的威胁——要在今天某个时候处决一批老百姓人质——以作为对地下抵抗组织人员攻击铁路高架桥的报复。他听博特讲道中说道："你的行为要向上帝负责，向你的同胞负责。"他的良知正困扰着他，决定礼拜做完以后就要向德军投案。纽曼离开教堂，穿过被炸得满地狼藉的街道去打电话，叫通地区指挥官克鲁伊夫，报告自己的决定。克鲁伊夫很不高兴，直截了当地说："所请不准！"他告诉纽曼，"执行你的工作。"可是克鲁伊夫并不是最后的决定。"市场—花园"将会救了这批人质。

往南17.7公里的奈梅亨，轰炸机炸中了德军的防炮阵地，准确得只剩了一门炮还在射击。高大雄伟、供应海尔德兰全省电力的PGEM（N.V. Provinciale Geldersche Electriciteits-Maatschappij）发电厂，只受了些微损伤，可是高压电线损毁，整个地区电力被切断了。发电厂附近一座人造丝工厂损伤惨重，火光处处。市中心许多地区的房子都被

第三部 攻击　169

炸弹击中，炸弹也落在一所女子中学和一座大型的天主教的小区中心。瓦尔河岸后方的伦特村，有一间工厂炸毁了，多处弹药堆积所爆炸。

市区的防空指挥部里，工作人员靠着烛光工作。他们对不断涌来的防空报告，越来越觉得困惑。阿尔贝图斯·弗朗西斯库斯·厄延（Albertus Uijen）在半明半暗的办公桌上，登记发来的报告，此刻发觉自己越来越困惑。大范围的轰炸，却无法理解究竟发生了什么事情，只晓得奈梅亨附近一带的德军阵地都遭受了攻击。进入市区的主要通道——瓦尔布鲁赫大桥（Waalbrug）、圣安娜路（St. Annastraat）、赫鲁斯贝克路（Groesbeekseweg）——这时都已切断，看来是要把奈梅亨的对外联系给断绝了。

如同阿纳姆，大部分奈梅亨人都躲在防空洞里，躲避战斗机不断对街道的扫射。可是家离瓦尔河大桥并不远的埃利亚斯·亨里克斯·布罗坎普（Elias Broekkamp），爬上了屋顶想看个清楚。令他惊讶的是，离他家5栋房子外，德国市长办公室的人员也在屋顶上。他记得德国人"看上去很焦急，而我，当然喽，满怀轻快，我甚至谈到这天天气可真是好呢"。

护士约翰娜·布雷曼布雷曼（Johanna Breman）眼看着扫射过程中，德国人惊慌失措的表现。她在瓦尔河大桥南边一栋公寓的二楼窗户，往下看见"受伤的德军彼此扶着走，有些跟跟跄跄，好多官兵都绑了绷带，他们军服都敞开了，大部分连钢盔都懒得戴。紧跟在他们后面的是步兵，他们往大桥退去时，只要看见荷兰人在偷看，便会朝窗户开枪"。德军抵达大桥的引道，开始挖散兵坑。"他们在周围开始挖。"布雷曼小姐记得，"就在快到大桥的街道上，以及在桥下树边、附近的草地上都挖。我可以确定反攻要开始了，我记得还这样想过'这里会是观看这场战斗绝佳的位置',我是这样期待的。"布雷曼的期待,当时并没有包括在几个月后,要和 82 师的二等士官长查尔斯·W. 梅森（Charles Mason）成婚在内。梅森会乘坐第 13 号滑翔机,降落在她那栋公寓西南方 3.2 公里的赫鲁斯贝克高地上。

"市场—花园"行动主目标四周的城镇和村落,也像主目标般损伤惨重,而救援行动——即使有的话——微乎其微。空袭发生时,赫拉尔杜斯·约翰内斯·德维特（Gerardus de Wit）就快到埃因霍温西边约 8.1 公里外的泽尔斯特村（Zeelst）,他旋即在甜菜田里寻找掩蔽。当时并没有空袭警报,他看见飞机高高飞在天上,忽然间炸弹如雨而降。德维特刚从南边 6.4 公里的费尔德霍芬村（Veldhoven）去探望弟弟回来,碰上空袭只好将自行车转头、离开公路,人扑进和田地中相连的一条水沟中。到了这个时刻,他发了疯似的要回去找太太和 11 个子女。

尽管飞机还在扫射,德维特还是决心冒险回家。他从田里抬起头来,只见"连树叶都烧焦了"。他把自行车抛在一边,爬出水沟,朝开阔的田地跑过去。他快接近村子时,看到原本是要炸埃因霍温市外韦尔斯哈普机场（Welschap airfield）的炸弹,反而炸中了小小的泽尔斯特,村子里什么都没有了,只剩一片瓦砾断墙,几栋房子在焚烧,有些已经倒塌,老百姓茫然站着、哭泣着。德维特认识的一位寡妇,范·海尔蒙特太太（Van Helmont）一看到他,便苦苦哀求德维特跟她一起去用床单盖在一个殉难小孩身上,海尔蒙特太太害怕到无法自己动手做这件事。那孩子身首异处,德维特却认得出是邻居的儿子。他急忙把遗体盖上。"我再也不想看任何东西了,"他回忆当时,"只想尽快回家。"他快到家门口时,对门的邻居想要留住他,说道:"我被炸弹碎片打中,血流得快要死了。"

第三部 攻击　171

就在这时候，德维特见到了太太阿德里安娜（Adriana）正站在街上号啕大哭。她朝他跑过来，"我以为你永远回不来了呢，"她说，"快、快，我们的孩子被炸伤了。"德维特走过了受伤的邻居。"除了我儿子以外，再想不起任何事情。我走到他跟前，只见他全身右半边都被炸开了，右腿几乎是整个被切断，他还十分清醒并要点水喝。我见他的右胳膊不见了，他问它在哪里，我安慰他说：'你正躺在它上面呢。'"德维特跪在孩子旁边时，来了一位医师，德维特只记得"他告诉我说没希望了，我们的儿子即将离世了"。德维特把孩子抱起来，到设立了红十字会救护站的"乔治公爵雪茄厂"（Duc George cigar factory）去。人还没走到，14 岁的儿子就在他怀里断了气。

在所有的恐怖、混乱和希望之中，没有几个荷兰人见到盟军空降第 1 集团军的先锋部队。大约在中午 12 点 40 分，12 架英军斯特林式轰炸机朝阿纳姆掠过，12 点 47 分，4 架美军运输机，在埃因霍温北边的草地上空出现，另外两架飞越奈梅亨西南开阔的田地，接近阿瑟尔特镇（Overasselt）。在这些飞机上的，正是英军与美军的导航组人员。

扬·彭宁斯（Jan Pennings）回到了自己的农场，那里离沃尔夫海泽不到 1.6 公里，是与伦克姆村的草地交界。他看见机队从西边低低飞来，还以为是飞回来炸铁路的，便留心张望着，如果炸弹一掉下来，便准备扑倒掩蔽。飞机飞过伦克姆村草地时，吓坏了的彭宁斯只见"一捆捆的东西掉下，随后伞兵跳出来。我知道在诺曼底盟军也用过伞兵，我很确定眼前这是反攻'这里'的开始了"。

几分钟以后，彭宁斯骑着自行车往自己农场跑，对着太太大叫，"出来呀！我们自由了！"此时，他所见到的第一批伞兵走进了他的农场。彭宁斯又害怕又茫然地同他们握手，不到半小时，他们告诉彭宁斯"上百名的伞兵就要来到这里"。

帮人家开私家车的司机扬·佩伦（Jan Peelen）也目击到在伦克姆村草地上降落的导航组。他记得"他们落下来时可以说是无声无息的，纪律很严明，立刻在草地上画出标线"。也像其他降落在铁路线以北的导航组，他们把空降场都标示了出来。

往南24.2公里，接近阿瑟尔特镇，19岁的特奥多鲁斯·鲁洛夫斯（Theodorus Roelofs），正潜藏着躲避德国人。突然间，被降落在他家农场附近的82师导航组所解救。他回忆起来，那些美军都是"斥候，我最怕的是这一小批勇士，很可能会被敌军轻松地解决掉"。这批导航组毫不浪费时间，一发现这个荷兰小伙子会说英语，立刻就把他列为向导和传译员。鲁洛夫斯在他们地图上证实了降落位置，指示他们到指定的降落地点，看着他们用"彩色的布板和发烟罐"，标示出空降区的动作而入迷。3分钟后，一个黄色广告牌的字母"O"和紫色的烟雾，清楚标示出了这一区的边线。

载着101师导航组的四架C-47运输机，在埃因霍温北边附近闯进了猛烈的防空炮火。有架飞机被打得烈焰冲天、掉了下去，只有4个人幸存。其他3架继续飞行，把导航组正确降落在101师预定的两个地点。到12点45分，"市场—花园"所有的空降场都已经被标定位置、辨识出来。难以置信的是，德军依然没有发出警报。

* * * *

在洪德洛兵营里，德军霍亨施陶芬师师长哈策尔中校，正在向刚受勋的格雷布纳上尉敬酒。几分钟以前，他看见有几具降落伞往阿纳姆西边落下去。他倒不感到讶异，还以为是从轰炸机上跳伞的机组员。位于奥斯特贝克的塔费尔贝格酒店，莫德尔元帅正在跟参谋

第三部 攻击 173

长克雷布斯中将、首席作战参谋汉斯—格奥尔格·冯·滕佩尔霍夫上校（Hans von Tempelhof）和副官组长莱奥德加德·弗赖贝格上校（Leodegard Freyberg）一起，喝饭前的开胃酒——一杯冰凉的摩泽尔白葡萄酒。行政官泽德尔豪泽中尉记得，"只要元帅人在总部就极其守时。我们一向都是下午1时整坐下来吃中饭"。这个时间，正是"市场"部队的"H时"。

3

而今，载着101空降师的庞大运输机机群，编成紧密的队形，轰隆隆地飞过盟军据守的比利时。飞越布鲁塞尔之后大约40.2公里，机队转向北，朝荷兰边境飞去。这时机内的官兵向下看，首度见到了他们在地面作战的同僚——"花园部队"，地面攻击与空中突袭将同时发动。这是壮观而难以忘怀的景象，在每一条公路、每一处田野、每一条小径上，都铺满了霍罗克斯将军第30军浩瀚的广大装备。密密麻麻的坦克、半履带车、装甲车、人员运输车纵队，以及预备用于突破作战的火炮，一排排、一队队地放列着。坦克上的天线旗在风中飘动，成千上万的英军站在车辆上、挤在田野间，向空降部队的人们挥手。橘色烟雾在空中翻腾起伏，标示出英军第一线的所在地，再过去便是敌人了。

战斗轰炸机擦着地面飞过，领先飞到空降区，要把挡在机群前面的一切都加以肃清。尽管在空降突击以前的猛烈轰炸已经夷平了很多防炮连，但这时德军伪装网突然向后一掀，又露出了敌军的潜伏位置。有些人还记得干草堆上面一分开，竟露出了88毫米口径高射炮和20毫米口径防空机炮阵地。虽然战斗机扫荡得很彻底，依然不可能把敌人所有的抵抗都打趴。101师的官兵正要飞到距离埃因霍温以北只要7分钟的空降场，却冲进了猛烈的防空炮火里。

一等兵约翰·J.西波拉（John Cipolla）正在打瞌睡，顿时被"防空炮刺耳的爆裂声，以及贯穿机身的碎片"所惊醒。跟其他人没有两样，西波拉也是一身沉甸甸的装备，被压得很难动弹。除了步枪、背包、雨衣、军毯以外，他还有弹药袋挂在两肩上，口袋里塞满了手榴弹，再加上口粮、主伞以及副伞。除此之外，他们机上的每一个人还带了一枚地雷。据他说："我们左翼的一架C-47爆炸成一团火球，然后又是一架。我心想，'天哪，下一架就是我们了。我是要怎样才能离开这架飞机啊！'"

搭载西波拉的那架C-47一阵抖动，几乎每一个人都同时叫了出来，"出去吧！我们中弹了！"跳伞长下口令："起立，挂钩！"然后镇静地开始检查装备。西波拉记得机上伞兵都报数出来："1，OK！2，OK！3，OK！"西波拉是全组最后一名，等要喊到"21，OK！"时，好像要过好几个钟头似的。然后绿灯亮了，伞兵们急忙离舱门往下跳，降落伞在他们头上展开。西波拉抬头检查自己的张伞状况，只见刚离开的C-47正烈焰凶猛，看着看着，飞机在一团火球中掉了下去。

尽管爆开的炮弹烟雾淹没了飞机，但编队并没有偏航，第9运输司令部的飞行员，还是毫不偏移地维持着航线。罗伯特·菲利普·奥康奈尔少尉（Robert O'Connell）记得他们的机队飞得好紧密，"我以为机长要把机翼挂在左面那架飞机机长的耳朵上去了"。他的飞机起火了，跳伞预备的红灯亮了起来，"机舱通道里烟雾弥漫，我连本组最后一个人的脸都看不到"，人们都被烟给呛咳，嚷着要跳出去，奥康奈尔"站在舱门前，把他们挡在机上"。飞行员平稳地飞，没有做

英军伞兵登机前往荷兰（上左），美军"威克"式滑翔机正在准备装载（上右）。运输机负责拖曳载有101空降师官兵的滑翔机飞过恩荷芬市（下）。

任何强烈的闪避动作。奥康奈尔看见编队开始降低高度、航速慢了下来，是要准备跳伞了。奥康奈尔心里盼望，"如果机长认为飞机要掉下去，他会及时用绿灯指示我们，让伞兵跳出去"。结果机长沉着应对，让这架起火的飞机维持在航路上，直到正确飞到空降区。然后绿灯亮了，奥康奈尔和伞兵们都安然跳伞，他后来知道这架 C-47 毁机落地，不过机组员都生还就是了。

运输机飞行员们完全不顾自身安全，让飞机穿过防空炮火，飞到空降区上空。"不要替我担心，"一架起火的 C-47 飞行员赫伯特·E. 舒尔曼少尉（Herbert E. Shulman），在无线电中向分队长报告，"我要把伞兵送到空降区正上方跳伞。"他办到了，伞兵安然离机，在那么一瞬间，飞机在火焰中坠毁。查尔斯·A. 米切尔上士（Charles A. Mitchell）惊恐万状地眼看着他左边一架飞机，火焰从左发动机一阵阵冲出来，飞行员保持着稳定的航路，他看见整组伞兵跳了出来，是在火舌中穿降下去的。

悲剧还不止如此。保罗·B. 约翰逊一等兵（Paul Johnson）的位置就在飞行员座舱后面，飞机正中央被击中，两个油箱都起火了，全机包括机长、副机长和 16 名伞兵中，只有约翰逊和另两名伞兵逃了出来，他们不得不爬过机舱中的死人才能跳伞。3 个死里逃生的人都严重烧伤，约翰逊的头发全部烧掉了。他们刚好降落在德军的坦克宿营地，在水沟里与敌人拼战了半个钟头，全都受了伤，最后寡不敌众而被俘获。

另外一架飞机的绿灯亮起时，挡门的第一名伞兵却被打死了，他向后倒在约翰·G. 奥尔托马尔下士（John Altomare）身上。他的遗体被快速移到一旁，机上其余伞兵马上跳出。还有一组伞兵飘荡在半空正要向地面落下去时，一架失控的 C-47 撞倒了其中两人，螺旋桨把

第三部 攻击 177

他们给砍成了碎片。

就连飞临空降区这种吓人的进场程序中，美国人还是保持着他们的幽默感。塞西尔·李·西蒙斯上尉（Cecil Lee）刚一站起来挂钩，他坐的地方就被炮弹碎片炸开了一个大洞。旁边一名伞兵恶心地大喊："这下他们送了我们一个马桶了！"另外一架飞机，红灯亮起，每一个人都起立、挂钩，安东尼·N.博雷利少尉（Anthony Borrelli）说自己肯定是瘫痪了，只有他动不了。他是刚到伞兵部队才两星期的新官，又是头一遭战斗跳伞，还是这组伞兵第一个要跳下的人，博雷利觉得大家都盯着他，等到发现时真是难为情，原来他把伞带钩挂在座椅上了。罗伯特·伊格内修斯·博伊斯二等兵（Robert Boyce）这一趟也赶上了，尽管师部牙科医官一番好意，因为他牙齿有毛病而签了"免作战证明"（L.o.b., left Out of Battle）。因为连长的插手，这位诺曼底老兵才奉准成行。除了一颗牙齿坏了以外，他还有其他烦恼。有些伞兵的新装备——包装机枪的腿包、快速脱伞具，还有穿的是战斗靴而不是跳伞靴——这都使得他以及旁人感到紧张万分。特别是伞兵们都关心自己的伞衣会缠在新发战斗靴的鞋扣上。博伊斯的飞机低飞进场时，他看见下方的荷兰老百姓，举起两只手指头，表示"胜利"致敬，那可正是博伊斯所需要的事情。他对其他人叫嚷道："喂，看看，他们出我们两对一，赌我们跳不成功呢。"

对许多人来说，他们能够到达空降场的可能性看起来起码要高一点。506伞兵团团长罗伯特·弗雷德里克·辛克上校（Robert F. Sink）看到"一阵猛烈的防空炮火冲上来欢迎我们"。正当他从机舱门向外看时，飞机猛然震动，眼见一部分机翼被打裂了，晃来晃去挂着，便转身对着本机伞兵说："好吧！机翼没了。"辛克感到安心的是，"似乎没有人对这件事想得太多，估计到那时我们也差不多抵达空降区上空了"。

二号机上，辛克的副团长查尔斯·亨利·蔡斯中校（Charles Chase），眼见左翼起火，托马斯·帕里斯·马尔维上尉（Thomas Mulvey）记得副团长瞪着火势看了一分钟，才轻描淡写地说："我猜他们逮到我们了，我们还是跳吧。"两架飞机上的绿灯亮起，伞兵们都安然跳伞。蔡斯所坐的这架运输机焚毁在地面上。辛克那架机翼受伤的飞机，伞兵们都觉得应该是安然飞完全程回到了英国。

类似的猛烈防空炮火，也淹没了载 502 伞兵团官兵的机群，这两个大队的飞机几乎相撞。一个大队稍稍偏离了航路，误飞进另外一个大队的航路上，使得后者爬升，以致伞兵在比预定还要高的高度跳伞。在一个机群的长机中，载有 101 空降师师长泰勒将军和 502 伞兵团第 1 营营长帕特里克·弗朗西斯·卡西迪中校（Patrick Cassidy）。卡西迪挡门站着，只见大队中一架飞机烧成一团火焰，他数了一下只跳出 7 具伞。接着左边的一架 C-47 也爆出火团，机上伞兵全部都跳了出来。他被这架着火的飞机景象所迷住，竟没有注意到绿灯已亮。泰勒将军站在他背后，轻轻说了声："卡西迪，灯亮了！"卡西迪反射性地答复："报告师长，我知道了。"便跳了下去，泰勒也紧跟在他后面跳伞。

泰勒将军认为这次 101 师的跳伞是"非一般的成功，几乎就像是在演习"。在初步计划作为中，泰勒的参谋预计伤亡将高达 30%。在英国登机的 6,695 名伞兵，实际跳伞的有 6,669 人。尽管防空炮火很猛烈，但 C-47 机群和战斗轰炸机飞行员的勇敢，使得 101 师有了一次接近完美的跳伞。虽然有些单位降落在离空降区以北 1 到 3 公里的地方，但他们落得很密，部队集结很快，只有两架飞机没有飞抵空降区。第 9 运输司令部的飞行员以大无畏的决心承受了所有损失，将伞兵送到了他们的目的地。载运 101 师的 424 架 C-47 运输机中，1/4 受

第三部　攻击　179

到了损伤,被击落的有16架,机组员全部阵亡。

　　滑翔机的损失也很惨重。当机群飞抵空降区时,70架中只有53架落在松村附近的降落区而没有损伤。尽管中途放弃飞行、敌军防空炮火和毁机落地,滑翔机到末了依然运到了它们所载运兵力的80%,吉普车与拖车的75%[①]。现在,泰勒的"啸鹰师"正向各个目标前进——在英军地面部队前面这条15公里的重要走廊上的桥梁和渡河点。

4

　　斯图登特上将和参谋长瓦尔特·赖因哈德上校(Walter Reinhard),站在菲赫特附近、斯图登特别墅的阳台上,"简单说,就像个傻瓜,一脸震惊。斯图登特清楚记得,"极目四顾,到处只见连绵不断的机群——战斗机、运输机、货机——在我们头上飞过。我们爬上屋顶,想更清楚知道这些部队是往哪里去"。看样子机群飞往赫拉弗和奈梅亨方向、在我们南面没有几公里远的埃因霍温以及松村附近。斯图登

[①] 由于"市场—花园"被认为是全英军的作战行动,只有少数的美国记者被核准前往采访。阿纳姆则一个美国记者都没有。其中一个跟随101师的美国记者——合众社的沃尔特·克朗凯特(Walter Cronkite),是搭乘滑翔机着陆的。他回忆当时,"以为滑翔机机轮是供落地用的。可是机身竟贴着地面滑行,机轮上升穿过了机舱地板,可以想象我当时是有多惊讶。还有一件事吓到我了。大家发誓戴好的钢盔都扣好了,一落地却从头上飞了出来,看起来比打过来的炮弹更危险。落地后,我看到的第一顶钢盔抓起来就戴上。提着装有'好利获得'牌(Okivetti)打字机、可靠的携行袋,我开始朝汇合点所在的运河匍匐前进过去。等到我回头一看,只见五六个家伙跟在我后面爬行,看样子我是拿错了钢盔。这顶我戴上的钢盔,后面有条工整的白杠,代表戴帽者是名军官"。

特看得很清楚,运输机一架跟一架飞来,投下了伞兵和装备。有些飞机飞得很低,低得连斯图登特和赖因哈德都不自主地蹲下身来。"司令部的文书、军需官、驾驶员和通信官兵,都跑到开阔的田野,用各种武器对空射击。跟平常一样,天上没有我方战斗机的踪迹。"斯图登特完全困惑不解,"我搞不清楚发生了什么事,也不晓得这些空降部队要往什么地方去。在当时,我完全没有想过自己所在位置的危险性。"伞兵专家斯图登特对眼前的景象充满了钦佩和仰慕。"眼前强大的壮观景色,深深打动了我。回忆以往,多么渴望我们自己的空降作战也可以做到如此程度,便对赖因哈德说:'啊,如果我能有这种兵力供我支配就好了!这么多的飞机,只要一次就好。'"赖因哈德的感受完全是非常之当下的,"报告司令,"他向斯图登特说道,"我们得想点办法!"两个人便下了屋顶,回到斯图登特的办公室。

就在前一天晚上,斯图登特在每日报告中提出了警告,"在默兹—斯海尔德运河(Maas-Schelde Canal)以南,敌军交通频繁,车队密集,显示盟军即将发动攻击"。问题是:已经开始了吗?假若是的话,这些空降部队一定是要攻占埃因霍温、赫拉弗和奈梅亨的桥梁。桥梁全都做了爆破的准备,由专门的工兵小组和警卫部队负责保护。每一处渡河点,都指派了桥梁司令,下达了最严格的规定,一旦遭遇攻击立即炸桥。"盟军显而易见的动态,"斯图登特认为,"在这种情况下,便是在我军来不及炸毁以前,使用空降部队攻占桥梁。"在这时,斯图登特还没有想到下莱茵河的阿纳姆大桥的重要性,他告诉赖因哈德:"帮我接通莫德尔。"

赖因哈德拿起电话,这才发觉电话线路不通,集团军部已经被切断了联系。

★ ★ ★ ★

59.6公里外,奥斯特贝克的塔费尔贝格酒店里,莫德尔的行政官泽德尔豪泽中尉非常光火,对着野战电话吼叫:"昨晚你喝多了是不是?"打电话来的是士官尤平格(Youppinger),是泽德尔豪泽手下保护集团军司令共250人的警卫连官兵之一,尤平格把他所看到的又说了一遍。他坚称,在沃尔夫海泽村"滑翔机正落在我们的眼前"。泽德尔豪泽把电话一甩,急急奔去作战室,把这个消息向一位怔住了的中校报告。两个人急忙赶到餐厅,莫德尔和参谋长克雷布斯将军正在吃午餐。中校报告:"我刚得到消息,滑翔机正在沃尔夫海泽降落。"首席作战参谋滕佩尔霍夫上校目瞪口呆,克雷布斯的单眼镜掉了下来。滕佩尔霍夫说道:"这下,我们可有麻烦了。"

莫德尔跳了起来,一阵忙乱地下达了一连串的总部撤退命令。他走出餐厅去收拾自己的东西时,转回头来叫道:"他们正在追我和这个司令部!"没多久,莫德尔带着一个小提箱,急急忙忙出了塔费尔贝格酒店正门。在人行道上,那个小提箱掉了下来,把他的内衣裤和洗漱用品摔得到处都是。

泽德尔豪泽见克雷布斯也是这么急急忙忙,跟了莫德尔出去:"甚至连军帽、手枪、皮带都忘了。"滕佩尔霍夫甚至连拆下作战室战况地图的时间都没有。司令部副官组长弗赖贝格上校,也是行色匆匆。他经过泽德尔豪泽面前时,叫道:"不要忘了我的雪茄。"莫德尔一上汽车,就告诉座车驾驶员弗罗姆贝克(Frombeck):"快!快到杜廷赫姆!比特里希军部!"

泽德尔豪泽眼见司令的车开走,这才回到酒店。他在作战室里见战况地图还在墙上,显示出从荷兰到瑞士的全部阵地所在,便把它卷了起来,自己带着。然后下令哈滕斯坦酒店和塔费尔贝格酒店的人员立刻撤走。他说,所有运输工具,"每一辆汽车、卡车、摩托车,一律马上离开此地"。在他开赴杜廷赫姆以前所接到的最后报告,英军已经来到两公里之内。在这一阵慌乱中,他把弗赖贝格的雪茄给完全忘记了。

5

在地面的雾气、房屋焚烧的烟火笼罩下,庞大的英军滑翔机群一架架落地。已经由橘色、深红色的尼龙布标示出的地区,开始有点像宽广的停机坪了。这两处降落区——在沃尔夫海泽附近,北边的赖尔斯营地农场(Reyers Camp Farm)和西南方的伦克姆草地(Renkum Heath)——蓝色烟雾袅袅直上。从这两地,一批接一批的牵引机和滑翔机,绵延长达20公里,一直到了奈梅亨西南方斯海尔托亨博斯镇(S'Hertogenbosch)附近的入口。成群结队的战斗机掩护着这支又长又慢的机群纵队。航线的拥挤,让飞行员们想起了伦敦忙碌的皮卡迪利广场(Piccadilly Circus)在上下班时间挤得水泄不通的情形。

机群——每一个大队与另一个大队间有4分钟的间隔——缓缓飞过平坦、水道纵横的荷兰乡野。在任务提示时告诉飞行员们辨认的地标,现在开始在他们下面掠过——两条宽广的大河是默兹河和瓦尔河,再前面便是下莱茵河了。这时每一批机群编队下降时,官兵们都看到了远在右边的阿纳姆和他们的主要目标——铁路桥和公路桥。奇怪的是,虽然皇家空军预料到会有猛烈的防空炮火,这些密集的滑翔机群其实没有遇到任何的抵抗。空降之前在阿纳姆周围所实施的空袭,要比埃因霍温有效得多。进场航线上，没有一架牵引机或者滑翔机被打下去。

皇家空军与滑翔机驾驶团技术精良的飞行员们，以分秒不差的准确度飞过空降区。滑翔机一松缆，牵引机便爬升转弯，让出空间供后面一对对的飞机进来。这种复杂的动作和拥挤的航道，本身就造成很多问题。驾驶员布赖恩·艾伦·汤布林中士（Bryan Tomblin）记得飞过降落区时，那种混乱、拥挤，"天上都是滑翔机的牵引机、拖缆以及诸如此类的东西，你得一直注意"。

驾驶霍萨式滑翔机的维克托·戴维·米勒上士（Victor Miller），记得飞越下莱茵河时，他周围"宁静得令人难以相信"。再过去一点，突然看见了自己的降落区，在远远的角落，"是一片三角形的树林和一处半隐半显的小农场"。几秒钟以后，他听到了斯特林式牵引机领航员的声音，"好了，二号机，准备。"米勒回答后，领航员告诉他"祝你好运，二号机。"米勒立刻脱缆，拖机消失不见了，拖缆跟在后面晃来晃去，米勒晓得它会被丢下去，"斯特林式转弯返航以前，会作为饯别礼把拖缆丢在敌人头上"。

滑翔机的空速锐减，田野隐约间越来越近。米勒要求"半襟翼"，副驾驶汤姆·霍林斯沃思中士（Tom Hollingsworth）立刻推动襟翼杆。这一下，滑翔机猛然一跳，"两个机翼的巨大襟翼从后面向下降，降低了我们的速度"。米勒估计，这时降落区已经不到一公里。"我提醒霍林斯沃思注意他那一边的僚机，有一架滑翔机要横飞过来，在我们上面不到46米距离，"米勒大惊，"飞在我们同一个航路上，还有一架滑翔机似乎也从右边飘过来，对方驾驶员可能连我都没有看见，一心只想降落下去。"为了避免撞机，米勒故意飞到来机的下方，"一片好大的黑影从我们驾驶舱上刷过去，对我来说这实在太近了。我那时专心极力要把全机完整地带下去，根本没有想到敌人是不是有朝我们射击——对那个威胁我们也拿它没辙"。

米勒继续降低高度，"树梢头朝机舱底撞来，在机翼旁掠过。地面猛然出现的时候，另外一架滑翔机也一同飞到，我把驾驶杆向后带、改平、触地，飞机弹跳起来有0.9米高，再落下去一次就没再跳了。霍林斯沃思紧踩刹车，我们东倒西歪地在新耕地里窜过去，机轮陷在软泥里之后总算停了下来。飞机离一排看上去粗壮的大树不到46米远"。震耳欲聋的气流声归于平静后，米勒听见远处轻武器噼啪的射击声。"可是我最先想到的还是先出滑翔机，以免别的滑翔机坠毁或者落在我们身上。我是最后一个离开飞机的人，根本没有时间犹豫，径直就从机舱门边跳下去到荷兰的土地，这有1.2米高，还不算容易。"

通信兵格雷厄姆·马普尔斯（Graham Marples）所坐的滑翔机，因为航线拥挤，兜了一圈又飞到降落区来。"可是，这时候风速没有了，"马普尔斯记得当时"我看见树木穿过滑翔机机舱板，把它扯成一片片，我所晓得的第二件事，就是机头一头栽了下去，只听见各种东西的破碎声，就像干树杈那么清脆。机头直挺挺落地，可是没有人受伤，除了些擦伤和淤青外"。后来，驾驶员告诉马普尔斯，他得要拉起，才能避免滑翔机与另一架相撞。

很多滑翔机克服了这次长程中的所有困难，却在落地时发生灾难。乔治·E.戴维斯上士（George Davis）站在他已经卸空的霍萨式滑翔机旁边，观看着其他滑翔机飞来。他是头一架落地的，带着英军第1机降旅的32名官兵。他看见两架滑翔机"几乎是机身贴着机身颠簸，越过降落区冲进树林，两机的机翼都被截断"。几秒钟以后，另外一架霍萨式轰隆一声冲下来，速度快得让戴维斯晓得它没办法及时停住，飞机就在树林丛中"犁"了进去，一个人都没有出来。戴维斯跟副驾驶威廉斯上士（Williams）跑到那架滑翔机边，从驾驶舱的塑料玻璃看进去，机中人员全部阵亡。一门75毫米口径榴弹炮的固定链条断裂，压死了炮手，把驾驶和副驾驶给斩首了。

迈克尔·唐纳德·基恩·当西中尉（Michael Dauncey）刚刚把他的滑翔机落地——机上载了一辆吉普车、拖车和一个炮兵连的6名士兵——便看见一架庞大的8吨哈米尔卡式触地。"田地松软，"他想起，"只见哈米尔卡式机头栽进了前面的泥土。"重量和地速使得它越陷越深，机尾在空中高高翘起，接续一个筋斗翻过去，机背着地。当西晓得"要想把他们挖出来已经是没有用了，霍萨式机顶平坦，而哈米尔卡式驾驶座的位置是一个突出的座舱，我们知道正副驾驶都完了。"

戈登·詹克斯上士（Gordon Jenks）驾驶着另一架哈米尔卡式进场时，也看到了这架失事机，马上判断出前面的土地太软了。他立刻决定不在这里降落。"我计算后发现，如果我们立刻进入俯冲，"他回忆，"我就还会有足够的速度可以让飞机与地面保持一段距离，一直飞越栅栏，落在下一块平地。"詹克斯把驾驶杆向前推、俯冲下去，在离地不到几米处改平，让大飞机稳稳飞过栅栏，"在远处的平地，轻得像羽毛般落了下去。"

此时的降落区，滑翔机机尾部旋松螺丝向后扳开，火炮、装备、军需、吉普车、拖车都卸了下来。亨利·布鲁克下士（Henry Brook）的滑翔机，士兵就跟其他人一样，发现下卸动作在理论上是很好，做起来却很困难。"8个插销上，都有一根保护铁丝，把机尾固定在定位，"布鲁克说明当时的情形，"在英国操作时，只要两分钟，就可以把吉普车和拖车从机尾卸下来。在作战中可就不同了，我们切断铁丝、拔出插销，可是机尾依然纹丝不动。"布鲁克和其他士兵最后只有把它砍开。炮兵下士约翰·W. 克鲁克（J. W. Crook）也有同样的烦恼，附近一辆吉普车过来帮忙，用车上的拉索一扯，机尾一下子就拉开了。

两个降落区的官兵都开始从损毁的滑翔机里，把装载的物品抢救出来。两架巨型哈米尔卡式的坠毁是很要命的损失，里面是两门八千克炮的组件，再加上两辆三吨卡车，以及相应的弹药拖车。第1机降旅轻炮团15门75毫米榴弹炮，却全部安然抵达。

搭乘滑翔机到达的人，大部分都记得落地以后，马上有一种奇怪、几乎可以说是诡异的宁静。然后从集合点那里听见风笛的尖锐声正吹奏着《越过边境的蓝呢帽》（*Blue Bonnets*）。就在同时，在伦克姆草地边缘上的士兵，看见荷兰的老百姓，漫无目的地在树林中晃来晃去，或者害怕而躲在树林里。幽灵团的海伊中尉记得"那真是个发人深省的景象，有些人穿着医院的白袍，似乎有看护人员在一边驱赶，所有人都蹦蹦跳跳、嘻嘻哈哈、手舞足蹈又吱吱喳喳，显然他们是疯了"。滑翔机驾驶米勒被树林中的声音吓着，然后"是一批令人毛骨悚然、穿着白衣的男女一路经过"。直到后来，士兵们才知道这些行径怪异的老百姓，是被炸的沃尔夫海泽精神病院的病人。

厄克特将军也在伦克姆草地降落，也是被这里的宁静所惊。他回忆那时，"安静得难以置信，好不真实"。当参谋长麦肯齐在树林边缘开设师指挥所的同时，厄克特往365.8米外的伞兵空降区走去。拉思伯里准将的第1伞兵旅快要降落了，远处传来飞机进场的隆隆声。长长的C-47机群飞到时，滑翔机降落区所有的活动、喧嚣都暂停下来，人人抬头仰望。伞兵跳伞时，也和滑翔机着陆般，只听到有限的、一阵阵的轻武器和防空炮火的射击。准时在下午1点53分至之后的 15 分钟内，天空中充满了色彩鲜艳的降落伞，第 1 伞兵旅开始跳伞了。有 650 个纸箱，由明亮的黄色、红色和棕色降落伞，带着火炮、弹药和器材，穿过运输机流迅速落下来。人员跳伞之前，就把军需降落伞包推出机外。空中飘荡着各种不同的补给品，其中包括有超小型的折叠摩托车。很多负重超量的伞兵，还带着大型的装备包一起跳伞。理论上在着陆以前，伞包会由一根拉绳垂落下去，但好多装备包都在伞兵身上散开、砸在空降区，其中有些是装着珍贵无线电机的伞包。

英军的哈里·赖特二等兵（Harry Wright）从一架美军的 C-47 跳伞，人还在空中，钢盔和装备包都丢了，他落地时摔得好重。团军需官罗伯逊中士（Robertson）跑过来。赖特头上流着血，"你被防空炮火打中了吗？"罗伯逊问他。赖特缓慢摇摇头，"不是，中士，"他说，"是那些该死的扬基佬，跳伞时飞机飞得太快了。"罗伯逊替他包扎伤口，出乎赖特意料之外，他还从背包里拿出了猪肉派给自己。"我几乎被这件事吓得当场死掉，"赖特回忆说道，"第一，罗伯逊是个小气得要死的苏格兰佬。第二，他是军需官，从来没有把任何东西给任何人过。"

在整个空降区这种怪事似乎到处都有。诺曼·斯威夫特中士（Norman Swift）落地后见到的第一个人就是莱斯·埃利斯士官长（Les Ellis）。他走过来时手上拿着一只死掉的鹧鸪。斯威夫特大惑不解，问鸟打哪里来的。"我落在它身上，"埃利斯解释，"谁知道呢？等下搞不好我们饿了，它还有点用也说不定。"

工兵罗纳德·托马斯·埃默里（Ronald Emery）刚从降落伞下溜出来，一位荷兰老太太急忙穿过田野，抓起降落伞就跑。吓着的埃默里看着她的背影而不知所措。田野另一角，斯坦纳斯下士全身上下都是装备器材，他落在一架滑翔机的机翼尖上。机翼就像个弹簧床，把他弹到空中，让他可以两只脚平稳落地。

罗伯特·亚历山大·弗拉斯托中尉（Robin Vlasto）重摔落地，摔得恍恍惚惚。他在地上躺了一下，想知道自己置身何处。他只晓得"在我附近有不少的人体和军需包丢落了下来，而各机还不断涌出伞兵来"。他决定快速离开空降区，正当他挣扎着要解开伞绳时，只听见怪异的一声响。他回头一看，原来是第 2 营营长弗罗斯特中校经过，正吹着他那支猎狐的铜号。

詹姆斯·W. 西姆斯二等兵也看到了弗罗斯特。在降落以前，他就觉得自己受够了这儿的一天。西姆斯回忆，以前一直是皇家空军载运他们出航——他们的态度是，"小伙子，别担心。不论是什么情况，我们都会把你们送到。"——他一看见眼前的美国飞行员先倒了一半胃口。"他是位中校，戴着顶软军帽，飞行外套敞开挂着，抽着一根大雪茄。我们中尉向他利落地敬礼，问说起飞时士兵是不是要集中到飞机前面半部。"那美国人笑称："什么？见鬼，才不需要呢，中尉。"西姆斯记得对方说："飞机屁股滚过了跑道一半时，我就可以让这架老母鸡飞起来了。"西姆斯的排长被对方的态度吓得话都说不出来。等到跳伞下来，虽然西姆斯很喜欢他的营长，但是当他看见弗罗斯特走过时，也到了忍耐的最大限度。他坐在地上，四周都是他的装备，嘟囔着说："营长老大就这样，一手握科尔特手枪，另一只手却是握着他妈的打猎的号角就走过去了。"

在所有空降场，全师官兵有 5,191 人安然到达，各单位集结起来、编队、出发。厄克特将军"不可能有比这更欣慰的了，每件事情似乎进行得棒极了。"洛德团士官长也有同样的想法，这位老伞兵想起那"是我所参加过最好的一次演习，人人都沉着、认真"。但是他在起飞前心中的保留态度，依然使他感到烦忧。他见到部队迅速集结，没有敌人可拼杀。他记得自己是这么想的："一切都顺利得好不真实。"别人也有这种念头，有一批人准备出发时，彼得·特里克·斯坦福斯中尉（Peter Stainforth）听见丹尼斯·杰克逊·辛普森中尉（Dennis Simpson）悄悄说："事情都顺遂得合我意。"

降落以后肩负最紧急任务的人，便是第1空降师侦察中队43岁的高夫少校，他要率领由4个分队组成的侦察中队，坐上重武装的吉普车，向阿纳姆大桥疾驰，等弗罗斯特中校的第2营行军到达。高夫和手下官兵是以跳伞落地，然后再去寻找滑翔机运来的运输工具。他很快就在空降场找到了副中队长戴维·奥尔索普上尉（David Allsop），以及听到了一些坏消息。奥尔索普报告说，四个分队中有一分队的车辆——大约是22辆车——没有运抵。预计要飞到阿纳姆的320架滑翔机，损失了36架，其中失去了高夫第一分队的吉普车。虽然如此，高夫和奥尔索普都认为，他们有足够的车辆直奔阿纳姆大桥。高夫下令出发。他的兵力已经削减，如今只能看德军会如何作出反应了。

6

在一片恐慌、混乱中，德军头一位高阶军官下令备战的，便是党卫军第2装甲军军长比特里希将军。下午1点30分，比特里希接获德国空军通信系统发出来的第一个通报：阿纳姆附近，有空降部队降落。几分钟以后，第二个通报也进来了，指出阿纳姆和奈梅亨遭伞兵突击。比特里希打电话到位于奥斯特贝克塔费尔贝格酒店的莫德尔总部，却没有人接电话，也无法与阿纳姆指挥官或者位于菲赫特集团军部的斯图登特将军联系。混乱情况下，比特里希立刻想到灿根将军的第15集团军的大部分兵力，已经从斯海尔德河口突围退入荷兰。"我的第一念头，是认为这次的空降攻击，旨在包围灿根集团军，防止他们与我军部队会合。然后，或许由英国集团军再大举进兵，越过莱茵河进入德国。"比特里希认为如果他的判断正确，类似作战行动的关键，便是阿纳姆到奈梅亨一带的桥梁。他立刻下令霍亨施陶芬师——第9装甲师，与弗伦茨贝格师——第10装甲师备战。

霍亨施陶芬师师长哈策尔中校，在为格雷布纳上尉授勋以后参加聚餐，比特里希电话打到时，"我的汤正喝了一半"。比特里希说明了情况，命令哈策尔"向阿纳姆及奈梅亨方向搜索"。要霍亨施陶芬师立即出动，据守阿纳姆，歼灭阿纳姆以西、奥斯特贝克镇附近的空降部队。比特里希警告哈策尔："迅速行动至为必要。占领及固守阿纳姆大桥，具有决定一切的重要性。"同时，比特里希也下令弗伦茨贝格师——师长哈梅尔将军这时还在柏林——向奈梅亨推进，"占领、据守及防御该市各座桥梁"。

哈策尔当下面临的困难，便是要从火车下卸霍亨施陶芬师的最后一批部队，他们原定在一个小时内就要开往德国——列车上包括了他决心要保留、不给哈梅尔的"报废"坦克、半履带车和装甲运兵车。哈策尔看着格雷布纳，"现在我们该怎么办？"他问道。"车辆都已经拆卸装在火车上了。"其中有40辆是属于格雷布纳的侦察营。哈策尔问："你们多快能把履带、枪炮装回去？"格雷布纳立刻把保修人员招来后向哈策尔报告："我们可以在3到5小时内准备出动。"哈策尔要返回师部，然后说了句："在3小时内准备完毕。"

虽然比特里希在错误的理由上猜对了盟军动向，但他动员的两个装甲师，却是蒙哥马利的情报官完全视为不存在的部队。

****

那位奉令迁出奥斯特贝克、把地盘让给莫德尔元帅总部的军官，发现自己的营区就选在英军的降落区附近。第16党卫装甲掷弹兵野战补充营营长克拉夫特少校，害怕得"恶心、反胃"。他最新的营部在沃尔夫海泽旅社，离伦克姆草地不到一公里，他的两个连就在附近宿营，担任预备队的一个连则在阿纳姆。克拉夫特从旅馆就可以看见"草地里挤满了滑翔机和部队，有些只在几百米外"。他一直以为空降部队要几个小时完成编组，可是"英军到处都在集结、出动准备作战"。他不了解这支部队为什么降落在这附近。"我能想到的唯一重要军事目标，便是阿纳姆大桥。"

吓惨的营长，知道除了自己这个兵力不足的营以外，附近并没有德军步兵。在援军到达以前，克拉夫特决定"完全靠我来挡住他们去夺桥——假若那是他们要去的地方的话"。他两个连的位置是一个近似三角形的布阵，底边——沃尔夫海泽公路——几乎与伦克姆草地接壤。营部北面，是埃德—阿纳姆公路以及由阿姆斯特丹经乌得勒支到阿纳姆的铁路。南面，乌得勒支公路经伦克姆、奥斯特贝克、到达阿纳姆。他的兵力并不足以固守这两条公路，于是决定把据守的阵地，布置在约略从北面的铁路线到南面的乌得勒支—阿纳姆公路。他急忙下令预备队离开阿纳姆，前来沃尔夫海泽归队。派出各机枪排，守住战线的两端，其余兵力则在树林中散开。

虽然兵力不足，克拉夫特手下却有一种新的实验性武器，一种多管、火箭弹推进的发射器，可以射出超大型的迫击炮弹[1]。有几门这种武器留在他那里作训练用途。现在他计划用它们来扰乱英军，让对方以为遭遇了强大敌军的假象。同时，他下令组成25人一组的攻击队，实施断然的出击，或许可以让伞兵猝不及防。

克拉夫特正在下达指示时，一辆公务车急驶而来到了他的营部，阿纳姆指挥官弗里德里希·库辛少将（Friedrich Kussin）急忙走了进来。库辛开车离开阿纳姆，以惊人的速度来亲自察看是怎么回事。途中他遇见了向东疾行，前往杜廷赫姆的莫德尔元帅。在路上暂停时，莫德尔指示库辛进入战备，同时把最新情况向柏林报告。这时，库辛从荒野望过去，对英军大规模的空降景象大吃一惊，他几乎是气急败坏地告诉克拉夫特，无论如何他会在下午6点以前，把援兵派到这里来。库辛出营部开车回阿纳姆时，克拉夫特警告他，不要走乌得勒支—阿纳姆公路。他已经接获通报，英军伞兵正在那条路上前进。"走小路吧，"他向库辛报告，"主要干道或许已经被封锁了。"库辛却笑容满面答道："我会没事的。"克拉夫特眼看着公务车疾驶离开，驰上了公路。

他心里知道库辛的援兵是来不了的。克拉夫特这支兵少将寡的小部队，被敌人歼灭只是时间问题而已。他把部队沿着沃尔夫海泽公路进入阵地时，派了他的司机——威廉·劳二等兵（Wilhelm Rauh）去收拾他的私人物品。"把它们打包装进车子里开回德国去，"他告诉劳，"我料想这回是活不成了。"

---

[1] 这种武器不应与德军较小型的迫击炮——烟幕发射器（Nebelwerfer）混淆。克拉夫特认为当时仅仅只有4门这种实验性武器的存在。我无法查证，但是我发现在西线战场记录上没有类似的武器。但用它来对抗英军且具有摧毁性的威力是不可置疑的事。数不尽的证人，都形容这种超大型迫击炮的吼声和爆炸力。但是说也奇怪，在英军任何的作战报告中，都没有提到这种武器。

****

柏林附近的巴特萨尔诺（Bad Saarnow），党卫军第10装甲师师长哈梅尔将军，正与党卫军指挥总部司令区汉斯·于特纳上将（Hans Juttner）开会，概略报告了比特里希麾下党卫军第2装甲军兵力匮乏的困境。哈梅尔坚称，如果要使该装甲军继续维持有效战力，"比特里希对人员、装甲武器、车辆和火炮的紧急要求，必须予以尊重"。于特纳答应尽自己所能去满足。但是警告说："在这个时候，每一个战斗部队的力量都已经空虚。"人人都要求有优先权，于特纳不能马上答应给任何人任何援助。两个人正在谈话时，于特纳的侍从官带了份电报走进办公室，于特纳看过以后，一言不发就交给哈梅尔，电文内容是："空降攻击阿纳姆，即返，比特里希。"哈梅尔急忙出了办公室，进入自己的座车，从巴特萨尔诺开车到阿纳姆要花11个半小时。哈梅尔对司机泽普·欣特霍尔策下士（Sepp Hinterholzer）说道："回阿纳姆，给我拼命地开！"

7

英军第1空降师通信营副营长德拉蒙德少校，不晓得是什么地方出了纰漏。有一段时间，他的无线电机收听拉思伯里准将那一个旅向目标——包括阿纳姆大桥——前进时的消息，接收状况十分良好。可是现在，拉思伯里的几个营越逼近阿纳姆，就在这时候无线电信号却变得衰弱了。德拉蒙德手下的官兵，持续不断的回报，困扰也困惑着他。他们根本没办法跟装在吉普车上的无线电机联系，而以其他无线电机接到的信号,又是微弱得几乎收听不到。然而拉思伯里旅的几个营,以及高夫少校的侦察中队,是不会走出超过3.2到4.8公里远的。

尤其让德拉蒙德警觉的,是有关拉思伯里的电报,这对厄克特将军作战指向有莫大的重要性。德拉蒙德决定派出一辆附无线电机和一名无线电兵的吉普车去接收拉思伯里的通信,然后再中继转到师部来。他指示这个通信组,要开设在师部和拉思伯里机动无线电台的中间点。没多久,德拉蒙德听到中继组的信号了,他们的无线电机收发距离大大地缩短了——"22型"无线电机的最小距离,至少应该在8.1公里内有效——信号非常微弱模糊。他断定,若不是这部机器的功能不正常,便是通信兵开设的地点不当,发送不出来。正当他在收听时,信号整个消失了。德拉蒙德联络不到任何人,甚至美军通信兵派出的两辆无线电吉普车特别通信组也是如此,这个小组在17日起飞前几个小时,才紧急编成、赶到英军空降师师部,这些要由美军操作的"极高频"的陆空无线电机,是用来呼叫战斗机前来实施密接支持的。在作战开始的前几个小时,这两辆无线电吉普车是很可能改变整体战况的。然而英军却发觉它们一无用处,没有一辆吉普车的无线电可以调整到呼叫飞机的频率上。眼前,正是激战即将开始之时,英军的无线电通信却整个垮了[①]。

---

① 据克里斯托弗·希伯特(Christopher Hibbert)所著《阿纳姆之战》(*The Battle of Arnhem*)第96页,特别提及在阿纳姆的英军,也同样批评美军的通信,说:"美军的空中支持组的训练不足……结果造成战况惨重,直到作战的最后一天依然是如此……空降部队没有获得任何有效的空中密接支持。"似乎没有数据可以指出,究竟是何许人在频率这件事情上出了错,也不知道这些小组的美国人有谁。美军这两个在关键日子陷入激战、具备关键手段可能改变整个历史发展的小组,从来不曾被人找到过。然而,这两个作战单位,是唯一确认曾参与阿纳姆作战的美军人员。

第82空降师在荷兰格雷夫附近空降，牲畜在先前降落的滑翔机附近吃草。这是第二次世界大战期间市场花园行动的开始，该行动给盟军造成了重大损失。

1944年9月17日，长长的双排C-47运输机满载人员和设备从机场起飞前往荷兰。C-47运载着英国第一盟军空降军的伞兵。

8

就像是接到了信号一般,当运载着第82空降师的飞机靠近空降区时,德军的火炮即同时开火。师长加文准将往下一望,只见与默兹—瓦尔运河平行的壕沟线里,地面的炮火喷涌而出。树林中,沉寂、隐匿的敌军残余防空炮连,一直到现在才开始射击。注视着的加文,不知道自己为82师订的作战计划——这个以"计算过的风险"为基础的计划会不会失败。

82师负责"市场—花园"走廊的中段,该师目标分布很广,南北长达16.1公里,东西宽达19.3公里。除了在接近赫拉弗桥的西端空投一个伞兵连,并加以奇袭和占领之外,加文还选择了三个空降区和一个大型的机降区。后者要容纳82师50架韦科式,以及布朗宁将军第1空降军军部的38架韦科式和霍萨式滑翔机。但是加文下令,只有在阿瑟尔特以北的一个空降区,由导航组负责标示外,其他接近德国边境和赫鲁斯贝克高地的3个就故意不标示。加文师的伞兵与滑翔机,在没有识别信标或者烟雾的情况下降落以混淆敌军,使对方摸不清楚他们在哪里落地。82师落地后13分钟,布朗宁的军部也跟着降落。

由于加文眼前最在意的,便是在他最大的空降场东面,敌军的坦克或许会沿着德国国境的帝国森林猝然涌出,所以他下达了两个罕见的命令。为了保护师部和布朗宁军部,他指示伞兵在空中若能发觉敌人的防空炮阵地,就要靠近并跳伞下去,尽可能快地压制住他们。同时,在空降作战历史中,他头一次把整个野战炮兵营,用降落伞空投在正对着森林、离德国国境大约有 1.5 公里的大型空降场。此时,他俯瞰着敌军炽烈的防空炮火,推算敌军坦克在帝国森林中的可能性。加文知道他计划中虽然包括了所有可能性,但 82 师官兵所面临的依然是非常艰苦的任务。

加文所属的诺曼底老兵,绝对忘不了圣梅尔埃格利斯(Sainte-Mère-Église)的屠杀。由于意外落在那处乡村,人员接近地面时遭遇德军机枪的扫射,很多人就在降落伞上、电话线、村广场附近的树上无助地被打死,一直到本杰明·海斯·范德沃特中校(Ben Vandervoort)最后占领了圣梅尔埃格利斯,战死的伞兵才被放落地面及进行安葬。这一回,第 82 师准备在荷兰跳伞了,有些人对身后还在挂钩的伞兵叫道:"别忘了圣梅尔埃格利斯!"虽然这是种危险的动作,很多伞兵还是一面跳伞,一面开枪射击。

布赖恩德·N. 博丁上尉(Briand Beaudin)在赫鲁斯贝克高地附近的空降场跳下去时,看见自己正往德军防空炮掩体上落下,炮口正瞄着他,博丁马上用柯特四五手枪射击。他记得,"没多久我就晓得,人还在空中摆来摆去,用豆子枪往大口径火炮上打,是多么没用的事"。他落在防空炮阵地附近,把德军炮手全部俘虏,他觉得德军"吓得连一发炮弹都打不出来"。

科伊尔中尉以为自己正落入德军医务帐篷里去了。突然,敌军从帐篷里一涌而出,对着防线周围的 20 毫米口径防炮跑去。他也从枪套里把四五手枪抽出来,但他的伞一阵摇晃,把科伊尔带离这里。一名德军开始朝着科伊尔的方向跑。"我没法子开枪打那个德国佬,"他回忆,"我的手枪一下子指着地,一下子又指向天,我还有充分的意识,要把手枪放回枪套,以免落地时把枪给丢了,或者走火打伤自己。"人一落地,还没有来得及解开伞带,他又一次把手枪抽了出来。"那德国佬这时离我只有几米远,但是他的动作就像不晓得有我存在似的,我顿时明白,他不是朝着我跑来,而是在逃离。"这个德国兵经过科伊尔时,把钢盔和步枪一丢,他这才看见"根本是个小孩,大约18岁左右,我实在不能打一个没有武装的人,我最后见到的是这个小男生正往德国边境跑过去"。

曳光弹从伞衣中穿过去,让二等兵埃德温·林恩·劳布(Edwin C. Raub)好生恼火,他故意把伞侧滑,以落在防空机炮附近。在还没有解开伞带,身后还拖着降落伞,劳布就端着汤普森冲锋枪朝德军冲过去。打死一人后,再把其他人统统俘获,然后再用塑料炸药,把几个高射炮炮管都炸掉。

虽然505和508伞兵团在赫鲁斯贝克周围所面对的抵抗,被官方认定是微不足道的事情,但在空降区附近的树林中,还是有相当可观的防空炮和轻武器火力。第82师的伞兵们不待集结完毕,即以单兵或小部队形式扑往那些抵抗的口袋,迅速把他们制服、俘获。同时战斗机也掠过树梢,以机枪扫射敌军阵地。对抗低空攻击上德军成效卓著,几分钟内就有3架战斗机被打中,坠毁在树林里。迈克尔·M.武莱蒂奇上士(Michael Vuletich)亲身目击了其中一架。它翻滚穿过空降区,等到终于停止时只剩下机身是完整的。没多久,飞行员毫发无伤走出来,在残骸旁边还点起了烟。武莱蒂奇记得,这个遭击落的飞行员后来就一直留在他们连当起了步兵。

詹姆斯·埃尔莫·琼斯上士(James Jones)在地面看见一架P-47战斗机大约在457.2米的高度起火。他以为飞行员会跳伞,可是飞机却掉下来,擦过空降区时四分五裂、机尾断开、发动机滚到一边,座舱摔在田野里。琼斯以为飞行员这回死定了,他看着座舱盖往后一推,"一个披着头发的小伙子,没戴帽子,手握四五手枪,朝我们跑过来"。琼斯记得曾问他:"老兄,你见鬼啦,怎么不跳伞?"飞行员笑道:"他妈的,老子就是怕跳嘛。"

奥尼尔中士刚一落地,正在收拾自己的装备时,看见一架 P-51 战斗机俯冲下来,扫射空降场附近一处隐蔽的德军阵地。战斗机对德军机枪阵地来回两次掠袭后便被打中,飞行员还是能盘旋,来了次安全的机腹着陆。据奥尼尔说:"那家伙一跳出飞机就朝我跑过来,叫'给我一把枪,快!我晓得那狗娘养的德国鬼在什么地方了,我要去收拾他。'"奥尼尔在后面瞪着他看,飞行员抓起一把枪便朝树林跑过去。

18 分钟之内,第 82 空降师 505 团、连同工兵一共 4,511 人,还有 70 吨装备,都落在赫鲁斯贝克东边树林高地的空降场或者附近。正当官兵集合、清除空降场和直扑目标时,导航组把场地标示清楚要供炮兵空投,以及让第 82 师的滑翔机部队和英军军部降落。到目前为止,加文将军经过计算的冒险成功了。然而,各团间的无线电虽然立刻建立了联系,但是随同 505 团一起跳伞的加文,依然不晓得西边 12.8 公里处,在阿瑟尔特北边跳伞的 504 团情况如何。也不知道对赫拉弗桥的突袭,是不是按照计划在进行。

跟其他运送该师的飞机类似,载有鲁本·亨利·塔克上校(Reuben H. Tucker)504 伞兵团的 137 架 C-47 运输机,飞近阿瑟尔特空降场时,也遇到了间歇性的防空炮火。也同其他地区一样,飞行员维持在航路上飞,下午 1 点 15 分,2,016 名官兵开始跳伞。11 架飞机转向略略偏西,飞往一处小小的空降场,也就是靠近赫拉弗那座横跨默兹河、全长 457.2 米的九跨连续大桥。这几架 C-47 中,载有爱德华·尼古拉斯·韦勒姆斯(Edward Wellems)少校第 2 营的 E 连立即飞向第 82 师目标中最具决定性的一个。他们的任务是从西端引道直

加文准将的第82空降师,迅速夺取了马士河上长达1500英尺的赫拉弗大桥(上),也攻夺了赫门运河桥(右上)。但是由于命令的混乱,以及德军的迅速反应,他们没有在第一天拿下距离阿纳姆11英里、横跨瓦尔河的奈梅亨大桥(右下)。9月19日,英美军发动联合攻势,开始攻占这处渡河点。第82空降师实施的大胆渡河攻击,日后被称为"第2次奥马哈滩头登陆"。

扑桥梁。韦勒姆斯的其余各连则从阿瑟尔特攻向东侧。假使赫拉弗大桥没有快速、完整地拿下，排得紧凑的"市场—花园"进度就无法维持。失去这座桥很可能会导致整体作战的失败。

E 连的飞机正向着西边的突击点飞过去时，排长约翰·塞缪尔·汤普森中尉（John S. Thompson）可以清楚见到默兹河、赫拉弗以及在右边接近阿瑟尔特镇 504 团的跳伞行为。然后飞机来到沟壑交错的田野，这是他的连跳伞的地点。汤普森目击本连其他弟兄已开始跳离座机，向赫拉弗桥周围落下去，可是他这架 C-47 的绿灯却始终没有亮起。等到亮起时，他只见飞机已经在一群建筑物的正上方，他等了几秒钟，看见了远处的田野以后，才带着全排跳下去。这是个美丽的错误，他们落在大桥西南边只有 457 到 549 米的位置。

汤普森听见赫拉弗方向有间歇性的枪声，但是大桥四周似乎一片平静。他不知道是否要等待同连其他人到齐，还是就直接率领本排 16 人发动攻击比较好。汤普森说："由于夺桥是我们的主要任务，我便决定攻击。"他让休·H. 佩里上等兵（Hugh H. Perry）带简明的消息回到连长那里，"我们正向大桥接近"。

从镇上、附近建筑物中发射的火力，现在更为激烈。汤普森的排在附近的水沟中掩敌，他们向大桥涉水前进，水都淹到了脖子。靠近大桥的一处防空机炮塔开始向他们射击，汤普森眼见敌军士兵，手中带着背包，在桥边一栋房子里跑进跑出，他认定那一定是维修或者发电的相关处所。他害怕德军是拿着炸药包到大桥上去准备炸桥，便立刻部署手下士兵，包围该房子并开火。"我们用机枪扫射，冲进发电室，发现四具德军尸体和一名伤兵。"汤普森回忆说，"显然他们带的是私人装备和军毯。"说时迟那时快，公路上两辆卡车从赫拉弗那边向大桥驰来。汤普森手下一名士兵，开枪打死了对方一名驾驶员，卡车便翻覆在公路外。车上德军争先恐后爬出来，后面那辆立刻停下，士兵跳到地面。汤普森这一排开火，可是德军一点都不想拼命，一枪没放就溃逃散去。

防空炮塔上依然有火力轰过来，但这时是从他们的头上飞过去。汤普森回忆说："那一门20毫米口径防炮，没办法把角度再压低来轰击我们。"火箭筒射手罗伯特·麦格劳二等兵（Robert McGraw）向前面爬过去，大约在69米距离，发射了3发火箭弹。2发打进了炮塔顶，那门炮便寂然无声了。

大桥另一头，也就是河对岸，还有一门双管20毫米口径高射炮在射击，汤普森和士兵还是把看起来跟炸药有关的电缆和器材都破坏殆尽，然后设立路障封锁公路，在大桥西南引道布置地雷。在轰毁的炮塔上，他们发现炮手虽然死了，但那门20毫米口径机炮并没有破坏，便立刻用它轰击河对岸的防空炮塔。汤普森知道，他这一排马上就会由E连在后面的其余兵力前来增援。不久，韦勒姆斯也会率领全营，从阿瑟尔特冲出，占领大桥的西北端。但是以他这一排来说，主目标已经占领了。[①]

现在，塔克上校504团其余两个营正向东推进，如同轮辐那样攻向默兹－瓦尔运河上的三座公路桥和一座铁路桥。向这些桥梁急进的，还有505团和第508团的部队，一心想从河岸的另一端占领这几处渡河点。这些目标并非都对"市场—花园"很重要。但是加文希望借由

---

① 第82师的作战报告以及504团团长塔克上校的报告，都说这座大桥在下午2点30分"夺得"，可是韦勒姆斯少校的记述则说大桥依然遭遇干扰射击。第一个从大桥北端跨过桥去的人的时间点，实际是在下午3点35分。虽然E连汤普森排，是在下午1点45分就据守并阻止引爆该桥，但要到下午5点钟，才称得上是"占领"。

空降奇袭以及伴随引起的混乱，把它们全部都夺取到手。除了最重要的赫拉弗大桥以外，它们当中只要有其中一座桥再到手就足够了。

为了让敌军措手不及、防御本身阵地、保护布朗宁的军部以及协助正向目标前进的本师部队，加文极为倚重本师的榴弹炮。376伞降野战炮兵营（376th Parachute Field Artillery）的火炮抵达了。过去的空降作战，曾空投过小型炮兵部队，但是分得太开，等集结完毕到射击过程太慢了。这次抵达的544名官兵都是经过挑选的，每一个人都是经验老到的伞兵。载运全营的48架飞机上，12门75毫米口径炮被分解成7大部件。降落伞最先空投火炮，紧跟着便是700发的炮弹。C-47成纵队飞临、一连串的迅速动作，火炮落地，弹药与人员随后，几乎达成了一次十全十美的空投行动。

一件意外差点造成麻烦。376野战炮兵营营长威尔伯·马本·格里菲思中校（Wilbur Griffith），跳伞下来折断了脚踝，可是他手下士兵迅速"解放"了一台荷兰的手推车，把他载在上面。哈特少校回忆，"我绝对忘不了营长从一个地方移动到另一个地方，对大家吼叫着下命令，以最快速度集结完毕"。这项工作一达成，格里菲思中校就被士兵推到加文将军那里，"报告师长，火炮进入阵地完毕，待命射击"。在空降炮兵历史中，从来都没有过这么成功的一次空投，在一个小时多一点，就把整整一营人集结完毕，并已经有10门榴弹炮开始进行射击。

第82师野战炮兵落地后14分钟，韦科式滑翔机装运着空降战防营、工兵、师部人员、火炮、弹药、拖车和吉普车开始抵达。离开英国时的50架滑翔机，除了4架外，全部飞抵荷兰。然而，他们却不是全都在这里空降，有些滑翔机落在1.6到3.2公里外。由安东尼·A.延德热夫斯基上尉（Anthony Jedrziewski）担任副驾驶的那一架,从牵引机脱缆太慢,延德热夫斯基眼看着要"单机径直朝德国攻进去"而吓坏了。正驾驶作了180度的大转弯,开始找地方降落。延德热夫斯基还记得他们飞进来时,"先是在草堆上断了一边机翼,然后在围篱上又丢了另一边机翼,到最后滑翔机机头插进地里。我看见泥巴高过了我的膝盖,不确定两条腿还是不是我身体的一部分。然后,我们又听到令人不想听到的德军88毫米高射炮的炮击声。在没有一样东西是平整的情况下,我们把吉普车弄了出来,向友军战线狂奔过去"。

他们的运气比约翰·W. 康奈利上尉（John Connelly）好得多了。他们正要进场时,驾驶员阵亡。从未驾驶过滑翔机的康奈利,马上抓过驾驶杆,把滑翔机落在德国境内10到12公里、接近维勒镇（Wyler）的地方。只有康奈利和另一个人成功逃离。他们一直躲到晚上,终于在9月18日上午归队。

但总之,第82空降师已经成功把伞兵和滑翔机载来的7,467人运到。最后一批落地的单位,是装载了布朗宁军部的35架霍萨式和韦科式滑翔机,到达空降区途中损失了3架。2架还没有飞到欧陆,第三架坠毁在菲赫特南边、斯图登特将军集团军军部附近。布朗宁军部差点就落在德国边境上,他的参谋长沃尔克准将回忆:"如果有防空炮火,那也是非常少,敌军几乎没有抵抗。我们落在帝国森林西边大约92米,我的滑翔机距离布朗宁那架只有45.8米。"

担任搭载布朗宁霍萨式驾驶员的滑翔机驾驶团团长查特顿上校,为了避开前轮压在一条电线上,把座机滑进了一块卷心菜田里。"我们一走出滑翔机,"查特顿还记得,"布朗宁四面张望,然后说'哦,天啊,乔治,我们到了!'"附近的沃尔克准将,只见布朗宁越过降落区朝帝国森林跑去,几分钟以后又回来了。他向沃尔克解释,"我要成为第一个在德国撒尿的英国军官"

正当布朗宁的吉普车从机上卸下来时,德军几发炮弹在附近爆开。查特顿立刻卧倒在最近的水沟里。"我绝不会忘了布朗宁站在沟上,看上去就像是个探险家,问道'乔治,你究竟在底下干什么?'"查特顿很坦白地说:"报告司令,我正他妈的在掩蔽啊。"布朗宁告诉他:"唔,你可以他妈的不必掩蔽了,我们该走了。"他从军服口袋里,掏出一个用纸片包起来的小包裹交给查特顿,说:"挂在我吉普车上。"查特顿打开纸片,发现里面原来是一面褐红色的旗帜,上面有淡蓝色的"飞马",是英国空降部队的标志[①]。这面旗帜在吉普车的保险杠上飘扬着,"市场部队"的指挥官开车离去了。

* * * *

在阿纳姆西边的伦克姆草地,幽灵团受过精良训练、负责搜集战况、通联任务的通信专家海伊中尉,这时却显得束手无策。他这一组专家已经装好无线电机,安上特制天线,料想马上就可以与布朗宁的军部通话。海伊在降落后的第一优先任务,便是与军部接通、报告自己的位置。不久前,他听说师部通信全部失灵,还以为这些问题,是

[①] 有些忆述表示,布朗宁的这面旗帜,是他的夫人——小说家达夫妮·杜穆里埃(Daphne du Maurier)所制。她写道:"我很抱歉要让制造神话的人失望了……但任何看过我试图做针织活的人,都晓得那超出了我的本事以外。然而这却是让人感到愉快的想法,一定会使外子非常高兴。"实际上,这面旗帜是由伦敦的霍布森父子有限公司(Hobson and Sons Ltd., London)制作的,在克莱尔·米勒小姐(Claire Miller)督制下完成。她同时还接到布朗宁的指示,"市场—花园"行动以前,用手工在500件军便服的领子及腰带里,缝进微型指北针。

经验较差的皇家通信兵不够好的关系，根本不相信自己这组人也有这种问题。"我们在降落区开设通信，虽然有松林的遮蔽，但我们在比这更糟的地区都叫通过，"他回忆起来，"我们拼命呼叫，却没有半点回答。"直到他发现麻烦大了，他没办法向布朗宁报告厄克特第1空降师的进展，也不能把布朗宁的命令传达给第1空降师。讽刺的是，荷兰的电话系统却完全有效，其中还包括了奈梅亨市PGEM电力公司专门设立、遍及全省的电话网。如果海伊知道且经由荷兰地下抵抗组织协助，他只要拿起电话就可以通联了。

15公里外，这时在赫鲁斯贝克高地上设立的布朗宁军部正焦躁不已。第82空降师两具大型无线电机，在降落时损毁了。但布朗宁的无线电机却安然无恙，便拨派一部到第82师，以确保与加文将军的立即通话。军部通信组也跟邓普西的英军第2集团军、英国的空降军后方司令部作了通话。布朗宁跟第101师也有无线电话联系，可就是无法叫通厄克特。沃尔克准将认为这要怪军部通信组，他说："在这次作战计划以前，我们要求有一个适当的司令部通信组，一晓得我们的无线电机都不适用，军部的通信参谋又差劲、又没有经验时，我们真是大吃一惊。"布朗宁可以指挥、可以影响第82师、第101师和霍罗克斯第30军的行动，但在阿纳姆战役最重要的节骨眼上，却无法控制第1空降师。正如沃尔克所言："我们对阿纳姆所发生的情况，完全一无所知。"

* * * *

一种渐进式麻痹，正开始影响蒙哥马利的计划。不过在早期阶段，还没有任何人知道它的存在。在整体"市场—花园"区域，盟军

范德勒（左）与贾尔斯（右）在1944年的合影。在距离阿纳姆大桥上的约翰·弗罗斯特中校和部下不到10公里的地方，德国人成功地挡住了范德勒的坦克部队。

英国皇家空军上尉唐纳德·洛夫，在坦克向前突击时担任地对空通信联络官，他奇怪自己怎么会自告奋勇担任这项工作。

有20,000名官兵，在荷兰境内出动去夺取桥梁，使"花园部队"的走廊敞开，他们领头的坦克，预料会在入夜以前与第101师会师。

9

英军第30军军长霍罗克斯将军，在默兹—埃斯科运河附近一座大型工厂的平坦屋顶上，张望着最后一批庞大的滑翔机编队，飞过他麾下等待着的坦克部队上空。自上午11点起，他就在那里了，照他的说法，"我有充足的时间来思考"。霍罗克斯回忆当时，庞大机群的景色"令人欣慰，但是我不存有任何的幻想，以为这第一次世界大战会易如反掌"。他仔细思考每一种可能的状况，甚至下令手下官兵，要尽可能多带粮食、汽油和弹药，"我们可能会遭遇意料不到的情况"。这位军长有项无法消除的担忧，但他却没有跟任何人讨论过——他不喜欢星期天发动攻击。"第二次世界大战期间，我所参与过的突袭或攻击，只要是在星期天发动的，没有一次是获得圆满成功。"他带着望远镜，研究着如同白缎带般绵延北上，直趋法尔肯斯瓦德和埃因霍温的这条公路。他很满意空降突击已经开始，便下令"花园部队"进攻。下午2点15分整，350多门大炮，带着轰雷般的咆哮开始射击了。

炮轰极具破坏性。一吨又一吨的炸药，把正前方的敌军阵地轰得天翻地覆。这一阵火力飓风，覆盖了5公里的纵深，集中在1公里宽的正面战线上，使得禁卫爱尔兰装甲营隆隆开往攻击发起线的坦克下方的地面都地动山摇。领头的各坦克连后面，上百辆坦克和装甲军，开始缓缓驶出停车位置，当第一批坦克前进后，开始排成队形。上空正不停盘旋、在"招呼站"待命的,是具备发射火箭弹能力的台风式战斗机。正等候禁卫爱尔兰装甲战斗群指挥官范德勒中校,向它们指示正前方的目标。下午2点35分,第3连的基思·希思科特中尉(Keith Heathcote)站在领头坦克的炮塔里,对着麦克风大叫,"驾驶员,前进!"

慢慢地,坦克轰隆隆地冲出了桥头堡,以每小时13公里的速度沿着公路前进。这时炮兵射击的弹幕,也以同样的速度逐步向前延伸。坦克兵可以看见炮弹就在他们正前方不到100厘米位置炸开。各连向前推进时,都被弹幕的灰沙所吞没。人们时常都不确定,坦克面对炮兵火力支持情况下是否是安全的。

领头的坦克连后方,便是范德勒中校和堂弟贾尔斯中校的指挥车。范德勒在车中,可以看见前后的步兵都搭在坦克上,每一辆坦克都挂黄色横幅,让上空的台风式战斗机识别。"那种喧嚣的嘈杂声是难以想象的,"范德勒回忆说,"不过所有事情都依照计划进行。"这时,先锋的坦克已经冲出桥头堡,正越过荷兰边境。第3连连长迈克尔·奥科克上尉,用无线电回报:"前进顺利,先锋连已经通过。"然后几秒钟后出现变化。据范德勒回忆,"德军正开始狠扑我们了"。

德军炮兵隐藏在公路两侧掩蔽良好的工事里,不但躲过了激烈的弹幕轰击,而且等待弹幕从他们头上过去。他们让第一批少数坦克通过并不射击,然后2分钟后,先锋坦克连的3辆坦克和后续的6辆都被击溃、不能动弹,四散在半公里长的公路上。西里尔·拉塞尔中尉(Cyril Russell)回忆,"我们遭受伏袭时刚刚穿过边境,一刹那在我面前的坦克,不是被打得翻覆在公路边,就是在停留的位置燃烧起来。恐怖的现实让我顿悟,下一回要被击中的便是我坐着的这辆坦克,我们便跳进了公路旁的水沟里"。拉塞尔往前面走,看看他这排其余士兵的情况，德军一挺机枪开火，射中了他的手臂，打得他往后倒在沟内。对拉塞尔来说，战争已经结束了。

詹姆斯·多加特一等兵（James Doggart）所乘坦克遭击中，他说："我不记得有看到或者听到爆炸，猛然一下我仰天摔进一条沟里，坦克倾斜在沟上，我胸膛上横着一挺布伦轻机枪，在我旁边是个年轻小伙子，一条手臂几乎被炸断了。不远的地方同单位的一个弟兄死在那里。坦克正在燃烧，我不记得里面有人逃出来。"

奎南中尉在先锋坦克连的最后一辆坦克上，只记得他的谢尔曼坦克向左一转就掉进了壕沟，他还以为是驾驶员想越过前面起火的坦克。殊不知这辆坦克已经被一发炮弹击中，正副驾驶员双双阵亡，谢尔曼车身也快要焚烧起来，奎南的炮手"尝试着爬出舱口，在我还没有意识到我们是被'击中'以前，他就把我的身体拉出了炮塔一半"。两个人爬出坦克时，奎南看见在后面跟着的坦克，一辆又一辆地被炮弹击中。"我确实看到一辆坦克的车长想用手遮住他的脸，挡住那片吞没了整个车身的熊熊火焰。"

这次突破在还没有真正开始前就被阻挡住了。9辆废弃坦克堵住了道路，后面各连无法推进。即使他们能够绕过起火的这一大堆坦克，埋伏的德军炮兵还是可以把他们干掉。为了使前进再度推进，范德勒呼叫台风式战斗机前来，由坦克发射紫色烟雾弹，标示出可能的德军阵地，战斗机呼啸着猛扑过来。"那是我头一次见到台风式临空战斗机作战，"范德勒说，"我对这些飞行员的不畏惧深感震惊。他们飞进来，一次一架、百尾相连，就在我军弹幕中飞过去，有一架就在我头上炸裂。那真是难以置信，大炮在射击，飞机在咆哮，人们在吼叫、咒骂。就在这个过程当中，师部来问说战斗进行得怎么样了，我的副指挥官干脆抓起对讲机说'自己听听看吧'"！

正当机群朝着目标直扑而下时,范德勒派了一辆装甲推土机到前面去,把起火的坦克都推到道路外。这场疯狂的激战在好几公里的公路上爆发,向后绵延直到范德勒的指挥车和呼叫台风式下来支持的皇家空军通信车来这里。配属在这个空军通信小组里的战斗侦察机飞行员洛夫上尉,现在觉得自己根本不应该自愿接这份差事。萨瑟兰少校在指示台风式时,洛夫便出去看看发生了什么事情。黑烟滚滚从前面道路上升起,几乎就在这辆通信车前面,有一辆拖曳战防炮的装甲车正起火燃烧。洛夫正在张望时,一辆布伦轻机枪装甲车的士兵,正搬运一名伤兵从路上走过来,伤兵的肩膀已经被炸掉,衣服都烧焦了。"我很确定我们一定是被敌人包围了,"洛夫说,"当时我吓惨了,忍不住想说为什么我不待在空军里,那是我的部队呀。"

在还后方停顿下来的纵队中,等待着的坦克兵都觉得,如兰顿上尉形容,"有一种无能为力的奇怪感,我们既不能向前也不能后退"。兰顿看着步兵在道路两旁的树林肃清前进,领先的是两辆布伦式机枪装甲车,他想这可能是第43步兵师的前卫部队,"突然只见这两辆装甲车被炸上天,"兰顿回忆说,"他们压到了敌人的地雷。"浓烟消散,只见"尸体挂在树上,我说不上有多少人,不可能说得出来有多少零碎的残肢挂在树上"。

台风式战斗机正在射击不过几米外的敌人时,英军步兵开始冷酷地把德军从隐藏的壕沟里赶出来。多加特下士的坦克被击中时,人掉到沟里。他从那里逃了出来,急忙跑过道路,跳进敌军一条无人的长壕里。"就在这时候,从对面的方向跳进两名德军——一个是没穿军服的小伙子,另一个是30岁左右、样子凶巴巴的王八蛋——来追我。"多加特毫不迟疑,一个枪托就捣在那名老德国兵的脸上,小伙子立刻吓倒了,举手投降。多加特用步枪押着这两个人往后送,沿路都是

"川流不息的德国兵,全都手放在头后在跑,那些跑得太慢的,屁股上就会挨上一脚"。

把击毁的坦克慢慢清除的同时,树林里、壕沟中、干草堆四周和各处道路上,传来了步兵肃清敌人的斯登式冲锋枪的嗒嗒声,禁卫爱尔兰装甲营毫不留情,尤其是对狙击兵。人们都记得德军俘虏被命令要跑步,一慢下来立刻就用刺刀戳。在越来越多的俘虏队伍里,有一名俘虏想逃走,可是附近有比一个连还多的步兵,有几个人回忆当时——其中一人说——"他只要一起心动念,下一秒就会被打死"。

范德勒看着俘虏在他的指挥车旁走过。其中一个俘虏走过来,范德勒瞥见一个迅雷不及掩耳的动作。"那杂种抽出一枚掩藏的手榴弹,扔进我们一辆机枪装甲车里,惊天动地的一下爆炸,我看见手下一名上士躺在路上,炸掉了一条腿,那德国俘虏被到处打来的机枪射倒了。"

霍罗克斯军长在指挥所里获得报告,道路已逐步肃清。步兵虽然伤亡很重,但已经把两翼的德军击溃。据他后来的说法:"爱尔兰佬最讨厌挨枪的了。他们突然之间就会发起脾气,伟大的战士往往就是这种样子。"

可能没有其他人会像第 2 营情报官埃蒙·菲茨杰拉德菲茨杰拉德上尉(Eamon Fitzgerald)那么火大,他审讯一名俘获的德军战防炮炮手。据范德勒说:"菲茨杰拉德自有他的一套方法逼出情报来,这家伙是个巨无霸的大块头,一口流畅的德语,不过却带着凶巴巴的腔调。他通常的习惯就是抽出手枪来,抵住德国俘虏的小肚子,人尽可能站得近,对着这个人呵斥着问问题。"范德勒认为:"菲茨杰拉德的审讯非常正确且精彩,这名炮手只被问了几分钟,我们的坦克就准确地干掉了几处德军伪装的战防炮阵地,道路也完全肃清,我们可以前进了"。

禁卫爱尔兰营当中很多人认为是乔治·伯蒂·考恩中士(Bertie

Cowan）扭转了这次作战的态势。他是一辆配备8千克炮的谢尔曼坦克车长。他瞄到德军一处战防炮阵地，一发炮弹就把它消灭掉了。在这次作战中，该连连长泰勒少校，看见一名德军站在考恩的坦克上指挥作战，大吃一惊。只见这辆坦克越过道路、开炮轰击，可是当时他很忙，也就把这码子事忘了。后来，泰勒才晓得考恩击毁了德军3门战防炮。"我抽出点时间去向他道贺，"泰勒说，"考恩告诉我，他坦克上的那德国佬是他击毁的第一门战防炮炮长。"德国炮长投降后，经过菲茨杰拉德的审问，又把他交给考恩，"证明了他是最合作的那一个"。

禁卫爱尔兰装甲营又重新上路了，并持续面临战斗。德军的第一道防线深度、坚固程度远超过任何人的预料。俘虏之中，有很多是来自著名的伞兵部队——完全出乎英国人意料之外——还有些是党卫军第9、第10装甲师经验丰富的步兵，这些是从比特里希装甲战斗群派来增援斯图登特的第1伞兵集团军。更使人惊讶的是，有些俘虏竟隶属灿根将军的第15集团军。正如禁卫爱尔兰装甲营"作战日志"的记载，"师部情报科一整天都处于惊怒交加的状态，德军一个又一个团接续出现，而它们根本就不该出现在那里"。

霍罗克斯将军原来料想，他的先锋坦克群应该在"2到3小时内"，长驱直入21公里进入埃因霍温。宝贵的时间都损失了，而禁卫爱尔兰装甲营才前进了11.3公里，直到入夜以前才抵达法尔肯斯瓦德。"'市场—花园'行动"不祥的预兆已经出现，时间规划已经严重落后。

* * * *

泰勒将军为了让第101师尽可能机动化，在滑翔机中运来的大部分都是吉普车——却没有火炮。英军迟迟未能到达埃因霍温，这是一个打击。泰勒原希望在"啸鹰师"所必须控制住的24.2公里走廊上，获得坦克的支援。泰勒的荷军联络官，几乎立刻就发现了实情——第101师要比计划花更久的时间独立作战。利用地下抵抗组织的协助，只要打打电话，他们就能知道英军那边发生了什么情况。

泰勒的伞兵，以闪电般的速度拿下了走廊这部分最北边的目标——费赫尔和四处渡河点，也就是在阿河和南威廉斯运河上的公路桥与铁路桥。美德两军虽然有过猛烈的战斗，但这四个目标都在两小时内占领。往更南边，位于费赫尔与松村半路的位置——圣乌登罗德和渡过多默尔河的公路桥，相当容易就拿了下来。根据荷兰官方的电话记录簿，一位在电话局服务的忠诚接线生约翰娜·拉图沃斯（Johanna Lathouwers），听见"14∶25，从'俄德一号'（圣乌登罗德）线路打来的一通电话，口音是美国人绝对不会错，要求接通法尔肯斯瓦德，谈了足足有40分钟"。

美军很快就了解"花园部队"的先锋，根本还没有抵达法尔肯斯瓦德。现在看上去，已经被耽误的霍罗克斯坦克群，不可能在入夜以前到达走廊最南边的埃因霍温。现在要英军协助美军固守、控制住他们分布广阔的目标，已经太迟了。第101空降师的官兵，原已有了辉煌的战果，但现在他们的麻烦才正要开始。

泰勒各处目标中最吃紧的便是在松村附近跨越威廉敏娜运河的公路桥，位置大约在埃因霍温北边9.7公里的地方。泰勒原本有一个应对计划，如果这条交通大动脉被炸断了，便改为占领西边6.4公里贝斯特的运河桥。他认为那一带只有数量不多的德军。有人判断那是次要的桥梁，只派了空降502团一个连到贝斯特去。泰勒的情报科并不知道，斯图登特上将的集团军部，就在第101师空降场西北边的16.1公里处。而最近才进驻的灿根第15集团军，就在蒂尔堡附近宿营。这些部队当中就有波佩中将受创的第59步兵师，再加上数量可观的炮兵。

H连才刚接近那座桥，就立刻以无线电报告，他们已经冲进了敌人的路障，遭遇了坚强的抵抗。这个信息标示了一场血战的开启，总计打了整整一晚，以及其后两天大部分的时间。原来只是一个连开头的交战，到后来动用上整整一个团以上的兵力。H连英勇的官兵，虽然死伤惨重，却击退了德军比预料中还强大、这场战役中头一次的逆袭。

H连出发往贝斯特夺桥时，辛克上校的506团，便去袭取松村的公路桥。他们沿途几乎没有遇到什么抵抗，一直到部队靠近松村北缘，才遇到德军一门88毫米高射炮的轰击。不到10分钟时间，前卫部队便以火箭弹筒消灭了这一门炮，把炮手统统打死。村内街道上一直都在战斗，这批美军离运河还不到46米时，桥梁爆炸了，碎片落到了伞兵的四周。对于要在入夜8点以前拿下埃因霍温和渡河点的辛克上校来说，公路桥的损失是一大打击。有3个人反应迅捷——詹姆斯·路易斯·拉普拉德中校（James LaPrade）、米尔福德·F. 韦勒少尉（Millford F. Weller）和约翰·邓宁中士（John Dunning）——在敌火射击下跳进运河，游到对岸，营内其他官兵也随着长官这么游过去，或者以小舟划过去。到了南岸，他们压制了敌军的抵抗、建立桥头堡。

这座桥的中央有一段依然完整，第101师工兵立刻开始构筑临时便桥。这时，从没有预料到的地方涌现出了协助。荷兰老百姓报告说，有一批数量可观的黑市木材，被一位承包商储存在附近的库房里。工兵们利用中央桥架和这些被"解放"的木材，在一个半小时内，于运河上搭成了一道便桥。辛克上校回忆，"从每一方面看来，这座桥的状况都不让人满意，只除了它可以使我这一团其余的人，排成一路纵队过河以外。"除非桥材能运到，否则"市场—花园"的走廊，在松村就缩成了一条独木桥人行步道了。

10

莫德尔元帅抵达杜廷赫姆的比特里希军部时,依然在全身发抖。通常,走这么一段路不需要半小时;可是今天,他在沿途停了好多次,警告各地区指挥官会有空降攻击,这一趟走了超过一个小时。虽然元帅看上去很镇定,比特里希却记得,"他头一句话对我说的是,'他们差一点就抓到我了!他们在穷追总部。你想想看!他们差点就抓到我了'"!

比特里希马上汇报从党卫军第 2 装甲军那里得到的情报,立刻令莫德尔回到了现实。对于盟军的企图还没有完全清晰的判断,但比特里希根据自己的推论向莫德尔报告,这次的空降突击,其目的在英国第 2 集团军向鲁尔长驱急进时,对灿根的 15 集团军加以牵制。如此,盟军必须占领阿纳姆与奈梅亨的桥梁。莫德尔完全不同意,他说,阿纳姆大桥并不是目标,空降部队会转向,朝东北方的鲁尔区进军。莫德尔认为,当时情况依然太模糊而不能仓促下定论。为什么空降部队在奈梅亨空降,更让他大惑不解。尽管如此,他对比特里希已采取的措施都一一认可。

比特里希依然对桥梁的话题不肯放松,他说:"报告司令,我极力请求立刻把奈梅亨和阿纳姆的桥梁炸毁。"莫德尔大为震惊地看着他,坚定告诉比特里希,"它们不能被炸掉,不论英军的计划是什么,这些桥梁必须守住。不行!绝对不行!桥梁不能炸。"随后,他转移话题说:"比特里希,我正在找一处新的总部地点。"比特里希还没有回答,莫德尔若有所思地说道:"你晓得吧,他们差点就抓到我了。"

****

斯图登特将军在位于菲赫特的集团军部里,面对着进退维谷的局面。他麾下的第1伞兵集团军,已经被空降攻击一分为二。他没有了电话通信,目前全靠无线电通信,他也没办法指挥被分隔开来的集团军。当时各部队各自为战、没有统一的指挥。然而,主动送上门的是关键且无人会相信的惊人好运气。在他司令部附近一架坠毁的韦科式滑翔机里,找到了一个完好的手提箱,部下立刻呈上给他。

"那真是难以置信,"斯图登特说,"手提箱内是一份敌人有关这次作战的完整攻击命令。"斯图登特和幕僚仔细研究缴获的计划,"上面每件事情都标示清楚——各空降区、走廊、各处目标,甚至参与作战的各师番号,样样都有!我们立刻明白这次作战的战略性用意,他们一定要在我们炸桥以前,把桥梁守住。我只想到'这真是报应!报应!历史正在重演'! 1940年我们在荷兰空降作战时,我的一名军官违反了严格的命令,带了详述我军整体攻击计划的文件上战场,这些文件都落进敌人手里。现在风水轮流转,我可晓得自己该怎么做了"。[1]

---

[1] 在有关阿纳姆作战的传说故事当中,如同间谍林德曼斯,外界也一直提到这份缴获的文件。有些忆述提到这份"'市场-花园'行动"计划,是在一名阵亡的美军上尉身上发现的。我访问过斯图登特将军,审视过他所有的文件,他不曾承认手提箱是由一名上尉所有。在英美双方的正式记录中,也不曾有过这样的记载。或许因为斯图登特说过,这份计划出自"一架负责物资运输的韦科式滑翔机"。一般人便假定,机上只有美军人员。然而,布朗宁军部有部分是由韦科式负责空运到荷兰,其中一架的确在斯图登特司令部附近坠毁。不论是哪一种情形,我想这份"市场—花园"整体作战计划,交由一名上尉保管,无论他是英军还是美军都是极不可能的事。第一,在计划分配时,会采取极高的保密措施。第二,每一份副本都有编号,而且专门限定由参谋军官持有。

然而，莫德尔这时却还不知道该怎么办。斯图登特从来没有这么挫折，因为他的通信中断，要接近10个小时后，他才能把"'市场—花园'行动"的秘密呈送莫德尔。这项秘密便是阿纳姆大桥具有无上的重要性。缴获的作战计划清楚显示出，那是蒙哥马利进入鲁尔的必经道路。

* * * *

这可是莫德尔最喜欢的作战方式，这种作战要的是临机应变、大胆，尤其是速度。他在比特里希的军部里，打电话给西线总司令伦德施泰特，带着他特有的急忙报告战况的特色，要求立即增援。"击败空降攻击的唯一途径，就是要在第一个24小时中迎头痛击。"他告诉伦德施泰特，还要求防空炮兵部队、自行火炮、坦克和步兵驰援，他要这些部队在入夜后向阿纳姆出发。伦德施泰特告诉他，只要找到了，这些增援部队便会上路。莫德尔转身对着比特里希，欢欣鼓舞地说："这下子，我们有援兵了！"莫德尔决定在杜廷赫姆指挥作战，他显然已经从匆匆离开奥斯特贝克的震撼中恢复，但这一回他依然不肯冒险、提防被抓走。他拒绝住在古堡里，宁可在地面的花农农舍指挥作战。

比特里希早先的远见，如今已收到了它的效果。哈策尔麾下的霍亨施陶芬师各部队，已经迅速奔向作战区。哈梅尔的弗伦茨贝格师——哈梅尔本人可望在晚上从德国返回部队——也正动了起来。比特里希下令哈策尔，要他把师部迁往阿纳姆北部郊区俯瞰全市的一所高中校舍里，这项迁移也正在进行中。可是哈策尔却焦躁、不耐烦，下午早些时分预定要开往德国的装甲车辆，依然在重新装上履带和枪炮。哈策尔已把部队调往阿纳姆以西的各点，移动到最为接近英军的空降落场，以便快速进入封锁阵地。眼前他只有少数装甲车，几辆自行火炮，少数几辆坦克和一些步兵。但哈策尔仍然希望运用"打带跑"战术，阻止、扰乱英军伞兵，一直到本师主力再度完成战备为止。

奇怪的是，哈策尔压根不晓得克拉夫特少校的第16党卫装甲掷弹兵野战补充营在这附近。当时，该营也是挡在英军空降部队去路的唯一部队。哈策尔把师内兵力，集中在进入阿纳姆的两条干道上：埃德—阿纳姆公路和乌得勒支—阿纳姆公路。他确定伞兵一定会用得到这两条主要道路，他把部队配置在这两条公路的半圆形地带内。可能是忽略，又或者是因为当时他的兵力不足，哈策尔没有把任何部队配备在那条沿着莱茵河北岸，与这两路平行、平静的次要道路上。这是英军伞兵攻占阿纳姆大桥，唯一可以运用且没有防守的道路。

11

拉思伯里准将第1伞兵旅的官兵，穿着伪装的迷彩作战服和独具一格的伞兵钢盔，全身带满了武器和弹药，正向阿纳姆前进。这支伞兵行军的各纵队间，散布着拖了火炮的吉普车和装着枪炮军需的四轮推车。厄克特看着他们经过时，想起了几个月以前，霍罗克斯将军对他的赞美，"你们这个师有一群厉害的人物。"霍罗克斯的说法充满了钦佩，那时厄克特却认为这种说法言过其实。而在这个星期天，他就不那么肯定了。当在第1伞兵旅行军出发时，一股自豪之情在厄克特心中油然而生。

计划中要求拉思伯里旅的3个营向阿纳姆分进合击，每个营的路线各自不同。弗罗斯特中校第2营担任主攻，沿着紧靠莱茵河北岸的次要道路前进，负责攻占阿纳姆公路大桥。进军途中要把公路大桥以西的铁路桥和浮舟桥也拿下。约翰·安东尼·科尔森·菲奇中校（J. A. C. Fitch）的第3营，则沿着乌得勒支—阿纳姆公路，由北面逼近大桥，增援弗罗斯特，只要这两个营成功发动攻击，戴维·西奥多·多比中校（D. Dobie）的第1营，便沿着埃德—阿纳姆主要公路——最北面的路线——占领阿纳姆以北的高地。拉思伯里把这3条路线都给予代号。多比最北面的是"豹线"（Leopard），菲奇中间的是"虎线"（Tiger），弗罗斯特最攸关成败的路线是"狮线"（Lion）。在全旅前面疾驰的吉普车队，是高夫少校的侦察中队。期望他们抵达阿纳姆大桥时能"出其不意"拿将下来，然后紧紧把守，等待弗罗斯特营到达。

厄克特认为，到目前为止初期阶段的作战都进行得很顺利。当时他对所属通信的中断，并没有感到过度的惊慌。在北非沙漠作战时，他经常遭遇通信暂时中断的情况。由于希克斯第1机降旅的任务，是据守空降场，以等待往后两天后续空运的到达，厄克特通话呼叫不到，便开车到希克斯的旅部去即可。这时他才知道，机降旅已经进入阵地，希克斯当时到各营指示兵力部署去了。厄克特在希克斯的旅部获得消息，攻占阿纳姆大桥的计划，有一部分出了纰漏，有人向他报告——误报——说高夫少校侦察中队的车辆，大部分都在滑翔机坠毁中损失了。希克斯旅部中没有人知道高夫人在何处。厄克特没有等到希克斯回来，便开车回师部去，他一定要迅速找出高夫所在，拟订备案。但这时他最在意的还是拉思伯里旅，尤其是弗罗斯特的第2营是单独进发，弗罗斯特得在没有高夫奇袭攻击的协助下，按原计划独力攻占阿纳姆大桥。

第三部　攻击　221

师部有更糟的消息在等着厄克特,"不但没有高夫的消息,"厄克特回忆,"除了一些短距离的无线电通信之外,师部的通信整个失灵。第1伞兵旅俨然成了方外世界,无法联系得上。"参谋长麦肯齐中校眼见师长踱来踱去,"坐立不安、万分焦躁地等待消息"。厄克特命令通信官德拉蒙德少校,去查一查"通信失灵的状况,看看无线电装备出了什么毛病,把故障排除"。同时也派出传令兵去找高夫。时间慢慢过去,依然没有半点消息,忧心忡忡的厄克特,决定不再等下去了。平常,他会在师部指挥作战,可是现在缺乏通信,时间一分一秒过去,他开始觉得这次作战没有一件事情是正常的。他转身对麦肯齐说:"查理,我想该自己去亲身看看了。"麦肯齐并不想拦他,"当时,"参谋长回忆,"我们实际上毫无消息,似乎亲自去确认看看并不是一件多坏的事。"厄克特只带了驾驶员和一名通信兵上了吉普车去找拉思伯里,时间是下午4点30分。

* * * *

高夫的第1机降旅侦察中队,沿着北面的"豹线"——埃德—阿纳姆道路——迅速前进,虽然A分队的车辆没有运到,高夫还是利用中队的其他车辆,在下午3点30分从降落区出发。他有信心,认为要对阿纳姆大桥发动奇袭的吉普车已经很足够了。"事实上,"他回忆说,"我还在降落区预留了一些吉普车作预备队,我们有比足够还多的吉普车可以去到阿纳姆。"他甚至从他的单位派出了12名官兵往南去加入第2营,沿着"狮线"前进到阿纳姆大桥。他却丝毫不晓得,损失了一个分队的吉普车，已经引起了一阵谣言和误传的风声①。

打从一开头，高夫对他侦察中队在阿纳姆作战中担任的角色，就持保留看法。他曾经要求不要用奇袭的方式，而把吉普车排在每一个营的前面充当前卫。"用那种方式，"他说，"我们可以迅速发现接近大桥最好、最容易的路径。"这一项建议不成，他又要求由滑翔机载运一排轻型坦克，为奇袭大桥的部队护航。但这两项要求都被打了回来，然而高夫还是很乐观。"我一点也不在乎，反正我认为阿纳姆那里只不过是少数头发苍苍的德国老兵，还有些老旧的坦克、旧火炮，我认为这一仗会易如反掌。"

正当他们沿着"豹线"迅速前进时，领头的吉普车突然遭受德军装甲车和20毫米口径机炮的伏袭。副中队长奥尔索普上尉，刚好看了一下时间，正是下午4点。高夫要离开队伍赶到纵队前头去察看。"正当我要往前去时，收到信息，说师长要立刻见我。我可不晓得该如何处理。"高夫说。"我归拉思伯里旅长指挥，想想最低限度该向他报告我到哪里去，但是我却不晓得他人在哪里。我这一中队目前正打得激烈，在沃尔夫海泽外接近铁道的地方，被敌火牵制住而进入防御阵地。我认为这一阵子他们不会有什么事，所以我就转身回空降场的师部去了，那时正是4点30分。"

也正是这个时候，厄克特出来找拉思伯里，而高夫却加速驰回师部，去向厄克特报到。

---

① 部分有关阿纳姆作战的忆述，说高夫的侦察队由于滑翔机没有把吉普车都运到，所以无法运作。"失败，如果可以这么说的话，"高夫表示，"倒不是因为缺乏吉普车，而是因为没有人警告过我们，党卫军第9、第10装甲师在那附近。"

第三部 攻击　223

****

第1伞兵旅的官兵，沿着这3条战略路线上行军，一路上都遇到了一群群欣喜若狂、兴奋过度的荷兰老百姓。伞兵们从降落区出发，许多从农田、村子里出来的老百姓就跟在后头，人数越来越多，欢迎人群几乎超过了行军的队伍。弗罗斯特的第2营在最南边的"狮线"行军，麦凯上尉很为这种假日欢欣的气氛感到不安。"荷兰老百姓搞得我们碍手碍脚。"他说，"挥手啦，欢呼啦，鼓掌啦，向我们奉上苹果啦、梨子啦和能喝上几口的东西。可是他们阻碍了我们的前进，我心中怕死了，害怕他们会暴露我们的位置。"弗拉斯托中尉回忆当时，"我们行军的第一段，就有点像胜利大游行的性质，老百姓相当高兴，变得有点精神错乱。这一切看上去很难相信，我们差点以为会看到霍罗克斯30军的坦克从阿纳姆出来迎接我们呢。人们夹道欢迎，一大盘一大盘的啤酒啦、牛奶啦、水果啦都奉送上来。我们最大的困难，就是如何确保在这种情况下，人们依然相信德军还是可能会发动攻击。"

年轻的安妮·布鲁梅尔坎普·范马南（Anje van Maanen），爸爸是奥斯特贝克镇上的医师，还记得接到海尔瑟姆村（Heelsum）特龙普家（Tromp）打来一通兴奋的电话。他们家就在伦克姆草地英军降落场的南边。"我们自由了！自由了！"特龙普这一家人告诉她"英国佬就跳伞在我们屋子后面，他们正向奥斯特贝克出发。他们真帅啊！我们现在抽的是英国烟，吃着巧克力。"安妮放下电话，"高兴得发疯，大家到处都在跳舞。来了！反攻了！太好了！"17岁的安妮等爸爸回家等得好不耐烦，范马南医师（Dr. van Maanen）正在一位孕妇家接生，安妮一想到这就觉得"非常讨厌，尤其是这时候，因为那女

阿纳姆市德军指挥官弗里德里希·库辛少将不顾警告,开车前往,进而被英军击毙。

人的先生是个荷兰纳粹党员"。伊达·埃赫贝蒂娜·克劳斯太太（Ida Clous）的先生，是奥斯特贝克镇的牙科医师，也是范马南家的朋友，他也听说空降部队上路了。她接着拼命工作，拼命在箱子里、缝衣的碎布里，找一小块一小块的橘色碎布。她打算英军一到奥斯特贝克，便要带着3个小孩冲到街上，用手制的小小橘色旗来欢迎这批救兵。

藏身在奥斯特贝克镇岳父大人家中的福斯凯尔，很想亲自去乌得勒支的路上欢迎英国伞兵，可是不想老丈人一起跟去，真是左右为难。老头子非常坚持，"我已经78岁了，以前从来没有打过一次仗，我要去看看。"到最后福斯凯尔才把老丈人说服了留在花园，自己夹在老百姓的人流里前去迎接英军，却在奥斯特贝克镇外，被一名警官栏了下来。"那里太危险了，"警官告诉这批人，"回去！"福斯凯尔慢吞吞往家里走，在家门口遇见了早上轰炸时，那个要躲进掩体的德国兵，这时候他身穿完整的制服了，包括迷彩外套、钢盔和步枪。他给了福斯凯尔一些巧克力和香烟，说："这回我要走了，英国佬会来。"福斯凯尔笑着说："这一下，你们会回德国去了吧。"德国兵上下打量了福斯凯尔一下，接着他慢慢地摇着头告诉他："才不呢，先生，我们要去作战。"荷兰佬望着德国兵走远了才想到："这一下要打仗了，那我怎么办？"他焦躁地在院子里踱来踱去，一点办法都没有，只有等待。

荷兰农夫和一家老小，才不理会警察的制止和留在家里的警告，都在行军的道路两旁，成群结队地排列着。在中路——"虎线"上行军的哈里·卡拉汉军士长（Harry Callaghan），记得有个农家女从人群中挤过来，拿了一壶牛奶朝他跑来。他道了谢，农家女笑着说："好，汤米好啊。"如同南路的麦凯，卡拉汉也是个曾从敦刻尔克水里来火里去的老兵,他对围着部队四周围的众多老百姓感到厌烦。"他们在我们旁边跑,戴着臂带、围巾、一小段的缎带,然后统统都是橘色的。"他还记得"小孩们带着一小片橘色布,用别针挂在裙子、上衣,在我们旁边蹦蹦跳跳,高兴得尖声大叫。大多数官兵都将手伸进背包里,把巧克力递给他们。这是一种不同的气氛,大伙的举止就像是在演习,我却有点担心狙击兵"。

正如卡拉汉所害怕的那样,胜利游行忽然打住了。"事情来得好快,"他说道:"我们刚刚还稳稳当当向阿纳姆行军前进,才一下子,全都散开躲进壕沟里,狙击兵开枪了,3名伞兵的尸体横躺在公路上。"这位上过战场的军士长一点也不浪费时间,他瞄到了46米外的树丛里,冒出一阵火光,荷兰人一散开,他就带了12名弟兄往前去。他突然在一棵树前停下来,往上抬头一看,有什么东西闪了一下,他举起斯登冲锋枪,朝着树上就是一排子弹。一把施迈瑟冲锋枪哐啷啷掉到地上。卡拉汉沿着树干往上一瞧,只见一名德国兵软趴趴地在一根绳子上晃荡着。

这时,在中路的菲奇中校第3营的部分人,也突然在一场没料到的遭遇战中迎敌了。弗雷德里克·C. 本内特一等兵(Frederick Bennett)刚刚把一些苹果递给别的伞兵时,一辆德军公务车在公路上疾驰而来,本内特举起斯登冲锋枪就扫,那辆车一个尖叫、急刹车后就想倒车,可是太迟了。本内特附近的人,个个都开枪,那辆车一个猛停,车身马上密布了弹孔。伞兵们小心翼翼走近,只见驾驶员身体一半挂在车外。另一扇车门,也有个德国高级军官的一部分尸体被抛了出来。本内特说:"他看上去是德国佬的什么大官。"的确不错,他就是德军阿纳姆指挥官库辛少将,他没有听从克拉夫特少校的警告,

第三部 攻击　227

避开乌得勒支—阿纳姆公路[①]。

很多人都回忆起在行军开始的前一个小时、德军头一次的严重抵抗,发生于4点30分左右。这一下子,3个营中间的2个——北线多比营和中线菲奇营——都没有料到会迎战,却缠进了敌军"打带跑"的猛烈攻击中。高夫少校的侦察中队,这时在副中队长奥尔索普上尉的指挥下,想尽办法要找条路从侧翼包围德军,为多比的第1营清出一条通道来。但是据奥尔索普说:"我们每一次行动,总会突然在当面受到敌军部队的阻挡。"侦察中队伞兵威廉·F.钱德勒(William Chandler)回忆他的C分队侦察地形时"德军的子弹打得又密又紧,掠过去时几乎会令人感到灼痛"。

当第1营接近沃尔夫海泽时,行军几乎是完全停顿了。"我们停了下来,"沃尔特·博尔多克二等兵(Walter Boldock)回忆当时,"然后我们又再度出发,又停下来挖工事,等一下又前进,改变方向。我们的进展视乎前面那个连的顺利程度来决定。迫击炮和枪弹一直沿途扰乱。"在一处树篱边,博尔多克看见一名认识的上士身受重伤躺在那里。再往前,他见到一具中尉燃烧中的尸体,是被白磷弹炸中了。另二等兵爱德华兹说:"我们好像一直在田野间迂回,整个下午都不停地闯进接二连三的激战里头。"

面对敌人出乎预料的攻击是这么的凶狠,伞兵们都目瞪口呆了。

[①] 那天早上,莫德尔元帅向东奔逃时向库辛下了命令,要把伞兵空降、莫德尔千钧一发逃出的情况,向希特勒的统帅部报告。盟军这次突击,使得希特勒歇斯底里似的担心。"如果那种事发生在这里,"他臆测,"我坐在我的最高统帅部里——连同戈林(Goering)、希姆莱、里宾特洛甫(Ribbentrop)在内。唔,这可是最有价值的一网打尽了。道理很明显,如果我只要发动一次打击,就可以接管整个德国指挥体系的话,那我绝不会迟疑在这里用两个空降师来冒险达成。"

在北路的二等兵安德鲁·R.米尔本（Andrew Milbourne），听见南面远处传来枪声，暂时还很高兴，第1营所受领的任务只是据守阿纳姆北部的高地。等到枪声接近沃尔夫海泽时，米尔本发现纵队向南一转、离开了干道。他见到了火车站，以及在车站附近的一辆坦克，他最初的反应是兴高采烈的。"我的天哪！"他想，"蒙蒂没错，第2集团军已经到了！"然后，他看见坦克炮塔缓缓转动，车身上有一个黑十字军徽。顿时，他几乎举目所见都是德国兵。米尔本一个纵跳扑进沟里、小心翼翼抬起头来，想找处好位置架设他的维克斯式（Vickers）机枪。

雷金纳德·伊舍伍德中士（Reginald Isherwood）也见到了这辆坦克。一辆吉普车拖着一门轻炮开上来，然后将炮口向前准备与其迎战。伊舍伍德记得，"他们的上士吼叫道，'我们最好要在他们开火以前射击，否则我们就惨了'。这门炮像闪电般转过头，可是当我们的人喊'放'时，他听见德军的车长也同样在下口令，德国佬的炮弹一定比我们的早出炮口 1/10 秒"。坦克打个正着，吉普车爆炸开来，炮手全被炸死。

来自四面八方的火力越来越猛烈，也越来越混乱。很明显，多比中校当前面临的抵抗，远比任何人所料想到的都还要强大。这时他也不认为还可能占领阿纳姆以北的各处高地。当下也无法与拉思伯里准将以无线电通话，该营伤亡每一分钟都在增加当中。多比决定把全营往更南边靠拢，打算与弗罗斯特会合，共同进攻阿纳姆大桥。

通信的中断，再加上缺少后续的指示，使得各营营长不可能清楚知道当下出了什么状况。地形不熟悉，地图又经常极不精确，各连、各排彼此经常失去联系。位于菲奇第3营打死库辛将军的那条道路附近的十字路口，英军遭到克拉夫特少校的火箭弹推进迫击炮和机枪的

第三部 攻击　229

全力猛轰。官兵往树林中一散开,行进的纵队就断了,尖叫的迫击炮弹,在他们头顶上空炸开,向四面八方炸散出致命的碎片。

通信兵斯坦利·海斯(Stanley Heyes)生动地描述敌军猛烈的扰乱射击过程。他往树林快跑过去,还因此掉了一台备份的无线电发报机,在弯身准备要捡起它时却被打中了脚踝。他想尽办法爬进了树林,当他躺在矮树丛里时,才晓得并排躺着的人是名德国兵。海斯说:"他跟我一样的年轻、害怕,他还用我的野战急救包替我包扎脚踝上的伤口。之后过没有多久,我们两个都被迫击炮火击中受伤,只能躺在那里等候有人把我们救出去。"海斯和这名年轻的德国兵便一起留在那里,到夜深很久了,才被英军担架兵发现并把他们送到后方。

第3营也像第1营般被德军牵制住。上路行军2个小时后,前进的距离还不到6.4公里。这时,菲奇中校也和北线的多比有了同样的结论,他也得另找一条路攻向阿纳姆大桥。时间很宝贵,而大桥依然还在整整6.4公里外。

* * * *

在沃尔夫海泽附近的树林里,克拉夫特少校认定他已经被人包围了。他判断英军人数与自己兵力不足的营相比,差距是20:1。虽然他认为本身的防御是"愚蠢的",而且也不相信自己的封锁行动成功了。突击迫炮已经造成英军的重大伤亡。他手下人报告,部分在乌得勒支到阿纳姆公路上前进的英军伞兵,已经停了下来,其他则完全放弃了对主要干道的使用。克拉夫特始终认为本营是这附近唯一的德军部队,对于要久久挡住英军,他并不存什么幻想。迫击弹快要打光了,伤亡也很惨重,还有一名中尉开了小差。尽管如此,克拉夫特仍然对"我的小伙子们的勇敢狂热"感到热血沸腾。雄心勃勃的克拉夫特，后来还把装甲掷弹兵补充营的作战经过，写了一份恶心的、自我吹嘘的报告呈给希姆莱。他的"年轻小伙子们"当时并不知情，他们其实正受到哈策尔中校霍亨施陶芬师坦克群、炮兵、装甲车的支援，该师就在克拉夫特营部东边2到4公里远的地方。

* * * *

高夫少校伤透了脑筋。厄克特召唤他回到师部去，却没有提到师长心中担心的是什么事情。他离开第1营的"豹线"时，带回来侦察中队的4辆护卫的吉普车和士兵。这时他到了师部，参谋长麦肯齐中校也没办法说明什么。麦肯齐告诉他师长离开师部，找旅长拉思伯里准将去了，旅部在南路——"狮线"，也就是紧跟着弗罗斯特营的后面。高夫只得带着小部队的几辆车再度出发，他确信在这路上的什么地方，不管是师长或是旅长，总会找到其中一人。

12

厄克特的吉普车，在乌得勒支—阿纳姆公路上疾驰，向南转弯、离开交通干道，驶上支线公路，往弗罗斯特营的"狮线"驰去。几分钟后，他就赶上了第2营的后卫部队，他们正排成单纵队在马路的两侧前进。厄克特听到了远处的枪声，但觉得"那里没有什么紧急状态，似乎人人都在缓慢地走动"。他沿着这条圆石路疾驰，赶到了弗罗斯特的营部连，发现营长已经到前卫部队去了，也就是遇到了德军抵抗的单位。"我试图透露出一种紧迫感,并同时希望他们能把那种紧迫感传达给弗罗斯特,"厄克特写道,"并且把侦察中队的不幸消息告诉他们。"他听说拉思伯里准将上了中路,要去视察第 3 营的情况,厄克特因此又改了路线。再一次,他和高夫又没有碰上面,只差了那么几分钟。

师长在"虎线"上,赶上第 3 营的后卫部队,听说拉思伯里已经到前面去了,他也跟着往前走。就在乌得勒支—阿纳姆公路的一处交叉路口,厄克特找到了旅长。这里正遭受猛烈的迫击炮轰击,"有些迫击炮弹瞄得很准,就落在交叉路上,他和第 3 营在树林里采取掩蔽。"厄克特后来写道,"这是我眼前首次见识德军反应的迅速与果断的证据。"[①]

厄克特和拉思伯里在壕沟里掩蔽,两人讨论了当前的情势。双方对进展的迟缓都很忧心,眼前的通信不灵真是要命,这让他们的指挥处于瘫痪。拉思伯里对第 1 营也完全失去联系,同弗罗斯特也只有断断续续的通信。显然只有他们两个人亲自到场的地方才能够指挥作战。当时拉思伯里希望第 3 营离开交叉路口,穿过附近的树林再度前进。厄克特决定用吉普车的无线电机,与师部建立无线电通信。他走到车旁才发觉无线电机已经被迫击炮击中,通信兵也受了重伤。尽管看上去无线电机没有损伤,厄克特还是叫不通师部。他后来写道:"我臭骂这要命的通信,拉思伯里劝我不要试图回师部去了。这时敌军在我们与降落区间的兵力已经增多……我认为他说得没错……就留了下来。不过也就是在这个节骨眼上,我意识到自己对战局失去了控制。"

[①] 参阅厄克特少将与格雷特雷克斯(Wilfred Greatorex)合著《阿纳姆》第四十页。

第 1 营和第 3 营正在不断的、猛烈的小战中接敌。顽强、拼命的党卫军步兵，兵力上虽是劣势，却得到半履带车、大炮与坦克的支持，正把上方两条路线的英军压制了下来。混乱中，英军官兵离散，各连分散避入树林，或在路旁，或在民居后园作战。红魔鬼们从德军装甲部队一开始的奇袭中稳定下来。虽然伤亡惨重，但是在小部队和个人作战方面，却是凶狠地予以还击。然而，第 1 营和第 3 营要按照计划进抵阿纳姆大桥的机会，却是微乎其微。这时，一切就只有看弗罗斯特的第 2 营了，他们还沿着下莱茵河边的公路，就是德军几乎放弃不理会的那条次要道路稳当前进。

虽然弗罗斯特营曾经几次被敌人的火力给暂时挡住，他却不许官兵散开部署。打先锋的是艾利森·迪格比·泰瑟姆-沃特少校（Digby Tatham-Warter）指挥的 A 连，向前紧紧迈进，把落单的士兵都留给后面跟随上来的两个连。从前卫连俘虏的敌军口中，弗罗斯特知道有一个党卫军连的兵力负责掩护阿纳姆西侧道路。弗罗斯特营运用一些缴获的车辆，本身的吉普车则在前方和两翼担任搜索，不断地向前推进。过了下午 6 点以后，大约在奥斯特贝克镇东南方，见到了弗罗斯特的第一个目标——下莱茵河上的铁路大桥。维克托·多弗少校（Victor Dover）的 C 连按照计划脱离部队，直扑河边。当他们抵达时，桥上看起来空空荡荡，无人把守。21 岁的排长菲利普·汉伯里·巴里中尉（Peter Barry），奉令率领全排上桥。他回忆说："我们出动时，一切都静悄悄的。我们从田野中跑过去，只见到处都是死去的牲口。"巴里这排人离桥只有 274 米时，他看见"一名德军从桥另一边跑过来，到达大桥中间便蹲下身来在弄些什么东西。我立刻叫我这一组人射击，第二组往大桥冲过去。这时，那个德国人就消失不见了"。

巴里回忆他们"冲到桥上，以最快速度跑过桥去，说时迟那时

第82空降师的部队正经过奈梅亨市郊。

四名英国伞兵在被赶出阿纳姆后,撤退到了奥斯特贝克一所被炮弹损坏的房屋附近。

快，就在我们面前，桥上一声地动山摇的爆炸"，皇家工兵麦凯上尉觉得脚底下的地面都在震动，"一团橘黄色的火焰冲空而起、接续是黑烟，我想是南岸的第二个跨距桥墩被炸掉了"。巴里在烟幕手榴弹的掩护下，命令桥上的人离开残骸退到北岸去。这排人一动，对岸埋伏的德军便开枪射击，巴里的手腿都被打中，另外两名士兵也受了伤。从一开始就对行动感到忧心忡忡的麦凯看见伞兵们穿过烟雾和敌方火力退了回来。他记得当时是这么觉得的："唔，这下子一号目标完蛋了。"弗罗斯特的想法要充满哲理得多："我晓得三座大桥中掉了一座，但却是重要性最低的一座，当时我还没有意识到以后会有多么不利。"这时已是下午6点30分，还有两座大桥等着要争夺。

13

哈策尔的霍亨施陶芬师计划要运回德国的坦克、半履带车和装甲运兵车，让工兵足足花了5个钟头才把它们全部重组妥当。刚受勋的格雷布纳上尉，将归他的40辆侦察营车辆准备完毕，便从阿纳姆北的洪德洛兵营出发，迅即向南疾驶。哈策尔指示他在阿纳姆与奈梅亨之间，作一次快速搜索，以判断盟军空降部队在这一带的兵力。格雷布纳快速驶过阿纳姆区，以无线电向师部报告，市区似乎空无一人，没有敌军的征候。大约在7点以前，该营已经渡过阿纳姆大桥，在大桥南端一公里处，格雷布纳停车报告"无敌踪，无伞兵"。一公里又一公里地搜索下去，他的轻装甲车在公路两侧缓缓行进，格雷布纳的无线电报告都是同样的消息。到了奈梅亨，消息还是没有变化，霍亨施陶芬师师部便命令他继续搜索到奈梅亨郊区，然后驶返师部。

格雷布纳的搜索营和弗罗斯特第 2 营的前锋部队，时间上彼此错过了 1 小时光景。正当德军搜索营驰出阿纳姆时，弗罗斯特的伞兵已经进入了市区，并且神不知鬼不觉接近剩下的两处目标。无法解释的是，尽管比特里希将军有明确的指示，哈策尔却完全没有做到——没有占据阿纳姆大桥。

14

天色越来越暗，弗罗斯特中校加快了全营的步伐，赶向第二处目标——阿纳姆大桥西边不到 1 公里的浮舟桥。依然打先锋的泰瑟姆—沃特少校的 A 连，在阿纳姆西郊的高地上，再度被暂时阻挡住了。敌人的装甲车与机枪，迫使 A 连离开道路，进入附近民房后院。弗罗斯特从后面赶上前来，发现 A 连一名士兵负责看守着 10 名德军。他后来写道，推测是"沃特的后院迂回完全成功，他的连又急急前进了。"弗罗斯特回到营主力部队里，官兵们在昏暗中行进。间或有枪声从道路上传来，他们经过不少打坏的车辆和许多被打死、打伤的德军旁边。弗罗斯特想说，很明显这就是"沃特的进展令人满意"的证据。

第 2 营快速从阿纳姆街道上穿过，到达浮舟桥时停了下来，面对着他们的第二次挫折，浮舟桥的中段已经被拆除，这桥已一无用处。麦凯上尉杵在那里呆看这处拆毁了的渡河点，他断定："这是一次极为典型的出包行动，我只想到：'这一下，我们只得去抢夺那一座他妈的大桥了。'"他凝盼远处，不到 2 公里，映衬着暮色的余光中，便是那座横跨大河的钢架与混凝土大桥。

　　　　　　　　＊＊＊＊

　　第3营在直趋阿纳姆的"虎线"上走走停停，厄克特知道他这下子进退两难了。天色越来越暗，敌军不间断地突袭阻挠推进，要返回师部是不可能的了。他心情郁闷，"每迈出一步，我都希望能够知道别的地方正在发生什么事情"。就在入夜以前，厄克特获悉第3营的先锋连已经到达奥斯特贝克郊外"一处称为哈滕斯坦酒店的地方……我们进展甚微"，厄克特后来写道："拉思伯里和第3营营长菲奇讨论了以后，下令停止前进。"

　　厄克特和拉思伯里两个人，准备在离公路很远的一栋大宅内打发这一晚。房东是位高大的中年荷兰人，两夫妇对师长打扰的道歉话并不在意，并把俯瞰道路正面的楼下房间让给他们。厄克特坐立不安，无法放松自己。

　　"我一直在查问，是不是跟高夫或者弗罗斯特联络上了？可是从师部或其他地方，都音信全无。"

　　　　　　　　＊＊＊＊

　　阿纳姆大桥隐约出现在眼前。光是两头混凝土引道，都是庞大、复杂的建设，这使得引道下面的道路，以及沿着河堤东西的道路都与引道相连。两岸的民居、工厂屋顶都与引道同高。在暮光之中，这两条庞大的大桥坡道和跨越莱茵河高高耸起的大梁，看上去威风凛凛、气势逼人。终于到达主目标了——蒙哥马利大胆计划的关键所在——弗罗斯特的官兵花了将近7个小时边打边走才到达了这里。

　　现在，第2营的先锋部队逼近了大桥，A连其中一个排长弗拉斯托中尉,对大桥那"高得那么令人不可思议而感到吃惊"。他见到"大桥两端都有碉堡,仿佛是空无一人的样子,但看起来还是很吓人的"。A连官兵在黑暗中,悄悄地从大桥北端巨大桥墩下方进入阵地,他们头上传来车辆缓缓驶过的隆隆声。

皇家工兵麦凯上尉,穿过一条条风景画般的街道接近大桥,走到了引道前方的一个空地。他记得"我们穿过街道时的那种宁静的压迫感,环绕着我们周围的几乎都是轻柔的慢动作,士兵们开始变得紧张,我巴不得越快到大桥越好"。顿时,一条侧街发出的德军火力撕裂了黑暗,一辆装运炸药的工兵手推车燃起火苗,把人们照得一清二楚。麦凯立刻下令手下士兵带着装备通过广场,他们不顾德军的射击冲了过去。几分钟后,在一个人也没有损伤的情况下,到达了目标。麦凯研究了一下北端引道下的地势,看见东侧有四栋建筑,其中一栋是学校,正在十字路口的转角上。他回忆当时:"我认为不论谁占领了这几栋建筑就能守住大桥。"他立刻下令手下工兵进驻学校。

晚上8点刚过,弗罗斯特和营部也到达了。他下令道格拉斯·爱德华·克劳利(Douglas Crawley)的B连,带着反装甲武器到铁道堤防附近上面的高地去,掩护本营的左翼,使A连得以放手猛扑大桥[①]。多弗少校的C连,则奉令随同前锋部队进入市区,以占领德军指挥官的总部。这时在桥上,弗罗斯特没办法用无线电跟任何一个连联系。他迅速派出传令兵,去确认他们的位置所在。

弗罗斯特决定不再等待,命令A连各排上桥,士兵们刚开始过桥,德军即动了起来。桥北碉堡中打出来的火力,以及桥南一辆装甲

[①] 弗罗斯特记得:"我从一名德军俘虏身上拿到一幅地图……显示敌人装甲车侦察队的巡逻路线,我才了解德军是在我左翼。"

车的射击，便朝伞兵轰过来。一个排在麦凯上尉带了火焰喷射器的工兵协助下，穿过与大桥引道同高的屋顶。同时，弗拉斯托中尉的排也从地下室和地窖，一栋栋房子穿过去，一直到达麦凯的位置。就位以后，他们进攻碉堡。火焰喷射器一喷火，弗罗斯特还记得"似乎烧得天翻地覆，天空照得通明透亮，机枪声、接二连三的爆炸声、弹药起火的炸裂声和一门长炮管的咯咯声混成一团，附近一栋木造房屋烧成了闪闪火光，还混杂痛苦、恐惧的凄厉尖叫声[1]"。这时，弗罗斯特也听到了弗拉斯托中尉的"PIAT"反装甲弹[2]，打进碉堡里面的爆炸声。这场短暂、残酷的战斗，没有多久就结束了。碉堡中的机枪寂然无声，弗罗斯特只见德军士兵向他的官兵踉跄走过来。A连已经成功肃清桥北，这一头在他们手里了，可是现在弹药爆炸，加上阻止的火力，要冒险再度冲去占领桥南，就如同自杀。只要早个半小时，弗罗斯特就可能成功的[3]，可是现在，南岸已经有党卫军的一批装甲掷弹兵占领了阵地。

弗罗斯特想再和克劳利少校取得联系，他想知道哪里有小艇或者驳船，以便克劳利连能过河攻击南岸的德军。无线电话通信又再次失灵。更糟的是，派出去的传令兵甚至连克劳利的据点都找不到，他们还报告说，就连一条小船也没有见着。派出巡逻队去联系的C连，已

---

[1] 有几份忆述表示，火焰喷射器瞄准偏了，火焰没有喷中碉堡，猛烈的燃油烧中了几幢放有炸药的木屋。

[2] 反坦克榴弹发射器（Projector, Infantry, Anti Tank），是英军一种射程短、弹簧装填的榴弹发射器，重15千克，发射出去的弹药能贯穿厚10.2厘米的钢板。

[3] 据荷兰警佐约翰内斯·范库埃克（Johannes van Kuijk）说，晚上7点30分他来值勤时大桥已经被弃守，没有卫兵。他说在早些时候，也就是伞兵降落时，守桥的25名第一次世界大战老兵都开了小差。

经在德军指挥官司令部附近的激烈迎战中被牵制住。

弗罗斯特的官兵心情凝重地从阿纳姆桥上看过去。大桥南端那边据守的德军兵力到底有多强？即使到了这个时候，A连还认为只要找得到人员和舟艇，他们便可以渡河发动奇袭攻击，甚至还有占领桥南的机会。

可是时机已经过去了。这是阿纳姆战役其中一个巨大的讽刺。伞兵本来可以在着陆之后的一个小时内渡过下莱茵河。刚好在西面7公里处的海弗亚多普村（Heveadorp）——弗罗斯特的第2营往目标行军前进时，路上经过———个大型的横水渡口，可以运载汽车和人员，全天都在北岸的海弗亚多普到南岸的德里尔往返，把一般民众人车运过下莱茵河。弗罗斯特对这处渡口一点都不知情，甚至没有列入厄克特的攻击目标名单内。在"市场—花园"的精密计划里，夺下阿纳姆大桥的关键——德里尔的渡口，竟完全被忽略掉了[①]。

* * * *

高夫少校终于赶上拉思伯里的旅部，也就是在"狮线"上，紧跟

[①] 在给厄克特下达的正式命令中，似乎没有提及德里尔渡口。简报上使用的皇家空军空拍照清楚显示了渡口的存在，而且必须假设，在制订计划过程中的某个阶段，这个地方也曾被拿出来讨论过。可是作者访问厄克特谈到这个部分时，他告诉我，"我不记得曾经提到过这个渡口了。"等到他终于知道它的存在时为时太晚，回天乏力。他说："那时我已经没有足够的兵力过河了。"但在口头上他曾经警告工兵"攻夺所有渡口、驳船、拖船极为重要，以便以后协助第30军的前进"。可是事实很明显，在计划实施的最后阶段，这些命令的优先级很低，因为它们从没有正式下达过。弗罗斯特告诉作者："没有人把有关德里尔渡口的事情告诉过我，要是我知道的话，那结果就不大相同了。"

240 遥远的桥

着弗罗斯特的第2营。他很快就找到旅参谋长詹姆斯·安东尼·希伯特中校（Tony Hibbert），问道："师长和旅长在哪里？"希伯特也不知道，"他们一起在某个地方，"他告诉高夫，"但两个人都离开了。"这下子高夫可真是迷糊了。回忆当时，"我不知道该怎么办，想跟师部联系却联系不上，我只好决定继续跟在弗罗斯特后面保持前进。"他离开了希伯特再度动身。

高夫和手下官兵开车进入阿纳姆，见到了弗罗斯特和他的官兵在大桥北端附近占领了阵地，那时天已经黑了。高夫马上问师长在哪里，弗罗斯特也和希伯特一样毫不知情，认为是回到师部去了。高夫再次试无线电话。这时更使他焦急的是，在沃尔夫海泽附近、他手下的搜索中队，也是半点消息都没有，也跟任何人联络不上。高夫命令手下疲累的士兵，到大桥附近一栋建筑物里去，他自己爬上了屋顶，那刚好是弗罗斯特营第一次想攻占大桥另一头，整个桥南"火焰腾腾"。"我听见那一下震惊天地的爆炸，整个桥头似乎都在起火，记得听见有人说，'我们一路杀到这里来，只为了把这座他妈的大桥烧掉'。"高夫本身也在瞬间感到震惊，经由缭绕的烟雾，他见到只有碉堡和几处弹药木棚被毁了。他既不安又困倦，他找个地方休息了几个小时。他一整天在路线之间往返寻找师长。目前人到了大桥，至少有一个问题解决了。他到了规划要抵达的目的地，他也就因此在这里待了下来。

※※※※

这天晚上，弗罗斯特能做的事不多，包括在大桥北端警戒，防止敌军从桥南发动攻击。两个失联的营仍然没有消息。此时，他在一

第三部 攻击 241

栋可以俯瞰大桥的建筑角落,把营部成立起来。营部译密组的哈罗德·E. 巴克下士(Harold Back)还记得,从这栋房屋的前方窗户,营部人员可以见到大桥引道。"侧窗可以直接看到大桥本身,"巴克说,"我们通信兵把天线从屋顶上伸出去,经常不断地挪来挪去,可就是联络不上任何人。"

之后不久,旅部抵达,在弗罗斯特旁的一栋房子的阁楼中开设。弗罗斯特同营内军官开会讨论,他认为现在情势已很清楚。第1营以及第3营不是在"虎""豹"两线上被敌军挡住,便是在大桥以北阿纳姆附近作战。没有通信,谁也没办法知道发生了什么情况。但如果这两个营没有在夜间抵达阿纳姆,德军就有了所需要的宝贵时间,足以把两个营与第1空降师其他兵力之间的空隙给封锁。此外,弗罗斯特也担心大桥或许会被炸毁。据工兵的判断,焚烧的热度已把市区通往大桥的导火索烧断,工兵也把见得到的每一个电缆统统切断。但大家还是不确定究竟有没有埋设其他的电缆。弗罗斯特回忆,"火势的温度逼得没有人能上大桥去移除可能还残存的炸药。"

但是阿纳姆大桥北端已经在弗罗斯特手里,他和手下英勇的官兵,并无意放弃。尽管他担忧着不知去向的两个营和空降师的其余部队,却没有显露出来。他去看看在引道附近房屋中的弟兄,但见他们"精神旺盛,就像他们有理由这么高兴似的"。据西姆斯二等兵说:"我们觉得非常愉快,营长跟我们说笑话,问我们好不好。"

回到营部,弗罗斯特一整天才头一次坐定下来。他啜着马克杯里的红茶,想想从各方面来说,情况还不算太糟,"我们在荷兰降落后7个小时,越过密集、艰困的地形,行进了8公里,夺取目标……的确是很好的战果"。弗罗斯特虽然平静不下来,但也和手下官兵一样很乐观。眼前他有各单位人员组成的战力500多人，他们也都很有信心，那失踪了的两个连是会到桥头来会师的。再怎么说，他只要再挺下去，充其量再挺48小时，一直到霍罗克斯第30军的坦克杀到为止。

15

盟军突如其来的攻击，使得从柏林到西战场已降的德军高级司令部都大为震惊。只有阿纳姆一地的反应既凶猛又迅速，第1师空降在那里几乎就落在德军比特里希的两个装甲师头顶上。其他地方，混乱、困惑的德军指挥官们，都试着厘清在9月17日发生的这些惊人事件，是不是已经开启了进攻第三帝国的作战阶段。英军会在比利时发动地面攻击的情况早就已经是预料中的事。所有可资运用的预备队，连灿根的第15集团军——损耗严重，士兵们除了随身携带的步枪以外几乎没有别的武器——都被投入防御阵地以应对威胁。壕沟都已挖掘，在战略性要地，更是尽全力构筑工事，迫使英军要为争夺的每0.3米的土地拼命。

没有人事先预料得到在英军地面攻势推动的同时，会使用空降部队。这种空降攻击就是柏林所害怕、同时要从海上登陆荷兰的前奏吗？在情况混沌的这几个小时，正当参谋军官们想研究出所以然来时，更多的空降攻击报告传进来，使得情况更为混乱。兵力不详、番号不明的美军伞兵，在埃因霍温与奈梅亨周围空降。英军第1空降师则已经很明显地在阿纳姆附近跳伞。可是这时，新的报告指出，乌得勒支附近又有伞兵，还有一项根本乱了套的报告，说空降部队在波兰的华沙落地[1]。

位于科布伦茨的伦德施泰特西线总部里，他的反应是令人感到诧异的部分原因[2]。脾气暴躁、满是贵族派头的伦德施泰特，与其说是对这次进攻的性质感到惊讶，毋宁说是对指挥这次进攻的人感到意外。据他推断，那个人一定就是蒙哥马利。起先，伦德施泰特怀疑这种突如其来、很明显陆空协同的作战，是艾森豪威尔进攻德国的开端。元帅好久以来便断定，巴顿的第3集团军向萨尔区挺进，才是真正的危险。为了迎战这种威胁，他派出了最精锐的部队击退了巴顿疾驰的坦克。而这一下，德国最具威名的军人，却暂时被打了个措手不及。他从没料到艾森豪威尔的主攻会由蒙哥马利来领导，他始终认为蒙哥马利"过于谨慎，过于受到个人习惯的支配，也过于按部就班"。

伦德施泰特对于蒙哥马利采取大胆的攻势给怔住了。从莫德尔司令部涌进大量的电文，都带着过分亢奋的语调，证明了这次攻击的奇袭性和危险性："我们必须认定，夜间会有更多伞兵空降……显然敌人认为这次攻击极为重要，英军攻击斯图登特所部，及向法尔肯斯瓦德前进，初期已经获得了相当的成果……本地区情况尤为吃紧……缺少迅速、强大的预备队，增加了我们的困难度。B集团军群已竭尽全力，整体情况是相当危急……我们要求尽快将装甲兵、炮兵、重型坦克歼

---

[1] 皇家空军的确有在乌得勒支附近广泛地投下假人伞兵，牵制住德军的若干部队有好多天。华沙则没有，该报告可能是发报中的混乱所造成，又或者只是毫无根据的谣言而已。

[2] "当我们将盟军攻击的消息通知伦德施泰特总部时，"莫德尔的首席作战参谋滕佩尔霍夫上校告诉我，"西总看来毫不为此感到烦忧。事实上他们的反应几近于无动于衷的稀松平常。但后来很快就改变了。"

244 遥远的桥

击车、防空炮兵派来,我军上空昼夜均有战斗机掩护,尤其重要。"

莫德尔的电文如此结束:"……盟军的主攻兵力,在我军前线的北翼。"伦德施泰特提及莫德尔时,曾经挖苦地说过,他是块优良士官长的料,这一回倒是认为莫德尔的意见值得一听。在莫德尔零零碎碎的电文中,除去了伦德施泰特最后的疑虑,说明是谁在指挥这次惊人的攻势。B集团军群的"北翼"正是蒙哥马利。

夜晚时刻当然不可能判断盟军空降部队在荷兰的实力。但是伦德施泰特深信,盟军还有下一波的空降。这时不但需要填补整个德军前线的缺口,同时还要替莫德尔的B集团军群找预备队。又一次,伦德施泰特被迫得只有赌上一注了。由他的总部发出电文,把在亚琛阵地中面对美军的部队调拨过去。这种调动很危险,但极为重要。这些部队立即北运,到能够上火线参加作战至少要48小时。伦德施泰特又给德国西北战线的防区下达了进一步命令,要求所有可用的装甲和防空部队开赴荷兰那安静的闭塞区域。元帅认为,那里正是第三帝国最危险之所在。这位德国的铁骑士,为了支撑他的防御体系而彻夜工作时,仍然沉思着整个形势的怪异之处,他依然惊异于负责盟军此次巨大攻势的主帅竟然会是蒙哥马利。

* * * *

载着比特里希军长的公务车,从杜廷赫姆的军部驶抵阿纳姆乌漆墨黑的街道时,时间已经很晚了。他决定亲自看看现况,车辆在市区中侦巡时,大火仍然在燃烧,满街狼藉的废墟——这是早上轰炸的结果。比特里希后来提到,在很多地方都有士兵的尸体和烧焦的车辆,证实"曾经发生过猛烈的战斗"。然而,对于发生了什么情况,他依然没有办法掌控。回到军部后,比特里希得知阿纳姆市邮局有两位女接线员打电话进来报告——他后来颁授她们铁十字勋章——公路大桥,已被英国伞兵占领。比特里希大为冒火,他特别命令哈策尔要守住大桥,竟没有遵行。现在瓦尔河上的奈梅亨大桥也很重要,要在南面的美军夺桥以前加以固守。比特里希成功的唯一机会,便是沿着走廊地带,摧毁盟军的攻击,紧缩阿纳姆附近的英军,迫使他们无法动弹。现正在阿纳姆大桥北端的伞兵,以及那些正奋战计划要抵达大桥的各零散伞兵营,都必须全部歼灭。

* * * *

那份落入斯图登特上将手中的最高机密文件——"'市场—花园'行动"计划,终于到了新总部所在地的莫德尔元帅面前。他放弃了杜廷赫姆古堡地面的花农房舍,迁往东南方5公里,接近一座叫泰尔博赫(Terborg)的小村庄。这可使得斯图登特花了最重要的10个小时寻找莫德尔元帅下落之后,再用无线电报送上这份文件。收到的是前三部分,经过解码后,"市场—花园"计划就被揭晓开来了。

莫德尔和幕僚专心研究。他们捧在手上的是蒙哥马利的整体计划投入作战的各空降师番号、3天期间后续的空投及再补给空投、空降场的确实地点、重要的桥梁目标——甚至空运飞机的航路都在内。哈策尔后来从元帅本人那里听到,称这份计划"异想天开"。它异想天开的程度,就连在这至关重要的关头,莫德尔还是选择拒绝相信。

这份计划太刚好、太详细,令人不敢置信。莫德尔间接向参谋们表明,认为这份文件的精细程度是过于虚假的证据。他又再三强调个人不变的判断,在阿纳姆西边的空降行动,是要向鲁尔作大规模空降攻击的先锋，他们会经由东边40公里的博霍尔特（Bocholt）和明斯特（Munster）进攻。他警告说，应当预设还有其他的空降攻击。

一旦集结以后，毫无疑问将会改趋北向，继而转东。莫德尔的理由并不是没有道理，就像他告诉参谋们："假如我们相信这些计划，认定阿纳姆大桥是真正目标，为什么没有伞兵直接空降到桥上来？他们空降的地方是宽广易于集结的地方，加上又距离大桥西边8公里远。"

莫德尔并没有把这份文件转给比特里希。"到战争结束以前，我根本不晓得，"比特里希说，"'市场—花园'行动计划已落入了我们手里。莫德尔为什么不告诉我，我真不明白。再怎么说，这些计划证明了我的想法。当时最重要的事情，便是阻止空降部队与英国第2集团军会师——为了那个目的，他们当然需要桥梁。"[①]比特里希之下有一名军官确实知道有这份文件。似乎哈策尔中校是莫德尔对幕僚以外的人，唯一谈到这个计划的军官。哈策尔记得，"莫德尔一直都准备作最坏的打算，所以他对那份计划根本不重视。根据莫德尔的说法，他并不打算被这份文件影响"。唯有等时间过去了以后，才能够让德国人明白。事实上，这份计划是货真价实的真品。尽管莫德尔元帅喜怒无常、令人难以捉摸，并不打算充分接受摆在眼前的证据。但他之下大部分参谋，却对此事挂在心上。如今莫德尔司令部手中既然有了"'市场—花园'行动"计划，便把当中所说的空降会在什么地方实施的情报，通知已在途中的所有防空部队，盟军攻击计划在几小时后就会发生。

---

① 关于掳获了"'市场—花园'行动"计划的事，也没有报告西总，莫德尔向伦德施泰特报告的公文中也没有提到。一定有什么原因让莫德尔对这份文件并不重视，以至于不把它们向上级报告。

在走廊中一辆载有军需的卡车被炮弹直接命中,并发生了爆炸。

激战开始前,德军巡逻队向前一探究竟。

248 遥远的桥

至少有一项假设被排除了。集团军司令部的行政官泽德尔豪泽中尉记得，根据缴获的文件，莫德尔后来也认为，空降部队的目标，根本不是他，也不是位于奥斯特贝克的集团军司令部。

16

正当弗罗斯特中校占领了阿纳姆大桥北端的同时，11公里外对另一个主要目标小心翼翼的接近行动才刚要开始。第82空降师走廊的中段，也就是奈梅亨横跨瓦尔河的五跨距公路大桥，是霍罗克斯将第30军坦克群，直趋阿纳姆的最后一处渡河点。

加文师长手下的第504伞兵团，以惊人的成就，夺得了奈梅亨西南方8公里处极为险要的赫拉弗桥。7点30分左右，504、505伞兵团又在赫拉弗正东不到5公里的赫门村（Heumen），占领了横跨默兹—瓦尔运河的一座桥。加文要把运河上三座公路桥与一座铁路桥统统占领的希望落了空。第82师官兵还来不及占领，德军就把这几座桥爆破或者严重损毁了。然而加文的伞兵在空降后6小时内，已经打出了一条通路，供英军地面部队通过。除此以外，505团的巡逻队，在赫鲁斯贝克高地与帝国森林空降区之间的地带搜索，只遇到了轻微抵抗。天黑以前，第508团的伞兵，已经占据了一条绵延达3.5公里长的森林地带，由赫鲁斯贝克镇北边的空降区起，沿着荷德边境，西南走向奈梅亨的郊区。这时，第82师的4个主目标，有3个已经到手，一切就全靠夺到奈梅亨长达597.4米的公路大桥了。

虽然布朗宁曾指示加文，除非已经占领赫鲁斯贝克镇附近高地，否则不要进攻奈梅亨大桥。加文却有信心把第82师所有的目标都能

第三部 攻击 249

够在头一天拿下来。根据跳伞前24小时所作的状况判断,他把第508团团长罗伊·欧内斯特·林德奎斯特上校(Roy E. Lindquist)找来,命令他派出一个营奔袭大桥。加文推断,在空降跳伞所造成的奇袭与混乱下,这一步棋是值得的。"我提醒林德奎斯特在街道上遭遇埋伏的危险,"他回忆说,"指示他到达大桥的路线,不必穿过建筑物,而是从市区的东面接近。"不晓得是误解了指示,还是想肃清他一开始的指定目标,林德奎斯特本人的回忆却是,除非团内其他目标达成,否则他不会把本团伞兵分派去突袭大桥。据第1营营长小希尔兹·沃伦中校(Shields Warren, Jr.)说,林德奎斯特指定的任务,是沿着赫鲁斯贝克到奈梅亨的路上,据守一条长达1公里,以及市区东南0.25公里长的防御阵地。沃伦要负责这一带的防守,同时与西面及东面本团另外两个营衔接。沃伦回忆说,唯有在这些任务达成以后,才能准备向奈梅亨市内进军。因此,沃伦这个营不但没有从东面的平坦农地直扑大桥,他们反而置身在加文力求避免的建筑中间。

沃伦达成其他目标以前,天都已经黑了。这时宝贵的时间已经损失,前卫连开始缓缓地穿过安静、空无一人的奈梅亨街道。营主目标是到达一个交通圆环,由那里从南面接近大桥,另一个目的是转移敌军注意力。据荷兰地下抵抗组织报告,爆破大桥的控制装置,就设在邮政局大厦里。当沃伦官兵开始朝大桥前进之后,这个重要的情报才送达。沃伦立刻派出一个排进攻邮局。把德军卫兵制伏以后,工兵截断电线,把认为是控制引爆的机件给炸毁。事实上,这些装置是不是与大桥的炸药相连接,没有人知道。不过,至少现在把电力线路和电话总机都炸掉了。等到这个排想撤出来赶上全营主力时,这才发觉敌人在他们后面逼近。他们就此被切断了整整3天,被迫死守在邮局里,一直等到援军到达为止。

同时,正当沃伦全营其他人到达一处通往大桥的公园时,突然遭受机枪和装甲车的激烈射击。派在第82师的荷兰军官贝斯特布鲁尔切上尉回忆,"顿时枪炮朝我们开火,我还见到枪口上的火光。似乎我们四周全是他们的人。"他还来不及举起卡宾枪射击,就被打中了左手、左肘和右手的无名指①。据詹姆斯·R. 布卢下士(James R. Blue)描述,在漆黑的街道进行激烈的可怕战斗就像一场噩梦。布卢记得"我们立即卷入了肉搏战。"他和雷·约翰逊一等兵(Ray Johnson)一起沿着街道前进,当他们撞上了党卫军时,两个人手里都只有上了刺刀的M1步枪而已。雷·约翰逊用刺刀刺向一名德军,布卢则用战壕刀扑向一名军官。"我们接到命令不许开枪,如果我们要进行肉搏战,就得用战壕刀或者刺刀。不过,"布卢回忆说,"那把战壕刀似乎太短了,所以我就用上了汤普森冲锋枪,结束了那一段,但是几乎同时就有一辆自行火炮朝我们这个方向开火。我们继续前进抵达了公园,跟其他各排在一起。"詹姆斯·阿勒代斯二等兵(James Allardyce)还记得在前面有人喊叫医护兵,可是"子弹在街道上嗖嗖直呼,黑暗中好生混乱,人人都不知道其他人在哪里。我们在一栋现代化的砖造学校周围建立防线。正前方,听得见德国人的声音,受伤的人在呻吟、喊叫。我们到不了那座桥。最后我们才明白,德仔把我们给挡住了"。

　　他们的确被挡住了,德军格雷布纳上尉的侦察营,在阿纳姆大桥错过了英军弗罗斯特的部队,却赶在较后发动攻击的美军之前抵达了奈梅亨。

---

① 几天以后,医官告诉贝斯特布鲁尔切,手指头要切除。贝斯特布鲁尔切说:"我告诉他们绝对不能切掉,那是我的手指头,而我并不打算切除。除此以外,这还会毁了我弹钢琴的兴趣。"到目前为止,他还保留着那只手指头。

第三部　攻击　251

★★★★

历史上最强大的空降攻击的头一天午夜前,英军与美军的伞兵,都已到达——或者正向前攻击——他们的主目标。经过长久的行军,虽然途中还遭遇到强大、顽固得出乎意料的敌军野蛮的抵抗行动,计划人员料定他们会轻易、迅速拿下来的各个目标大部分都已达成。弗罗斯特第2营英勇官兵,坚守在阿纳姆大桥北端,沿着这条走廊南下,一直到第101空降师506团辛克上校的伞兵,正在松村奋力要把桥梁修复。他们抱着坚定的决心,必须让公路保持畅通,好让英国第2集团军的坦克与步兵能长驱直入。在这个深夜时刻,伞兵深信援军就在路上,毫不怀疑增援兵力、补给品将按计划于18日到达,并进一步强化他们的阵地。尽管伤亡惨重、混乱和通信上面对挫折,空降军官兵都完全乐观以对。总而言之,这一趟的周日出游还不算太坏。

17

从柏林返回的哈梅尔少将疾驰的车即将抵达阿纳姆时,他看到市区上空映照着红色的光芒。经过长途旅行后感到疲倦,再加上担忧,当车子驶到位于吕洛的弗伦茨贝格师师部时,这才发觉师部现在已经在阿纳姆东北约2公里的费尔普村(Velp)了。到了师部,只见代理师长职务的第10装甲团团长奥托·佩奇中校(Paetsch)神色疲惫,"谢天谢地,您回来了"!立刻把这一天的情况,以及比特里希军长下的命令向哈梅尔作了概略的报告。"我目瞪口呆了,"哈梅尔回忆说,"几乎每件事都很混乱、含糊。我疲倦得要死,然而军情紧急逼得我打电话给比特里希,报告说我要去见他。"

比特里希也没有睡觉,哈梅尔一到,便立刻把战况概略又说了一遍。他既冒火又伤脑筋,人俯身在地图上告诉哈梅尔:"英军伞兵已经在这里——阿纳姆西面空降,我们对于他们的实际兵力和真正企图一无所知。"比特里希军长指着奈梅亨和埃因霍温说:"美国空降部队已经在这两地占领了立足之地。同时,蒙哥马利的部队已从默兹—埃斯科运河出发向北进攻。我认为其目的是把我军兵力切断,我认为,他们的目标是桥梁。只要桥梁到手,蒙哥马利便能长驱直入直达荷兰中部,然后从那里攻向鲁尔。"比特里希摆摆手,继续说,"莫德尔并不同意,他认定有更多的空降部队会在莱茵河北岸、阿纳姆东、西面空降后,再向鲁尔推进。"

比特里希继续说明,哈梅尔的弗伦茨贝格师,已经奉令要肃清阿纳姆西、北方的英军。荷兰境内武装部队指挥官克里斯蒂安森将军,已经奉令派出他的部队——由驻军与各训练营组成的混合兵力——给汉斯·冯·特陶中将(Hans von Tettau)指挥,他们的任务是在两翼协助霍亨施陶芬师,协力摧毁英军的空降场。

比特里希继续说,弗伦茨贝格师将负责阿纳姆以东、奈梅亨以南的所有作战。比特里希手戳在地图上,告诉哈梅尔:"奈梅亨大桥必须以一切代价固守。此外,阿纳姆大桥以及向南直到奈梅亨周围,都是你的责任。"比特里希沉默了一阵子,在屋子里踱来踱去。"你的问题,"他告诉哈梅尔,"已经变得更加困难,哈策尔没有在阿纳姆大桥北端留下装甲部队,现在英军已经在那里了。"

哈梅尔一面聆听,一面因为阿纳姆大桥在英军手里而更显惊慌,再也没有其他方法可以让他的装甲部队迅速渡过莱茵河南下奈梅亨了。阿纳姆大桥以东,也没有一座桥了。该师只有取道阿纳姆东南8

公里潘讷登村（Pannerden）的渡口渡过莱茵河。比特里希料到会有这个问题，已下令开始渡河作业。这是个缓慢、冗长、绕路到达奈梅亨的途径，要把一整个师的卡车、装甲车辆和兵员漕运渡河，得用尽哈梅尔一切手段。

哈梅尔离开军部时，向军长问道："为什么不在还来得及以前先把奈梅亨大桥给炸掉？"比特里希语带讽刺说："莫德尔断然拒绝考虑这个建议，他认为我们进行反攻时可能需要它。"哈梅尔瞪大眼睛看着他："要用什么来反攻？"

暗夜里，哈梅尔再度出发，驶向潘讷登。他的部队已向渡口出发，道路上挤满了人员和车辆。到了潘讷登，哈梅尔明白路上交通壅塞混乱情况的原因了。车辆堵塞了街道，形成了大范围的交通拥挤。在河边，由橡皮筏组成的临时渡船，正缓慢地把卡车运过河去。哈梅尔从参谋长那里知道，一个营已经到了对岸，正向奈梅亨前进。一些卡车和小型车辆也已渡河。但至今为止，比较重型的装甲车辆还没有装载。佩奇认为，如果缓慢、低效率的航渡不能加速进行的话，那么哈梅尔的弗伦茨贝格师在 9 月 24 日以前，都不可能在阿纳姆与奈梅亨作战。

哈梅尔知道这个问题只有唯一一个解决办法，便是再次拿下阿纳姆大桥，开通到奈梅亨的道路。当"市场—花园"行动的第一天于 9 月 17 日结束时，德军所有的挫折都来自于一个顽固男人的身上——阿纳姆大桥上的弗罗斯特中校。

第四部

围攻

PART FOUR
THE SIEGE

1

清晨,薄雾从莱茵河上涌起,笼罩在阿纳姆大桥以及附近漆黑安静的家屋四周。离大桥北引道不远、风景优美的林荫大道——欧西比尤斯大道(Eusebius Buiten Singel),向后延伸到北边和东边的郊区,环绕着历史悠久的老城区,一直去到阿纳姆相当受欢迎的音乐厅——圣乐厅(Musis Sacrum)。9月18日星期一的这一天,微弱、朦胧光线下的海尔德兰省古老省会,似乎是被人给遗弃了。街道、庭院、广场、公园,都没有半点动静。

弗罗斯特营官兵在大桥北端四周的阵地里,头一次见到阿纳姆的民居和政府大厦绵延不断的全景:法院、省政府、国立档案局、市政府、邮政总局,以及在西北方不到1.6公里外的火车站都映入眼帘。更近一点便是圣欧西比尤斯大教堂(Church of St. Eusebius),它那93米高的塔尖傲视全市。少数英军从由18栋房屋构成的防御阵地的破碎窗户、新挖的散兵坑,警惕地向外张望,他们意识到这座大教堂现在所代表的险恶意义。前一晚,德军狙击兵已经进入教堂塔顶。如同英军般,他们小心地藏身在里面,焦急地等候天亮的到来。

大桥的争夺战持续了一整晚。午夜时分曾有过一阵短暂的平静。当战斗再重新爆发时,似乎所有人都参与了小规模战斗。晚间,弗罗斯特的官兵,有两次想冲向大桥南端去,但都被打退。两次冲锋都是约翰·霍林顿·格雷伯恩中尉(John Grayburn)率领,他脸部受了重伤，但依然留在桥上，督导手下士兵撤退到安全位置去[①]。后来，一车车满载的德军步兵想猛冲过来，却遭受英国伞兵集中的火力射击。弗罗斯特的伞兵用火焰喷射器，将那些车辆都焚毁，德军装甲掷弹兵活生生地困在烈焰当中，并厉声痛叫着跳落到30.5米下的莱茵河去。橡胶焚烧的恶臭味，以及残骸中一阵阵涌起的浓浓黑烟，阻碍了双方的救护组在桥上死伤狼藉的人群中寻找伤兵。这时救护组的巴克下士，帮忙把伤兵抬进其中一栋英军据守房子的地窖。黑漆漆的地窖里，他以为自己看到了几支点燃的蜡烛。其实这里地板上都躺着伞兵，这才意会到，他看到的是一些伤兵身上发出亮光的小碎片——那些人是被白磷弹击中，所以亮光来自于白磷弹的碎片。

说不上是怎么搞的，曙色乍现，激战又再度停止，似乎双方都在喘一口气。弗罗斯特营部的马路对面，也就是大桥引道下面的街道，麦凯上尉手下由少量工兵和其他单位官兵的小组，正对刚占领的几栋房屋作小心的搜索。在夜间激战正酣时，麦凯想办法守住了这一带四栋房屋中的两栋，并在其中一栋——砖造校舍里，开设了指挥所。逆袭的德军穿过造景漂亮的庭园，朝屋内扔进手榴弹。一渗透进去，德军就同英军来了场狠毒、接近无声的肉搏战。麦凯的官兵穿过地窖，用上了刺刀和冲锋刀，逐屋把蜂拥的敌军驱退。然后，麦凯带了一小批人，离开房子进入树丛尾追后撤的德军，这一回又是用上刺刀和手榴弹，把德军一一肃清。麦凯自己腿上被碎片炸中，一发子弹贯穿了他的钢盔，从头皮上擦过。

[①] 格雷伯恩在阿纳姆战役中阵亡。9月20日，他站在敌军一辆坦克可以清楚目视的位置，指挥手下士兵撤退到主防线内。由于他在整个作战中超人的勇气、统御力及尽忠职守，死后被追赠英军最高荣誉——维多利亚十字勋章（Victoria Cross）。

第四部 围攻　257

此时,麦凯检查手下伞兵状况,发现部下的伤势跟自己相差无几。除此之外,补给情况也不妙。一共只有6挺布伦机枪、弹药、手榴弹和一些炸药。可是麦凯却没有反装甲武器,吃的东西也很少,除了吗啡和急救包以外,没有医疗品。再加上德军切断了水源。这时还剩下来的饮水,就只有个人水壶中装的了。

尽管这次夜战很可怕,但麦凯仍然意志坚定。"我们干得很好,死伤相当轻微,"他回忆道,"这时天快要亮了,我们看得到自己在干什么,也已经准备好了。"但他也像弗罗斯特一样,没存有多少幻想。在这种最致命的战斗方式里——逐街、逐屋、逐室地拼命——他知道守桥英军被敌人击溃只是时间问题而已。显然德军希望在短时间内,单凭兵力优势就把弗罗斯特的小部队给吃掉。面对强大、兵力集中的攻击,能够解救大桥英勇的守军,只能靠30军杀到,或者伞兵第1旅的其他两个营抵达。可是他们依然在往阿纳姆进军的路上激战中。

对在大桥附近作战的党卫军官兵来说,这一晚的恐怖可以说是没完没了。哈策尔中校显然很满意自己阻挡住了厄克特的几个营的兵力,但同时也对已经抵达大桥北端的英军与战力都低估了。哈策尔甚至没有打算要把手上少数仅有的自行火炮调上前来支持。相反地,一班接一班的党卫军,却被派出来进攻引道附近建筑物中的英军阵地。这些犷悍的部队遇到了劲敌,大多数人都记得,这是他们遭遇过的最厉害的军人。

21岁的党卫军下士阿尔费雷德·林斯多夫(Alfred Ringsdorf),是曾在东线战场作战的士兵,此时正坐在驶向阿纳姆的运货火车上。他被告知,他们的单位要去当地更换装备。他们到达时,阿纳姆火车站乱成一团。来自各单位的部队,正在团团转、整队、出发。林斯多夫的单位奉令是立刻到市区的一处指挥所报到。指挥所一位少校把他们分配给装甲掷弹兵第 21 团的一个连。他们这一班人没带武器来，可是到星期天入夜以前，他们就配发了机枪、步枪、手榴弹还有一些"铁拳"（Panzerfauste）[①]。当被问到弹药的数量为什么有限时，得到的答复是，补给品正在运送途中。"直到这个时候，"林斯多夫说，"我还不知道是要到什么地方去打仗，战场在哪里，而我以前根本没到过阿纳姆。"

市中心已经有发生过激烈巷战的迹象。林斯多夫才晓得英军伞兵已经降落，而且据守在阿纳姆大桥北端，几乎没有人知道英军的实力如何。林斯多夫的班在教堂里集合并接受命令，要他们摸进大桥匝道两边的房子去肃清英军。林斯多夫晓得这种作战方式有多致命，这是他在苏俄前线学到的经验。他这一班的弟兄都是年轻、有经验的老兵，以为这场战役很快就会结束。

这一班人看见往大桥去的附近，房子都被轰得很惨，他们得在废墟中清出一条路来。他们接近大桥北端英军的阵地时，就遭到了猛烈的机枪火力。他们被火力牵制住，大桥匝道 549 米处就被截停了。中尉寻找志愿者，要求穿过广场，把炸药包扔进机枪火力看起来最猛烈的那栋房子中。林斯多夫自告奋勇，他在火力掩护下冲过广场。

"我停在一棵树后面，那里很接近一处地窖的窗户，正是机枪射击的地方。我把炸药包丢进去，然后掉头往我那一班人跑。"他卧倒在废墟中等待爆炸时，回头一看，正好见到一批德军工兵在一栋角落边上的高房子下面寻找掩蔽。突然，炮弹来袭，房子整个正面坍塌下来，把人统统埋在下面。这可吓到了林斯多夫，如果他们人在那里，

[①] 类似美军无后坐力反装甲的巴祖卡火箭弹筒的德军版，能极为准确地发射出重 7.1 千克的炮弹。

整班人就会被一网打尽了。就在这时候,他丢进地窖的炸药包,在他躺下不远的街道上轰然爆炸,原来英军把炸药包反丢了出来。

入夜,好几个班开始渗透般进入附近的建筑物,想把英军给"挖"出来。林斯多夫这一班的目标,是一栋红色的大房子,上级告诉他那是所学校。他们往目标前进,马上就遭遇到机警的英国神射手,逼得德军在附近房子里躲避。党卫军把窗户捣碎开始射击,英军也立刻在隔壁的房子里掩蔽,一场凶猛的枪战自此展开。"英国人的枪法很厉害,"林斯多夫回忆,"我们根本不能露出一点身影,他们瞄准的是脑袋,我旁边的弟兄一个个倒了下去,每一个人都有个小小的、利落的枪洞贯穿了脑门。"

战损越来越多,德军就用"铁拳"对着英军据守的房子轰了一发。榴弹在屋子里一炸裂,林斯多夫这一班人就冲了过去。"这一仗打得很残忍,"他回忆,"我们把他们一间间屋子、一码又一码逼得往后退,使他们遭受惨重的损失。"正在混战中,营长派人把林斯多夫找去并告诉他,要不顾一切代价把英军赶出去。他回到弟兄那里,命令全班向前冲,把手榴弹如暴雨般扔过去,使英军遭受不间断的攻击。"唯有这种方法,"林斯多夫说,"我们才能占到地方,继续前进。我万万没想到,我们从德国出发一到这里就忽然在一个狭小空间加入一场苦战。这可比我在俄国打的仗要厉害得多,这是一种不断的、近距离的肉搏战。英军到处都是,而街道大部分都很窄,有时还不到4.6米宽,我们却在不到几米开外彼此射击,为了每一厘米地方苦斗,肃清了一间房子又一间房子,那是不折不扣的地狱!"

小心向一栋房子前进时,林斯多夫一眼瞥见一顶有伪装网的英军钢盔,在一处地窖门口忽地一露。当他举起手要把手榴弹扔进去时,听见小小说话声和呻吟声。他没有投出手榴弹,悄悄走入地窖的阶梯，然后大声一喝："举起手来！"对林斯多夫来说，这声口令毫无必要。"眼前的景象实在骇人，地窖成了停尸房，满满都是英军伤兵。"林斯多夫温和地说话，明知道英军不会懂但或许会领悟意思，他告诉伤兵们："好的，没事。"他找来医护兵，把俘虏集中起来，命令英军伤兵往德军战线后方去接受治疗。

当伤兵被带出地窖时，林斯多夫便去搜其中一个行走中的伤兵，使他大吃一惊的是，该名伤兵发出一声低吟之后，就朝林斯多夫脚上倒下去，死了。"那是一发要打我的子弹，"林斯多夫说，"英军在保护他们自己人，不晓得我们打算救他们的伤兵。可是那一下子我人整个都瘫软了，之后一身冷汗跑开了。"

英军伞兵在学校四周死死据守时，林斯多夫晓得哪怕是他的精锐部队，也不够强大到能迫使他们投降。星期一破晓时分，他和这快打光了的一个班，退到了欧西比尤斯大道。他遇到了炮兵指挥官，便向他报告："把英军赶出来的唯一办法，就是轰垮建筑物，一块砖又一块砖地轰。相信我的话，这是些真汉子，除非我们把他们的脚抬出来，否则他们是不会放弃这座桥的。"

埃米尔·彼得森彼得森军士长（Emil Petersen）也有充分的理由做同样的结论。他原来配属在国家劳役团（Reichsarbeitsdienst, RAD），由于德国人力缺乏愈益严重，他这一排35个人，被调到重防空炮部队里，然后又调到步兵单位，从法国一路退了下来。

星期天下午，他们本来正在阿纳姆火车站等车回德国去改编，而他这一排人又奉令动身，一位中尉告诉他们要参加作战，抵抗落在市区的英军伞兵。"我们加入的这个部队有250人，"彼得森回忆说，"没有一个人有武器，只有我和另外4个人有冲锋枪。"

彼得森这一排人都很疲倦，已经一天一夜没有吃东西，士官长记得自己当时这么想,如果火车不误点,全排人一定都吃过饭了,也不会加入这场战斗而回到德国去了。

彼得森这一批人在一处党卫军兵营里领了武器。"这种情况真好笑,"彼得森说道,"第一,我们没有一个人喜欢同党卫军一起作战,他们的名声不好,都被认为很残忍无情。第二,陆军发给我们的武器又是老掉牙的卡宾枪。要扳开我手上这支枪,还得抵在一张桌子上撞,我这一排人一看到这种老枪,他们的士气也就高不起来了。"

我们花了好多时间才使这些枪堪用。然而,部队依然没有接到命令,似乎没有人知道现况,部队会派往什么地方迎战。

最后,夜幕低垂时,这一群人才向阿纳姆指挥官司令部开拔。走到那里时,他们发现整栋房子空无一人,他们再次等待。"我们一直在想的便是找吃的。"彼得森说。终于,来了位党卫军中尉,宣布部队要通过市中心向阿纳姆大桥前进。

部队分成排级队列,从市场大街(Markt Street)向莱茵河前进。黑暗中,他们什么都看不到。可是,彼得森回忆,"我们觉得四周都有动静,偶尔还听见远处的枪声和车辆声。有一两次我认为自己见到了钢盔的模糊黑影"。

离大桥不到274米,彼得森发现他们正经过一整列的士兵,他猜想自己这一批人,一定是去跟对方换防。这时,有一个兵说了句什么话,彼得森却听不懂,他立刻意识到那个人说的是英语,"我们正在一队英军旁边行进,他们也和我们一样,正往大桥前进"。这一下的敌我不分,所有人都震恐万分。一名英国人吼叫:"他们是德国鬼!"彼得森还记得有那么一声呵斥:"开枪!"

几秒钟内,街上回荡着机枪和步枪的射击声,两支部队面对面打了起来。一阵弹流从彼得森旁边不到几厘米的地方窜了过去,打穿了他的背包，子弹的冲击力把他撂倒在地。他立刻在死去弟兄的尸体后方掩蔽自己。

"你眼睛看到的地方，只见人们从各处射击，并经常发生朝着自己人开火的情况。"彼得森回忆说。之后他慢慢向前匍匐行进，到了小公园的铁栏边爬了过去，这才发觉德军几个排幸存的士兵，大部分都掩蔽在树木中间和矮树丛里。英军已经撤退到公园两侧的一堆房子里了，这时在小广场的德军，正置身在交叉火网中。彼得森说："我听见人们受伤的凄厉嚎叫声，英军正用照明弹打在我们头上，把我们这一群人分割成多批，我这一排不到 5 分钟，就有 15 个人被打死了。"

破晓时分，英军停止射击，德军也住了手。晨光中，彼得森只见一开始向大桥进发的 250 个人，这时已经有一半非死即伤。彼得森说道："我们从未接近到大桥引道。我们只是躺在那里受罪，没有得到傲慢的党卫军或一辆自行火炮的支援。这就是我们参加阿纳姆战役的见面礼，我们认为，这什么都不是，根本就是场大屠杀。"

* * * *

随着时间消逝，不知怎么地，第 1 空降师那两个不见踪影的营，部分人居然抵达了大桥。他们化整为零，从北边和西边冲过了哈策尔中校的防线。很多人受了伤，又冷又饿，更增加了弗罗斯特营原本的医药与补给的困难。可是在这几个小时，这些散兵游勇尽管受伤挂彩和筋疲力尽，却依然自豪、士气高昂。他们已经抵达出发前简报官和指挥官们要求的目的地。前一天下午，他们自信满满地从各部队出发，一刻不停地向阿纳姆大桥进发。到 18 日破晓，据弗罗斯特估计，大桥北端聚集的兵力大概在 600 人到 700 人之间。虽然时间越久，来到这里的伞兵人数就更多,但同时哈梅尔的装甲部队也同样是如此。摩托化装备的声音越来越大,它们进入了阿纳姆,占领了阵地。

就连德军的装甲兵也都发现阿纳姆是处危险、可怕的地方。市区内的各个街道巷弄,荷兰老百姓已经把道路给堵塞起来。住在作战区的民众,冒着德英双方的子弹,开始把遗体收集在一起——德国人、英国人乃至自己的乡亲。英军第1伞兵营的伊舍伍德中士,经过一整晚赶路的危险,终于在天亮时找到了去阿纳姆中心的道路。他见到了"我们这一辈子永远都忘不了的景象"。从地窖、地下室、花园和毁坏的房屋里出来的荷兰人正在收尸。"他们把受伤的人抬到临时急救站,以及地窖的庇护所,"伊舍伍德回忆,"但是死者的遗体却被堆放起来,就像一排排长沙袋,头与脚相对摆放。"阿纳姆自豪、伤恸的市民们,正把朋友和敌人的遗体堆成近1.83米高的人体路障,阻挡德军坦克进攻阿纳姆大桥的弗罗斯特守军。

* * * *

对住在内城的居民来说,天亮并没有使恐怖与慌乱减轻。火势已经迅速蔓延到无法控制,他们挤在地窖和地下室里,没有几个人睡得着。整晚不时被炮弹的爆炸声、迫击炮沉闷的猛轰声、狙击兵子弹的嗖嗖声和机枪反复的连射声所打断。奇怪的是,在旧市区外面的阿纳姆居民,却没有受到现况的波及,只是完全慌乱得不知所措。他们打电话到内城来向亲友打听消息,这才从吓坏了的屋主那里晓得在大桥北端,正有激战发生——英军正在抵抗德军的攻击。打电话的人显然都看到了,德军的部队与车辆正从各个不同方向朝市区开来,可是荷兰人的信心却未因此动摇,他们认为英美军收复荷兰是指日可待的事。位处城市外缘的这些地方，老百姓都照常工作。面包店开门、送牛奶的照送不误，电话局接线生、铁路局员工、公营事业的工人——全都去上班。公务员都打算要去办公，消防队员还在为数字不断攀升的房屋火势控制在奋战。阿纳姆以北数公里外，伯格斯动物园（Burgers Zoological Gardens）园长赖尼尔·范胡夫医师（Dr. Reinier van Hooff），还在照料园内紧张又受到惊吓的动物[①]。或许唯一知道这场血战情况的荷兰人便是医师和护士们，他们整夜都得应电话出诊。救护车在街上疾驰，把伤员迅速送到市区西北郊的圣伊丽莎白医院，以及市内小型的疗养院。阿纳姆民还不知道全市已成为"无人地带"，情况只会越来越恶化。荷兰风光最好的地方之———阿纳姆，马上成了缩小版的斯大林格勒（Stalingrad）。

然而，内城的荷兰人，打从一开始几乎就晓得光复不会来得那么顺利。半夜时分，离大桥不到0.4公里远的欧西比尤斯大道派出所，27岁的约翰内斯·范库埃克警佐（Joannes van Kuijk），听见派出所门外有人轻轻敲门。他把门打开，只见外面站着的是英国兵。范库埃克立刻请他们进来，回忆说："他们有各种的问题要求答复，关于建筑物位置在哪，地标在哪，等等。然后一批人离开了，并穿过马路朝大桥的方向开始挖散兵坑———一切都尽可能地悄悄进行。"范库埃克看见英军在一位医师家附近，架起一门迫击炮，又在医师家花园角落，陈列一门2.7千克反坦克炮。到拂晓以前，只见英军在大桥北端最远的尽头，已经构成一圈紧密的防线。他觉得，这些军人的行动不太像是来

[①] 这处动物园有12,000只信鸽。德军为了怕荷兰人用鸽子传递消息，将阿纳姆附近所有养鸽人的鸽子都没收了，集中在动物园关起来。德军士兵每天都到动物园来数鸽子，下令死鸽子也要留下，直到德军检查了它们的登记号码为止。

第四部 围攻 265

解救他们的,倒像是脸色沉重的守军。

接近大桥蜿蜒、有绿草安全岛的林荫大道——欧西比尤斯大道——的另一边,担任劳工中介的昆拉茨·赫利曼(Coenraad Hulleman),整晚与他的未婚妻特勒伊德·范德桑德(Truid van der Sande)和准岳父母在他们的别墅,倾听一条街外、学校附近的枪响和爆炸声,就是麦凯上尉的官兵击退德军的所在位置。因为战事很激烈,范德桑德家人和赫利曼都躲在房屋中间下方,那处没有窗户的小型地下室里。

这时天已经蒙蒙亮了,赫利曼和准岳父小心地溜上二楼房间,那里可以俯瞰林荫大道。他们往下一看,不禁大吃一惊。风景优美街道的一片金盏花丛中,躺着一具德军尸体。整段草地都有德军守在堑壕中。赫利曼向右边的林荫大道一直望过去,看见几辆德军装甲车正停在一堵高高的砖墙旁边严阵以待。正当他们两个人在张望时,又爆发了新一轮的战斗,坦克上的机枪猛然间向附近圣沃尔布加教堂(Walburg Church)的钟楼射击,赫利曼看到细细的红丝喷出楼外,只能假定有伞兵在钟楼上监视。马上,坦克的火力又受到回敬,堑壕中的德军也用机枪射击对街的店铺。有家是服装店,橱窗中有一些武士的盔甲。赫利曼目击子弹打碎了橱窗玻璃,打得武士模型摆摆摇摇。他激动得眼泪都流了出来,希望这景象不是些什么预兆。

北边几个街区外,距离音乐厅很近的房子,威廉·翁克(Willem Onck)被天亮不久前部队在街道上行军的声音惊醒。有人在大力捶门,传来德国人的声音,命令翁克一家留在屋里,拉下百叶窗。翁克并没有马上照办,反而跑到门前窗户边,只见街上的每一个角落,都有配备机枪的德军。音乐厅前是一个88毫米高射炮连,最使翁克惊讶的是,好多德国兵把音乐厅的座椅搬出来放在街上,人就坐在上面。翁克听着他们彼此有一搭没一搭的谈话,就好像是在等音乐会开始似的。

当地最沮丧和愤怒的老百姓,莫过于荷兰的地下抵抗组织人员。部分人几乎在战斗一开始就马上与大桥的英军取得联系,他们自愿提供协助的建议,却遭到英军的婉拒。早些时候,阿纳姆地下抵抗组织首领克鲁伊夫,派了范达伦和纽曼到奥斯特贝克去跟英军接头,也发觉没有人需要他们的协助。纽曼还记得警告过对方,要提防这附近有狙击兵,劝告他们避开大路。"伞兵中有一个人告诉我,命令中只要他们往大桥前进,他们只会照指示的路线走。"纽曼说道,"我的感觉是,他们害怕遇到奸细,因而根本不信任我们。"

此时,拂晓时刻,彭塞尔在自家地窖里跟地下抵抗组织人员开会。他计划要把当地电台拿下来,然后发出广播,说阿纳姆已经自由了。纽曼打来的一通电话改变了他的主意。"情况变严重了,"纽曼向他报告,"变得很糟糕,我认为所有事情都已经失控了。"彭塞尔大吃一惊,问道:"什么意思?"纽曼这时在圣伊丽莎白医院附近,他说英军判断要穿越德军防线到大桥去已经是不可能了。彭塞尔立刻打电话给克鲁伊夫,后者要他们按兵不动。参加会议的克纳普说:"是暂时不干涉。"地下抵抗组织长久以来的希望破碎了。彭塞尔回忆说:"我们原本准备好发动任何行动,必要的话,甚至牺牲自己的生命。然而,我们无所事事、没有人搭理。情况越来越清楚,英国佬既不相信我们,也不打算用我们。"

讽刺的是,9月18日星期一清晨,盟军总部也好,蒙哥马利也好,乃至参与"市场—花园"的任何一名高级将领,对战况都还没有全盘了解的这个时刻,荷兰的地下抵抗组织已经由秘密的电话线路,把报告传给了第82师的荷兰联络官贝斯特布鲁尔切上尉,说阿纳姆的英军会被压倒性优势的德军装甲师打垮。在第82师的电文记录簿上记载着:"荷兰人报告说,阿纳姆的德军正对英军取得胜仗。"与阿纳姆作战区没有半点直接联系的情况下,这个消息实际上就是盟军统帅部收到的第一个预兆:危机正降临到第1空降师身上。

2

位于阿纳姆大桥西南11.3公里外、德里尔的渡口,船夫彼得(Pieter)正准备今天第一次渡过下莱茵河的工作。大清早过河的,都是在市区上班以及在北岸乡村做工的人,他们一小批一小批挤在一起,在晨雾中一个个哆哆嗦嗦的。彼得听着渡客在交谈有关阿纳姆内和城西一带的战事,并没有答话。他只关心渡河的工作,以及多少年来他一直都持续遵行着的渡河时刻表。

少数几辆汽车,还有些装满了农产品供应北岸的店铺和菜市场的农家大车,最先上了渡船,然后是推自行车上来的市民。早上7点整,彼得向河中驶去,渡船顺利沿着渡缆走,这一程只不过几分钟。渡船到了北岸海弗亚多普下方的坡道靠拢,过河的乘客和车辆便上了岸。他们眼前30多米高的韦斯特鲍温丘(Westerbouwing),俯瞰着这附近的田野。船到北岸,大部分上班的人便往奥斯特贝克东面的公路走,镇上那座10世纪时的大教堂塔楼,昂然高矗在橡树林和一片种着羽扇豆的沼泽地上,再过去就是阿纳姆了。

还有些乘客等着过河去德里尔。过去以后,彼得又送一批人到北岸来。当中一人是年轻的科拉。才两星期以前,也就是9月5日,那是荷兰人会永远铭记在心的"疯狂星期二",她见识了德军发疯似的撤退行动。征服者这一次并没有回德里尔。那是几个月来头一次让科拉觉得自由自在。而这时，她又忧虑起来了，前一天听到伞兵空降消息的欢欣鼓舞，已经被阿纳姆激烈战斗的谣言湮没。然而科拉却不相信光复荷兰的强大盟军，会被德军打垮。

渡船到了北岸的海弗亚多普渡口，科拉推着自行车下船，朝奥斯特贝克一家面包店骑去。基于一个特殊理由，她把秘密囤积、为数不多的配给白糖，交给了面包坊。9月18日，星期一，科拉家里经营的果酱工厂举行开业75年纪念，同时也是科拉母亲的62岁大寿。全家人会团聚一起，这是好多个月来的头一次。科拉很早就上奥斯特贝克来拿蛋糕，作为同时庆祝工厂周年纪念与母亲的生日。

好多朋友都劝科拉不要走这一趟，她却不听，"那会出什么事呢？英军已经到了奥斯特贝克和阿纳姆，战争差不多就要结束了"。

她这一趟并没有出现什么事故。清晨时分，奥斯特贝克看起来很平静，街道上有英国兵，店铺都开了门，就像是假日的心情。虽然还听得到几公里外的枪炮声，奥斯特贝克却像往日一般平静，并没有任何与战争关联的风吹草动。面包店老板虽然把订制的蛋糕做好了，可是看见科拉来拿还是吃了一惊。科拉告诉他："战争已经结束了。"她带着蛋糕盒骑车回海弗亚多普，一直等彼得把渡船又驶过来。到了南岸，她返回宁静得令人昏昏欲睡的小小德里尔，那里一如既往的平静，什么事情也没有发生。

3

英军的空降区，一名军官正用他一贯的能力执行着一项或许是最

第1机降轻型炮兵团团长谢里夫·汤普森中校（左）从"霍萨"式滑翔机里卸下装备。

禁卫装甲部队的战车，经过一辆被击毁的德军装甲车旁。复杂的地形，以及狭窄得仅一辆战车宽的道路，妨碍了装甲部队的前进。

不令人向往的任务。希克斯准将领导的第一机降旅官兵奋战了一整夜，击退了敌军的多次猛攻——德军特陶将军麾下的杂牌军，正在骚扰性攻击他们。希克斯的手下围绕着防线掘壕固守，以便于在隔天上午10点，让哈克特准将的第4伞兵旅在空降场跳伞，以及紧随在后的再补给空投作业。希克斯所掩护的空降场，同时也是英军空降部队各类补给品的堆集所。

这一晚，希克斯和官兵都没能睡上一两个小时。德军从树林发动攻击，他们在树林内部分区域放火，希望把英国守军给烧出来。红魔鬼们立刻还以颜色，他们溜到敌人的后面，上好刺刀冲锋，把德军赶到自己放的火里头去。通信兵马普尔斯对这次夜间苦战过程记得很清楚。他和几名伞兵到了一排刚被德军冲过、全员战死的英军那里，"没有一个人吭声，"马普尔斯回忆道："我们只上好刺刀，马上进入树林。后来我们出来了，德国鬼可没有。"曾在北非、西西里岛和意大利本土作战的二等兵罗伯特·C.爱德华兹（Robert C. Edwards）回想："我历经过各种大小战役几乎可以说是毫发无伤。可是我在荷兰的这一天中所打的仗，比以前那几次加总起来的次数都还要多。"

这种无止境的小规模战斗造成了伤亡。这一晚，希克斯好几次打电话给威廉·弗朗西斯·基纳斯顿·汤普森中校（W. F. K. "Sheriff" Thompson）要求炮兵支持，把敌军不断地给击退。他真正害怕的是装甲兵，希克斯晓得他们已经阻挡住向大桥进军的几个伞兵营，也会突破他兵力薄弱的防线，把自己从空降场赶出去。"我度过了一生中最糟糕的几个小时，"希克斯回忆，"两件事很清楚，虽然当时并不知道，但我们是降落在两个德军装甲师的头上——本以为它们不在那里——还有，德军的反应非常快速。"希克斯麾下武装薄弱的伞兵，在特陶将军部队从西面、哈策尔的装甲部队从东面夹击下，毫无选择余

第四部 围攻　271

地，只有挺下去等待解围，或者一直等到增援部队与补给品安全降落为止。

* * * *

厄克特的参谋长麦肯齐中校，在伦克姆草地空降区——离希克斯指挥所3公里外的位置，度过了一夜。激烈的战斗已经使师部退出了树林，重回田野。师部参谋以滑翔机作掩护在晚上休息，麦肯齐最在意的是师长没有片纸只字捎来。他想起当时，"已经过了9个多小时，我们没有收到师长半点信息。我认为他在拉思伯里的第1旅，可是通信失灵。他们两个人都音讯全无。我了解到得马上就师部的指挥职责做出决断。厄克特被俘或者战死的可能性一直都存在。"

星期一凌晨，依然没有消息，麦肯齐便与幕僚中两位资深军官商量。一位是罗伯特·盖伊·洛德-西蒙兹中校（R. G. Loder-Symonds），另一位是菲利普·赫伯特·赫尔顿·普雷斯顿中校（P. H. Preston）。麦肯齐把从英国起飞前与厄克特的谈话内容告诉两人，也就是说万一师长有什么情况时，指挥的接替顺序，是拉思伯里、希克斯、哈克特。现在，拉思伯里也失踪了，麦肯齐认为应该跟希克斯取得联系。其他军官也都同意，他们立即开车到希克斯的旅部——坐落在海尔瑟姆——阿纳姆公路边的一栋房子里。麦肯齐把自己所晓得的事告诉希克斯："我们得到一份不甚完整的报告，说弗罗斯特已经拿下大桥，可是第1营和第3营依然深陷在巷战当中，因此，无法前往增援。"

麦肯齐认为，目前最好的行动方案，便是由希克斯从所属第1机降旅派一个营前往大桥。这天下午，哈克特的第4伞兵旅即将到达，届时也可以派兵增援。同时，他也要求希克斯立即接掌第1空降师的指挥权。

希克斯看起来感到震惊。他的兵力本来就不够，根本派不出一个完整的营到大桥去。然而，英军的作战计划眼前正处于危险边缘。如果弗罗斯特不能立刻获得援兵，大桥或许就会失守。又或者空降场被敌军占领，哈克特的第4伞兵旅可能还没有集结起来就会遭到歼灭。

除此之外，大家似乎心照不宣地意识到，由于通信系统完全崩溃且没有指挥官，希克斯被要求接手的这个师实际上已经处于分解状态。希克斯勉强地派出了半个营——这是他所能调派得出的兵力——前往加入阿纳姆大桥的防御[1]。显然，这是个最为急需的决策，大桥必须守住。后来，麦肯齐回忆说："我们终于说服希克斯，他一定要接任师长。"

没有几个人曾经在这种复杂的情况下，被要求担当起战场上的重大责任。希克斯很快就发现通信上的失灵是如何影响了整体作战。从大桥那边弗罗斯特发出的少数电文，是由机降轻炮兵团团长汤普森中校那里中继转接来的，在离大桥2.5公里的奥斯特贝格拉格教堂（Oosterbeek Laag church）钟塔上，汤普森设有观测所，与大桥附近位于自来水公司的旅部炮兵指挥所的蒙福特少校间，有无线电话联络。在希克斯指挥下，唯一可靠的无线电通信，就是汤普森和蒙福特之间的这条线路。

同样严重的问题，是第1空降师与奈梅亨附近布朗宁的军部，或

---

[1] 他下令南斯塔福德郡团第2营（South Staffords）的半个营向阿纳姆出发。该营的另一半兵力，要到第二次空投时才会抵达，那时这些部队也将动身，为哈克特的第11营的进军补充兵力。

第四部　围攻　273

者蒙哥马利总部专门的"幽灵网"（Phantom Net）无线电组无法通信。极少数几个到达了英国的信息，多半是经由英国广播公司空运供战地记者使用的无线电发出，它的信号很弱又失真。德军有一个大功率的电台，与英军使用的是同一个频率。讽刺的是，师部收得到军部从英国拍来的电报，可是却无法发报回去。在摩尔高尔夫球场的后方军部，接到了经由BBC电报机发回的少数电报，然后再经由中继站转往欧陆。这种发报要花上好几个小时，等到电文到达时已经过时了，实际上也经常没有用了。

希克斯充满挫折，忧心忡忡。有三件事是他最为在意的：英国的天气状况；无法确定第二批空投的抵达时间；缺乏手段把阿纳姆的真实情况知会任何人。此外，他也无从提醒哈克特，说英军占领的空降场情况危殆，第4伞兵旅本身预计是要降落在已经肃清和受到保护的空降场。

比较不那么严重却也是大麻烦的，就是不久之后要与哈克特准将碰头。麦肯齐告诉希克斯，一等脾气暴躁的哈克特落地，麦肯齐就会把厄克特对指挥体系的决定告诉后者。"我晓得哈克特的脾气，"麦肯齐回忆，"我并不期待这一次的会面，可是知会他是我的职责，也是遵照厄克特的命令。我再也不能冒险地认为，师长和拉思伯里两个人都平安无事了。"

起码希克斯避开了那个需要慎重处理的冲突，新任师长的脑袋里有足够多烦恼的事情了。对这次伤脑筋的对立比较释怀，他心里操心的是别的事，新师长回忆说："形势不仅仅令人困惑，简直就是他妈的乱七八糟。"

4

英军第 1 和第 3 伞兵营奋战要抵达大桥的过程中，位于阿纳姆西郊，一度整洁的公园、打扫得干干净净的街道，如今已经变得弹痕累累、遍地狼藉。玻璃、瓦砾，以及山毛榉或是杉树断落的枝丫，都散落在圆石铺成的街道上。杜鹃花丛和满植古铜色、橘色、黄色的金盏花坛，都被打得七零八落。荷兰人家屋后整齐的菜园，都成了荒圃。英军战防炮的长长炮管，从店铺粉碎的窗户里伸了出来，而德军的半履带车，故意倒退进入屋里、在废墟中隐藏，对着街口虎视眈眈。黑烟从英德两军焚毁的车辆中滚滚冒起，当炮弹轰进各个据点时，碎屑就如暴雨般纷纷落下。死伤官兵歪曲的肉体，躺得到处都是。很多士兵记得，荷兰百姓戴着白色钢盔和有着红十字会标记的全身白袍，不理会来自双方的枪炮，在街道上跑来跑去，把伤者和奄奄一息的人拖进掩护所里。

这场奇怪、致命的激战，目前就在离大桥不到 2 公里的近郊打得天翻地覆，几乎是没有什么计划或是什么战略可言。就跟所有的巷战没有两样，它现在变成了一场在棋盘似的街道上进行的浩大、凶猛、短兵相接的遭遇战。

红魔鬼们既冷又饿、长满胡子又邋遢。交战打得太频，所有人都没有机会泡杯茶喝。弹药越来越少，死伤越来越多，有些连的伤亡，已经到了全连人数的 50%。除了偶尔打个盹之外，安稳睡一觉是不可能的事。经过几个小时的行军后，很多人好生困倦，已经丧失了时间

第四部 围攻 275

感。少数人晓得自己置身何地,以及确切知道距离大桥还有多远,可是他们依然执意要到达那里。好多年以后,走中路——"虎线"的第3营,在菲奇中校率领下的亨利·本内特二等兵(Henry Bennett),只记得在不断遭遇小规模交火、狙击手和迫击炮的整个过程中,有一个口令始终不断出现:"快走!快走!快走!"

厄克特离开师部已经有16个小时了,没有任何无线电的联系,使得攻击的进度达到慢得令人痛苦的程度。自从凌晨3点被唤醒后,厄克特和拉思伯里两人,一直都和第3营在路上行军。厄克特原先在别墅度过了心神不宁的几个小时。"猝然的遭遇,短暂猛烈的射击,整个纵队不断地停顿下来。"厄克特说道,德军狙击兵所造成的心理效应使他深受困扰。厄克特原本预料到该师一些以前还没见过场面的官兵,"起初会有点害怕子弹,但应该很快就可以适应。事实上,沿途某些街道遭遇的狙击兵,却使全营的脚步都慢下来。然而,厄克特并没有干涉菲奇的指挥,始终保持沉默。"就师长的职级涉及营级的遭遇战……我最不应该干涉,可是过程中,我却意识到宝贵的时间正在一分一秒浪费掉。"对付德军狙击兵很有成效,但为了把他们找出来所花费的时间却又让厄克特惊骇不已。

团士官长洛德的想法也相同,他和师长一样,对这种耽误非常焦急。"德军的抵抗很猛烈,也连续不断。不过,我们大部分的耽搁也要归因于荷兰人,他们一大早就出来了,在街道上挥手、欢笑、给我们代用咖啡喝。有些人甚至把英国国旗摊在树篱上。正在双方打得难分难解的当下,他们也还是在那里,似乎不晓得战斗还在持续。尽管是一番好意,他们却也像德军般把我们给挡下来了。"

突然,激烈的狙击兵火力被更厉害的东西盖过了,敌军的88毫米口径炮和自行火炮震耳的炸裂声。这时,菲奇营的前锋部队,已经接近偌大的圣伊丽莎白医院附近，也就是在阿纳姆大桥西北方向不到 3 公里的地方。这里正是第 1 营、第 3 营朝大桥前进，两条路线进入阿纳姆的主干道交会点。这边是霍亨施陶芬师装甲部队连夜布置就绪的阵地所在；在埃德—阿纳姆公路上的多比中校第 1 营和乌得勒支公路上菲奇的第 3 营，都一定要通过这处交叉路口的其中一边，才能到达阿纳姆大桥。多比营最先感受到哈策尔中校麾下党卫军凶猛的战力。

德军的马蹄形阵地，控制了从北面和西面进入市区的路线，迫使多比离开了上述的道路，进入附近房屋掩蔽。隐身在屋顶的党卫军和阁楼的狙击兵，让前卫部队毫无阻挠地通过，然后对后续部队来上一阵致命的火力。突袭造成的混乱，使得英军各连排立即朝各个方向散开。

这里，德军也运用同样的战术，集中火力攻击菲奇的第 3 营。就在这种可能造成致命结果的情况下，4 位重要的指挥官——第 1 营营长、第 3 营营长、第 1 伞兵旅旅长和第 1 空降师师长——全都被堵在一小片民居密集的小区域。讽刺的是，如同莫德尔和手下部队在奥斯特贝克的状况，厄克特和拉思伯里也是被不知道两人动向的敌人给团团包围着。

英军行军队伍深陷在前方和两侧的火力之中而溃散。有些人向莱茵河沿岸的建筑物跑，更多的人钻进附近树林，还有些人——厄克特和拉思伯里也在内——为了安全起见，则冲进了一整条街都长得一样的砖造房屋狭窄街道里躲避。

厄克特这一批人，刚刚到了乌得勒支—阿纳姆主要公路附近的一栋 3 层楼房子，德军的炮弹便打了过来。英军没有人受伤，据厄克特后来回忆，德军的装甲兵"在街道中行驶，就像是如入无人之境"。

一辆坦克在街道上隆隆驶了过来，车长站在敞开的炮塔盖上搜索目标。亚历山大·彼得·哈里·沃迪少校（Peter Waddy）从厄克特隔壁房间楼上窗户俯身出去，熟练地把塑料炸药丢进敞开的炮塔中，把坦克给炸裂了①。其他人也效法沃迪，摧毁了另外两辆坦克。尽管英军打得凶猛，武器装备单薄的伞兵，终究不是德军装甲兵的对手。

随着每一分钟的过去，厄克特面临的困境越来越糟糕。他急得要死，要回师部去控制全局。厄克特认为，由于已经陷入战斗当中，他唯一逃走的方式就是走上街，在混乱当中尝试穿过德军阵地。手下幕僚担心师长的安危，不同意这么做，可是厄克特非常坚持。他觉得，虽然战斗貌似激烈，但只不过是属于"连级作战"的规模，英军所占据的住宅区还没有被包围。他觉得大伙应该迅速离开，以免德军兵力增多后收紧包围圈。

正当在交战的嘈杂声中匆匆商讨时，厄克特和幕僚瞪大眼看着一辆英军布伦式机枪装甲车，不理会德军的射击，哐啷哐啷地朝街上驶来，并在街屋停下。厄克特表示，这是加拿大军的利奥·杰克·希普斯中尉（Leo Heaps），他"就像是魔法护体似的"，从驾驶员座位跳出来后往屋子里跑，他后面是当向导的荷兰地下抵抗组织人员拉布谢尔。该车装满了补给和弹药，希普斯希望可以交给阿纳姆大桥的弗罗斯特。这时到处都是德军的装甲部队，这辆小车和这两个人奇迹似的躲过了敌军的射击——还在行驶途中，完全是靠运气——而且发现了厄克特的位置。现在，相隔了好几个小时以后，厄克特才从希普斯那里得知现况。"那不是什么好消息，"厄克特后来回忆说，"通信依然

---

① 后来没有多久，沃迪少校在巡视英军阵地时，被一发迫击炮弹炸中、阵亡。

278 遥远的桥

不通，弗罗斯特在大桥北端正遭受猛烈攻击，但是还挺得住，我个人则是被认定失踪或是被俘了。"厄克特听完希普斯的话后告诉拉思伯里，现在已经迫不得已，"要在我们被完全包围以前冒险突围出去"。

厄克特对希普斯说，如果他完成在大桥的任务后抵达师部，要麦肯齐"组织尽可能大量的援军援救弗罗斯特营"。厄克特决心不惜任何代价，包括他本人的安全，也要让弗罗斯特获得需要的补给品和人员坚守下去，直到霍罗克斯的坦克抵达阿纳姆为止。

希普斯和拉布谢尔一走，厄克特和拉思伯里便着手自身的脱围。目前，街道上正被敌军的火力不断扫射，而房子也在炮弹的猛烈轰击下快要倒塌。厄克特见到，"在我们这栋房子四周，有越来越多的尸体堆"。他认为要从大街寻找脱身的任何出路是不可能的了，便决定从后门出走，在掩护射击与烟幕遮蔽下，或许能离开那里。然后，利用这几排房子后园植物的掩护，厄克特和拉思伯里希望最后能到达交战区外，并找路返回师部。

这一路上就像是场噩梦。当伞兵布下浓密的烟幕时，厄克特等人便窜出后门、冲过菜园，然后爬上与邻屋隔离的篱笆。正当他们在隔壁房子稍作休息时，拉思伯里的斯登式冲锋枪走火，差点打到师长的右脚。厄克特后来写道："以前我为了士兵们没有控好各自的斯登式冲锋枪，申斥过拉思伯里。身为师长为了这件事而嚷嚷，已经够糟了。要是消息传出去，说是我的旅长枪支走火，那就更讽刺了。"

除了爬过一道道围篱外，他们还翻过 3 米的高墙，走过了整个住宅的街区，终于到了一条圆石交错铺成的街道上。此时，疲累又困惑，他们做了一次要命的错误判断。如果向左转，或许会进入安全范围，他们却往右一拐，朝圣伊丽莎白医院方向走，直接落入德军的火力网中。

跑在厄克特和拉思伯里前面的是两名军官,分别是旅部参谋威廉·安德鲁斯·泰勒上尉(William Taylor)和第 3 营的詹姆斯·阿诺德·斯泰西·克莱明森上尉(James Cleminson),其中一人突然大叫,可是厄克特和拉思伯里都不明白他在叫什么。威廉泰勒和克莱明森还来不及要他们改道,两位高级长官已经陷入街巷交叉的迷宫中。厄克特看到那里有"一挺德军机枪正朝我们所有人射击"。正当 4 人想跑过狭窄的十字路口时,拉思伯里中弹了。

他们迅速把他从街上拖进屋。厄克特见到一发子弹打进了旅长的背部下方,看起来他暂时瘫痪了。厄克特回忆道:"我们当时只晓得,他不能再往前走下去了。"拉思伯里要求师长丢下他,马上离开,"师长,如果您还留下来,一定会被切断去路。"就在这时,厄克特看见窗外出现一名德国兵,他举起自动手枪,当面就是一枪,敌军血肉模糊的脸就消失了。目前德军这么迫近,厄克特必须迅速离开。走以前,他跟能说点英语的屋主夫妇谈了一下,他们答应战事稍稍一停,就会把拉思伯里送到圣伊丽莎白医院去。为了免得屋主受德军报复,厄克特这一行人把拉思伯里藏在楼梯下的地窖中,一直到能送他去医院为止。之后,厄克特回忆"我们从后门离开,然而又进入另外一个不是很大、有围篱的花园迷宫"。三个人并没有走多远,可是厄克特的一条命,却是兹瓦特路 14 号(Zwarteweg 14)这家连栋房屋屋主、55 岁的安东·德克森(Antoon Derksen),以迅速的反应给营救出来的。

一片枪炮声的骚乱中,德克森跟太太安娜、儿子约安、女儿赫尔米娜(Hermina)都躲在房后的厨房中。他从一扇窗户瞄出去,不禁大吃一惊,只见 3 名英国军官跳过围篱,进了他家后院朝厨房门跑。他立刻让他们进来。

双方无法沟通——德克森不会说英语，厄克特他们也没有人懂荷语——德克森用手势，想警告这些英国人，这一带已被德军包围了。"街上有了德军，"他后来回忆，"后面那里，也是那3个英国军官要去的方向也有了德军。在这一排后院那个角落，德军正要进入他们所在的位置。"

德克森急忙领着客人，从狭窄的楼梯上去。到了楼梯口，由那里进入睡房，天花板有一处往下拉的梯子，阶梯可以上达阁楼。3人小心翼翼往睡房窗外看去，便见到了德克森急忙打手势的原因了。就在他们下面不到几米外，沿着整条街严阵以待的，都是德军。厄克特回忆当时，"我们彼此非常接近，连他们说话的声音都可以听到"。

厄克特无法判断他们进入德克森家门时，是否被德军瞧见了，也不晓得他们会不会随时破门而入。尽管德克森警告附近已经被包围，但他仍然在衡量着风险：一、继续穿过那一连串的后院；二、用手榴弹肃清去路，从大街冲出去。为了要回到师部，他打算任何机会都要试一试。可是为他担心的两个幕僚却不同意如此。当时，众寡悬殊相差得太远了。他们争论说，与其让将军冒被俘或阵亡的风险，不如一直等到英军攻占该地区为止。

厄克特也知道，建议听起来很合理，也不想强迫幕僚去冒跟自杀没有两样的风险。然而，"我只想到本人离开师部太久，对我来说，任何办法都比这种置身作战以外的方式要好得多"。

熟悉的履带铿锵声，迫使厄克特只能原地不动。3人透过窗户，只见一辆德军自行火炮慢吞吞地在街上驶过来，刚好就在德克森家门外停了下来。自行火炮车顶几乎与睡房窗户同高。车上炮手都下了车，这时就坐在窗下聊天、抽烟。很显然，他们不打算前进了，英国人推测对方随时会冲进来。

安东·德克森位于兹瓦特路14号的家，厄克特少将被困在德军战线后方的时候，就躲藏在这里。

泰勒上尉立刻把阁楼梯子拉下来，所有人急忙爬了上去，身高1.83米的厄克特，蹲成一团打量四周，阁楼小得只容得下爬动的空间。他感到"愚蠢而可笑，自己像个旁观者，对作战是一点用处都没有"。

德克森一家这时变得安静了。德克森作为一个忠诚的荷兰国民，他为3个英国人提供了掩护。他怕万一厄克特被发现的话，可能会招致德军报复，为安全起见，把妻小先撤到邻居家里。厄克特和两名幕僚在空气不怎么流通的阁楼，没有吃，也没有喝，只能满心焦躁地等待着，希望不是德军撤退，便是英军到来。9月18日，星期一，"市场—花园"行动才执行了一天，德军几乎就使得阿纳姆作战计划无力，再加上各种错误和误断，原本可以带领英军协同攻击的人——厄克特，却被隔离在一处阁楼，困在德军战线内。

★ ★ ★ ★

对格雷布纳上尉和他的党卫军第9装甲师侦察营来说，这是一次冗长、单调的任务。盟军伞兵并没有在阿纳姆到奈梅亨这段11公里地带降落。对于这点，格雷布纳有相当的把握。但奈梅亨市内却有敌军部队，他的少数车辆刚过瓦尔河大桥，便是一阵短促、匆忙的轻武器遭遇战。黑暗之中，敌军似乎不愿与他的装甲车恋战。格雷布纳向师部报告，市区的盟军看起来还没有多少兵力。

侦察任务完成，格雷布纳上尉下令40辆车队当中的几辆自行火炮留下，警戒奈梅亨大桥的南引道。他带着其余的巡逻队北返阿纳姆。前一晚他驶过阿纳姆大桥时，并没有见到任何伞兵，敌人也没有什么动静。然而，他从无线电中，知道有些英军已经在大桥的对岸

第四部 围攻 283

了。哈策尔的师部认为不过是些"前卫部队"而已。格雷布纳再次停车，这一次是在阿纳姆到奈梅亨大约中途点的埃尔斯镇（Elst）。这里位处于两座公路大桥的打击距离之内，他把车队的一部分留在这里，带着剩下的22辆装甲车辆，驰返阿纳姆大桥。管他什么小股敌军，他都要一鼓作气肃清。对付只有步枪和机枪的伞兵，格雷布纳认为这并没有什么难度。他这支强大的装甲兵力，轻易就可捣毁英军防御单薄的阵地，并把他们歼灭。

* * * *

时间正好是上午9点30分，唐·卢姆下士（Don Lumb）从大桥附近的屋顶上，兴奋地大喊大叫："坦克！第30军到了！"营部就在旁边，营长弗罗斯特也听到了这名监视哨的吼叫。也像卢姆下士般，弗罗斯特也瞬间有那么一下子兴高采烈。"我当时想，全靠我们自己的战力，使得本营拥有无上的光荣来欢迎30军进城。"其他官兵也都同样的雀跃，在北岸引道对面、麦凯上尉的指挥所，也听到了重型车辆在头上大桥的震动声。查尔斯·斯托里中士（Charles Storey）冲上楼梯，到了卢姆下士的监视哨，从大桥南引道依然涌起的烟雾中看去。他见到了卢姆刚才发现的车队，他的反应很快，立刻往楼梯下跑，这位经历过敦刻尔克的老兵叫道："是德国人！装甲车到桥上了！"

格雷布纳突击部队的前卫，以最快的速度冲过来。德军驾驶员以非凡的技巧，左转右旋地，不但避过了散布在桥面上依然焚烧的残骸，而且还径直驶过了雷区——前一晚英军布置的盘状特勒（Teller）地雷。德军领头的5辆装甲车中，1辆触发了地雷——只有车体表面受了点伤，车还是继续前进。麦凯上尉目瞪口呆，看见头一批迷彩前导车的机枪不停地射击，以最快速度冲过引道，摧毁了英军的防线，径直朝阿纳姆中心驶去，然后立刻又是一辆冲过。麦凯说："我们没有战防炮，只能眼睁睁又看见3辆装甲车，从我们前面迅速冲过，消失在林荫大道中。"

格雷布纳以速度、力量硬闯大桥的大胆计划准备好了。他在大桥南引道远方、英军视线所不及的地方，已经把纵队排列妥当。这时，半履带车、更多的装甲车、装甲运兵车，甚至还有少数几辆满载步兵的卡车，在一袋袋沉重的麦子袋后面射击着，开始前进。蹲伏在半履带车后面的其他德军，也是在不断地射击。

格雷布纳先锋车辆突如其来的奇袭突破，震撼了英军，但他们很快就回过神。位于弗罗斯特这一边，PIAT开始抓好距离。桥头北端附近，威力强大的火力包围住德军纵队。伞兵们从胸墙后、屋顶、窗户和堞壕，把每一样可拿到手的武器，从机枪到手榴弹都用上了。引道另一边麦凯手下的工兵埃默里，打死了第一辆过桥半履带车的驾驶和副驾驶。第二辆一进入视线，埃默里又把2名驾驶打死了，这辆半履带车刚一下引道就走不动了，车内6名乘员弃车而逃，也是一个接一个被打死。

格雷布纳的车队还是持续向前冲。又有两辆半履带车冲过桥来。就在这时，德军这边发生了混乱，第三辆半履带车的驾驶受了伤。他一惊恐，把车往后一倒，跟后面的半履带车撞成一堆、缠在一起，横挡在桥面上，其中一辆还冒烟起火。在后面顽强跟进的德军，还想打开一条通路。车辆飞驰，发了疯似的冲到桥北，它们彼此相撞，冲进了被炮弹和迫击炮弹打成堆的残骸里。有些半履带车失控，撞击到引道的边缘，结果冲力太大，翻过边缘掉落在下面的街道上。紧跟着半

第四部　围攻　285

履带车负责支援的步兵,都被毫不留情地扫光。幸得逃生的德军没办法冲过大桥中央,便向南岸没命地逃走。一阵炮火风暴席卷了大桥,汤普森中校位于奥斯特贝克的炮兵发射的炮弹,呼啸着覆盖了格雷布纳那些已经备受重击的车辆。这是蒙福特少校从作为旅部的阁楼召唤的支持火力,阁楼就在弗罗斯特所在建筑物的附近。在作战的嘈杂声中,传来精神振奋的英军伞兵的吼叫声,他们叫嚷着呼号:"哇嗨,穆罕默德!"(Whoa Mohammed)红魔鬼师头一次在1942年北非的沙漠丘陵使用这个口号[①]。

这一轮激战的猛烈程度,让附近的荷兰人都为之一惊。兰贝特·斯哈普(Lambert Schaap)一家住在莱茵街(Rijnkade)——也就是大桥引道下东西向的街道——急忙把太太和9个子女送到防空洞,他自己则留在家里。一直到一阵弹雹飞来,打破了窗户,把墙壁轰得坑坑洼洼,家具打得稀巴烂后,斯哈普才逃走。范库埃克警佐认为,这一场血仗似乎没完没了。"炮火好凶猛,房子好像是一栋接着一栋地被打中、起火。同事和朋友不断打电话进来,询问出了什么事,我们战战兢兢躲在屋里,隔壁正在起火,欧西比尤斯大道的房屋似乎也是火光冲天。"

宽广的林荫大道接近北引道处,赫利曼未婚妻家,距离麦凯上尉的指挥所只隔了几户的距离。这时他和未婚妻家人都留在地窖的防空洞。"有一种奇怪的声音压过了所有的喧嚣声,有人说是下雨了。"赫

---

① 那一次战役,伞兵见到阿拉伯人彼此吼叫着交换消息时,似乎每一次都要用这些词开头。在阿纳姆,这个口号有特别意义。因为德军似乎无法发出这些读音,因此,作为伞兵在北引道两边的建筑与阵地之间分辨敌我的口令。根据希拉里·圣乔治·桑德斯(Hilary St. George Saunders)著作《飞去战斗》(By Air to Battle)的说法,这个呼号"似乎激发了官兵最高昂的战力"。

利曼回忆,"我走上一楼往外一看,原来是起火了,四面八方的士兵都在逃跑,整段街区似乎都起火了。战火已经转移到了林荫大道上,说时迟那时快就轮到了我们,子弹打进屋内,窗户都被击破,楼上还传来音乐声,原来是钢琴被打中。之后,又是怪到不行的声音,好像有人在范德桑德先生书房打字,其实是子弹把打字机给打碎了"。赫利曼的未婚妻跟在他后面上楼,只见子弹正打在圣优西比乌大教堂的钟楼上,她惊呆地看着教堂那座大时钟的金色指针疯狂地旋转。特鲁伊德记得,就像"时间在赛跑似的"。

对守桥战士来说,时间已经失去了一切意义。交战的震撼、速度和猛烈,很多人以为这一仗已经打了好几个小时。实际上,格雷布纳的攻击持续不到两小时。哈策尔原本不想拨交给哈梅尔的装甲车,如今有12辆在北岸被打成废物或起火燃烧。其余官兵在没有了指挥官的情况下,退出这场屠戮,撤到埃尔斯。这次拼个你死我活的苦战中,格雷布纳上尉阵亡了。

胜利的英军欢庆鼓舞,开始检查战损。救护兵和担架兵,冒着狙击兵的无情射击,在残垣断壁和烟雾弥漫之中行动,把双方的伤兵都抬到室内。大桥上的红魔鬼们,已经击溃了德军一次可畏的装甲攻击而挺了下来了。几乎就像是庆贺他们作战成功似的,第2营的通信兵,忽然收到30军发来的电文,信号很强又很清楚。这些困倦、邋遢的伞兵以为,他们的苦难终于过去了。现在毫无疑问,霍罗克斯坦克群再过几个小时一定会到达的。

* * * *

德国后方,一批批的战斗机相继起飞。这是战力接近见底的德国空军集结飞机和油料发动的一次全力攻击。现在，经过疯狂、没有睡眠的一夜之后，战斗机从德国各地急忙飞到。早上9点到10点间，荷兰出现了190架飞机，它们的任务是消灭"市场行动"的第二批空投机队。不像多疑的莫德尔，德国空军将领相信俘获的"市场—花园"行动计划是货真价实的。他们看到了大获全胜的辉煌良机。根据这些计划，德国空军知道盟军星期一空运的航路、降落区和投落区。好几个中队的德军战斗机在荷兰海岸巡逻，飞越已知的盟国航路和投落区，等候着直扑预定在上午10点空投的盟军机队。"降落时"（Zero hour）已经过去了，却没有盟国机队的身影，航程短的战斗机奉令落地加油、再度起飞，可是天空依然空荡荡，等待的目标没有出现，德国空军司令部扑了个空，十分困惑且沮丧，只能纳闷究竟是怎么回事。

这怎么回事的答案非常简单。虽然荷兰天气晴朗，英国却笼罩在大雾中。在各基地准备妥当出发的英美伞兵，正不耐烦地等候运输机和滑翔机。在这个生死关头的早晨，每一个小时都至关紧要，盟国第1空降集团军司令布里尔顿将军，也和第二批空投的官兵同样任由天气摆布。气象官们开会后，布里尔顿被迫重新调整"降落时"。在阿纳姆和附近的官兵，以及在走廊地带的美军——全都挺住对抗德军日益增多的兵力——这时只能再等4个小时。第二批空投部队在下午2点以前，不可能飞抵空降区。

5

阿纳姆南方57公里外的法尔肯斯瓦德镇，地面的大雾耽搁了英军第30军坦克群计划发起攻击的时间——清晨6点30分。但是搜索车却按时出动,自从日出以后,向前方的东和西巡逻,摸清楚德军的兵力。东面,是满布石楠树的沙滩和小溪流,搜索车无法越过这一带。村子西边,河流溪涧上的木桥,被认为单薄得不足以承受坦克碾压。搜索车队沿着中央那条狭窄、只有一辆坦克宽度的干道驶出法尔肯斯瓦德时,突然撞见一辆德军坦克和两辆自行火炮,当时它们正朝埃因霍温驶去。从所有的报告看来,事实很清楚,尽管已经发现了德军装甲兵,但进入埃因霍温的最快途径,依然还是要利用主干道。预料英军抵达那里时,还会遇到更多德军。已经延误了3个小时,霍罗克斯将军的坦克才刚要开始再度滚动。正当弗罗斯特的官兵,在阿纳姆大桥与格雷布纳上尉的部队迎战时,禁卫爱尔兰装甲营的前锋部队终于出发,驶上直趋埃因霍温的路上。

德军的坚强抵抗,挫败了霍罗克斯的计划。他原本打算在星期天,从默兹—埃斯科运河直扑而出,不到3个小时便与埃因霍温的泰勒第101空降师会师。17日入夜以前,范德勒中校的坦克才走了7公里,抵达法尔肯斯瓦德,比预定目标少了6公里。入夜后已经没有什么理由再前进了。禁卫装甲师参谋长诺曼·威尔姆斯赫斯特·格沃特金准将(Norman Gwatkin)告诉范德勒,埃因霍温再过去的松桥已经被毁,架桥材料必须在范德勒坦克渡河以前运过去。范德勒记得格沃特金说过:"明天再赶到埃因霍温吧,老兄,慢慢来别急,我们已经丢了一座桥。"

对这种挫败毫不知情,官兵们都对耽搁感到很不耐烦。戈尔曼中尉在大举进攻以前,曾到利奥波德斯堡参加了霍罗克斯将军的简报,他那时认为要过的桥梁真的太多。几个星期以前刚获颁军功十字勋章的戈尔曼,这时非常急躁、不耐。他一开始的恐惧似乎被验证了。他迫不及待要出发,不明白禁卫装甲师为什么要在法尔肯斯瓦德过夜。他写道,习惯"似乎主宰人们在晚上睡觉,白天在工作"。可是戈尔曼觉得,这种行为模式现在行不通,"我们一定要不断前进。"他这么说。禁卫装甲师缓慢前进,使得马哈菲中尉也有同样的困扰,"我们不能再等了。我第一次感到良心上有一丝丝的不安,"他说,"我们的前进似乎比预定的要慢得多,我晓得假如不快点加紧步伐,就不能及时赶到阿纳姆了。"

虽然禁卫骑兵团(Household Cavalry)的搜索巡逻队发出警告,正有德军的坦克与步兵在等待着,禁卫爱尔兰装甲营的坦克并没有遭遇多大的抵抗,直到前往埃因霍温的半途——阿尔斯特村(Aalst)路段两侧为止。松树林里,一阵步兵的弹雨卷进纵队,一辆自行火炮单枪匹马迎战领先的坦克群。它很快就被轰掉,范德勒的部队则轰隆隆地驶了过去。再往北走2公里,在多默尔河上一座小桥上,禁卫爱尔兰装甲营又被挡住了,这回是重炮迎击。4门88毫米高射炮掩护着桥梁,配备了重机枪的步兵埋伏在附近的房屋和混凝土墙后面,先锋部队的车辆一停,英军士兵立刻从坦克上跳下来反击。

为了尽快前进,范德勒决定把发射火箭弹的台风式战斗轰炸机招来,在前一天的路程中,它们对纵队的支持协助非常得心应手。空军的洛夫上尉,这时已经负有陆空联络的全责,便把空援申请发出去,使他吃惊的是被打了回票。在比利时的各战斗机中队,都因为有雾而停飞。洛夫回忆说,范德勒"一副臭脸"。他斜视了荷兰晴朗的天空一眼,挖苦地问洛夫:"该不会是皇家空军怕日光吧?"

这时,绵延到比利时的整个纵队,都被这些布置得宜的敌军大炮给滞停了。领先的坦克群想慢慢向前进,可德军一门大炮,直接朝路上开炮,在近距离平射下把它们挡住了。当手下坦克开火反击德军时，范德勒要求重炮火力支持，迅速命令巡逻车队向西边沿河前进，去搜寻一座桥梁或者一处浅滩，使车辆可以过河，绕过德军的炮兵阵地从后攻击。

英军炮兵向敌军射击，一阵啸叫的钢铁弹幕从领先的坦克上空飞过，德军靠着阵地优势、意志坚定，依然持续射击。这一轮打了2个小时。范德勒为此气得七窍生烟，可又没有办法，所能做的就是等待。

然而，往北不到4公里的地方，一支巡逻队却意外地成功会师。一个搜索分队的车辆，经过水道交织、沼泽遍野的地形，千回百转地越野，驶过脆弱的木桥，绕过德军的阵地，突然在埃因霍温北边遇到了美军。中午前，禁卫骑兵团的搜索分队长约翰·帕尔默中尉（John Palmer），受到第101师副师长杰拉尔德·约瑟夫·希金斯准将（Gerald Higgins）的热烈欢迎。帕尔默在无线电中高兴地通知师部："马厩小子与我们披毛戴羽的朋友会面了。"走廊上的3处重要会师点，第一处已经达成，但却比"市场—花园"行动的时间表落后了18小时。

随着会师终于达成，双方的讨论立刻就转到了松桥，待命的英军工兵部队需要完整的细节，才能把修复损毁桥梁所需要的桥材装备运上来。跟着范德勒前锋一起行动的英国工兵，准备好一旦恢复前进，就会马上冲往河边。这些消息本来可以通过无线电传达，可是美国人却发现了更便捷的方法。讶异的英国人用无线电通知工兵拨电话到"松224"（Son 244）就成了。电话会立刻经过德军控制的电话自动交换机。几分钟后，在松桥的美军便把所需要的重要细节告诉给工兵，让他们携带适用的桥材前往。

在阿尔斯特把范德勒的坦克部队打得动弹不得的德军炮火，突然停止射击。英军坦克连打开出路,一支侦察部队在多默尔河的西岸缓慢探索前进,在阿尔斯特北边 1 公里,找到了一座桥,正在德军阵地后方。该连从后方直捣德军大炮,冲毁了它们的阵地,结束了眼前的困斗。

在阿尔斯特村停顿着的坦克官兵,并不晓得这次行动,还以为突然的沉寂是作战中间的暂时休止。领头的第二连连长泰勒少校,还在争执要不要利用这空当的机会,下令全队坦克冲过去。这时他看见一个人骑了自行车,从路上往他的车队骑过来,那个人停在对岸,跳下车、两手拼命地挥舞,并跑过桥来。发愣的泰勒听见他在喊:"将军!将军!德国鬼走了!"

这个荷兰人上气不接下气地自我介绍,他叫科内尔斯·巴斯蒂安·洛斯(Cornelis Los),41 岁,是在埃因霍温上班的一位工程师,家住阿尔斯特。罗斯告诉泰勒:"公路已经通了,你们已经把村子入口唯一一辆坦克打坏了。"泰勒回忆:"他根据阿尔斯特到埃因霍温之间所有的德军阵地,画了一张详尽的草图。"

泰勒立刻下令前进,坦克过桥、上路,越过这时已经被摧毁且无人的德军炮兵阵地。不到 1 小时,泰勒见到埃因霍温伸展的市区就在眼前,好像有成千上万的荷兰老百姓涌上街头,欢声震天、旗帜飘扬。盖伊·爱德华·费希尔-罗少校(E. Fisher-Rowe)用无线电向后面纵队报告:"目前,唯一挡住我们的障碍,就是好多的荷兰老百姓。"在欢欣鼓舞的庆祝气氛中,第 30 军笨重的坦克足足花了 4 个多小时才通过了市区。一直到晚上 7 点以后,前卫部队才驶抵松桥。辛克上校困倦的工兵正在工作,自从大桥被炸毁,他们就一直在现场修复这座重要的桥梁。

****

从一开始，行动要求协调一致的"市场—花园"行动时间表，便容许有稍微的误差范围。如今，英军各伞兵营向阿纳姆前进备受阻挠时，松桥的炸毁更是一大挫折，威胁了整体作战。从比利时边境起到北向的费赫尔为止、长达45.1公里的走廊，现在都已在英美军控制之下。第101师以惊人的速度，已经涵盖了绵亘达24.2公里长的道路，攻下了重要的城镇埃因霍温、圣乌登罗德和费赫尔。11个渡河点除了两处桥梁外，其余统统都拿下了。然而除非松桥修好，否则霍罗克斯20,000辆车辆的解围大军还是无法再次前进。英军的工兵和桥材，已经随着领头坦克前进，一定要加油使劲把桥修好，让30军渡过威廉敏娜运河，因为再也没有第二条路可供坦克通行了。

在计划制订阶段，第101师师长泰勒将军就晓得，径直冲过走廊时，松桥极为重要，他也列了一个次要目标。为了弥补松桥炸毁的挫折，泰勒命令要把贝斯特附近一座跨过运河长30.5米的混凝土公路桥，也要伞兵攻占下来。该桥位于主干线西边4公里，一旦紧急时还可以备用。因为情报部门认为那一带只有少量德军据守，便只派一个连去攻击，命令该连攻占该桥和附近的铁路桥。

奉派去攻占贝斯特的伞兵，却造成了他们最悲惨的错误。爱德华·L. 维日博夫斯基中尉（Edward L. Wierzbowski）的加强连，在17日的激烈夜战已经折损不少。顽强的弟兄沿着堤坝和运河河岸渗透过去，穿越沼泽，在维日博夫斯基的领导下迫近、攻击数量上远远超过他们的德军。有一次他们离桥不到4.6米，却被一阵弹幕给挡住了。这一晚，不时有消息传去后方，说桥已经攻下来了，之后又有报告

美军第101空降师的伞兵经过埃因霍温的时候，受到荷兰人的欢迎。

说，维日博夫斯基连已经被消灭掉。增援部队，也像维日博夫斯基连般，很快也卷入兵力悬殊、舍生忘死的拼斗中。师部很快就明白有大量德军集中在贝斯特。当地的守备兵力根本不薄弱，而是驻有1,000人以上的部队——也就是那被人忽视掉的德军第15集团军。贝斯特就像是块海绵，引来更多的美军。战斗在这附近猛烈展开，维日博夫斯基和少数幸存的官兵，几乎就深陷在激战的正中间。美军增援部队不晓得他们的位置，德军把他们团团围住，但维日博夫斯基和弟兄们还是继续为夺桥而战。

大约在中午时分，英美军前锋部队在埃因霍温会师时，贝斯特桥被德军炸毁了。维日博夫斯基连的官兵靠得太近，以致落下来的碎材，更使他们原本就已够多的伤亡数字增添上去。附近其他地方的死伤也很惨重。第101师最风趣、最骁勇的指挥官之一，获颁国会荣誉勋章的罗伯特·科尔中尉（Robert Cole）在这第一次世界大战中阵亡。有一名士兵也在身后追赠这项殊荣。二等兵乔·尤金·曼恩（Joe E. Mann）在桥上受了重伤，两只手臂都用绷带捆在身体两侧，当看见德军一枚手榴弹落在与他一起的弟兄间时，曼恩因双手动弹不得，便扑在手榴弹上面，救了附近所有人的性命。维日博夫斯基到他跟前时，他只向中尉说了一句"我的背完了"之后，就撒手人寰了。

贝斯特桥断了以后，"市场—花园"行动的成功概率比之前还要渺茫。这全靠工兵修复松桥的速度了。作战计划相互关联的各个阶段——一环扣一环——松村过后的马路空荡荡，坦克早该在几个小时以前就在上面推进了。蒙哥马利放胆攻击的作战计划，这时遇到了更深一层的麻烦。

****

走廊拉得越远,问题就越复杂。南面是泰勒将军的啸鹰师,北面是阿纳姆的红魔鬼师,孤立在中间的是加文将军的第82空降师。他们正紧紧据守长457.2米的赫拉弗大桥,以及靠近赫门村一条较小的桥梁。西南方,第504和508伞兵团的几个排,同时从西面夹击默兹—瓦尔运河,经过一阵短暂的战斗后,把赫拉弗—奈梅亨在霍宁胡蒂村(Honinghutie)路段的另一座桥攻了下来,打开了供霍罗克斯坦克直趋奈梅亨的另一条路线。可是正当炸毁了的松桥把英军在走廊中段的前路给挡住的同时,第82师因没能快速攻下奈梅亨大桥,也给自己造成了麻烦。德国党卫军部队这时已经在桥南道路掘壕固守,在良好的隐匿与掩蔽下,一再击退了第508团一个连的进攻。随着时间过去,德军的兵力就越增强。加文抽调不出更多的兵力来大举进攻。在第82师的宽广大占领区——南北长10公里,东西宽19.3公里——敌军发动了一连串、但显然是不协调的猛烈攻击,这种攻击能否造成灾难也说不定。

沿着赫拉弗—奈梅亨路巡逻的美军巡逻队,正不断地遭受渗透的德军攻击。厄尔·夏夫利·奥德法瑟下士(Earl Oldfather)正在警戒狙击兵,看见3个占据了田野的504团士兵。"一个人从散兵坑里往外舀水,另外两个在挖坑,"奥德法瑟回忆说,"我挥挥手,只见他们中有一个把步枪端了起来。他们是德国佬,居然占据了我们的阵地,还在我们自己的散兵坑里,朝着我们开枪。"

在最东边、赫鲁斯贝克高地和德国边境之间,有两处重要的空降场,很快也成了战场。一批批杂牌的德国步兵正投入战斗攻击伞兵。他们其中有海军、空军、通信部队、请假的士兵、军医院的医护兵,甚至还有刚刚出院的伤兵。弗兰克·鲁普下士(Frank Ruppe)还记得,他第一次见到德兵的军服和职级章是五花八门的。他也记得这次攻击是突如其来,"我们就在前哨附近遭遇了伏袭。"不晓得从什么地方杀出了这一支部队。刚开始交战没有多久,哈罗德·莱斯特·金塞默中尉(Harold Gensemer)就俘获了德军一位上校。他大言不惭地说:"我手下官兵马上就要把你们从山上踢下去了。"他们几乎办到了。

德军以压倒性优势,从维勒、帝国森林蜂拥越过边境,冲破了第82师的防线,很快就攻占了空降场,缴获了补给品和弹药堆积所。有一段时间交战陷入混乱,第82师尽可能在阵地中挺住,然后缓缓向后撤。当地的部队都接获命令驰赴前线。原本在奈梅亨外围的伞兵,都全程以强行军方式赶到空投场增援。

荷兰人中似乎也开始出现恐慌。帕特里克·J. 奥哈根二等兵(Pat O'Hagan)所在的排从奈梅亨郊区撤走时,只见他们行军进入市区时大量见到的荷兰国旗,都匆匆忙忙降了下来。"荷兰佬"舒兹二等兵,是该排的勃朗宁(BAR)轻机枪手,也是参与过诺曼底作战的老兵,只见"每一个人都紧张兮兮,我只听见都在喊'轻机枪手上前'"。他到处都看得见德军,"他们在我们四周,坚决要把我们赶出空投场。"等到德军装甲兵和经验丰富的增援部队来到以后,大家就很清楚,德军部队——估计大约是两个营的兵力——是派来执行自杀任务的,要不惜一切代价把第82师扫光,占住空投场——第82师补给品和增援兵力的生命线。如果德军成功,那第二批空投部队一落地,便会遭歼灭。

此时,加文将军还以为计划的空运机队已经离开了英国,已经无法及时让它们中止或改变方向了。所以他只有少于两个小时的时间肃清空降场,每一个找到的伞兵他都需要。除了已经迎战的人以

第四部 围攻　297

外,他手头唯一现有的预备队是两个工兵连,加文也立刻让他们投入作战。

在迫击炮和炮兵支持下,伞兵与敌人人数上有时可以来到1:5,激战了一个早晨后,各地都一一肃清[1]。很多人上了刺刀追德军,一直赶到山坡下。正在激战的高潮中,加文才知道第二次空投要在下午2点才会抵达。森林中依然有德军杂牌部队的步兵,显然这些敌人的突袭,会引来更集中、更凶狠的攻击。加文自信守得住,因此,做出把部队从这里调到另一区的判断,但他也非常明白,这时第82师的情况是危在旦夕的。再加上有消息传来,松桥已经被炸断并正在抢修中,在D+2日之前,都不会与英军会师。加文对第二次空投等得好不耐烦,也越来越担心。因为这次空投会带来他迫切需要的火炮、弹药和兵员。

6

从阿纳姆黑烟滚滚的废墟到松村炸毁的桥梁,在散兵坑、森林、堤坝、建筑物的废墟颓垣间、坦克、各重要大桥的引道附近,"市场—花园"行动的官兵们,以及他们与之奋战的德军,都听到了来自西边的低沉轰鸣声。一个又一个机队,把天空都覆盖得黑压压的。第二次空投的飞机、滑翔机正要临空。这种稳定、越来越大声的发动机

---

[1] 在各个空降场持续了四小时的疯狂、混乱的战斗当中,第82师最受人爱戴的军官之一,该师的重量级拳击冠军安东尼·M. 斯蒂芬尼奇上尉(Anthony Stefanich)阵亡了,"我们一起走了这么远的路,"死前他告诉弟兄们,"告诉弟兄们好好干一番"然后就死去了。

在82空降师的阵地南边，泰勒将军的101空降师占领了所有渡河点。只有一座松桥被炸掉了，市场花园作战的进度因此耽误了36小时。

（左起）英国禁卫装甲师师长阿代尔少将，蒙哥马利元帅，所属步兵与坦克担任地面攻击的英国30军军长霍罗克斯中将，第11装甲师长罗伯兹少将。第11装甲师攻占了安特卫普之后，却停下来"加油、整补与休息"，使得德国第15军团大部兵力得以进入荷兰，进而参与了市场—花园期间的防御。

第四部　围攻　299

嗡嗡声，让英美军人，还有荷兰老百姓们，瞬间再鼓起希望和勇气。对大多数德军来说，这种声音就像是浩劫沉沦的预兆。战斗人员和老百姓都凝视着天空在等待。这正好是9月18日，星期一，差不多快到下午2点以前的事情。

这一批无敌机队空前浩大，甚至令昨天的壮观景色相形见绌。17日那天，机队分成两个不同的南北航路飞到。然而这一天，恶劣的气候和预期中的德国空军会采取更大的防空行动，迫使第二次空投机队沿着北航线飞来荷兰。将近4,000架飞机集合成一支庞大的机队，在天空中绵延了一公里又一公里，飞行层次的高度从304.8到762米不等。

翼尖连着翼尖飞行，1,366架美军C-47运输机和360架英军的斯特林式轰炸机，构成了这支空中列车的主体。有些飞机载了部队，其他则拖曳着数量惊人的滑翔机——霍萨式、韦科式和巨大的哈米尔卡式，一共是1,205架。长达161公里的机队后面，紧跟着装运补给的252架四发动机的B-24解放式轰炸机。机队上空与两翼一共是867架战斗机——多个中队的英军喷火式、台风式和美军的P-47雷霆式与P-38闪电式——担任空中掩护。起飞时，第二次空投一共载了空降部队6,674人，681辆连同满载拖车的车辆，60门火炮连同弹药，接近600吨的补给品，其中还有两辆推土机[1]。

---

[1] 在飞机数字的记载上，各方是有一些差异的。美方的资料总计是3,807架飞机，英方则为4,000架。本书所使用的数字，是根据布朗宁的作战报告而来，指出双方数字的差异，是在战斗机数目上。据美方数据源，第二次空投从英国各基地起飞护航的战斗机是674架，但并没有包括比利时基地起飞的193架在内，两者合计的战斗机为867架。有关"市场—花园"航空作战最好的记载，尤其是运输机部分，是来自美国空军历史处的第96号研究报告，编撰人为约翰·D.沃伦博士（Dr. John C. Warren），标题是《第二次世界大战欧洲战区中的空降行动》（*Airborne Operations in World War II, European Theater*）。

这支浩浩荡荡的庞大机队，带着防空炮火爆炸的烟圈，从在斯豪文岛飞越荷兰海岸进入陆地，然后转向正东，飞往斯海尔托亨博斯南边的管制点。飞到那里，在战斗机前导下，分成3个部分，机队在分秒不差，面对执行的困难和危险的操控情况下，美机机群转向南方和东方，飞往第101师和第82师的空投区，英军编队则转向正北，飞往阿纳姆。

今天的空运也像昨天一样发生了许多问题，但多多少少减少了一些。滑翔机队尤其面对更多的混乱、中途折返和失事的打击。第二次空投飞抵空投区以前，有54架滑翔机因为机体结构与人为错误提早落了下去。26架中途折返英国或坠入海峡。有人看见两架滑翔机在飞行途中整个解体。飞越敌区长达128.8公里的航程中，有26架过早脱离牵引机，落在远离降落区的荷兰和比利时，以及德军阵线的后方。其中一起怪异的意外，是一名心神错乱的伞兵冲进驾驶舱，扳动脱缆杆，使滑翔机与牵引机分离。但整体来说，部队的伤亡率很低。最大的损失，也和前一天一样，发生在宝贵的补给品上。再一次，似乎厄克特的官兵厄运当头——损失的运货滑翔机，有一半以上都是飞往阿纳姆的。

德国空军也是厄运临身。上午10点，预料要出现的盟国机队不见踪影，德国空军长官们便把190架飞机中的半数召回基地，其余的依然在荷兰北部与南部巡逻。盟军第二次空投机队飞到时，这些中队有一半在错误的空域或正在加油。结果能飞往阿纳姆和埃因霍温作战的梅塞施米特BF-109和福克-沃尔夫FW-190战斗机剩下不到百架，可是没有一架德机是能够穿过掩护的强大战斗机群。盟军飞行员事后宣称共击落29架BF-109和FW-190战斗机，而美军的战斗机才损失5架。

机队飞近降落区时，强烈的地面火力开始包围它们。飞行缓慢的滑翔机，飞到松村以北的第101师空降场时，遇到了接近地面的霾以及雨势，这多少有掩护效果，使得德军防空炮手看不到运输机。可是，贝斯特上空持续且致命的防空炮火，射向飞来的机队。有架滑翔机，可能载的是弹药，被一发炮弹击中爆炸，整架飞机便消失了。4架牵引机在放开滑翔机后，一架跟一架被命中，前两架立刻起火，第三架坠毁，第四架安全落地。3架滑翔机被子弹打得满机身是弹孔，在空降区毁机落地，机上搭乘的兵员竟奇迹般地毫无损伤。飞往泰勒将军第101师的450架滑翔机中，428架总共载了2,656名伞兵、他们的车辆和拖车抵达。

往北15公里，当滑翔机开始飞进来时，加文将军的第二批空投依然受到空降场的激烈战斗的威胁。第82师损失的飞机，远比第101师高。飞机和滑翔机遭遇了防空炮火的弹幕。德军防空炮手虽然比昨天的射击精度要差，却把放开滑翔机后急转弯飞开的6架牵引机打了下来。其中一架机翼炸断，三架起火、坠毁，有一架落在德国。争夺空降场的激烈枪战，迫使很多滑翔机落在其他地方。有些落在远离目标3到5公里的地方，一些则掉入德国。还有很多滑翔机组员决心迅速落在指定的降落区内。每一处降落区地面都被炮弹和迫击炮打得坑坑疤疤，机枪火力纵横交织，都成了无人地带。许多滑翔机迅速进场和猛然落地，摔坏了起落架，或者机头翻覆，全机翻了过去。然而，驾驶员们的剧烈举动却成功了，载运的补给和兵员出奇地没有什么折损。各个降落失败案例，没有造成一个人受伤，只有45个人是在飞行途中或者进场以后被敌军的火力击毙或打伤。第82师的454架滑翔机，抵达的有385架，运来炮兵1,782人、177辆吉普车和60门火炮。

一开始以为损失了 100 多名官兵，可是之后有一半以上人员，从远处的降落地点找路回到了第 82 师的防线。坚定无畏的滑翔机驾驶，承受了严重的伤亡，有 54 人阵亡或失踪。

虽然德军无法对第二次空投施以严重的阻碍，可是对在运输机和滑翔机以后才飞到、担任空投补给的轰炸机，德军却有更高的攻击战果。第一批 252 架四发动机 B-24 解放式轰炸机，飞到第 101 师和第 82 师空投区时，防空炮手已经瞄准好了。战斗机在这些补给机的前面俯冲下来，想压制防空火炮。可是，也像 17 日那天，霍罗克斯的坦克开始突破时，德军防空炮采用的方法一样，敌军先一弹不发，一直等到战斗机飞过以后，这时才猛然开始射击。不到几分钟就击落了 21 架护航的战斗机。

紧跟在战斗机后面的，是在 15.2 米到 243.9 米各个高度飞来的轰炸机编队，空投区上的射击和低雾，遮住了识别的烟幕和地面的布板。就连最有经验的空投长都找不到正确的位置。每一架 B-24 轰炸机的炸弹舱里，大约装有两吨补给品，机群开始胡乱将补给品投下，散布了好大一片地区。第 82 师伞兵几乎就在德军眼皮下，在各自的空投区来回奔跑，想办法回收了 80% 的补给。第 101 师就没有这种运气了，他们很多装备包，差不多直接落在贝斯特的德军阵地中间，只收回来五成不到的补给品。对走廊下端泰勒将军的伞兵来说，这种损失很严重，因为打算补给他们却损失的 100 多吨军需中，包括汽油、弹药和食品。德军的突袭尤其使灾情更为惨重，大约 130 架轰炸机受到了地面炮火的损伤，7 架被击落，4 架坠毁。对这些被围在走廊内的美军来说，原本对这一天的开始抱持大好希望的伞兵，这时马上变成了求生存的残酷斗争。

第四部 围攻 303

****

英军第4旅伞兵旅长哈克特准将麾下的格洛弗中尉，人已经跳出了飞机，向埃德—阿纳姆路南面的空降场落了下去。伞张开时他觉得猛然一震，本能地伸手过去，拍拍左肩伞带上外挂的帆布袋，听到里面"伞鸡桃金娘"在嘎嘎叫，格洛弗才放下心来。正如他在英国时的计划，"桃金娘"达成了它的第一次战斗跳伞。

格洛弗往下一看，下面整个草地都起了火，只见空降场到处都有炮弹和迫击炮弹爆炸，黑烟与火焰翻滚向上涌，有些伞兵没办法改变下降方向，落进修罗场里。远处，滑翔机把希克斯准将的第1机降旅其余部队运到的机降场，格洛弗只见到机身残骸，人们正向四面八方跑开。一定有什么事不对劲。记得在听简报时，格洛弗了解到阿纳姆的德国守军兵力薄弱，目前的机降场一定应该经过肃清、平静无事的才对。第二次空投机队从英国起飞以前，也没有迹象表明有任何状况。然而格洛弗认为，就在他脚底下正展开一场大规模的激战，他在心中猜想，会不会因为什么错误出现，让他们跳错了地方。

快接近地面时，机枪的断断续续和迫击炮弹爆炸的沉闷轰隆声，似乎迎头席卷了上来。他一触地，小心向右肩一个翻滚，免得伤了"桃金娘"。他迅速解脱伞带。格洛弗的传令兵乔·斯科特二等兵（Joe Scott），也刚好落在旁边。格洛弗把桃金娘的袋子交给他，说："好好照应它。"从笼罩在野地的薄雾中，格洛弗看见标示集合点的黄色烟雾，便对史可特吼道："走吧！"两个人弯腰躲躲闪闪、弓着背跑过去。格洛弗见到的都是一团乱，他的心往下沉，显然战局并不乐观。

约翰·卢埃林·沃迪（J. L. Waddy）少校落下来时，也听到了机枪射击的不祥声音，似乎四面八方的火力把空降给打得体无完肤。他回忆，"我无法理解，印象中一直是说德军在落荒逃窜，他们上上下下都是一团乱"。人在伞下摇晃向下落，沃迪发现空降区几乎被猛烈火势的烟雾所遮盖。他在田野的南端落地后，便朝营集合点跑去，"迫击炮弹到处爆炸，一路上只见数不清的伤亡"。他接近集合点时，遇到营部前一天在荷兰伞降的上尉，他只记得这个家伙怒气冲天地呵斥："你们他妈的迟到了，难道你们以为我们在这里只等了4个钟头吗？"该员立刻激动地向沃迪提示战况。"我一听就吓坏了，"韦迫回忆道，"这是头一次听到说战事并没有依照计划进行的报告。我们立刻集合。我四下张望，似乎前方的天空都是熊熊火焰。"

沃尔夫海泽火车站西边的两个降落区——赖尔斯营和金克尔草地（Ginkel Heath）——伞兵和滑翔机载运的步兵，正落进了看上去是交战激烈的战场上。德军从缴获的"市场—花园"行动计划，已经知道了降落区位置。他们可不像空降的英军，德军可从依然坚守着的海峡港口——如敦刻尔克，经由雷达设施准确计算出第二次空投抵达的时间。党卫军和防空炮兵立刻在阿纳姆脱离迎战，急速驰往这几处地点，德国空军的20架战斗机，也被引导飞来，正在持续地低空扫射这些地区。地面战斗同样激烈，为了把进犯的德军驱赶出去，英军发起了刺刀冲锋，就像他们在夜间和清晨曾做过的那样。

迫击炮弹击中前一天已经降落在地的滑翔机体，把它们烧成了团团烈焰，还引发了荒原野火。渗透进来的敌军部队利用部分滑翔机掩护他们的攻击行动。英军只好自行放火烧机，不愿让它们落进敌人手里。在野地的某个角落，将近50架滑翔机被烧成一处广大的炼狱。然而，希克斯的机降旅——除了派往阿纳姆的半个营外——却以顽强的勇气，坚守住空降场。伞兵和滑翔机降落，运到了官兵2,119人，远比那些位于空中与地面的官兵所认为的更为成功。即使交火不断，空运量的 90% 都落地了——而且都在正确的地点。

罗纳德·G.贝德福德（Ronald Bedford）空军上士是斯特林式重型轰炸机的尾枪射击士，发觉星期一的任务，与他在星期天飞的那一趟大不相同。上一趟，19 岁的贝德福德坦承对飞行的一成不变感到无聊。而这一次，他们飞近降落区时，射击非常猛烈，而且连续不断。贝德福德一眼瞄到在田野边缘，有一门装在卡车上的防炮，便竭力调转机枪瞄准它，眼见机枪的曳光弹成弧形落了下去，这门炮便停止了射击。贝德福德乐透了，"打中了！"他嚷道，"嘿，我打中了！"斯特林式轰炸机正稳定地飞在航路上，贝德福德见到四周的滑翔机，似乎都过早与牵引机脱缆。他只能这么断定，猛烈的炮火使得很多滑翔机驾驶员脱离，以便尽快落地。然后他又见到本机拖曳的霍萨式滑翔机拖缆也落了下去，眼看着滑翔机飘落，贝德福德确信它一定会在落地以前与别的滑翔机相撞。"场面一片混乱，"他回忆道，"各架滑翔机看起来像是垂直俯冲、改平，然后再滑下去，怎么看都觉得是要冲往另一架滑翔机上方去，我奇怪它们怎么还能够降落。"

一架载了一辆吉普车、两辆满是迫击炮弹的拖车和三名士兵的霍萨式，副驾驶哈奇上士奇怪他们怎么没落下去。其实就在进入航线时，前面有防空炮火。驾驶员亚力克·扬上士（Alec Young）把滑翔机来一个陡峭的俯冲然后改平，哈奇一看可吓坏了，似乎每一架滑翔机都朝着同一处落点滑下去——那里还有头母牛，没命似的在滑翔机前面跑。扬居然安全落地，机上士兵立刻跳出机外，开始把机尾螺杆松开。哈奇看见旁边躺着三架滑翔机，都是机腹朝天。顿时，另一架霍萨式带着撕裂、刮擦的一声巨响，就在他们的飞机头上来了个毁机落地。对方直直地飞过来，切掉了哈奇滑翔机的机头，连哈奇和扬刚才还坐着的驾驶舱的舱罩都被切掉了，然后再向前滑，正停落在他们的前面。

有的滑翔机根本就错过了降落区，有些滑翔机的坠机地点，竟远到了 3 公里外。两架落在莱茵河南岸，一架落在德里尔附近。士兵们把伤员留给荷兰老百姓照顾，便从那处被人忘却但依然可用的德里尔渡口，渡过莱茵河回到了自己的部队①。

有几架 C-47 运输机进场时被击中起火。距跳伞还有 10 分钟，弗朗西斯·菲茨帕特里克上士（Francis Fitzpatrick）看见防空炮火越来越猛烈，年轻的金杰·麦克法登二等兵（Ginger MacFadden）猛力一甩、大叫，两只手按住右腿呻吟着："我中弹了。"菲茨帕特里克很快检查了一下，替他注射了吗啡。这时飞机似乎颠簸得很厉害，正当他弯身朝机窗外面看时，驾驶舱舱门开了，空投长走了出来，神色紧张地说"准备紧急跳伞"。菲茨帕特里克往伞兵那边一看，都已经挂钩准备完毕。菲茨帕特里克见到右发动机黑烟喷飞。他领先跳伞，伞一张开的同时，运输机就急急俯冲下去。还没有落地，只见这架 C-47 冲进了他右面的田野，机头翻了过去，他心里有底，机员和麦克法登都没有逃出来。

另外一架 C-47 上，美军的机工长与英军的弗兰克·道格拉斯·金上尉（Frank D. King）开玩笑说："一会儿你们都在那下面，我可要飞回基地吃培根和荷包蛋了。"美国人坐在金对面，几分钟以后绿灯亮了，金上尉瞄了瞄机工长，他好像睡着了，人往后躺，下巴抵

---

① 这一个故事真实性令人存疑，可是荷兰人却很爱听。据奥斯特贝克的特尔霍斯特太太（Ter Horst）表示，英军伞兵连同他们的装备，其中包括一门战防炮，在德里尔渡口上渡船时，船夫彼得很为难，他不晓得该不该收钱。到了北岸时，彼得这才决定让他们免费搭船。

着胸脯，手放在膝盖上。金觉得不太对劲，摇摇对方的肩膀。机工长一推就往旁边倒下去，他已经死了。金看见他后面的机身上有一个洞，好像是50机枪打穿的。金站到门边准备跳伞时又看到火舌从右翼冒了出来。"飞机起火了，"他大声对乔治·加特兰士官长（George Gatland）叫道，"去看看机长。"加特兰走到机舱前面，驾驶舱门一开，火焰喷了出来，掠过了整个机舱。加特兰把舱门砰然关上，金上尉下令伞兵跳伞，他知道这时已经没有飞行员了。

伞兵们走向机门时，加特兰估计飞机当时离地只有60.9到91.4米高。他落地时大力震动了一下，然后开始清点人数，四人失踪，一个在机门边被炮火打死，连离开的机会都没有。还有一个跳了伞，可是伞具着火。第三个，加特兰和金上尉都知道，他落在不远的距离外。然后第四个也到达了，身上还带着伞包，人刚从飞机上下来，他告诉大家，机员居然使飞机触地，伞兵却奇迹似的从上面走了下来。这时，他们离奥斯特贝克15公里，距英军阵线更远，金上尉这一批人启程找路回去。正当他们动身时，0.25公里外正烧着的C-47爆炸开来。

有些地方的伞兵安全跳了伞，却发觉自己正落在一波波的燃烧弹火力下。很多人吊在伞索上拼命要躲过曳光弹，却落在空投区边缘的浓密树林里。部分人正在挣扎着脱伞时，被狙击兵打死。还有一些落在远离空投区的地方。有个空降场，一个营的伞兵部分兵力落在德军后面，后来他们向集合点前进时，带来了80名俘虏。

面对射击，伞兵根本不管降落伞了，只想快点寻找掩蔽。重伤的伞兵一小堆一小堆躺得到处都是。雷金纳德·布赖恩特二等兵（Reginald Bryant）正遇上一枚迫击炮弹的爆炸，这一次激烈爆炸使得他暂时瘫痪了。他晓得四周发生的事情，可是身体却一点都不能动。

空投期间拍摄的斜向航拍照片,显示英国第1空降师第1伞兵旅的伞兵降落在空降区,大部分降落伞被丢弃,其余的在伞兵降落时打开。经确认位于沃尔夫海泽村以西的地区,即所谓的"X"空投区。

英军伞兵防区内的一次补给品空投。

第四部 围攻 309

同机人员以为布赖恩特死了,捡起他的步枪和子弹,急忙冲到集合点,他却一点办法都没有。

很多伞兵没有料到竟有机枪火力和狙击兵持续不断地扫射空投区,多半都冲刺进了树林找掩蔽。不到几分钟,空投区除了死伤以外空无一人。体能教官金杰·格林中士(Ginger Green)乐观得很,带了一颗足球同行,准备在期待会很轻松的行动结束后,可以在场上踢球赛。他跳伞时落地太重、断了两根肋骨,至于躺了多久,他可搞不清楚。等到恢复意识,周遭除了死伤以外就只剩他一人了。他痛苦地坐了起来,几乎马上就有狙击兵对他开枪。格林起立,开始拼命奔跑朝树林冲过去,子弹在他四周飞窜,肋骨的痛楚一再地压迫他得卧倒。格林以为自己一定是中弹了。在浓烟翻滚的荒野,他与狙击兵们的奇怪对决好像过了好几个小时似的。他回忆说:"我一次只能跑上个五六米,心里想,这回碰到的不是个虐待狂的王八蛋,就是个他妈的差劲射手。"他紧抱着受伤的肋骨,最后猛力一冲进入树林,马上往矮树丛一扑,一个翻滚到一棵树边,刚好最后一发子弹打中他头上的树干。在生命最为绝望的状况下,他跑了至关重要的几米距离。人已经筋疲力尽,肋骨好痛,格林慢慢地从迷彩服里把放了气的足球拿出来,忍痛把它摔掉了。

很多人都没有忘记跳伞落地后那最初的恐怖时刻。在金克尔草地上人人都在逃命,大家要躲开子弹和起火的矮树丛。至少有十几个伞兵记得一个年轻的20岁中尉,身受重伤躺在金雀花丛。他在降落时,被燃烧弹打中了腿部和胸部。帕特·格洛弗中尉离开空降场时,见到了这名军官。他回忆说:"他痛得要死,根本不能动弹,我给他打了吗啡,答应他会尽快找医护兵来。"从瘫痪中恢复的布赖恩特二等兵,在空降场往集合点去时,也见到了这位军官。"我碰到他时,烟还从他胸脯的伤口向外冒,他的痛苦真是恐怖,我们有几个人同时到他身边,他求我们补上一枪。"有一个人,布赖恩特忘记是谁了,缓缓弯身下去,把自己的手枪上膛交给中尉。这些人急急走开时,草地的野火已经慢慢烧向受伤中尉的所在位置。后来,医护兵见到了尸体,认为中尉自我了断了[①]。

* * * *

第4伞兵旅旅长哈克特准将,以他独到的精确度,跳伞落在他选定旅部所在位置的274米内。尽管有敌军在射击,准将头一件最在意的事情,还是要找到跳伞时掉下去的手杖。正当他在寻找时碰上德军。"我比他们还害怕,"他回忆说,"不过他们正急着要投降。"德语说得流利的哈克特,便凶狠地告诉他们等着。然后,找到了手杖以后,瘦削、唇髭齐整的准将,泰然自若地押着俘虏们齐步走。

哈克特在心情最好的时候也是一副不耐烦的样子,动辄发火或喜形于色。他不喜欢此刻眼前的情况。他以为空降场已经被控制且井然有序了。在其他军官簇拥下,他准备要全旅出发。就在这节骨眼儿上,厄克特的参谋长麦肯齐中校坐车来到,贯彻一项痛苦的任务。麦肯齐把哈克特拉到一旁——据他自己说——"告诉他有关指挥权这个相当敏感的问题所做出的决定和结论"。厄克特和拉思伯里不在,负责指挥的是希克斯准将。麦肯齐继续解释,这是厄克特在英国时就做出的决定,一旦他和拉思伯里失踪或战死,就由希克斯代理师长。

[①] 尽管有很多人证实了这故事,我还是选择保留该军官的名字。他开枪自尽的说法有待证实。他为人勇敢又极有人缘。的确,他很可能举枪自裁,但也可能是狙击兵所为。

麦肯齐回忆当时，哈克特一点也不高兴，他告诉参谋长："喂喂！查理，我比希克斯资深，因此，该我指挥。"麦肯齐很坚决"旅长，我非常了解，不过师长已经把继任人选的顺序告诉了我，我们必须照办。再说，希克斯准将在这里已经24小时了，现在对战况要熟悉得多。"麦肯齐说，如果哈克特"对此不满，想做点什么的话"，只会把事情弄得更糟。

不过，麦肯齐也明白，这件事不会就此结束，厄克特与哈克特两人之间，一直存在着某种微妙的裂痕。尽管脾气火爆的旅长在本职学能上更适合担任代理师长。但厄克特认为，他缺乏希克斯有的步科经历。再加上哈克特是骑兵出身，而大家都知道，厄克特对骑兵出身的旅长的评价是稍低了点，长期以来厄克特都与步兵打交道。有一次他公开提到哈克特时，打着哈哈说："那个神经病的骑兵。"哈克特并不觉得这句话很好玩。

麦肯齐告诉哈克特，他的11营要抽调出去，立即向阿纳姆与阿纳姆大桥前进。哈克特觉得，这简直是踩到了底线。他之所以对这个旅感到骄傲，在某种程度上就是因为它的素质，是一支训练有素的整体单位，并以独立地位作战。对于要把部队分散、分离，他很吃惊。"我并不喜欢在没有与我商量以前，就要把一个营交出去，"他气愤地告诉麦肯齐。然后，他想了想再补一句："当然，如果要调走任何一个营的话，那就是第11营，它在空降场的东南角跳伞，最为接近阿纳姆和大桥。"但是他要求拿一个营来交换，麦肯齐回答，认为希克斯会拨一营人给他。当时，事情算是暂时解决了。卓越、火暴、猛进的哈克特，向无法避免的事实低了头。暂时，希克斯可以指挥作战，可是哈克特却决意指挥自己的旅。

对英军来说，这是一个令人沮丧、血淋淋的下午。面对问题重重的第二次空投，厄克特师长和拉思伯里旅长的命运依然杳无音讯，弗罗斯特那支濒临崩溃的小小兵力，据守着阿纳姆大桥北端；再加上两位旅长个性上的冲突越闹越大的同时，又有另一个意料外的灾难发生了。

希克斯的机降旅兵力因持久作战、体力耗竭而在减少。同旅官兵绝望地看着35架斯特林式重型轰炸机，把载来的补给品四周空投，就是没有丢在空降场里。供阿纳姆伞兵使用的87吨弹药、补给、军需当中，到手的只有12吨，其余的都在西南方散开好大一个范围，落进了德军阵地。

＊＊＊＊

距离不到8公里的德克森家，厄克特依然被德集团军团包围。窗外那辆自行火炮和炮手靠得好近，厄克特和其他两人都不敢冒险说话或移动。除了一点巧克力和硬糖果以外，3人没有吃什么东西。没有水，更没有卫生设施。厄克特感到绝望，既不能睡又不能休息。为作战进程以及第二批空投的事挂心，却不晓得后者已经推迟了。不晓得霍罗克斯的坦克前进到哪里了，弗罗斯特是否还守得住大桥。他事后回忆，"当时如果知道了战况，我就会不管手下军官的担忧，管他有德军也好，没有德军也好，突围出去"。寂静又孤立，厄克特发觉自己盯着克莱明森上尉的八字胡在看。"我原先没有注意到那浓密的毛茸茸翘八字胡，"他写道，"但现在没有什么别的可看。"那道八字胡让他恼火，因为它看起来"愚蠢透顶"。

尽管满腹心事，厄克特没有想到自己在临出发前对指挥人选顺序的决定，会如此快速在希克斯和哈克特之间造成复杂的对立。9月18

第四部　围攻　313

日，星期一下午4点，厄克特人不在指挥位置上已经差不多整整一天了。

* * * *

党卫军第2装甲军军长比特里希，对盟军第二次空投的庞大规模极为震惊。莫德尔元帅要他速速攻下阿纳姆，麾下哈策尔和哈梅尔两位师长，又紧迫着要增援部队，他觉得这些问题越来越急迫。他黯然地看着阿纳姆西边的天空，上千顶五颜六色的降落伞盛开，然后流水般永无止息的滑翔机又不断地飞来，不禁为此感到绝望。从德国空军通信网里，他知道另外两处大规模的空降正在进行。试着推测盟军的兵力，比特里希把目前在荷兰的英美军数字太过高估了。他认为可能是另外一个空降师在降落，足以使双方均势倾斜，对攻方有利。

对比特里希来说，盟军兵力的增援与德军援兵的赶到，已经成了一场致命的赛跑。到目前为止，只有些许的兵员物资到他那里。相形之下，盟军似乎拥有永无耗竭的资源。他害怕的是若第三天再有一次空降，在荷兰狭窄的范围，再加上艰困的地形、桥梁以及德国未设防的国境近在咫尺，一支那么大的部队可能就意味着是一场大浩劫。

比特里希的部队与南面斯图登特将军的伞兵第1集团军之间，几乎没有什么协调可言。尽管斯图登特的兵力，正不断受到灿根第15集团军残部的增援，可是被打得七零八落的灿根部队极度缺乏车辆、火炮与弹药。部队要重新装备起来或许需要好几天，甚至好几个星期。同时，阻挡住蒙哥马利攻势的整体责任，都落在比特里希身上。他最迫切的问题，便是奈梅亨的渡河点，以及阿纳姆大桥北端那些英军超出想象的防御性。

只要盟军伞兵在那里挺住了，比特里希就没办法经由陆路调动部队南下到奈梅亨。哈梅尔的弗伦茨贝格师要想渡过莱茵河，就得完全靠潘讷登村渡口——缓慢又烦琐的渡河办法。讽刺的是，正当阿纳姆的英军开始犹豫和怀疑自己能否坚持下去的时候，比特里希却深深地忧虑着这场战役的结果，他看到帝国正危险地处于被入侵的边缘。接下来的24小时可能就会发生这样的状况。

比特里希的上司有着难度更大的问题。沿着B集团军群的广大前线，莫德尔正在调动兵力，想阻挡美军第1集团军与第3集团军的凶狠攻势。虽然大名鼎鼎的伦德施泰特元帅复职，士气军心为之一振，但因为增援部队的问题，已经把德国人力资源榨到底了。要找到汽油调动部队，也是越来越困难。从希特勒的统帅部那里，更得不到多少助力。相较于盟军在西线的长驱直入，柏林方面更在意苏军来自东线的威胁。

虽然还有其他的担忧，莫德尔似乎对能克服荷兰的威胁很有信心。他仍然认为当地的沼泽、堤坝和水道的障碍，可以为他提供助力，使他有时间挡住、击败蒙哥马利的攻击。比特里希没有这般乐观，他吁请莫德尔在战况恶化以前，采取几项重要的步骤。比特里希认为，炸毁奈梅亨与阿纳姆的桥梁必须立刻实施。可是比特里希每一次就此提议，都会令莫德尔感到不快。"莫德尔每天来看我、事事插手，一直要求做些不可能的事，"比特里希回忆，"他当场下达有关当前战况一长串的命令，可是却不在任何会议中久留，听取或者批准回程的计划。"比特里希担心，一旦盟军突破防线，德国就会随之发生令人惊骇的不测。而莫德尔并没有领会到这一点。相反，他纠缠于细节。他尤其在意的就是还没有从英军手里把阿纳姆大桥夺回来。受到这种含蓄的批评刺激之后，比特里希告诉元帅："在千军人的这一辈子,我从没有见过在战场上如此艰苦的士兵。"莫德尔无动于衷,只冷冷说了句:"我要那座桥。"

18日下午,比特里希把自己对全面战况的想法,再度向不耐烦的莫德尔说明。他坚持奈梅亨大桥是整个作战的关键所在,把它炸掉,盟军攻击的前锋,就会与主力部队切断。"报告元帅,我们应该在还来得及之前把瓦尔河大桥炸掉。"莫德尔却坚持不肯,"不行!"他说道,"就是不行!"莫德尔坚持不但要守住那座桥,他还要求斯图登特的集团军和弗伦茨贝格师,把英美军阻挡在大桥之前。比特里希说得很明白,他不太敢保证能制止盟军。眼前,那里几乎没有德军的装甲兵,他还告诉莫德尔,如果蒙哥马利压倒性优势的坦克兵力突破那里,那将会很危险。之后,比特里希又表达了自己的担忧害怕,表示可能还会有更进一步的空降行动。他说:"假若盟军在南面的长驱直入成功,又倘使他们在阿纳姆再空降一个师,我们就完了,到鲁尔、到德国的路就会全面敞开。"莫德尔不为所动,"本人的命令不变,"他说,"奈梅亨大桥不得炸毁。阿纳姆大桥要在24小时内攻下。"

其他人也知道要执行莫德尔的命令有多困难。霍亨施陶芬师师长哈策尔中校,兵员已经缺乏。他所有的部队都已经全员参战,却没有额外的补充兵员拨到。而盟军第二波空降的规模引发了更深一层的疑虑,他不知道手下官兵有无能力阻挡敌军。哈策尔也跟比特里希一样,认为"盟军空降的不只是一支先锋部队,我确信更多的部队随后就到,然后便会向帝国大举进兵"。哈策尔的装甲兵力有限,不晓得能不能挡得住敌军。可是,他成功地使一处——师部所在地——牢牢被控制住。他冷酷地忽略战俘的权利,下令把几百名英军伞兵俘虏由卫兵看守,关押在刺铁丝网围绕的集中地。"我敢保证,"他回忆说,"皇家空军不会炸自己人。"

哈策尔，自我标榜的"亲英派"人士（"我对英国人真的很没辙"），以前曾以交换学生的身份在英国念书。他喜欢在俘虏之间闲晃，想借由接触谈话练习他的英语，还希望套出点情报。但英军的士气使他深受打击。

"他们傲慢、自信，只有老兵才会是这样。"他回忆道。英军俘虏的素质令哈策尔相信，德军这一仗距打赢还远得很。为了要使厄克特的部队失去平衡，以及防止任何形式的协力攻击，他命令霍亨施陶芬师在18日晚上"整夜不惜一切代价，毫不间断地攻击"。

弗伦茨贝格师哈梅尔师长"忙得没法担心下一步会发生的事情，在下莱茵河，我眼前有打不完的仗"。哈梅尔受领的任务是攻占阿纳姆大桥，防守瓦尔河大桥以及两桥之间的地带。他的问题远比哈策尔来得急。他的部队在渡口渡河，行进的速度就像蜗牛爬行。部队、装备和坦克，都装在临时的橡皮筏和木排上。到渡口水际的道路都成了泥泞路。坦克和车辆曾经滑出了渡筏，有些甚至还被冲走。更糟的是，由于盟军飞机经常不断来回扫射，几乎所有渡口和航渡作业只能在天黑以后进行。哈梅尔的工兵在24小时内，只成功地让两个营的人连同他们的车辆、武器渡河，进到阿纳姆—奈梅亨地区。为了加速作业，卡车穿梭载运部队，往返于渡口南岸的码头和奈梅亨之间，可是动作还是太慢。当然，哈梅尔的官兵这时已经在奈梅亨市中心和公路大桥的南岸，可是他们能不能挡得住英美军的坚定攻击，哈梅尔心中是怀疑的。虽然他奉令不准炸桥，但以防万一，工兵也在桥上安装了炸药。在北岸接近伦特路边的碉堡里，安设了起爆装置。他希望挡不住时，比特里希会准许他把公路桥与铁路桥炸毁。即使不准，哈梅尔早下定决心，英军坦克突破阵地开始过桥时，他将不理会上级的命令，一举把这两座桥给炸掉。

第四部 围攻 317

7

繁荣的奥斯特贝克,好像被注入了狂欢和不安的奇怪混合体。它就像是战场当中的一座岛屿,受到三方面激战的嘈杂声袭击。西面的各空降区,传来可以说是持续不断的枪炮声。西北面,机枪的持续不停和迫击炮始终不变的砰砰声,在一条条两旁种着鲜花的街道上听得清清楚楚。东面2.5公里外的阿纳姆,黑烟覆盖在地平线,在昏暗的背景下,重炮的不断轰击发出宛如定音鼓似的声音。

伞兵和滑翔机着陆之前的飞机轰炸和扫射,再加上渗透的狙击兵射击,瞄准错误的迫击炮弹爆炸,已经造成了平民死伤。店面和住宅都有了损坏,可是到目前为止,战火还没有真正来到奥斯特贝克。井然有序的度假酒店、风景如画的别墅和行道树夹道的街道,大部分还没有受到战火的波及。然而,随着时间的过去,战斗明显更为迫近了。到处都可以听到远方使人心惊胆战的爆炸声。它们把玻璃窗震碎,烧焦了的纸灰、布灰和木渣,像碎彩纸般随风飘扬,像雨水般落在街上,空气中充斥着刺鼻的硝烟味。

星期天,奥斯特贝克放眼望去都是军人。德军前脚仓皇撤走,英军几乎跟在后头也来到了这里。晚上没有人睡得着觉。吉普车的低沉轰鸣,布伦机枪装甲车哐啷的履带声,以及部队行进的沉重脚步声,更加剧了民众的紧张、激动感受,根本无法休息。

18日这一天大部分时间,街上川流不息。高兴,但也有几分不安的民众,在街道、家前插满了荷兰国旗,看到英国兵在街上匆忙经过，便殷勤地提供解救者酒水、食物和水果。几乎每个人都以为战争结束了。而今，这种气氛有了微妙的变化。居民看得出英军有些部队将留下坚守。汤普森中校的炮兵观测员，占领了下奥斯特贝克、莱茵河旁10世纪荷兰改革教会的钟塔，可是部队的活动显著缓了下来。入暮时分，大多数的主要干道平静得令人感到不安。荷兰人见到战防炮和布伦式机枪，已经在大路旁的重要据点设置阵地的。民众深感大事不妙。

福斯凯尔走遍奥斯特贝克，想看看究竟发生了什么事。他记得一名英国军官命令老百姓把国旗收进去，"这是战争，"他记得该名军官告诉一位民众，"而你们正在战争当中。"沿途福斯凯尔注意到老百姓的心情都改变了。他从面包师傅亚普·科宁（Jaap Koning）那里得知，很多荷兰人感到悲观。柯宁表示，有谣言说，"事情不好了"。畏惧取代了原本光复的陶醉心情。柯宁说道："各地的英国兵都给打退回来。"福斯凯尔极为担忧，柯宁一向消息灵通，虽然这是他头一次听到坏消息，却证实了他内心的恐惧。时光消逝，福斯凯尔觉得从镇上呼啸而过、飞向阿纳姆的炮弹弹幕越来越密。他对诺曼底当地的村落惨遭毁灭的记忆犹新，他无法消除心中排山倒海而来的无助感。

另一个消息来源是面包师傅迪尔克·范贝克（Dirk van Beek），也像柯宁和福斯凯尔般忧心忡忡。他在送面包路上听到的消息，给他对一开始盟军降落时的兴奋反应泼了盆冷水。"要是战争打到这里来——我们如何是好？"他问太太里克（Riek）。可是他早已晓得了答案。范贝克还是会留在奥斯特贝克烤面包。他告诉里克："人总得吃，再说，如果我们离开了，又能上哪去呢？"范贝克埋头干活，自我安慰，万事都会朝好处走。前几天，他收到了这个月配发的小麦和酵母。这时他决定留下，让店面保持营运，他记得有位老面包师傅有回告诉过

第四部 围攻　319

他,有种制面包的新方法,用的酵母比平常要少一半。他便决定把他的存量全部用上,继续烤面包,直到万事太平。

塔费尔贝格、斯洪奥德(Schoonoord)、弗雷维克(Vreewijk)这三家酒店,这一仗显然已经打得够惨了。这几家派头十足、舒适的度假酒店,已经成了伤员的急救站。在斯洪奥德酒店,英军医护兵和荷兰老百姓,开始大举清扫内部,以便容纳受伤官兵。地下抵抗组织成员艾克尔霍夫看到德军在仓促撤走时,把酒店弄得"像猪栏,食物遍地、餐桌掀翻、盘碟砸碎、桌布和设施丢得到处都是。每一间房都狼藉不堪"。他们从附近的房子里,把多余的床垫搬进来放在地上,在各个接待室摆上一排排的床,担架则沿着落地窗的游廊放着。荷兰人被告知,入夜以前,所有房间、酒窖都得准备妥当。艾克尔霍夫这才知道,阿纳姆的圣伊丽莎白医院病床已经爆满。然而与他一起工作的英军救护兵却依然乐观。"别担心,"其中一个告诉他,"蒙蒂马上就要到这里了。"

范马南医师正在塔费尔贝格酒店开设医院,17岁女儿安妮在这里帮助爸爸。她注意到其他志愿者有了很大的改变。

"我们害怕,"她在日记中写道,"可是说不上是为什么。我们有种奇怪的感觉,好像好几个星期的时间在昨天和今天两天之间过去了。"跟斯洪奥德酒店差不多,塔费尔贝格酒店也谣传蒙哥马利的部队已经上路。安妮一心盼望他们快点到达。她写道:"我们忍不住从楼上窗户向外观望。枪声越来越激烈,到处有火光和射击,可是援军依然没有到达。"

距离不远的地方,那家置身在公园般环境、有12间华丽客房的哈滕斯坦酒店,看上去既荒凉又空荡。桌子、椅子宛如超现实派凌乱地摆放在优美的绿色草坪上。这是前一天激烈交战的结果造成的。桌椅当中躺着几具扭曲的德国人尸体。

27岁的威廉·H.希宾（William Giebing）骑着自行车来到这曾一度优美的酒店时感到作呕。1942年，他从奥斯特贝克镇公所租到了这栋建筑。拥有主权后不到几个月，德军就来到这里，征收了酒店。打从那时起，希宾和太太特鲁斯（Truus）就被贬成下人。德军准许他们打扫哈滕斯坦和照料厨房，但是旅馆的管理完全在德国人手里。最后在9月6日那天，希宾奉令离开，但是他太太和两名侍女还是被允许可每天去打扫。

17日那天，"因为伞兵降落而高兴得发疯似的"，希宾跳上自行车，从韦斯特鲍温丘老丈人约翰·范卡尔克斯霍滕（Johan van Kalkschoten）所开的山顶餐厅——从那里可以俯瞰海弗亚多普—德里尔渡口——骑车到哈滕斯坦酒店。他到达时正好看见最后一批德军离开。他跑进去，头一遭觉得"这家酒店终于是我的了"。可是四处的荒凉还是令人感到不安。餐厅两张铺上了白色锦缎桌布、准备供20个人进餐的长餐桌上，有汤盘、银器、餐巾和酒杯。每一桌的中央，有一个大汤碗，里面装着细面汤。希宾摸了一下，还热乎乎的。餐车的银盘里，盛放着这一餐的主菜，油煎比目鱼。

希宾从这一间房晃荡到另一间房，看着那富丽浮金的锦缎墙壁、华美的灰泥天使和花环。蜜月套房里，天花板的蔚蓝天空上有斑斑点点的金星。他最后长出了一口气，德国人临走时并未掠夺该酒店。连一支汤匙都没有丢，几个冰箱里满满的都是食物。环视四周，听见游廊有声音，他急忙出去一看，只见8个空瓶子放在地上，几个兵在喝着他的雪莉酒。经过所有这些日子的占领后，希宾也说不出一个所以然的大冒其火。至少德国人还是把他心爱的酒店保持干净明亮了。他对着这些盟军的伞兵呵斥道，"这就是你们干的头一件好事，打破我

荷兰地下抵抗组织迅速逮捕了和德国人勾结的荷兰妇女,并给她们剃了光头。

奥斯特贝克的哈尔滕施泰因旅馆,是此次战役中厄克特将军的师部所在地。

322 遥远的桥

的酒窖,偷我的雪莉酒"。英国兵感觉失礼,频频道歉,希宾的气也消了,可是又一次收到通知,他不能留在这里。不过,英国兵要他放心,会尊重他的财产权。

现在,过了一天以后,希宾又回来了,满心希望英军也离开了他的酒店。他一到酒店门口,心就往下一沉,好多吉普车停在后面。网球场的铁网后面,他看到了德军俘虏。旅馆周围已经挖了堑壕和火炮阵地,参谋军官似乎到处都是。希宾垂头丧气,又回到了韦斯特鲍温丘。下午,他太太又去了哈滕斯坦,说明自己是谁。她回忆道:"他们待我非常客气,却不允许我们搬回去。英军也和德军一样,征用了酒店。"她以为有一点值得安慰的是,战争马上就会结束,然后希宾夫妇就会真正经营起自己认为是奥斯特贝克镇上最好的酒店了。跟她谈话的英国军官们并没有通知她,从9月18日下午5点开始,哈滕斯坦酒店已经是英军第1空降师的师部了。

奥斯特贝克镇弥漫着焦虑与欢乐混杂的奇怪气氛。与意识到战斗即将到来相比,另一件事情更令许多居民害怕。在大白天,阿纳姆监狱的犯人都被放了出来,许多是地下抵抗组织人员,但是其他是有危险性的刑事犯。他们穿着条纹的监狱服,流水般涌出阿纳姆,有50多个来到奥斯特贝克。扬·特尔·霍斯特(Jan ter Horst)回忆,"他们替原已疯狂的状况再添了最后一笔"。他以前是荷军炮兵上尉、律师,也是奥斯特贝克地下抵抗组织的领导干部。"我们围捕了这些罪犯,暂时把他们关在音乐厅里。可问题是,该对他们怎么办?当时,他们似乎对人无害,可是当中很多重犯已经被关了不少年。我们很害怕一旦他们终于意识到自由之后,会有最坏的情况——尤其是针对女性同胞而言。"

霍斯特跟这些罪犯谈话,发觉他们只要求离开马上就会成为战区的奥斯特贝克。唯一渡过莱茵河的途径，便是海弗亚多普—德里尔村渡口。船主彼得一口拒绝配合。他不想有50个犯人在南岸被放掉。此外，渡船现在泊在北岸，彼得要它留在那里。经过好几个小时不耐烦的谈判以后，霍斯特终于让彼得把犯人运过河去。他回忆道："看见他们走了，我们都很高兴，女人们怕这些罪犯比怕德军更甚。"霍斯特很细心，坚持渡船要回到北岸来，在那里英军可以使用。

　　作为前陆军军官，霍斯特大惑不解，不晓得英军为什么不立刻占领海弗亚多普—德里尔渡口。伞兵们进入奥斯特贝克时，他向他们探询有关渡口的事。使他大感意外的是，英军竟然没有人晓得渡口这件事。他干过炮兵，对英军没有占领附近的韦斯特鲍温丘，也是感到意外。那里是唯一俯瞰莱茵河的高地，谁的炮兵占领了这些高地，就控制了渡口。而且，英军选择哈滕斯坦酒店作师部，也是令他纳闷。他认为，韦斯特鲍温丘高地的餐厅和其他建筑，才是有利的地点。他敦促几位英军参谋"占领渡口和韦斯特鲍温丘吧"！他们很客气，可是都不感兴趣，有位参谋告诉霍斯特："我们不打算待在这里。大桥在我们手里，霍罗克斯的坦克会到，我们并不需要渡口。"霍斯特希望这个人没错，倘若德军占领了不到2公里外的韦斯特鲍温丘，他们的火炮不但可以控制渡口，而且可以把哈滕斯坦酒店的英军师部完全摧毁。英军这时已经晓得渡口的存在，他也向他们提示过韦斯特鲍温丘，霍斯特现在已经没有什么可以做的了。事实上，这位前荷兰军官指出了整个作战中最严重的失误之一——英军没有意识到渡口以及韦斯特鲍温丘高地的战略重要性。如果厄克特留在师部指挥作战，情况或许会及时修正[1]。

* * * *

厄克特未能视事,便由希克斯来指挥第 1 空降师。他几乎无时无刻都要面对让他困惑的问题,即如何让处于困境的空降部队不断进行复杂而又迅速的行动。师部与各营之间失联,有关实时战况的准确情报就很稀少,因此,对当面与潜在的敌军兵力,希克斯也无从掌握。送到他手上的零星消息,都是由一些筋疲力尽、满身污秽的传令兵,冒着生命危险替他送达的。经常送到师部时,已经是无用、过时的情报了。又或者荷兰地下抵抗组织提供的消息,不是被忽视,就是保持怀疑的态度看待之。这时,希克斯唯一靠得住的通信,就只有那么一条微弱的波道——经由汤普森与蒙福特的炮兵无线电,也是奥斯特贝克与阿纳姆大桥弗罗斯特守军之间唯一的通信。

第 2 营与终于到达大桥的勇敢的掉队者们虽然遭到了重创,却仍然在坚守。弗罗斯特的情况本来就很危急,如今正在迅速恶化。希克斯回忆道:"我们不断接到大桥方面的电文,要求援兵和弹药,敌方的压力以及德军装甲兵到处持续增加兵力,而与厄克特、拉思伯里、多比或者菲奇都联络不上。我们没办法向军部的布朗宁将军呼叫,向他说明战况的重点,同时我们也迫切需要救援。"从战俘审讯得知,希

---

[1] 荷兰著名的军事历史学家特奥多尔·A. 布尔里中校(Theodor A. Boeree),在好几篇专著中也有相同的论点,他写道:"如果厄克特在的话,他或许会放弃大桥的防御,把弗罗斯特营召回来。可能的话,把原先的 6 个营集中再加上刚降落的第 4 伞兵旅的 3 个营,在下莱茵河某处,建立坚固的桥头堡,以韦斯特鲍温丘高地,作为桥头堡的中心,他们便可以在那里等候英军第 2 集团军的到来。"

克斯这时知道了伞兵对抗的部队,竟是老练的党卫军装甲第9"霍亨施陶芬"师和第10"弗伦茨贝格"师。一直没人告诉他,这两个师的实力如何,或者能判断一下,调来进攻他的坦克有多少辆。更糟的是,希克斯不晓得原定的攻击前计划,能不能禁得起目前德军给的压力。如果敌军大量增援,整个任务或许就要泡汤了。

他晓得救兵已经上路。19日那天,索萨博夫斯基少将的波兰伞兵旅就要在第三批空投飞到。霍罗克斯的坦克也会到达。然而,他们已经迟到了。他们距离阿纳姆有多近?能不能及时解救和扭转战局?"尽管面临各种情况,"希克斯回忆说,"我相信弗罗斯特还是会坚守大桥北端,一直到蒙蒂的坦克到达为止。毕竟这座桥是我们的目标,我的一切决定、行动,都完全集中在占领与据守这个目标上。"分析所有因素后,希克斯觉得他务必遵照原定计划。此时的哈克特旅长也正这么做。

在原定计划中,哈克特的第4伞兵旅,要占领阿纳姆北边的高地,阻止德军增援部队接近大桥。可是在构思这个计划时,是以敌军兵力微不足道为出发点,至少也是可以应付的。事实上,敌人的反应太快、太集中和太有效,希克斯没办法判断真正的情况。比特里希军据守在阿纳姆北部,他的部队把弗罗斯特堵在大桥一端,同时成功地阻止了多比和菲奇的两个营去解救他们。事实上,这时这两个营的前锋已经被切断,他们离阿纳姆大桥不过1公里,就在圣伊丽莎白医院附近的建筑区被挡住了去路。南史丹福郡团所属的第2营已经首先驰援,同时从哈克特旅派出的第11营,情况也不乐观。"我们那时推进到了圣伊丽莎白医院前面,到了一段开阔的、毫无遮掩的沿河公路,这时突然弹如雨下。"南史丹福郡团2营的二等兵罗伯特·C.爱德华兹回忆道,"我们看上去一定像是极了标靶,德国佬只要把他们的火

阿纳姆的空降场，可见"韦科"式滑翔机后方有一架拖机坠毁落地、爆炸（上）。落地后大型的"霍萨"式滑翔机（下），机尾被迅速打开，卸下军需。

炮和迫击炮朝着这条沟——大约有 0.25 公里宽——对准了轰过来,这不可能打不中的。"爱德华兹看见副连长爱德华·韦斯上尉(Edward Weiss)不知疲倦地在纵队前后奔波,"完全不顾从身边飞过的弹雨,嗓门越来越嘶哑了,仍高喊着'走、走、走,D 连,走'"。

韦斯似乎无处不在。四周的士兵都给打倒了。假如有伞兵停下来或者踌躇,韦斯"立刻到旁边督促他们前进。看见他直挺挺地站着,你就无法趴着,你不能不以他为榜样,跟随他穿过那个炮火地狱"。爱德华兹丢了几枚烟幕手榴弹想掩护他们的前进,"然后脑袋一低,像兔子般飞奔"。他绊倒在"一堆堆的死人身上,踩过滑溜溜的血滩,一直跑到道路另一头有些房子的地方,才有部分的掩蔽"。正当他跑过时,发现韦斯上尉中弹了。

"连长约翰·埃瑟林顿·菲利普少校(Phillips)受了重伤,似乎没有人晓得我们在做什么,也不知道下一步该怎么办。"D 连数一数,人数"只剩两成,显然我们没有办法继续抵抗人数众多的德军。我们满怀希望地等待黎明的到来"。那情况就仿佛是在第 1 空降师与在大桥上,人数少得可怜的弗罗斯特之间,筑起一道坚固的围墙。

哈克特把第 11 营拨出去,交换回来的是皇家直属苏格兰边境团第 7 营(7th Battalion of the King's Own Scottish Borderers, KOSB)。他们自从 17 日跳伞以后,便在空降场担任警戒,这时随同哈克特的第 10 营与 156 伞兵营,途经奥斯特贝克西北边的沃尔夫海泽村出发。在那附近,皇家直属苏格兰边境第 7 营要警戒约翰娜胡弗(Johannahoeve)农场,那是第三批空投、滑翔机运来波兰伞兵旅车辆与火炮的空降场。

经过一开始的战斗以后,哈克特旅平安地出发。入夜以前,KOSB 第 7 营已经在约翰娜胡弗农场四周占领阵地。突然间,各营都遭遇了德军坚强的机枪阵地猛烈抵抗。天色渐暗，上面下达了据守原阵地的命令，然后在拂晓时肃清敌人。一定要紧紧守住这片生死攸关的区域，索萨博夫斯基的伞兵，预定要在 19 日于阿纳姆大桥南岸跳伞，降落在一处海埔新生地——由于顾虑防空炮兵，厄克特与皇家空军都认为不适合做大规模初始跳伞的位置。波军伞兵预定抵达的时候，大桥应当已在英军手中。假如英军还没有到手，就指定波军加以攻占。在英国的布朗宁后方军部里，没有人意识到盟军在阿纳姆遭遇的挫折正在恶化，波军还是按照计划执行空降。假如弗罗斯特还能守得住，波军空降又能成功，即使到了这个关头，"市场—花园"行动仍然有一线成功的机会。

* * * *

四处都还有人挣扎着向大桥前进。眼下在许多人看来，弗罗斯特营走在南路的过程，似乎是好几天以前的事情了。米尔本二等兵和其他各营的一小批脱队士兵，偷偷地在铁路大桥——弗罗斯特官兵在往主目标前进时，曾想过把它夺下来——附近的废墟中经过。米尔本在左边的田野里，看见黑黝黝中有一堆堆白白耀眼的东西。"那是好几十具尸体，荷兰人在附近悄悄移过来，把我们死去的弟兄给盖上白床单。"前方，火势映红了天空，偶尔大炮的炮口火焰映出了大桥的轮廓。整个下午，这一小批人都被优势兵力的德军挡住。这回，又被牵制住不能动了。他们在河边艇库中躲避时，米尔本开始对究竟能否到达大桥感到绝望。这批人当中唯一的通信兵，开始在无线电机上操作。大伙围过来时，他突然收到了伦敦播送的英国广播公司节目。米尔本听着广播员清晰的声音，播报今天西线的战况，"位于荷兰的英

第四部 围攻 329

军,只遭遇了轻微的抵抗"。在阴郁的艇库里,其中一个家伙讥笑声响起,米尔本说:"一整个他妈的鬼扯淡!"

* * * *

这时,正当英军第1空降师的英勇官兵为自己的生存而战时,英王陛下的两名旅长,却对应该由谁指挥这个师,进行了一次激烈的争执。这次争论由怒火郁积的哈克特准将所引起,他在18日晚上,眼见状况不但令人忧虑,而且"混乱不堪"。敌军似乎处处都占了上风,英军的各营分散且各自为战,不知道彼此的下落。很多单位彼此无法通信,被牵制在住宅区里,完全靠运气彼此才能碰得上。哈克特认为,战斗显然缺乏全盘指挥或协调。夜深以后,脾气火暴的哈克特,心中仍然为麦肯齐语出惊人地宣布继任师长人选而愤慨。他开车到哈滕斯坦酒店,要跟希克斯把这件事情给摆平。希克斯回忆,"他大约在半夜来到,我那时正在作战室,打从一开头就很清楚,他的年纪资历比我高,对我接任师长很不高兴。他年轻,有很坚定的主张,相当爱好争论"。

起先,哈克特的不高兴集中在一件事上。那就是希克斯把他的第11营分割出去。他要求知道是下了怎样的命令,当地的指挥官又是谁。"他以为,"希克斯回忆,"战况太不稳定,而且明显不同意所做的决定。"年龄比较大的希克斯,耐着性子解释,因为目前德军的坚强抵抗,当前状况一直是出乎预料的。因此,每一个营级单位都是独立作战以到达大桥。尽管向各营指示过要走指定的某一条路线,也向各营警告过,由于局势不寻常,可能会有路线重复的状况发生。或许两三个单位会被迫进入同一地带。哈克特唐突地做出批评,"这分明是指挥体系的问题"。

希克斯同意这点，不过他告诉哈克特，当前目标"是竭尽我们所能，尽可能快速援助在大桥的弗罗斯特"。哈克特同意应该迅速增援弗罗斯特，但挖苦地暗示，如果"有更为协同一致的动作，再加上更多的冲劲和凝聚力"，这件事或许已经办成了。哈克特的论点，可说的很多：一次协同一致的攻势，或许真能成功突破德军包围圈而抵达弗罗斯特那里。可是，希克斯没有通信设备，又被德军不断地攻击而疲于奔命，一直都没有时间来组织全面的攻击。

两个人的话题又转到了哈克特旅在明天要担负的角色上。希克斯认为，哈克特不应该企图占领阿纳姆以北的高地。"我觉得他长驱直入阿纳姆，协助弗罗斯特固守大桥北端会更有帮助。"哈克特极力反对，他要的是一个确定的目标，而他显然已经知道了将会是怎样的目标。他宣称说："首先要拿下约翰娜胡弗农场以东的高地，然后看看我还能怎么为协助阿纳姆的作战做些什么。"哈克特的语调平静，陈述并不充分，避而不答对方的问题，但又相当辛辣。他坚持应该要给他一个时间表，使他能"把自己的行动和别人的相配合"。哈克特说，他需要一份"确实的计划"。否则的话，他就会被迫"提出质疑有关本师的指挥问题"。

在这场希克斯日后婉转地称之为"我们的讨论"中，师部的行政官普雷斯顿中校也在场。他记得希克斯"脸上绷得紧紧的"，转头对他说："哈克特旅长认为他应该担任指挥。"哈克特抗议这种说法。普雷斯顿意识到谈话越来越紧张，便立刻离开房间，派值日官查尔斯·戈登·格里夫（Gordon Grieve）去找参谋长麦肯齐中校过来。

麦肯齐在楼上房间里休息却睡不着。"格里夫进房来的时候，我在房里已经待了大约半小时，他告诉我马上下楼去一趟，希克斯和哈克特两位旅长'正在激烈争吵'。我早已着装好了,下楼时我快速想了一下。我晓得出的是什么纰漏,或许需要我采取决定性的行动,我并不打算进入作战室打哈哈,只觉得在这节骨眼上,厄克特的命令遭受了质疑,我在各方面都要支持希克斯。"

麦肯齐进入作战室,两位旅长间的谈话顿时打住。他回忆道:"两个人都镇静了下来,事情显而易见,最糟的情况已经过去。"希克斯几乎是漫不经意地看了麦肯齐一眼,"呵,查理,"麦肯齐记得他这么说,"哈克特跟我有一点点争执,不过现在没事了。"希克斯有把握"事情会安定下来趋于正常,我相当肯定,哈克特走时会遵守我的命令"。然而,哈克特表面上不管多么接受希克斯的新角色,他的大部分观点并没有改变。哈克特回忆道:"如果老希下的命令有道理,我原本是会接受的,可是他告诉我的事,却毫无道理可言。因此,我倾向于表达自己作为资深旅长的事实,以及对本旅将下达合理的作战命令。①"

在任何其他情况下,两位旅长的对峙,只不过是历史上微不足道的过程。两个勇敢、尽忠的男士,在极度紧张下,为了同样的目标,一时爆发了火气。在"市场—花园"行动的资产负债表上,当计划已经濒临危急存亡之秋时,如果要以协调一致的努力夺下阿纳姆大桥,是迫切需要每一名士兵、部队长间的合作,上下间的团结一致更是非常重要。尤其是,盟军第 1 空降集团军的命运又开始转向了。伦德施泰特元帅所许诺的增援大军,已经从西线各处源源不绝地涌到了"市

---

① 我认为这次争吵远比前述所写的更为激烈,但也可以了解到,希克斯和哈克特是好朋友,对这件事都不肯作细节的讨论。事情的发生,至少有 4 种不同的说法,没有一种是完全正确的。我是根据对哈克特、希克斯和麦肯齐 3 个人的访问而重现,同时也根据了厄克特所写的《阿纳姆》第 77 至 90 页,以及希伯特作品《阿纳姆之战》第 101 至 103 页的叙述。

场—花园"的作战地区。

****

为荷兰南方和北方的地下抵抗组织,第一次获得秘密电话联系管道的技术高超的技术员德博德,这一整天都留在房间里。他收到地下抵抗组织阿纳姆地区首领克鲁伊夫的指示,坐在一扇小窗户旁边,俯瞰着费尔珀街(Velperweg)——这条宽广的大街由阿纳姆东区直通北部的聚特芬。他没有离开过岗位,阿纳姆西区有许多电话打给他,使他惶惶不安。地下抵抗组织人员报告,沃尔夫海泽村和奥斯特贝克附近有了麻烦,群众激动地高谈反攻已经停止。到目前为止已经有好几个钟头了,他听到的全是情况恶化的消息。命令要求德博德持续监视,观察有没有任何迹象显示德军大规模从北到东的举动。到目前为止他一无所获,每隔一小时打给地下抵抗组织司令部的电话,总是这么一句简明的消息,不停地报了又报:"街上空荡荡。"

入夜后,距他下一次打电话报告还有20分钟,他听见"装甲车轮胎滚动的声音和履带的铿锵声"。疲惫的他走到窗前,看了看费尔珀街,路上看起来还是和之前一样空荡荡。然而在远处,在市区上空耀眼的红光照耀下,他看到了两辆巨大的坦克。它们在宽敞的大街上并行前进,正朝进入旧市区的大路驶去。德博德瞪大了眼睛注视,他又看见坦克以外,"有许多卡车,载着面容整洁的士兵,直挺挺坐在座位上,步枪在他们前面。然后又是更多的坦克、更多坐在卡车上的一排排士兵"。他立刻打电话给克鲁伊夫,说:"看着像是整个德国陆军,连同所有的坦克和其他武器,正开进了阿纳姆。"

9月14日,曾经把比特里希麾下党卫军第2装甲军出现的情报,

英国皇家空军的侦察照片显示,在行动第二天,英国伞兵在阿纳姆大桥北端的交火中对德国装甲部队造成了破坏。

向伦敦警告过的阿纳姆地下抵抗组织情报组长克纳普,这时在他的情报网中,收到了德军增援部队源源不绝的报告。克纳普顾不得那么多守则,直接打电话到哈滕斯坦酒店英军师部,找到值日官通话。他没有寒暄,直接告诉对方:"一个纵队的坦克,其中有一些虎式坦克,正开进阿纳姆,有一部分则开往奥斯特贝克。"对方客气地要克纳普不要挂断,几分钟以后他又来通话,谢谢克纳普并解释说:"对于这个报告,上尉不相信。毕竟他已经听到过多的谎言了。"可是英军师部的存疑很快就会消失,克鲁伊夫经过该师的情报联络官荷兰皇家海军沃特少校,证实至少"有50辆德军坦克,正从东北方向驶入阿纳姆"。

* * * *

战斗带来的恶臭正弥漫在内城里。大桥上,损毁的车辆残骸高高地突出在引道的混凝土路肩,散落分布在沿莱茵河的街巷上,带着油腻腻蒙雾的浓烟染污了房子和庭院。沿着河岸,有千百个火头恣意燃烧,人们都记得重炮弹沉闷爆炸时,路面地动山摇的过程。德军在这次激战第二天的最后时刻,猛轰北引道一带的英军据点,双方为争夺蒙哥马利计划中的这个头号目标一刻不停地激烈交火。

大约在半夜前后,弗罗斯特离开了位于引道西侧的营部,沿着防线巡视自己的官兵。虽然自从上午格雷布纳的装甲攻击后,仗一直打个不停,但士气依然很高。他以疲倦、邋遢的伞兵为荣。他们一整天下来,击退了一次又一次的攻击,没有让一名德军或者一辆车抵达得了大桥北端。

下午,德军改变了战术。他们使用会燃烧的白磷弹,想以火攻的方式把英军从据点中烧出来。一门长炮管的150毫米口径大炮,用

45.4千克重的炮弹,一弹直接轰击弗罗斯特营部,迫使他们都进入地窖,然后英军以迫击炮试射准确距离后,再一发直击弹把德军炮手打死。正当英军欢呼时,其他德军在火网下冲出来,把那门大炮给拖走了。防线周围的房屋都烧得很严重,可是英军还在里面死守,一直到最后一分钟才转移到其他阵地去。损毁非常惊人,每一条街上都散布着焚烧的卡车、汽车、击毁的半履带车和一堆堆冒烟的残骸。罗伯特·H. 琼斯中士(Robert H. Jones)还记得那个景象,就像是"一片马尾藻海,上面漂浮着起火垮塌的房子、半履带车、卡车和吉普车"。激战已经成了耐力赛,弗罗斯特知道在这种竞赛中,没有救援的话,他的官兵是赢不了的。

地窖和地下室里满是伤员。该营一位随军牧师伯纳德·马里·伊根神父(Bernard Egan)和医官詹姆斯·瓦特·洛根上尉(James Logan)——他们自从在北非作战以来就成为朋友——在迅速减少的医药补给品情况下,一起照料受伤的官兵。差不多已经没有多余的吗啡了,甚至绷带也快用完。伞兵们向大桥推进时,只带了仅够支持48小时的口粮,现在差不多快吃完了。德军又切断了饮水,他们被迫去搜刮吃的。全靠他们占领的房子地窖、地下室贮存的苹果和少数梨子生存。G. W. 朱克斯二等兵(G. W. Jukes)还记得中士告诉他们:"如果你们吃了足够的苹果,就不要喝水。"朱克斯产生了幻觉,觉得自己"被解救了,绑着血迹斑斑的绷带,无所畏惧地与别人背靠背地站着,四周是死去的德国人、空弹壳,还有苹果核"。

时间一分一秒过去,弗罗斯特等候多比或者菲奇的援兵突破德军包围圈抵达大桥,但他们始终没有出现。尽管从阿纳姆西边传来激战的声音,却没有大规模部队调动的迹象。一天过去,自从上午接收到那次信号强烈的电报后,弗罗斯特原以为会听到霍罗克斯第30军更多的消息，但却音信全无。想办法穿过敌军到达大桥的第 3 营零星伞兵，带来了消息，说霍罗克斯的坦克依然还在走廊的底端，有些人甚至听见荷兰地下抵抗组织人员的消息，坦克纵队还没有到达奈梅亨。弗罗斯特既担心又不确定，因此，他决定保留这些消息。他深以为傲的第 2 营，自成立以来就是由他担任营长，早就认为自己的弟兄独自坚守的时间，将远远久于他的期待。

在星期一的最后几个小时，弗罗斯特的希望全寄于第三批空投，预计波兰第 1 伞兵旅就要到来。他后来写道："他们要在大桥南边跳伞，我很害怕他们的遭遇……可是重要的是，他们会发现只有少数朋友去接应。"为了准备迎接波军到来，弗罗斯特编组了一个"机动突袭组"，利用高夫少校两辆装甲侦察吉普车和一辆布伦机枪装甲车，希望能冲过大桥，趁奇袭和攻击引起的混乱，打开一条通路把波军带过来。而率领这个小组的高夫少校，"彻头彻尾的悲观，对这个构想并不热衷"。他在 9 月 16 日刚度过 43 岁生日，如果执行了弗罗斯特的计划，高夫十足觉得过不了自己的 44 岁生日了[①]。

不到 19 日上午 10 点，波军是不会来到的。弗罗斯特这时巡视在堑壕、机枪阵地、地下室和地窖的官兵时，警示他们要善用宝贵的弹药。唯有在近距离内才开枪，要使每一发子弹都有价值。营长的命令传过来时，通信兵詹姆斯·N. 海瑟姆（James Haysom）正用步枪瞄准一名德军，他吼叫道："站定呀，你这王八蛋，子弹要钱的啊。"

[①] 战后高夫才知道，霍罗克斯将军也有同样的构想。他记得在英军主力前面派出的快速侦察部队，是如何与第 101 师会师的经过，以为派出类似的快速侦察队也许有机会抵达阿纳姆大桥。高夫说："文森特·阿什福思·布伦德尔·邓克利上校（Vincent Dunkerly）奉令准备指挥这支部队，他也像我一样，承认在那一整天，光想到这件事就会吓到尿裤子。"

第四部　围攻　337

弗罗斯特知道，减少火力，有助于敌人改善其阵地。他却也相信会使德军误会，以为英军死伤多了，胆子也没了。弗罗斯特很有把握，这一种态度会使德军付出惨重代价。

在大桥引道的对面，麦凯上尉那一小批工兵，印证了弗罗斯特的推论。

在引道下面弹痕累累、到处毁坏的校舍，麦凯已经把手下这支小部队紧紧挤进两间房里，派了少数几个人在外面的礼堂防止德军渗透。他刚布置好阵地，德军就发动了机枪与迫击炮攻击。阿瑟·S.亨迪一等兵（Arthur Hendy）记得射击猛烈得"子弹嗖嗖地穿过破碎的玻璃窗，切开了地板木头，我们东躲西藏。除了躲子弹外，还有好多飞溅的碎木头。"

士兵都卧倒掩蔽时，麦凯发现德军已经拿来一具火焰喷射器。没多久，靠近学校的一辆半履带车便烧了起来。麦凯回忆道："然后，德军便开始放火烧我们北面的房屋。火烧得好起劲，从我们的木质屋顶上，落下了如雨泻的火星，屋顶马上也烧了起来。"大混乱中，官兵们冲上屋顶用学校的灭火器和自己的迷彩服，花了整整3个小时拼命把火头扑灭。亨迪觉得那股臭气，"就像是烧干奶酪和烤肉的臭味。整个地区被照得通明透亮，阁楼温度好高，德军还一直朝我们开冷枪。火最终被扑灭了"。

筋疲力尽的伞兵，再度于两间房里集合时，麦凯命令他们把衣服和军便服绑在脚上。"石头地面上厚厚一层玻璃、泥灰、金属碎片，楼梯上有了血而滑不溜丢的，脚一踩下去就嘎吱嘎吱响得好大声。"麦凯正准备到地窖里去巡视伤员时，只记得"一阵炫目的闪光和吓人的爆炸。说时迟那时快，像有什么人赏我一个耳光"。在放火过程中，德军运来了一管铁拳发射器，想一举把这支小部队彻底消灭。昏沉之中,麦凯惊觉校舍整个东南角和依然在冒烟的一部分屋顶已经被炸掉了。更糟的是,各处教室就像是太平间般到处都是尸体和伤兵。麦凯回忆说:"几分钟以后,有什么人过来报告,说我们深陷重围中。我从窗户朝外看,下面是一大批德军,奇怪得很,他们什么都没有干,只站在四周的草地上。除了西边外,每一个方向都有德军。他们一定以为铁拳已经把我们结束掉,因为我们停止了射击。"

麦凯小心从地板上的尸体旁边走过,命令手下拿起手榴弹,说:"我一喊'放',你们就尽其所能开枪。"他回到了东南角窗户,下达了这个命令。"弟兄们朝底下的人丢手榴弹,我们紧跟着就是把手头有的一切家伙打出去:6挺布伦机枪,14支斯登冲锋枪,以最大的射速开枪。"在刺耳的喧嚣中,伞兵们毫不防护地站在窗户前,以机枪作立姿扫射,一面吼叫着战口呼:'哇嗨,穆罕默德!'"几分钟后,逆袭结束。据麦凯回忆:"我再往外看时,只见下面一层灰灰的身躯,我们一定干掉了30到50名德军。"

这时,他们才来收集死人与伤员,一名士兵奄奄待毙,胸脯上中了15发子弹,有5个重伤,几乎所有的伞兵都在熊熊火起的屋顶上救火时遭到灼伤。麦凯又被碎片打中,发觉碎片刺穿了军靴。不管是他,或者是临时的救护兵平基·怀特一等兵(Pinky White)也好,都无法移除那块碎片。麦凯就把军靴绑紧,使伤口的肿胀压小一点。50人中,麦凯这时只剩21名还健壮的士兵,战死4人,受伤25人。虽然他没有口粮,只有一点点饮水,却收集了充足的吗啡,足以减轻伤兵的疼痛。他回忆说:"差不多每一个人都很震惊、疲倦。但是我们有了暂时喘息的空间,我一直不认为事情是乐观的。但是我们收听到BBC广播员说,一切都在按照计划进行。我在无线电上跟营长联系,把我们的状况报回去,并说我们都很快乐、挺得住。"

****

亨迪一等兵正想睡上几分钟时,听到了远处教堂的钟声,起先他以为鸣钟是宣告霍罗克斯的坦克抵达,可是钟声没有规律、前后也不一致。亨迪认为这是枪弹或者炮弹碎片打中了大钟。他想起引道那边弗罗斯特营部四周的弟兄,不晓得他们是不是还安然据守。钟声又响了,他觉得自己全身发毛,没办法消除大限临头的奇怪感觉。弗罗斯特迫切需要的救兵,距离近得让人苦恼——还不到1公里。4个营在圣伊丽莎白医院和莱茵河的中间地带展开,费尽九牛二虎之力要到弗罗斯特那里去。菲奇中校的第3营,一直企图想沿着"狮线"——两天以前,弗罗斯特走过抵达阿纳姆大桥的莱茵河畔道路一推进。天黑以后,在没有通信的情况下,菲奇没料到另外3个营也在移动——多比中校的第1营、乔治·哈里斯·利中校(G. H. Lea)的第11营、威廉·德里克·赫辛·麦卡迪中校(W. D. H. McCardie)的南史丹福郡团2营,多比距离菲奇营才几百米。

9月19日,星期二凌晨4点,第11营和南史丹福郡团2营开始行军,经过圣伊丽莎白医院与阿纳姆博物馆间的密集建筑地区。在他们南面的"狮线",菲奇已遭遇摧毁性的抵抗。第1营这时想打开一条出路。起先,这3个营协调一致的进军,获得了些许进展空间。然后在破晓时掩蔽消失,整夜没有协调的德军抵抗,顿时猛烈集中了起来。前进的脚步停顿了下来,3个营发觉自己踏进了艰难的战线,三面被敌军包围,就像恭候他们进入事先计划好的口袋里。德军准备来一次大屠杀。

前锋部队遭受攻击并停止行动,德军的坦克和半履带车堵住了前面的街道。在北面的铁路调车场高地上的窗前,等候着的机枪手开枪射击。莱茵河对岸的砖瓦屋中，德军好多门四管防空机炮平射，轰进多比营。菲奇营想沿着下莱茵河公路前进，也被打得四分五裂。菲奇营在两天以前所历经的战斗已经备受重创，这时更被持续的防空炮火打得溃不成军，不再是一支有战力的部队。混乱中官兵散开，他们既不能前进，也不能后退。在开阔的道路上，根本无从掩蔽，而被敌军有条不紊地一一打倒。"事实明显得使人痛苦，"欧内斯特·沃尔特·塞科姆上尉（Ernest Seccombe）说："德国佬的弹药比我们多很多。我们试图从一个掩蔽物跑到另一个。我刚开始冲刺，就遭遇了一阵致命的交叉火力，我像一袋马铃薯倒下了，甚至连爬都爬不了。"两条腿都受了伤的塞科姆，眼睁睁看见两名德军向他走来。说得一口流利德语的英国上尉，要他们看一看他的两条腿。他们弯身下去检查他的伤势。然后一名德军站得笔挺，"报告上尉，我很抱歉，"他告诉塞科姆，"恐怕对你来说，战争已经结束了。"两名德军把他们的救护兵叫过来，把塞科姆送进了圣伊丽莎白医院①。

菲奇手下一名军官碰巧发现，多比的部队出现在南路，而第1营的官兵尽管自身蒙受了巨大伤亡，仍然要往菲奇营那点可怜的残存人马走去。多比这时拼了命还是要到阿纳姆大桥上去，可是兵力相差太大了。当多比冲入密集的炮火封锁线，越过菲齐营的官兵时，他自己也负了伤被俘（后来逃脱成功）。这天终了，该营大概只剩40人，博尔多克二等兵便是其中之一。"我们一直想到大桥上去，可那是场浩劫，我们不断挨迫击炮轰击。德军坦克一个旋转朝我们冲来，我想用

---

① 阿纳姆战役的大多数时间该医院都由英德两军医官和救护兵在使用，治疗各自的伤患。塞科姆作为德军的战俘，送到了距离德国边境大约8.1公里的荷兰小镇恩斯赫德（Enschede）。停留当地期间，他的两条腿都锯掉了。他在1945年4月获救。

第四部　围攻　341

布伦机枪去打坦克，但接着我们就后退了。我经过一处被破坏的大自来水管时，一具穿着蓝色连身工作服的老百姓尸体躺在小沟里，自来水缓缓地在他身体四周流动。等到我们离开阿纳姆郊时，我知道我们再也回不去了。"

菲奇营官兵原想跟随在多比营后面前进，但又再一次被打得七零八落。推进已经失去了所有的意义，作战报告中充分显示出该营在这个时间点的混乱状况。"前进时还很满意，一直到本营进抵已经拆卸的浮舟桥时，"第3营的报告中这么写着，"这时，第1营的伤员开始在本营中穿梭。重机枪、20机炮与密集的迫击炮忽然开火，死伤人数不断增加，每一分钟都有小批人员受伤往后窜跑。"

菲奇营有被全灭的危险，便下令全营退回到莱茵大楼（Rhine Pavilion）。那是位于河岸边一家大餐馆建筑，全营残部可以在那里重新编组和占领阵地。菲奇告诉弟兄："每一位官兵都要竭尽自己的能力，找路退回到那里去，看来整个地区都在敌人射击火力之下。唯一能安然退到那里的希望，便是个别行动。"二等兵爱德华兹还记得一位中士，"军靴里叽咕叽咕地都是他伤口流出来的血，告诉我们退回去，找路到我们原来的单位去"。菲奇中校并没有到达莱茵大楼，在回头的这条致命路上，他被迫击炮炸死了。

由于一系列奇怪的情况，有两个原本不应该到阿纳姆来的人，却真的给他找到路来了。第1空降师通信组副组长德拉蒙德少校，听说通信断绝而大为惊慌，带着他的传令兼驾驶员阿瑟·特纳下士（Arthur Turner），到前线找故障问题。他们两个人自从星期一一大早就上路了。起先，他们找到了多比营的位置，从那里打听到弗罗斯特到了大桥，多比正准备发动攻势打通一条路到那里去。德拉蒙德在沿河公路上前进时，赶上了第3营正向阿纳姆艰苦推进的单位，便同他们一起前进。猛烈的火力淹没了这一批人，随后，德拉蒙德发现自己正率领着一个连的残部战斗，他们的连长已经战死了。

在不断的轻武器火力包围下，德拉蒙德记得德军朝他们扔木柄手榴弹。他领着这批士兵，沿河边公路到了一处河湾边的几栋房子，眼前就是大桥了。"我决定要到那几栋房子去的这几百米过程，士兵们就像拍苍蝇般一个个倒下来，"他回忆道，"我们剩下大约20人，我了解该营的其他部队这时在后面很远的位置，不可能到达我们这里。"德拉蒙德便把士兵分成3组，决定等天黑时到河边去，然后尝试泅水渡河，然后再游回西边寻找师里的部队归建。在德军四面环绕下，他们在角落一栋小屋里等待。大门上响起了捶门声，德拉蒙德和跟他一起的3名士兵跑到屋子后头，躲在洗手间里上了锁。从房子外面的嘈杂声听得出来，德军显然正忙于把这房子当成据点。德拉蒙德陷在里面了，他和这几个人在这间没有多大的房间里多待了3天[1]。

同时，第11营和南史丹福郡团2营，经过几个小时的残酷巷战后，也到了进退不得的境地。逆袭的德军坦克，狠狠地痛击了两个营，把他们逼得缓慢地向后退却。

莫里斯·A. 福克纳二等兵（Maurice Faulkner）还记得，各营的残余单位抵达博物馆时都已经伤亡惨重，却又与德军坦克不期而遇。

---

[1] 德拉蒙德于9月22日星期五，离开靠近阿纳姆大桥不远的房子不久之后被俘。在费尔普村附近一栋作为战俘收容所的古老别墅，他发现了一个可以藏身的壁橱。他在这个仅可转身的空间一共待了13天，每天只啜些许饮水和少量面包。10月5日他逃了出来，与荷兰地下抵抗组织联络上以后，于10月22日晚上，被带到奈梅亨的第1空降师伤员收容站。跟他一起在阿纳姆的3名士兵，有一个是他的传令兵特纳下士，被德军俘获了，押到费尔普村的收容所。最后他是被送到德国的战俘营，1945年4月方得解救。德拉蒙德本人的经过，生动地记述在他的著作《返程车票》(*Return Ticket*)中。

第四部 围攻 343

"我看见一名士兵从窗前跳到坦克顶,想塞一枚手榴弹进去,"福克纳回忆,"却被狙击兵打死,不过我想他八成是被困住了,也许认为那是他唯一的出路。"威廉·A.奥布赖恩二等兵(William O'Brien)说,情况"突然间莫名混乱,没有人晓得该怎么做,德军已经把'喷烟者'火箭弹发射器运到。我们都被那种吼叫声给吓得灵魂出窍。我开始觉得,将军们无权把我们陷入这样的境地。我一直纳闷,该死的第2集团军究竟死到哪里去了。"

米尔本二等兵在奥斯特贝克教堂附近,听见有人叫机枪手出列,他往前跨了一步,便奉到指示带着机枪和一名士兵,到圣伊丽莎白医院附近的交叉路口去,掩护两个营脱离交战。米尔本把维克斯机枪放进吉普车,便同三名士兵出发。他把机枪阵地部署在十字路口一栋房子的花园里。他似乎马上就卷进了激战,迫击弹和火炮炮弹就像直接瞄准了他打过来。伞兵们撤到他四周围时,米尔本开始朝前方不断射击,子弹还打出了弧形弹道。他记得听见一声急剧的破空声响,像是劲风一般。然后便是一道闪光,几秒钟后,觉得自己的眼睛和双手都不对劲了,只记得有人说:"天哪,他中弹了。"

托马斯·普里查德二等兵(Thomas Pritchard)听见声响,跑到当下大家站在米尔本旁边的地方。"他躺在变得扭成一团的维克斯机枪上面,两只手都只有一层皮吊着,一只眼睛鼓出了眼窝外,我们大声叫救护兵。"就在不远的地方,米尔本的好朋友,第16野战救护营的特里·"塔菲"·布雷斯下士(Terry "Taffy" Brace),听到有人在叫。他离开了一个被碎片炸伤的士兵便向前跑,有人在叫他:"快点!机枪兵中弹了!"布雷斯记得,就在他跑的时候,还可以听见几乎持续不断的机枪声,几乎在每一处都有炮弹和迫击炮弹落下。他跑到一堆人前面,推开他们,悚然发现米尔本躺在地上。布雷斯马上急救,把米尔本两只手都包扎起来,在他颧骨下放了一块绷带垫住左眼。布雷斯记得在包扎时不停地说话。"波恩,这只是点皮肉伤,"他一直说个不停,"这只是点皮肉伤。"他把米尔本搀扶起来,抬他到附近的急救站,一位荷兰医师立刻开始工作,布雷斯这才回到战场上去[1]。

布雷斯经过时,似乎有数以百计的人躺在田野和公路旁。"我在每一个人面前都停了下来,"他回忆说,"我对他们大多数人唯一能做的事,就是脱下他们的衣服、遮盖住他们的脸孔。"布雷斯尽自己所能替一位受伤的中士包扎伤口,他准备再次出去时,中士把手伸出来,"我不中用了,"他告诉布雷斯,"请你握紧我的手。"布雷斯坐下来,把中士的手放在自己双手里,心中想到的是挚友米尔本和许多其他的人,他们这一天都不止息地从前线上退了回来。几分钟以后,布雷斯觉得有点抽动,低头看了看,中士撒手人寰了。

此时,英军陷入混乱。没有了反装甲武器,PIAT 火箭弹发射器的弹药打光了,死伤惨重。攻势作战已经成了屠宰场。两个营都未能突破圣伊丽莎白医院附近的住宅区,可是在街巷的迷宫中,有一项行动既正确又成功。这次攻击冲过了查特路 14 号的房子,这里也是厄克特将军被困的位置。

"我们听见外面自行火炮呵斥声和车身履带的铿锵声,"厄克特后来写道,"它开走了,德克森这时出现,兴奋地宣布英军就在街道的尽头。我们跑到街上,谢天谢地,我们不再失联了。"

厄克特从南史丹福郡团 2 营一位军官那里,知道他的师部这时设在奥斯特贝克一家名叫哈滕斯坦的酒店,便拦住一辆吉普车,在狙击

---

[1] 米尔本后来是在奥斯特贝克镇霍斯特家的地窖里被俘,他失去了左眼。在阿珀尔多伦时,德军医官还切除了他的两只手。战争剩余时间他都在德国的战俘营里度过。

第四部 围攻　345

兵不断的射击声中,以最快速度开出,终于到达了师部。

他到达时是清晨 7 点 25 分,在这场战役生死攸关的阶段,他失联而没有指挥作战的时间,几乎长达 39 小时之久。

哈滕斯坦酒店第一批见到厄克特的人当中,包括佩尔随军牧师。"坏消息不断,"他回忆,"报告说师长被俘,又没有第 2 集团军的踪影。"佩尔从酒店阶梯走下来时,"迎面走上来的居然是师长,我们好几个人都见到了他,却没有人吭声,我们都呆住了——完全大吃一惊"。厄克特说:"那时我脏兮兮的,两天没有刮胡子,给人看见一定会被认为是个怪物。"就在这时候,参谋长麦肯齐冲了出来,呆呆看着厄克特说:"报告师长,我们都以为你一去不复还了呢。"

麦肯齐马上向焦急的厄克特,简略提示他不在师部期间发生的事情,把当前战况——就师部所知道的——告诉他。战局恶劣得惊人,厄克特痛苦地见着他自豪的空降师,各处分散、被切割成了一段段。他想到了困住本师参与"市场行动"部队的所有挫败各空降场到大桥的距离,通信几乎完全断掉;气候耽误了哈克特第 4 伞兵旅,再加上损失了运来的宝贵补给品,以及霍罗克斯的坦克前进推迟。厄克特听说 30 军还没有抵达奈梅亨的报告,不禁大惊失色。哈克特与希克斯对继任师长的争执也使人烦恼,因为它起因于作战中需要准确方针的节骨眼上时,他和拉思伯里竟没有料到会不在场。厄克特尤其后悔的事,便是在最早计划时难以置信的过分乐观,以致对德军比特里希装甲军的出现,没有予以应有的重视。

所有这些因素环环相扣,使得第 1 空降师面临一场浩劫。仅仅因为优良的军纪和非凡的勇气,才使被打得七零八落的红魔鬼师还团结在一起。厄克特决心无论如何要鼓动起新希望,协调各级部队——甚至下到低阶的连级作战单位去。他知道要办到这一点,他一定要对疲困、受伤的官兵加以要求，比任何空降指挥官对手下官兵的要求都要大。他别无选择，德军援兵正不断地杀到。这位尽忠职守、说话轻声的苏格兰壮汉，了解到除非立刻行动，"否则本师便会彻底被消灭"。到了现在这个时候，要拯救他心爱的师免于全军覆没，只怕也已经太迟了。

只要在地图上瞄一眼，就可以看出第1空降师无可救药的情况。很简单，没有前线可言。这时，除了波兰伞兵旅以外，所有部队都已经抵达，西边的主空降场已经弃守，更不必提再补给空投区了，它们四周由希克斯部队据守的一线已减短、缩小。哈克特正要去占领沃尔夫海泽村东北方的高地和约翰娜胡弗农场。第11营和南史丹福郡团2营，正在圣伊丽莎白医院附近激战，在下莱茵河沿岸公路上前进的第1营与第3营，进展否无消息。然而，厄克特知道弗罗斯特还守着大桥，这使他引以为傲。在作战情势地图上，到处都是红色点标，显示是新近报来敌军的大量坦克和部队所在地；有些甚至就位在英军部队的"背面"。厄克特不晓得还有没有足够的时间让他重组部队，协调、减少各单位的推进，集中部队做最后一次的突进，直取阿纳姆大桥。但这时他并不清楚第1营与第3营所受的残酷损耗。厄克特以为可能还有一线机会。

"我想到的一件事情是，"他回忆，"谁在指挥市区的作战？谁在协调作战？拉思伯里受了伤，已经不在那里了，没有人被指名负责草拟计划。"他正为这个问题想办法时，希克斯旅长到了，他见到厄克特回到师部亲自坐镇，真是喜不自胜。厄克特说："我告诉他，我们一定要马上派人去亲自协调利和麦卡迪的攻击。我觉得他们那时离我只不过几百米远，要是我留在市区指挥，那就要好得多了。现在我派希克斯的副手巴洛上校过去。他是接管该任务的适合人选。我告诉他进入市区，把松散的两头兵力联结起来。我确切告诉他利和麦卡迪在什么位置。派给他一辆装有无线电的吉普车，命令他达成妥善协调的攻击行动。"

巴洛根本没有到达那两个营的位置。他在途中就阵亡了。厄克特回忆道："他就那样失踪了。"尸体没有被找到。

第三批空投的波兰伞兵的抵达，几乎有相同的紧急性。他们这下会直接落在大桥南岸敌人已经准备完毕的阵地当中，弗罗斯特知道得太清楚了。而现在，厄克特判断德军明显有了装甲兵增援，这次空降将会是一次大屠杀。他们企图阻止波军跳伞，尽管通信并不灵光——没有人肯定电文是不是发得出去——厄克特发出了一则警告的电文，要求开辟新空降场。在英国的后方军部，没有收到这则电文。但这已经没有关系了。另一次的挫败再次登场。大雾笼罩了英国很多机场，待命起飞的飞机和滑翔机，正是负责执行至关重要的第三次空投的机队。

* * * *

霍罗克斯麾下坦克所要长驱直入的走廊，现在又再度开放了。在阿纳姆南边 74.1 公里的松村，英军工兵目送第一批装甲部队在他们临时构筑的倍力桥上轰轰隆隆驶过。禁卫装甲师再度启程了，这时打先锋的是禁卫掷弹步兵营。9 月 19 日上午 6 点 45 分，"花园部队"这时已经较预定时间表落后了 36 小时。

到目前为止，在走廊这个地段的人谁也说不出最后算总账的时候，时间的丧失将意味着什么——更糟的还在后头。在北面 56.3 公里、横跨瓦尔河的奈梅亨大桥，依然还在德军手里。如果不马上完整夺下，空降部队长官们都深恐德军会把它炸毁。

这种恐惧使装甲兵紧急奔袭。对第 82 师师长加文、空降军军长布朗宁和第 30 军军长霍罗克斯来说，奈梅亨大桥这时成了计划中最为生死攸关的结点。这些将领对英军第 1 空降师困境此时还一无所知。德国广播电台的宣传大言不惭，说厄克特已经死亡[①]，他的师也被粉碎了，但该师本身根本没有传递出任何消息。坦克纵队的官兵们都相信"市场—花园"行动进行得很顺利，泰勒将军的啸鹰师官兵也这么认为。"对个别的第 101 师官兵来说，坦克的声音以及坦克主炮，既是一种安心，也是一种承诺。"历史学家塞缪尔·莱曼·阿特伍德·马歇尔（S. L. A. Marshall）将军后来写道："安心的是有一个计划，承诺的是这个计划可能奏效。"

坦克隆隆驶过，此时注视着的第 101 师伞兵，对本身的成就也引以为傲。他们面对比计划中还强大的德军，占领和据守了长达 15 公里从埃因霍温到费赫尔之间的道路。沿途，他们都对驶过的禁卫骑兵团的装甲车、禁卫掷弹兵营的坦克和第 30 军庞大的主力部队挥手欢呼。不到几分钟，纵队已经由松村开到了费赫尔。然后装甲兵的先锋部队，以蒙哥马利想象的奔袭速度，在两侧有夹道欢呼、挥旗的荷兰群众中加速前进。上午 8 点 30 分，抵达了第一道终点——赫拉弗。在这里，盟军坦克与加文的第 82 空降师会师了。"我知道我们已经到了他们跟前，"威廉·切内尔下士（William Chennell）回忆道，当时他在领头的其中一辆装甲车上，"美国兵并没有要心存侥幸，他们用警告射击的方式要我们停下来。"

---

① 据比特里希表示，德军从战俘口中知道，厄克特不是阵亡便是失踪了。比特里希也说："我们一直在监听无线电和窃听电话。"

第一批坦克行动快速，中午就到达了奈梅亨郊区。此时，"市场—花园"行动的重要走廊，已经通过了2/3。这条唯一的干道挤满了车辆，如果不是不屈不挠的伞兵警戒着，为了打通这条路而战斗、捐躯的话，这条干道随时都会被切断。假如蒙哥马利大胆的战略能成功，这条走廊便是支持它的唯一生命线。士兵们为胜利而激动万分。根据官方——连同艾帅总部发表的声明在内——的说法，所有事情都在按照计划进行，就连暗示也在说，悲惨的困境正在缓慢地吞噬着阿纳姆的英军伞兵的话语。

然而，布朗宁却心神不宁。18日下午，他与加文会面，军长根本没有接到任何有关阿纳姆的消息，除了些许来自荷兰地下抵抗组织的管道之外，布朗宁的通信组连一份战况报告都没有收到。尽管官方宣布此次作战行动的进展令人满意，但从后方军部、从邓普西第2集团军司令部转达的消息，都让他身心备受折磨，担忧不已。布朗宁没有办法去除心中的直觉，那就是厄克特或许正面对大麻烦。

有两个报告尤其让他忧心忡忡。阿纳姆地区德军的兵力与反应，证实要比计划人员所预料的大得多，也快得多。皇家空军侦察机拍摄的空照图显示，只有阿纳姆大桥的北端是由英军在据守。即使这个时候，布朗宁还是不知道厄克特的作战责任区内，竟然有两个德军装甲师。通信不灵光使他很不安，心中一怀疑便絮絮叨叨，他警告加文："奈梅亨大桥一定要在今天拿下来。最晚，明天。"打从他头一次知道"市场—花园"行动起，他担忧的就是阿纳姆大桥。蒙哥马利很有信心，料定霍罗克斯会在48小时内杀到那里。当时布朗宁的看法是，厄克特的伞兵能撑上4天。而这时，已经是D加两天了——比布朗宁估计该师孤军奋战而挺得住的能力，还差一天时间。不晓得英军第1

空降师的严重情况，布朗宁告诉加文："我们要尽快赶到阿纳姆去。"①

英军与美军第 82 空降师会师以后，布朗宁便立即召开会议，把禁卫装甲师领头的装甲车派到后头，去把第 30 军军长霍罗克斯、禁卫装甲师长阿代尔接来司令部。两位将领随同布朗宁，驱车到了奈梅亨东北可以俯瞰瓦尔河的高地。开车去接两位将领的切内尔下士，便站在这一小批人旁边一起观察大桥。他回忆道："我很惊讶。我们看见德军部队与车辆在大桥上来来往往。我们离那里不到几百米，他们显然毫不知情，一枪都没有放。"

回到布朗宁司令部，霍罗克斯和阿代尔这时才头一次晓得，德军在第 82 师的责任区凶猛地抵抗。阿代尔说："我们到达时，发觉还没有攻下奈梅亨大桥，这出乎我意料。我还以为我们到达时，它已经在伞兵手里，我们只要长驱而过就行。"两位将领现在才知道，加文据守空头堡的伞兵受到了强烈压迫，派往奈梅亨大桥的各伞兵连已经调回保卫各空降场，以免敌军大规模突击。508 伞兵团负责攻击据守大桥通道的强大党卫军部队，没有获得任何进展。布朗宁认为，迅速攻下奈梅亨桥的唯一方法，还是实施步战协同突击。他告诉阿代尔："我们要投入比空降部队更多的兵力，把这些德军打出去。"

---

① 很多英国人对阿纳姆战役的忆述，包括切斯特·威尔莫特（Chester Wilmot）优异的《欧洲争夺战》(*Struggle for Europe*)在内，都认为当时布朗宁对厄克特战况的了解，要比他实际知道的更多。本人对于传到军部零碎、不确定的资料加以详细研究之后，显示从阿纳姆作战区直接拍发给军部的第一封电报，时间是 19 日上午 8 点 25 分。当天另两份送达的电报，内容是有关阿纳姆大桥、英军位置以及要求空中支持的。虽然厄克特发出了有关真实情况的电文，然而后方并没有收到。从这 3 份电报，亦看不出第 1 空降师正被敌军有条不紊地歼灭。在某些方面，蒙哥马利与布朗宁备受不公平的指责，说他们没有采取更为紧迫、更为积极的作为。但在那个时候，他们对厄克特濒临绝境的困难，实际上是一无所知的。

在"市场—花园"行动计划中，奈梅亨大桥是最后一个具有决定性的节点。布朗宁以英军伞兵战力的时限即将届满为由，要求作战节奏必须加快。走廊中还有11公里有待猛力打通。布朗宁强调，奈梅亨桥必须以破纪录的时间加以攻占。

弗伦茨贝格师师长哈梅尔少将很烦躁，却不是因为只有那么一点点的挫折所造成的。尽管比特里希将军频施压力，他依然没办法迎头一棒把弗罗斯特的部队从阿纳姆大桥打退。哈梅尔回忆说："我当时开始觉得自己蠢得可以。"

当前他知道英军伞兵的补给和弹药耗尽了，假如以德军本身的伤亡作推测，英军的伤亡也相差不远。"我决心以坦克与大炮的火力施加压力，把他们据守的每一栋房子夷平，"哈梅尔说，"但考虑到他们作战这么顽强，我又觉得应该先劝降他们。"哈梅尔指示参谋安排临时停战，派一名英军战俘带了哈梅尔的最后通牒给弗罗斯特。选出的这名战俘，是刚刚被俘的工兵——麦凯上尉的手下，23岁的斯坦利·哈利韦尔中士（Stanley Halliwell）。

德军告诉哈利韦尔，要他举起白旗进入英军防线。然后向弗罗斯特报告，一名德军军官会前来商谈投降条件。

如果弗罗斯特同意，哈利韦尔就要再度回到桥上，不带武器与弗罗斯特站在那里，等候德军军官到达。哈利韦尔说："身为战俘，交出传达文件，得到营长答复以后，就应该马上回到德国鬼这里来，我一点都不喜欢这份差事。"德军把哈利韦尔带到防线近处，举着白旗的他，越过英军据守的区域，到了弗罗斯特的营部。他紧张地把情况向弗罗斯特说明。他说，德军认为这一仗继续打下去毫无意义。英军已经深陷重围，没有解围的希望，除了非死即降以外，别无其他的选择。弗罗斯特问及哈利韦尔,知道"敌人似乎因为本身的损伤而完全泄气了"。这个消息让弗罗斯特的精神暂时为之一振,他记得当时心里想,"只要有更多的弹药运到,我们就能打赢这些党卫军"。至于德军要求谈判,弗罗斯特对哈利韦尔的答复直接明了。他说:"告诉他们见鬼去。"

哈利韦尔完全同意弗罗斯特的话。身为战俘,他是应该要回去的。但他不希望重复弗罗斯特的原话,而且他向营长指出,穿过战线返回德军那边可能有些困难。弗罗斯特说:"这就只能靠你自己作决定了。"哈利韦尔早已有了决定,告诉弗罗斯特:"营长,如果你的态度始终是一致的话,我就留下来,德国鬼迟早会晓得你的答复。"

在大桥引道的另一边,麦凯上尉也收到同样的建议,但他选择误解对方的意思。"我向外面一望,只见一个德国鬼站着,一片不太白的手帕绑在步枪上,他嚷叫道:'投降!'我立刻断定是他们要投降,不过他们也许指的是我们吧。"他那支小小部队,据守在这处接近全毁的校舍里,麦凯还以为是德军前来请降呢,想到这个主意难以实行,他说:"我们一共只有两个房间,加上俘房可就会有一点挤了喔。"

麦凯对着这名德军挥手,叫道:"你去死吧,我们不收俘房。"救护兵怀特,也跟麦凯一起站在窗前。

"滚!"他叫道:"滚你的!"在一连串吼叫、奚落声中,其他伞兵也嚷上几句:"兔崽子滚!再来决一胜负,你这个杂种。"德国兵似乎开了窍。麦凯表示,对方一转身,就迅速走回自己那栋屋子,"手里仍然挥舞着那条脏手帕。"

哈梅尔对桥上这批深陷重围、斗志昂扬的人招降失败了,血战又将重新激烈展开。

8

在英国格兰瑟姆附近大雾弥漫的各个基地,波兰第1伞兵旅正等待着起飞。原来预定的"空降时"是上午10点,可是却因天气不佳而被迫延后了5个小时。该旅原定在下午3点抵达。索萨博夫斯基少将是波军中极为独立、精明的指挥官。候令期间,他让官兵都在飞机旁待命。52岁的索萨博夫斯基认为,英国天天都是大雾,如果天气比预报的更快变晴朗,命令或许会改变。索萨博夫斯基打算只要一声令下便可出发,他觉得现在每一小时都至关紧要,深信厄克特正深陷在麻烦之中。

除了直觉之外,索萨博夫斯基的这种感觉,并没有什么特殊的原因。打从一开始,"市场—花园"的作战观念,对他就没有什么吸引力。他认为各空降场离大桥太远,影响了奇袭的效果。尤其,当在英国几乎没有几个人知道阿纳姆的作战进行得如何时,索萨博夫斯基在旅部赫然发现,与第1空降师的通信是断绝的。只晓得阿纳姆大桥的北端还在英军手中。因为作战计划没有改变,索萨博夫斯基旅要在桥南的艾尔登村附近跳伞,以攻占大桥的南端。

可是旅长担心的还是缺乏情报,他没办法确保厄克特的人依然还在桥上。在布朗宁后方军部的联络官,是他获得消息的来源,对方似乎对真正发生的情况也不甚了解。他原本想到雅士谷的盟军空降第1集团军部去,直接与集团军司令布里尔顿将军谈谈。但按照指挥体系他不能如此。他的部队隶属布朗宁将军麾下,他很不愿意越级报告。

计划中的任何改变都只会由布朗宁下达,可是他却半点指示都没有收到。然而,索萨博夫斯基是觉得有什么事不对劲。假使英军只守住了大桥北端,敌人一定有兵力在南端,波军或许就得面对一场生死存亡的血战。该旅的车辆和火炮,将由46架滑翔机运载,从南面位于唐安普尼(Down Ampney)以及托兰特拉什顿的基地(Torrant Rushton)出发,起飞时间依然是中午。因为计划中的这一部分依然不变,索萨博夫斯基试着说服自己,一切都很顺利。

阿尔贝特·T. 斯马奇内中尉(Albert Smaczny)也是同感不安。他要率领本连越过阿纳姆大桥,占领市区东面的一些建筑。如果大桥没有到手,他不晓得怎么才能把同连官兵带过莱茵河去。斯马奇内原本认为大桥在英军手里,可是自从1939年他从德国人手中逃出来以后(德国秘密警察为了惩处,枪毙了他16岁的弟弟),他就学到了教训,"要料想意料不到的事情"。

时间分秒过去,波军依然在等待,在英国中部的迷雾依然未散。瓦尔迪斯瓦夫·科罗布下士(Wladijslaw Korob)"开始有点紧张了起来。我想要出发"。他回忆说:"我并不认为呆站在机场是杀德国人的最好办法。"斯特凡·卡奇马雷克中尉(Stefan Kaczmarek)看着机场集结的机群,觉得有一种"接近于痛苦的兴高采烈",他也是对无所事事地站着感到厌烦了。他告诉手下弟兄,这一仗是"仅次于光复华沙的第一次世界大战,假如我们成功了,就会直接从厨房里大步踏进德国。"

波军要大失所望了。中午时分,索萨博夫斯基接到了新命令,虽然在南部各基地的飞机已经恢复作业,中部各基地依然因气候而关闭停飞,这一天的跳伞取消。联络官乔治·理查德·斯蒂文斯中校(George Stevens)对连声抗议的索萨博夫斯基说:"旅长,这不行。我们不能让你们出发。"跳伞改延到翌日清晨——9月20日，星期三。联络官告诉他："我们试着在上午10点起飞。"当时已经没有时间把部队调到南部各基地去搭飞机了。使索萨博夫斯基感到愤怒的是，他的补给品滑翔机队已经起飞前往荷兰的途中。旅长焦躁得火气腾腾，每过去一个小时，就意味着敌军抵抗的增加。而且第二天有可能面临更加艰难的战斗——除非困扰着他的那些恐惧被证明完全是错误的。

他的害怕并不是没有依据，该旅的补给品滑翔机，正运载着人员、火炮和车辆，飞向接近全军尽歼的命运。第三次空投是一场浩劫。

飞越海峡的南航路，一直都是一层层低垂、疾速飘动的云朵。这批飞往第101师、第82空降师和第1空降师各空降场的第三次空投，一开始就遭遇了麻烦。原来预报下午的天气良好，可是机队起飞离地以后，气候反而越来越糟。各个中队的战斗机深陷在云丛里，见不到地面目标，被迫返航。很多滑翔机在零能见度的情况下，连牵引机都看不见，只好在英国本土或者海峡上空紧急迫降，整个滑翔机队被迫放弃飞行，返回基地。

起飞的655架运输机和431架滑翔机，超过一半多一点抵达了各自空降场。尽管大部分兵员运输机与滑翔机的组合能够安全地返回英国落地，或者在其他地方安全着陆，可是飞越欧洲大陆时，敌方猛烈的防空炮火，以及德国空军的激烈攻击，再加上恶劣的天气，还是造成了112架滑翔机和40架运输机的损失。飞往第101师的2,310人当中，只有1,341人到达；68门火炮中，仅有48门运到。泰勒将军的伞兵正在苦战当中，40门火炮一落地几乎就立刻参与作战。

加文将军第82师面对的作战情况甚至更糟。此时，攸关大局的奈梅亨桥，每一名伞兵都派上了场。该师325机降步兵团根本没有到达。跟载运波军伞兵旅的状况相同，载运 325 团的飞机与滑翔机，基地也是在格兰瑟姆，都不能起飞。更惨的是，要运给第 82 师的 265 吨军需和弹药，只收到其中的 40 吨而已。

英军部分，厄克特期望的不只是波军旅，而是完整的运输机补给配额，都遭受到惨重打击。预计作为补给点的各空降场都已经被敌军占据。尽管竭尽一切手段，要把这批 163 架飞机的飞行任务，改往哈滕斯坦酒店以南、新的空降场去，无奈这个计划失败了。厄克特的官兵样样都缺，尤其是弹药，却只能看着机队从猛烈的防空炮火中飞过。然后，敌人的战斗机出现，对着机队射击，同时扫射新的补给空降场。

大约 4 点钟左右，滑翔机驾驶团的随军牧师佩尔牧师，听到有人喊："第三次空投来了！"他还记得，突然"一阵惊天动地的轰隆声，猛烈无比的防空炮火弹幕射击，使得空气都为之震荡。我们能做的，便是呆呆地看着我们的友军，飞进了难逃的死劫中"。

佩尔凝视着，"心里痛苦，因为这些轰炸机通常在晚上是在 4572 米高度飞行，这回在大白天，却是以 457.2 米高度飞过来。我们看见超过一架飞机中弹起火，但他们依然保持在航路上，直到所载的军需全部投落为止。情势现在很清楚，我们碰上了可怕的抵抗。曾经发出电报要求把补给品投落在师部附近，却根本没有一样东西是落在那里"。

这些毫不动摇的机队，没有战斗机护航，却顽固地保持着航线，把补给品都投落在各个旧的空降场。地面部队费尽心思想引起机队注意，有的打信号弹，有的施放烟幕弹，有的挥舞降落伞，有的甚至在荒野的一角放火——他们这么做时，只会遭到敌方 BF-109 战斗机的俯冲扫射。

很多士兵都记得有一架英军的 C-47 运输机,右翼已经起火,从德军占领的空降场上飞过。星期天的第一次空投时落地的滑翔机驾驶米勒上士,"看见这架飞机机身的整个下半部都包围在火焰之中,心里就难受得想吐"。看着机组人员正在跳出,心里却在喃喃自语说:"跳呀!跳机呀!"当飞机低飞再度进场时,米勒看到空投员站在机门边,把更多的军需包推了出来。他眼睛定住地盯着飞机看,只见被烈火包围的 C-47 转了个弯,再次飞了进来,透过烟雾他看见更多的军需包从机门口滚落。另外一名滑翔机驾驶员道格拉斯·阿特韦尔中士(Douglas Atwell),也记得士兵们都爬出了堑壕,默默地瞪着天空。"我们疲倦得要死,几乎没有什么可吃喝的,可是当时我什么都想不起来。只想到那架飞机,就像它是天空中独一无二的一架,大家站在那里像生了根似的——只看见空投员一直把军需包往外推。"飞行员稳稳地驾驶着这架烈焰冲天的飞机,作了第二次的缓慢通过。杰弗里·鲍威尔少校(George Powell)"看见他那么做怕得要死,眼睛没办法离开它,忽然间它再也不是一架飞机了,只是一团好大的橘红色烈火"。起火的飞机冲向地面时,机长戴维·塞缪尔·安东尼·洛德上尉(David Lord)依然在驾驶舱里。米勒看见树林远处"只有一股充满油气的烟柱,标出勇敢机组员的安息地。他们为了我们可能有生存的机会而死了"。

可是米勒上士错了。这架厄运当头的 C-47 运输机机员中,有一名机组员死里逃生。他就是领航员亨利·阿瑟·金中尉(Henry Arthur King),他记得离下午 4 点只差几分钟,飞机快要飞到空降场时,防空炮火把右发动机打到起火。机长洛德在内部通话机中说:"大家都好吗?老金,到空降场还有多远?"金答道:"3 分钟。"飞机向右侧倾得很厉害,高度迅速消失,火焰开始沿着机翼烧向主油箱。他听见洛德说:"地面那些人需要这些物资,我们要飞进去,投好以后跳伞,大家把降落伞搞上。"

金瞄到了空降场后通知洛德,机长说:"好了,老金,我看到了。到后面去帮忙他们推篮子。"金走到敞开的机舱门口,防空炮火已经打坏了用来投放沉重军需包的滚轮。空投员菲利普·爱德华·尼克松下士(Philip Nixon)和皇家陆军勤务队(Royal Army Service Corps)的3名士兵,用手把8篮沉重的弹药箱,推到了机舱门口,因为要把各货物篮往前拖,所以他们都已经脱了降落伞。5个人一起推出了6篮,红灯亮时——显示飞机飞出了空降场。

"要命,"金呼叫机长,"洛德,还剩两篮。"洛德把飞机做了向左的急转弯,答道:"我们要重飞一圈,撑一下。"

金看了一下,这时飞机高度大约只有150米,洛德"操纵这架老母鸡就像是在飞战斗机。我试着帮几名空投兵把降落伞搞上。绿灯亮了,我们就把军需包推出去,接着我只记得听见洛德在大叫:'跳!跳!看老天分上,跳伞!'接着是惊天动地的一声爆炸,觉得自己被摔出空中。我不记得自己有没有拉开伞索,我一定是在本能下拉了。我背脊狠狠地水平着地,我记得还看了下手表。我们遭遇防炮射击到现在为止才过了9分钟。我身上的军服被烧焦了,皮鞋也找不到了。"

接近一个小时以后,金才跟跄走过第10营的一个连,有人给了他一点茶喝,还有一块巧克力。那名伞兵告诉他:"只有这些了"。金骇然看着他,"什么意思?这是你们仅有的东西吗?我们刚刚把补给品丢给你们呀。"伞兵摇摇头:"你们丢下了我们的沙丁鱼罐头没错,可是到手的是德国鬼,我们什么也没收到。"金黯然无言,想到洛德上尉、机组员和那些空投兵,他们脱下了降落伞,舍生忘死地卖力,为的是要把宝贵的弹药包丢给地面盼望到手的部队。所有这些人当

第四部 围攻 359

中，只有金还活着，这时他才知道全机人员的牺牲，竟是一点回报都没有[①]。

全区域都有飞机坠地。大部分都发生在瓦赫宁恩和伦克姆附近，有些竟散落在莱茵河南岸。辛普森中士听见机长在机内通话机中叫道："我的老天，我们中弹了！"辛普森往外一看，左发动机正在起火，他听见发动机油门大减，飞机进入俯冲状态。吓得半死的辛普森，记得飞机"拖着机尾飞过莱茵河北岸，略略抬起一点，然后穿过水面，落在南岸"。

飞机撞地时，辛普森人猛然向前一冲，被抛在机身的一边，通信员伦斯代尔中士（Runsdale）朝他撞过来，身体挤作一团横躺在他身上。机内成了炼狱，汽油起火，辛普森还听得到火焰的劈啪声，他想把两条腿从通信员身下抽出来时，伦斯代尔一声哀号晕了过去，他的背脊骨已经断了。辛普森踉跄站起身来，抱着上士从紧急舱门逃出去。已经有4个机组员在外面了，他们正恍惚、惊吓。辛普森再进入机舱里找人，发现轰炸员已经失去知觉。他后来回忆道，"他的皮鞋被炸掉，脚跟一部分也不见了，两只手臂都断了。"辛普森也把轰炸员抱起来抬到外面。尽管飞机这时烧得很厉害，辛普森第三次进飞机救断了腿的机械员，也把他抬到了安全的位置。

德里尔村年轻的科拉和姐姐里特（Reat）、弟弟阿尔贝特（Albert）

[①] 原已获颁飞行优异十字勋章（Distinguished Flying Cross）的洛德上尉，死后追赠英国最高荣誉的维多利亚十字勋章。机上3名皇家空军军官和4名陆军空投兵——理查德·爱德华·黑斯廷斯、梅德赫斯特空军中尉（R. E. H. Medhurst）、亚历山大·福布斯·巴兰坦空军中尉（A. Ballantyne）、尼克松下士、驾驶员詹姆斯·里基茨（James Ricketts）、伦纳德·悉尼·哈珀（Leonard Sidney Harper）以及阿瑟·罗博特姆（Arthur Rowbotham）的遗体，都经分检、辨认，安葬在阿纳姆的英军公墓中。

都看见辛普森的飞机掉下来，3人立刻到失事现场去。科拉回忆道："那真是惨，那里有8个人，有几个伤势好严重，我们刚把他们从起火的飞机边拖开，飞机就爆炸了。我知道德国兵会来搜索机上人员，我告诉没有受伤的机长杰弗里·利根斯利根斯上尉（Jeffrey Liggens），我们一定要把他藏起来，把受伤的人送到村子里一家小外科诊所去。我们把他跟另外两个士兵藏在附近一栋砖造房子里，告诉他们，我们晚上再到那里去。"那天晚上，科拉协助村里唯一一位女医师桑德博布洛赫（Dr. Sanderboborg），切去了投弹手的一只脚。战火终于烧进科拉和小小的德里尔村来了。

100架轰炸机和63架C-47运输机中，总共有97架受损，13架被击落。尽管飞行员和空勤人员的英勇行动，厄克特被重创的第1空降师，并没有得到什么援助。投下来的390吨补给和弹药，几乎统统落进德军手中。据估计英军到手的仅仅只有21吨。

波军空运的车辆和火炮，陷入更糟糕的困境。波军空运机队离开英国以后，担任霍萨式滑翔机副驾驶的肯尼斯·特拉维斯-戴维森中士（Kenneth Travis-Davison），对于有关他们目的地的近况几乎一无所知深感吃惊。航路标定在航图上，波军火炮与车辆的空降场也标明出来了。可是，据戴维森说："我们所听到的是，战况不详。"降落的唯一指示就是，"滑翔机要落在由紫色烟幕标示的地区"。戴维森认为，"这种任务提示简直荒唐透顶"。

然而，尽管情报不完备，皇家空军飞机还是正确找到了在约翰娜胡弗农场附近的各个空降场。46架滑翔机中，有31架到达了预定区域。它们一进场，天空顿时火力涌冒，一中队的BF-109战斗机，击中了很多飞机，把滑翔机帆布和合板制的机身打得尽是窟窿。子弹穿过机上吉普车的油箱，使得好几架滑翔机起火燃烧。防炮也打中了好几架，那些落地的滑翔机正好降落在战场的正中央。哈克特第4伞兵旅的官兵，正在奋力摆脱一支要打垮他们的敌军，无法及时赶到高地和空降场来掩护他们。英军与德军打得正凶时，波军正好落在这片打得天昏地暗的战场中。在恐怖和混乱之中，波军遭遇到两方的射击。很多已起火的滑翔机，不是毁机落地在田野里，便是犁过地面冲进附近的树林。波军的炮兵深陷在交叉射击中，没办法分清敌友，对着英军和德军一律还击。然后急忙把堪用的吉普车和火炮卸下机来。他们离开降落场时，晕头转向的伞兵备受两面火力的痛击。出奇的是，地面上的伤亡很轻微，可是很多伞兵在惊慌失措和震撼下被敌人给俘虏。大部分的吉普车和补给品都毁了，最迫切需要的8门2.7千克战防炮，只有3门安然无损。索萨博夫斯基将军的担心被证明不无道理，而且情况比他所想的还要糟。而波军第1伞兵旅的严酷考验，却才正要开始。

* * * *

距离干道南边大约40公里，泰勒将军第101师的伞兵们，这时正在苦战，努力保持走廊的畅通。可是德军第15集团军在贝斯特的狂热防御，却耗竭了泰勒的兵力。越来越多的部队深陷在艰苦的迎战当中。师部一位情报官，苦笑着称它是"判断上的小错误"。在泰勒15公里长的作战区里，敌军压力正全面升高，啸鹰师的官兵为这里起了个新名字："鬼门关大道"（Hell's Highway）。目前情况非常明显，敌军运用贝斯特作底线，想把霍罗克斯的坦克先锋部队给切断。

堵在路上的车辆纵队，正是炮兵明显的射击目标。推土机和坦克不停地在路上前后巡行，把车队中的残骸推出路外，好使纵队能继续前进。自从星期天以后，贝斯特原本不大的次要目标变得越来越重要，以至于可能会严重影响，甚至拖累泰勒的第101师在这段路上的其他战斗，所以第101师师长现在决心要完全粉碎那里的敌人。

星期二中午刚过，泰勒在英军坦克支持下，几乎把一整个502团投进去攻击灿根将军在贝斯特的部队。这次声势浩大的攻击，达到了奇袭的效果。502团2营和3营，在最近抵达的机降步兵第327团和英军装甲兵的支援下，毫不留情地扫荡贝斯特东边的树林地带。德军卡在一个巨大的圆环里，被迫向威廉敏娜运河退却，结果没有多久就垮了。这一仗一连打了46小时没有间断过，一加入生力军后，顿时在两小时内就结束了。第101师得到了"市场—花园"行动中的头一次胜利，击毙了300多名敌军，俘虏了1,000多人，还有15门88毫米高射炮。官方历史记载："黄昏时分，由于上百名德军投降，因此，要求各方派所有的宪兵来处理。"排长维日博夫斯基中尉，也就是在贝斯特桥还没有被炸掉以前最接近并夺下桥梁的那个人，先前他被德军俘虏了，现在又把抓他的德军俘虏带了回来。当时他的手榴弹与弹药都打光了以后，身边都是伤兵——他那英勇的排，只有3个人没有受伤——维日博夫斯基没有投降。而这一回，疲倦、邋遢得要死的他们，还包括一些伤兵，却把野战医院的德军医官与救护兵缴械，带着这批俘虏押回师部。

这次战斗虽然成功，泰勒将军的难题距离解决却还早得很。即令贝斯特一仗结束了，然而德军的装甲兵却攻击在松村刚刚架好的桥梁，再度企图要把走廊截断。泰勒亲自率领师部连——他仅有的预备队——急急奔往现场。以火箭弹筒和一门战防炮的火力，摧毁了一辆德军几乎就要上桥的豹式坦克。其他几辆德国坦克，英军也用同样的方法打趴了德军。德军攻击失败了，交通继续运行。可是啸鹰师的警

第四部 围攻 363

一名身负重伤的伞兵被匆匆送往救护站。

1944年9月18日,荷兰法尔肯斯瓦德,谢尔曼坦克在欢呼的人群中前进。

戒却不能放松。"我们的情况，"泰勒后来写道，"使我想起美国初期的西部，沿着那条延绵不断的重要铁路上，少数的驻军要在任何一处随时与印第安人作战。"

德军用这种凶狠、快速、打了就跑的战术，也让盟军付出了代价。第 101 师几乎有 300 名官兵，在地面作战中战死、受伤或者失踪。在公路两侧堑壕中或者在贝斯特四周田野中据守的士兵，侧翼经常有被攻击的危险，每一晚都特别害怕。德军在黑暗中渗入第 101 师的防线，没有人知道邻接的散兵坑里的人，明天早上是不是还活着。随着敌军这种急剧的行动造成的混乱与措手不及，官兵常常忽然消失，等到战斗过去，战友去急救站和野战医院的死伤人群中才能找到人。

贝斯特的作战告了一个段落，长长一列的俘虏一群群押回师部时，31 岁的多恩上士到处找他的长官——约翰逊上尉。在跳伞前，多恩几乎"担心得麻木了"，21 岁的约翰逊也有同样的感觉，"认为这次绝对回不来"。19 日早晨，约翰逊率领 F 连在贝斯特进行攻击，他回忆说："只能进攻，否则就会等着被宰。"在激烈的战斗中，约翰逊认为是"生平见识过或听说过的最惨烈"的战斗。他的左肩挨了一枪，F 连 180 人只剩下 38 个被围在草堆起火的田野里。约翰逊还是把德军挡住了，一直到解围的部队来到把敌军驱退，才能把剩下的弟兄往后送。有人搀扶着约翰逊回到急救站时，他又被打中了，这一回子弹贯穿了他的脑袋。在营部急救站里，他的躯体被放置在其他重伤人员之中——救护兵称为"死人堆"。多恩上士过好久才找到了。他蹲下身去，认为约翰逊还有一口气在。

多恩抱起一身无力的连长，同连中其他 4 个伤员放进吉普车，开向松村的野战医院。道路被德军截断了,只好开进树林里躲起来,等德军巡逻队过去了才又出发。到了医院,发现等待治疗的伤员排成很长一列,多恩以为约翰逊马上就会死,就越过一个个的伤兵,一直走到医官面前,他正在检查伤兵,以决定谁要立刻救治。"少校,"多恩向医官报告,"我的连长需要马上救治。"少校医官摇了摇头。"很抱歉,上士,"他告诉多恩,"我们会去看他,等等才轮到他。"多恩再试试,"医官,如果你不快看他,他就死了。"医官很坚持地说:"我们这里受伤的人很多,我们会很快去医治你的连长。"多恩刷地抽出四五手枪,扳下扳机,"那还不够快,"他说得很平静,"医官,如果你不立刻看他,我可就要把你毙在你站的地方了。"医官吓坏了,怔了一下看着多恩说:"把他送过来。"

手术房里,多恩站在一边,四五手枪拿在手里,医官和一批救护兵替约翰逊开刀。在上士的监视下,医官替约翰逊输血、清理伤口,从头盖骨里取出了一颗子弹,左肩膀上又取出了一颗。等到手术完成,约翰逊被包扎好了,多恩才移开他的脚步走到医官面前,把四五手枪递过去,"好吧,"他说,"谢了,现在你可以把我送给到宪兵处了。"

多恩被送回502团2营,他被带到营长面前,多恩啪地立正站好,营长问他究竟晓不晓得自己干了什么事,他的行为已经违反了军法。多恩答道:"报告营长,知道。"营长走来走去,顿时站定,说:"上士,我要把你逮捕,"他停了一口气看着手表,"整整一分钟!"两个人都在沉默中等待着。然后营长看着多恩说,"解散,回你的连上去。"多恩利落地敬礼:"是,长官。"说完转身就走了[①]。

* * * *

眼前,位于加文将军责任区内走廊范围,当霍罗克斯的坦克正朝奈梅亨前进时,迅速夺下该城的桥梁就成了关键性行动。17 日,通往瓦尔河大桥的通道上,只有少数几名卫兵。到了 19 日下午,加文判断要对付的是 500 多名党卫掷弹兵,他们占据构筑良好的阵地,还有炮兵与装甲兵的支援。英军禁卫装甲师的主力依然还在开往奈梅亨途中,只有纵队的前卫——爱德华·亨利·古尔本中校(Edward H. Goulburn)的禁卫掷弹兵 1 营,可以投入攻击。第 82 师的攻击队伍,在绵延长达 16.1 公里的走廊上,为了竭力击退不断进犯的敌军,兵力大范围地分散。又因为该师的机降步兵团,困在英国多雾的密德兰而无法起飞,他只能抽调出一个营配合英军领头的坦克发动攻击。他选定了 505 团范德沃特中校的 2 营。如果这次攻击能完成快速、奇袭等效果,或许还有成功的机会。假若有任何人能使这次攻击奏效,加文相信非为人含蓄、说话温和的范德沃特莫属[②]。不过这次作战依然有重

[①] 我感激约翰逊太太告诉我这个故事。它一开始是由 502 团副官休·罗伯茨上尉(Hugh Roberts)告诉她的。罗伯茨上尉虽然没有提到营长的姓名,我可以断定就是第 2 营营长史蒂夫·阿奇·沙普伊中校(Steve Chappuis)。约翰逊本人记得,"6 个星期后在英国醒来——既瞎,且聋又哑,体重轻了 18 千克,脑袋里有一大块板子。"除了视力不太好以外,其他都恢复了。撰写本书期间,多恩在书信和访问中,对于曾救了约翰逊性命的事情,几乎绝口不提,只承认有那么一回事就是了。"我在今天还说不上,"他写信说,"当时我究竟会不会把医官给毙了。"

[②] 范德沃特在诺曼底作战中折断了脚踝,依然奋战了 40 天之久。参见《最长的一天》第 131 及 152 页。

大风险,加文觉得英军似乎低估了德军的力量。他们也确实是如此。禁卫掷弹兵营的作战报告这么提道:"他们认为只要坦克亮亮相,或许就会让敌人偃旗息鼓。"

下午3点30分,步战协同攻击开始。部队迅速突破直入市中心,并没有遭遇顽强的抵抗。在市中心,大约有40辆英军的坦克与装甲车兵分两路,美军伞兵搭乘在坦克上,或者紧跟在后面。在领先的坦克车顶和搜索车内,有12位特别挑选出来的荷兰地下抵抗组织人员担任领路的向导——其中有一位21岁的大学生扬·范胡夫(Jan van Hoof),他接下来的行动,成了日后激烈争论的话题。"我很不愿意用他,"第82师的荷军联络官贝斯特布鲁尔切上尉说,"他看起来异常激动,但是另外一位地下抵抗组织成员为他的经历做保证。他坐在一辆英军搜索车里,那就是我见到他的最后一次。"部队兵分两路,一支直扑铁路大桥,另一支载着范德沃特与古尔本,向瓦尔河的公路大桥前进。

德军在这两处严阵以待。纽南上士还记得,他们那一排抵达铁路大桥下的地下通道,"便挨了狙击兵的伏击。狙击兵有上千个地方可以埋伏,要说出从什么地方射击从来是不可能的"。士兵们卧倒隐蔽,开始缓缓向后退。坦克开始冲大桥时,88毫米高射炮几乎以近距离水平从街上发射,把它们打垮了。宽敞的克赖恩霍夫大街(Kraijenhoff Laan)通往大桥西面的一角是个三角形公园,三面都是面向公园的房子,伞兵就是在那里整顿,准备再度发动攻击。可是德军又把他们打退了,屋顶上的狙击兵和铁路高架道上的机枪火力,不断把他们牵制在原地动弹不得。

有些伞兵还记得罗素·E. 帕克少尉(Russ Parker),他嘴里咬着一根雪茄,冲向开阔地、向着屋顶扫射,迫使狙击兵低下头。现在坦克被召唤了过来,纽南记得,"一刹那间,整个公园似乎充满了曳光弹,来自一门射速很快的自动武器,正好在街道对面的左边"。纽南对着赫伯特·布法罗·博伊(Herbert Buffalo Boy)——一名苏族印第安人、第82师的老兵——说道:"我看德军派了一辆坦克来了。"博伊笑道:"这个嘛,假如他们还派了步兵一起来,这一天就会很难搞了。"德军坦克并没有出现,而是一门20毫米口径防空机炮在开火。伞兵用手榴弹、机枪和火箭弹筒迎战,直到上头向先遣排传话,往后撤退,并为过夜加强阵地。他们一退,德军就对沿岸的房子放火,让范德沃特没办法渗透、攻击炮兵阵地和肃清抵抗的各口袋阵地,对铁路大桥的攻击瞬间就瓦解了。

第二支纵队在美军猛烈的炮火掩护下,已经进抵胡纳公园(Huner Park),穿过这座美轮美奂的花园,是可以到达公路大桥的引道。这是一处交通圆环,到大桥所有的公路都辐辏在一起,一座十六角的教堂遗迹——法尔克霍夫教堂(Valkhof),一度是查理大帝的王宫所在地,后来由神圣罗马帝国的弗里德里希一世巴巴罗萨重建——瞰制了这一带地区。敌军便集中据守在这处堡垒里。古尔本中校认为,"德国佬的做法,跟我们的想法一致"。他们的确也是如此。

卡尔—海因茨·奥伊林上尉(Karl Heinz Euling)所属的党卫军第22装甲掷弹兵团1营,是在潘讷登村最先渡过莱茵河的部队之一。他遵照师长哈梅尔不惜一切代价掩护大桥的命令,以自行火炮在胡纳公园构成了防御圈,部队在这处古代遗迹中的教堂占领阵地。英军坦克咔哒咔哒绕过各街头朝公园驶来时,正处在奥伊林的大炮射击范围内。一阵造成严重损伤的弹幕轰击,把坦克给打退回去。范德沃特中校立即进入街道,用迫击炮掩护,派一个步兵连向前推进。该连的先遣排,在科伊尔中尉率领下,向着一排面对公园相连的房屋快跑时,遭到轻武器和迫击炮火的射击。威廉·J. 梅多中尉(William J.

Meddaugh）是该连副连长，看出这是"观测射击。火炮与狙击兵都由无线电指挥，科伊尔中尉进入一排俯瞰敌军整个阵地的房子后，英军坦克便掩护了我们的前线。其他各排也停顿下来，无法继续前进，战况烂透了"。

在英军烟幕弹的掩护下，梅多成功地使连上其余弟兄向前推进。E连连长詹姆斯·J. 史密斯中尉（J. J. Smith）则在科伊尔附近的屋里把手下官兵集结在一起。梅多回忆说："科伊尔这一排这时对敌军有最好的视野，可是我们开始要坦克上来时，一些初速很高的火炮便开始射击，在此之前它们都安静不动。一下子就打垮了两辆坦克，其他的坦克便向后退。"科伊尔的士兵用机枪还击，马上就吸引了对街的战防炮射击。天越来越黑，奥伊林手下的党卫军企图渗透进美军阵地，有一批接近到科伊尔这一排只剩几米远才被发现，爆发了激烈的交战。科伊尔手下有人伤亡，也打死了3名德军，才把敌人驱退。后来，奥伊林派了德军的救护兵前来抬走受伤的德军，科伊尔的伞兵就等候着，一直到受伤的德军都被抬走以后，才又继续作战。激战中，约翰·威廉·凯勒一等兵（John Keller）听见一种低沉的敲打声。他到窗边一看可愣住了。一个荷兰人站在梯子上，镇定沉着地更换隔壁房子上的屋顶，一副若无其事的样子。

夜间，轻武器的射击持续不断，任何前进企图都只有延到天亮后。英美军的联合攻击，距离瓦尔河大桥还不到122米，就被猛然挡了下来——这桥是到阿纳姆路上的最后一道水上障碍。

盟军指挥官们认为，目前德军显然完全控制了桥梁。布朗宁很担心大桥可能会随时被爆破，于是在19日下午召开另一次会议。一定要找出方法，渡过这条365.7米宽的瓦尔河。加文将军在伞兵与装甲部队会师时，就曾经向布朗宁提出过这个计划。那时军长对提案并不同意。第二次会议，加文旧事重提，他告诉与会的军官们："只有一个方法可以夺下这座桥。我们一定要从两端同时发起攻击。"加文要求，"把霍罗克斯工兵车队中的所有舟艇，立刻急运前方，我们迫切需要。"英军军官都愕然看着他，第82师师长心里打算的事，竟是突击渡河，而且还是由伞兵来实施。

加文继续说明，接近3天的战斗，第82师的伤亡很大，有200多人阵亡，将近700人受伤。还有好几百人与主力切断，或者散布各处，被列为失踪。他认为如果继续实施这种呆板的对头攻击，兵力的损失只会越来越大。目前最需要的是用一种既迅速、代价也不高的方法，把大桥夺下来。加文的计划是在继续攻占南岸引道时，派一支部队在下游1公里处操舟渡河。利用坦克炮火的弹幕掩护，在德军没有察觉以前，伞兵猛扑北岸的敌军防线。

然而，要达到完全奇袭是不可能的。这条河太宽，不可能一船船的部队渡河而德军没有察觉。而且河岸另一边太暴露，伞兵过河以后还得在平地走61米距离。上岸后便是一道堤防，德军可能在那里居高临下，射击进攻的伞兵，那一处防御阵地也必须解决。加文认为，虽然预料攻击初始阶段伤亡会很重，但依然比继续单攻南岸引起的伤亡要少得多。他告诉布朗宁，"假如'市场—花园'要成功的话，这个一定要试试。"

英军滑翔机驾驶团团长查特顿上校还记得，除了布朗宁、霍罗克斯以外，会议中禁卫军的爱尔兰、苏格兰以及掷弹兵各部队长官也都在场。还有口嚼雪茄的鲁本·塔克上校（Reuben Tucker）也出席了，他是第82空降师504团团长，加文的计划如果获准，就要派他的团突击渡河。查特顿虽然专心听加文说话，也忍不住注意到与会人士间的差异。"有位准将穿着小羊皮皮鞋，坐在一根折叠式手杖上。3名禁

第四部 围攻 371

卫军指挥官都穿着条纹花布裤、短统皮鞋和老派的围巾。"查特顿认为："他们看起来很轻松，就像是在讨论演习操演似的。让我忍不住把他们跟出席的美国人相比较，尤其是塔克上校。他头戴钢盔，几乎把脸都遮住了。手枪在左胳臂下的枪套里，屁股上还带着把伞兵刀。"最使查特顿觉得有趣的，便是"塔克偶尔把雪茄取下来，吐一口口水。每当他这么来一次，禁卫军几位军官的脸上，就会露出不经意的惊讶神情"。

可是加文计划中的冒险，的确可以达成奇袭效果。"我晓得听起来异想天开，"加文回忆道，"但是速度最重要，甚至连侦察的时间都没有了。当我继续说下去时，屋子里只有塔克一个人泰然自若。他曾经在安齐奥（Anzio）跳过伞，知道会碰上什么情况。对他来说，这次渡河就像504团在布拉格堡（Fort Bragg）打野战一样。"可是对伞兵来说，这依然是不正统的作战。布朗宁的参谋长沃尔克准将，记得空降军军长"对这个主意的大胆充满了敬意"。这一回，布朗宁准予所请。

迫切的问题便是找船，霍罗克斯清查所属工兵器材，才知道他们带来了28艘小型帆布合板舟，这些必须连夜运到奈梅亨去。如果计划作为能及时完成，加文在瓦尔河的小小诺曼底式两栖登陆作战将在第二天——20日——下午1点实施。以前伞兵从来没有尝试过这种作战形式，可是加文的计划却对完整夺下奈梅亨桥提供了最大的希望。大家都认为，紧接之后在走廊上再一次地迅速进击，就可以和阿纳姆的部队大会师了。

* * * *

在绿意盎然的欧西比尤斯大道上，哈梅尔将军亲自督军，对阿纳姆大桥的弗罗斯特部队展开猛烈炮击。他原来想劝弗罗斯特投降的企图已经破灭。现在，他对集合的炮兵、坦克部队长作了明确的训示：要把伞兵据守的每一栋房子夷为平地。哈梅尔说："既然英军不会从他们的洞里出来，我们就要把他们轰出来。"他告诉炮手："瞄准屋檐的下面，一公尺一公尺、一层楼一层楼轰过去，直到每一栋房子坍塌为止。"哈梅尔决心要使包围战了结，可尝试过每一种方法都失败了，这是唯一的行动方案。"等到我们结束时，"哈梅尔又补充一句，"那里什么都不会留下来，除了一堆瓦砾外。"哈梅尔趴在两门大炮之间，熟练地用望远镜观测英军各个据点，指示炮手射击。当最开始的齐放弹命中目标时，他非常满意地站了起来，把射击任务交给手下军官去执行。"我很想留在那里，"他回忆道，"对我来说是一种新的作战经验。不过，英美军正在进攻奈梅亨的桥梁，我不得不赶到那里去。"哈梅尔走后，他的炮手们以有条不紊、镰刀式的精准度，展开把弗罗斯特残余阵地打成一堆瓦砾的任务。

第 2 营最先占领的 18 栋屋子，这时只剩下 10 栋。德军坦克轰击东西两面阵地，炮兵轰来的炮弹，则射进朝北的房子，弹幕极为残酷无情。"那是我见过最好、最有效力的射击，"党卫军掷弹兵霍斯特·韦伯二等兵（Horst Weber）回忆道，"一栋栋的房屋从屋顶起，像玩具般坍塌，我不明白怎么有人躲得过这种地狱般攻击，我真的替英国人感到难过。"

韦伯看见 3 辆虎式坦克缓缓从赫罗特市场（Groote Markt）驶过。机枪对着北端引道对面一排屋子的每一扇窗户狂扫，"坦克炮一发发轰进每一栋房子，轰垮一栋接一栋"。他记得一栋边角的房子，"屋顶垮了，上面的两层便开始崩落。然后，就像从骨头上把皮撕下来，正面这堵墙整个倒在街上，露出了每一层楼，里面的英军发了疯似的乱

德国装甲部队占据支援阵地时,哈泽尔战斗群的德国装甲掷弹兵在阿纳姆投入战斗。装甲掷弹兵冲进房屋,包围了弗罗斯特的第2营。

在阿纳姆大街的英国第1空降师被摧毁之前,这座荷兰城市的街道上发生了激烈的战斗。突击枪在街角待命,以打击剩余的抵抗点;前景中悬挂着一顶补给炸弹的降落伞,其原本是为英国人准备的,但落入了德国人手中。

窜"。韦伯回忆,灰尘和瓦砾"马上使我们什么都看不见。那声音真恐怖,可是即使这么大的声音,我们还听得见人们受伤时盖过一切的凄厉嚎叫"。

坦克把莱茵河边以及大桥底下的屋子,一栋接着一栋轰碎。多次英军朝外面射击时,坦克便像推土机般向残壁冲撞,把这些地方完全夷平。麦凯上尉的本部,就在大桥引道下已毁的校舍里。斯坦福斯中尉估计,"从建筑物南边打进来的高爆弹,每十秒钟一发。"他回忆道:"那里变得好热,每一个人都受了某种伤。"然而伞兵还是顽强地挺下去,"天花板塌下来,墙壁有了裂痕,房间支撑不住时",就一个房间一个房间轮流撤退。即使在残垣断壁堆之中,每一发枪弹都很重要。斯坦福斯得意地回忆,红魔鬼们"像鼹鼠般活着,德国鬼没办法把我们撵出去"。可是在别的地方,人们发现阵地几乎就快撑不下去了。西姆斯二等兵解释说:"德军决心要把我们轰得片甲不留,不可能有更猛烈的炮弹和迫击炮弹了。爆炸紧跟着爆炸,炮弹紧随着炮弹,如雨而下,个别的爆炸竟凝聚成一声连续不断、周而复始的爆发。"每一次齐放时,西姆斯反复拼命连声祷告:"挺下去!挺下去!它不会太久的!"他蜷缩在堑壕里,一念之间想起"自己躺在一个刚掘的坟穴中,只是等待着被埋葬"。又记得自己想着"除非30军脚步快一点,否则我们就完了"。

弗罗斯特意识到,这场浩劫终于压倒第2营了。各营都没有突破包围,弗罗斯特也认为友军不再可能前来解围了。波军伞兵的空降又没有实施,弹药消耗一空,手下官兵连续血战了50多个小时,丝毫没有休息,死伤又很惨重,每一处地窖都填满了。他知道他们再也不能忍受这种痛击了。在他的防线周围,所有房子都烈焰冲天、建筑倒塌、阵地被夺走。他说不上自己还能挺多久,心爱的第2营正被掩埋在他四周建筑物的废墟之下。然而，弗罗斯特并不准备满足敌人的愿望。虽然毫无希望，他仍决心要在阿纳姆大桥阻挡住德军，直到最后。

他并不是唯一有这种想法的人。这场严峻的考验，对弗罗斯特，对全营官兵都有同样的影响。伞兵们分用弹药，从伤员身上能找得到的、数量不多的弹药也拿出来共享，准备应对迎头席卷而来的劫数。他们毫无畏惧的迹象。面对精疲力尽、饥饿与痛苦，他们内在似乎形成某种幽默感，随着本身越来越明显的牺牲而提升。

伊根神父还记得，他遇见弗罗斯特从某处厕所出来，"营长脸上疲倦、凶猛、满是胡须，却闪出笑容，"伊根回忆，"'神父，'他告诉我，'里面窗户破了，墙上有个大洞，屋顶也没有了，不过它还有根链子，而且还管用呢。'"

后来，伊根想过街去看看地窖的伤员，这一带正遭受迫击炮的猛烈轰击，随军牧师只要找得到地方就要采取隐蔽。"外面，毫不在意地在街道上晃着的是泰瑟姆－沃特少校，最先占领大桥的便是他的连，"他回忆当时，"少校看见我畏缩地蹲在地下，便大步走过来，手上拿着一把雨伞"。伊根记得，泰瑟姆－沃特"把伞撑开交在我手里，这时迫击炮到处弹如雨下，他说道，'来吧，神父'。"伊根露出些不太情愿时，泰瑟姆－沃特要他放心，说道："别担心，我有伞呢。"不久，约翰·帕特里克·巴尼特中尉（Patrick Barnett）也遇到了这位勇冠三军的少校。巴尼特正猛冲过街，到弗罗斯特下令要他据守的新防区去。泰瑟姆－沃特护送伊根神父回来之前，正在日渐缩小的防线巡视自己的弟兄，头上却顶着那把伞。巴尼特深感惊讶，半路停下来，对少校说："那玩意对您没什么用处呀。"泰瑟姆－沃特故作吃惊的神色对着他，说："呵，我的天哪，小巴，万一下雨了怎么办？"

下午，炮轰一直没有断过。高夫少校看见泰瑟姆－沃特率领着他的连，手里还拿着伞。德军坦克正轰雷般地炮击街道上的每一样东西。"看到那些庞然巨物的 IV 号坦克，几乎以近距离对我们射击，我差不多就要晕了。"高夫回忆当时。然后紧张感一下子就消散了。"那边，是沃特，他在街头率领着士兵上了刺刀，扑向一批想渗透进来的德军。他不晓得从什么地方找到了顶圆顶礼帽，一边急急忙忙冲过去，还甩动那把已经破烂的雨伞，就像是卓别林走遍天下一般。"

也有些谐趣的时刻同样值得回味。那天下午炮轰不断，营部被轰得好惨、已经起火。伊根神父到下面地窖去巡视伤员。"哇，神父，"全营的活宝杰克·斯普拉特斯普拉特中士（Jack Spratt）说道："他们把所有东西都扔过来了，只差厨房的火炉了。"话还没说完，房子又挨上一发直接命中弹。"天花板掉进来，泥灰瓦屑如雨般落在我们身上，等到我们精神振作一点时，正好在我们前面，就是一个火炉。"斯普拉特看着它摇了摇头，说道："我知道这些王八蛋逼得很近了，没想到他们还听得到我们说话呢。"

黄昏时分，天开始下雨。德军的攻击似乎更见加强，在大桥引道对面的麦凯上尉，打电话给弗罗斯特。"我报告营长说，如果攻击还这样子继续下去，我没办法再撑一晚了。"麦凯写道："他说他没办法协助我，但是要我以一切代价守到底。"

麦凯看得见德军正慢慢地压迫弗罗斯特的部队，只见英军伞兵从起火的房屋里窜了出来，沿着河岸朝正对面的几户依然屹立着没倒的房子跑了过去。"他们开始把我们围在里面。"他写道，"显然，如果没有救兵马上出现，德军就会把我们撵出来。我上到顶楼，打开收音机，收听 6 点钟的 BBC 新闻。我很惊讶，广播员说英军装甲兵已经与空降部队会师了。①"

麦凯差不多马上听见楼下一声喊叫："虎式坦克正朝大桥冲来了。"那时正是德国时间下午7点，英国时间则是下午6点。两辆庞然大物的60吨坦克，正从北面驶过来。弗罗斯特在自己这一边也看到了。"在天色半明半暗中，它们看上去就是那么地阴森险恶，"他写道，"巨大的炮身从一边扫到一边，喷吐着炮口火焰，就像是史前的怪兽。它们的炮弹射穿几堵墙壁，炮弹爆炸后，粉尘和缓缓沉泻下来的瓦砾塞满了通道和房间。"

麦凯所在房子的一整面都被打中了。斯坦福斯中尉："有些炮弹一定是穿甲弹，因为它们从校舍的这一头直接打穿到另一头，每间房都打出1.22米的大洞。"天花板掉落下来，墙壁开裂，"房子的结构都地动山摇。"麦凯呆看着引道上的两辆坦克，觉得大限临头，"再像那样来上几炮，我们就完蛋了"。然而，大桥上的战士，表现出夺桥以来最顽强、最无畏的抵抗。麦凯觉得他或许"能够带一批人出去把它们给炸掉。可是正当这时，两辆坦克却向后退了回去，我们还好端端活着"。

伊根神父在弗罗斯特营部被打中了。炮弹飞进来时，他刚好在楼梯间，从二楼直接掉落到一楼。等他醒过来，发现除了另一人外，就只有他了。伊根看见那名奄奄一息的伞兵向他爬过来。就在这时，另一批弹群打中了房子，伊根又晕了过去。再醒来时，只见房子和身上的衣服都着了火，他拼命在地板上打滚，用手把火扑灭，先前见到的那名伤兵已经死了。这一回，伊根的两条腿已经不能动弹，他在万分

---

① 麦凯以为播报内容指的是阿纳姆。事实上，这是指霍罗克斯的坦克与奈梅亨的美军第82空降师的会师。

痛苦中，慢慢地拖着身体向窗边爬去，听到有人在叫他的名字。情报官克利福德·丹尼斯·布瓦特－布坎南中尉（Bucky Buchanan）帮助他从窗里逃出来，并躺在斯普拉特上士的臂弯里。医官洛根上尉正在地窖里工作，随军牧师跟其他伤兵一起被放在地上。他的右腿断了，两只手和背部遍布炮弹碎片。"经过这么一下子还没有死，"伊根回忆，"除了趴下以外，我什么都不能做了。"在他旁边的，是那位非凡的泰瑟姆-沃特少校。他只受了点轻伤，依然想鼓舞士兵的士气，依然拿着那一把雨伞。

令人畏惧的轰击偶尔也会停顿一下。麦凯认为是德军在补充更多的弹药。天黑以后，在某次炮轰的间歇，麦凯对手下疲惫的士兵发下安非他命，每人两片。它对精疲力尽、已经透支的人，发生了意外且激烈的效果，有些伞兵变得急躁、多话。还有人变成复视，会有一段时间不能正常瞄准。对于部分受惊和受伤的士兵，却是心满意足的，有些则开始产生幻觉。亨迪下士记得被一名伞兵紧紧抓住，把自己拖到窗边，"看哪，"他小声命令亨迪，"那是第2集团军，就在河那边，看呀，瞧见了没有？"亨迪伤心地摇摇头，对方非常生气，"他们就在那边，"他呼喊道，"最清楚不过了。"

麦凯不知道自己的小部队能否看到明天，疲倦和受伤使他的兵力大减。"我的思绪很清楚，"麦凯回忆说，"不过我们没有东西吃，也没有睡过觉，每个人一天只能定量分配一杯水，而每一个人都受了伤。"由于弹药快打光了，麦凯便派人从不多的炸药存量提取中自制炸弹。他打算在德军坦克回来的时候，他们已经做好了准备。他点一下人数，便向弗罗斯特报告，他现在剩下还能作战的，只有13人了。

9月19日，星期二晚上，弗罗斯特在大桥引道这面的阵地里，看见全市火光烛天。两处大教堂的尖塔，火焰腾腾烧得好凶猛。弗罗斯特目击"挂在两座漂亮尖塔间的十字架，在涌入天空的烟云中，侧影都被映衬出来"。他记述着："木头焚烧的劈啪声，建筑物倒塌的奇怪回音，似乎会令人毛骨悚然。"楼上，通信兵科普利坐在无线电旁，这时他已经放弃了拍发摩斯电码，而是以明语呼叫，反复不断地呼叫："伞1旅呼叫2集团军……2集团军请回答……2集团军请回答……"

* * * *

位于奥斯特贝克、哈滕斯坦酒店的师部，师长厄克特拼命设法要挽救该师残余的人员。弗罗斯特已经被切断，企图接近大桥到他那里去的每一种方式，都被德军冷酷地击退了。德军的援军正源开到，比特里希的部队正自西、北和东边，稳定地把英勇的第1空降师斩碎成一片片。红魔鬼师官兵又冷、又湿、筋疲力尽，却依然不吭一声，挺下去——用步枪和斯登冲锋枪驱走坦克。厄克特目击当前战况而伤心欲绝，唯有迅捷的行动才能把英勇的官兵救出来。9月20日，星期三，厄克特拟定了计划救出残部。这或许能扭转战局也说不定。

9月19日，厄克特认为，是"黑暗、致命的一天"，同时也是转折点。可他希望注入的凝聚力和进取心来得太晚了，一切都失败了：波军没有到来，补给空投损失惨重，各营接近弗罗斯特的企图都被粉碎。全师已经越来越趋近全灭的状态。生还的数字正述说着恐怖的经历。19日一整夜，各营与师部还保持接触的部队，都报出了人数。这些数字不完整也不准确，却代表了残酷的事实——第1空降师正接近消失的边缘。

拉思伯里的伞兵第1旅，只有弗罗斯特的营，还算是有协调性的作战部队,但是厄克特却不知道 2 营还剩下多少人。菲奇的第 3 营报上来只有 50 多人、营长阵亡,多比第 1 营全营总计 116 人,多比本人受伤被俘。第 11 营的兵力低到了 150 人,南史丹福郡团 2 营只有 100 人,两个营的营长——利和麦卡迪,双双负伤。哈克特旅的第 10 营,这时还有 250 人,156 营据报是 270 人。虽然厄克特全师的兵力要比这个数字还要多——包括其他部队,诸如边境团(Border Regiment)的一个营、皇家陆军勤务工兵第 7 营、侦察部队、勤务部队、滑翔机驾驶员和其他单位。各营的作战单位几乎已不存在。这一支豪气干云的部队,其官兵这时已经分散成好几个小股,茫然失措、惊骇莫名,也缺乏长官领导。

这一仗打得血肉横飞、天昏地暗,连久战沙场的老兵都垮了。一小批散兵游勇在草地上跑过,嚷叫:"德国兵来了!"厄克特和参谋长都意识到恐慌的气氛渗进了师部。那些通常都是年轻的士兵,"他们的自制力暂时抛弃了他们,"厄克特后来写道,"麦肯齐和我不得不亲自干预。"可是其他人却在众寡悬殊下奋战,莱昂内尔·欧内斯特·奎里佩尔上尉(L. E. Queripel)脸部、手臂都受了伤,却率领士兵攻击德军一处双联机枪阵地,打死了敌人的机枪手。其他德军一面投掷手榴弹,一面向他这批人逼近,奎里佩尔捡起德军的木柄手榴弹甩回去,命令士兵离开。他边丢手榴弹,边掩护他们的撤退,直到自己阵亡为止。①

目前,厄克特四分五裂、伤亡惨重的空降师,残余兵力又正被挤压、被迫得往师部退却。所有道路的终点似乎都指向奥斯特贝克。主

---

① 他死后被追赠维多利亚十字勋章。

力部队以哈滕斯坦酒店为中心，形成一块没有几平方公里的地域，西边介于海弗亚多普和沃尔夫海泽村，东面由奥斯特贝克到约翰娜胡弗农场。这条不平整的走廊，在海弗亚多普处止于莱茵河，厄克特准备要抵抗到底。利用部队的后撤，他希望节约兵力守下去，一直到霍罗克斯的装甲兵抵达为止。

19日一整夜，命令下达到各部队，后撤到奥斯特贝克的周边阵地。20日清晨，哈克特奉令中止以第10营、156营向阿纳姆大桥攻击的计划，把部队也往后撤。"那真是一次痛彻心扉的决定，"厄克特后来说道，"也就是说，放弃了阿纳姆大桥的第2营。不过我晓得，要到达他们那里的机会，并不比我到达柏林的机会来得大。"在他看来，唯一的希望便是"集中兵力，形成一个防御据点，在莱茵河北岸守住这块小小桥头堡，以便第30军能渡河到我们这里来"。

厄克特发现海弗亚多普与德里尔之间的渡船还能作业，这对厄克特的决策是一个重要关键。它在他这个死里求生的计划中举足轻重，因为从理论上看，援兵可以由南岸经由渡口到达。除此以外，在渡口两岸的上岸码头都有坡道，可以让工兵架设一座倍力桥渡过莱茵河。他承认风险很大，不过如果能迅速把奈梅亨桥拿下来，如果霍罗克斯进兵迅速，又如果厄克特的部队在周边阵地能挺得够久，足以使工兵完成架桥——好多好多的"如果"——那么，依然有一线希望，即使弗罗斯特不了阿纳姆大桥，蒙哥马利还能利用这个桥头堡渡过莱茵河，长驱直入进攻鲁尔区。

19日一整天下来，厄克特师部发出的电文，都要求司令部替波军找一处新的空降场。通信虽然还不灵光，却稍稍有了些改进。海伊中尉的幽灵无线电网，正把一些电文转给英军第2集团军部，再从那里转发给布朗宁。20日凌晨3点，厄克特接到军部的电报，要求师长就波军的空降场给出意见。厄克特认为，只剩下了一处可能的空降场了。根据他的新计划，他要求这1,500人的伞兵旅，降落在莱茵河渡口的南端，也就是在德里尔的附近。

计划最痛苦的部分，就是放弃弗罗斯特和他的官兵。星期三上午8点，厄克特有机会把计划向阿纳姆大桥上的弗罗斯特和高夫说明。高夫利用炮兵的无线电网向师部呼叫，才得以与厄克特通话。这是自从17日以来，高夫首度与师长联系。那一天他奉令返回师部，才晓得师长在行军路线上的某处。"我的老天，"厄克特说："我以为你死了呢。"高夫把大桥状况略略说明，记得自己说过："士气依然很高，不过我们样样都缺乏。尽管这样，我们还会继续挺下去。"当时，厄克特记得："高夫问，援兵是否有望。"

要回答这个问题并不容易。厄克特说："我告诉他，我不敢确定，现在的情形是我过去援军他们那边，还是援军会过来我这里。只怕你们唯一的希望，是来自南边的援军了。"弗罗斯特这时也接着说话，他写道："听到师长说话，真是令人高兴……可是他却没办法把真正令人鼓舞的消息告诉我们……显然他们有不少的困难。"厄克特要求："向每一位官兵的最佳表现，转达本人祝贺之意，希望他们好运。"此外便没有什么可说的了。

20分钟后，厄克特从海伊幽灵无线电网中接到一封电文。

200820（第2集团军发）。攻击奈梅亨被阻于市南据点。禁卫5旅在市区中途。大桥完整但由敌据守中。拟今日13:00发起攻击。

厄克特立刻告诉参谋，通知所有部队，这是他今天得到的第一个好消息。

第四部 围攻　383

＊＊＊＊

悲哀的是，厄克特麾下有一支杰出的部队，如果接受了他们所作的贡献，或许会改变英军第1空降师的严峻情况。在德军占领下的欧洲，荷兰地下抵抗组织可以列为最献身殉国、最具有纪律的地下抵抗组织部队。在第101师与第82师的作战区，荷兰人与美军伞兵并肩作战。泰勒和加文在跳伞降落后所下的第一批命令，便是把武器与弹药交给地下抵抗组织。可是在阿纳姆，英军压根儿就不理会这批斗志昂扬而又勇敢的老百姓。阿纳姆地下抵抗组织有武器、有决心，想要对阿纳姆大桥的弗罗斯特予以协助。大部分英军对他们都不理睬，对他们的协助也客气地婉拒。由于一连串奇特的事件，唯一有权力可以协调行动以及使地下抵抗组织团结一致、参与英军突袭的人却又死了。厄克特派去在阿纳姆西边协调各营攻击的巴洛上校，任务还没有完成之前就被德军击毙了。

原计划战斗一结束，巴洛要担任阿纳姆市长和军政府首长，他的助理兼海尔德兰省的荷兰代表都已经指定，就是荷兰海军的沃特少校。在"市场—花园"行动以前，英荷情报小组就把可以完全信赖列为最高机密的荷兰地下抵抗组织人员名单交给巴洛。沃特回忆说："从这些名单中，巴洛和我要在各团体中甄选人员，量才使用以发挥他们的能力：情报、破坏、作战，等等。巴洛是唯一知道我们真正任务是什么的人。他一失踪，计划也就垮了。"沃特在英军第1空降师部，别人既不把他当民事军官，也不当情报军官看待。他提出使用这些秘密名单的建议时，别人都以怀疑的眼光看他。"巴洛对我完全信任，"沃特说，"很遗憾，师部的其他人并不相信我。"

巴洛一死，沃特就束手束脚了。他回忆道："英军感到奇怪，为什么一名荷兰海军要跟他们在一起。"他渐渐争取到有限度的认同。虽然有一些地下抵抗组织人员被派去执行任务,可是人数太少,支持也太晚投入了。沃特说:"我们没有多余时间把每一个人都加以检查使师部满意,他们的态度很露骨:'我们能信任哪一个?'"把阿纳姆地区地下抵抗组织予以有效编组、整顿的机会已经失去了[①]。

* * * *

20日上午7点前不久,在英国的索萨博夫斯基少将得知,他的空降场改变了。波军伞兵旅这回要降落的地点,距离原先位置西边几公里,接近德里尔的地方。联络官斯蒂文斯中校把消息传来时,索萨博夫斯基不禁目瞪口呆。全旅已经在各处机场准备,预定3小时内就要起飞前往荷兰了。就在这个节骨眼,索萨博夫斯基必须对这处以前从

---

① 一直以来,英国人对荷兰地下抵抗组织人员都特别小心。1942年,德国驻荷兰反情报业务主管赫尔曼·吉斯克斯中校,成功地渗透进入荷兰情报网。从英国派来的特工,都被擒获并强迫为他工作。时间长达20个月,这可能是第二次世界大战期间最辉煌的反情报作战案例,几乎每一个进入荷兰的特工,统统都被德军截获。为了安全检查,英国境内的监听站奉令监听摩斯电码中故意出现的错误,然而这些"双面谍"所发的电报,英国情报单位却全盘接受。一直到有两名特工逃了出来,吉斯克斯的"北极作战"(Operation North Pole)才告一段落。他欺骗盟国这么长时间,对自己的成功策反,忍不住对外自夸。1943年12月23日,他拍发了一封明语电报给英国人:"致伦敦亨特公司(Messrs. Hunt, Bingham and Co.,)、宾厄姆公司(Successors Ltd.):阁下,由于我们了解阁下在本地绕过我们的协助独立作业了一段时间,我们深以为憾……我们担任了贵公司在此地的唯一代表这么久。然而……贵方如仍认为拟以大规模方式造访欧洲大陆,我们依然会对贵方特使加以厚待……"结果,情报网经过整顿和全面改革——虽然荷兰地下抵抗组织与秘密情报活动是独立的——在"市场—花园"行动以前,依然有很多英国高级军官收到警告,不要对地下抵抗组织有太多的信赖。

第四部 围攻 385

没研究过的地区,把全旅的攻击目标整个重新策划。过去好多天,他一直都在策划于阿纳姆大桥南端的艾尔登村附近降落。而现在,正如他回忆当时:"给我的只是一个计划的外壳,而我只有几个小时草拟全盘计划。"

阿纳姆依然没有什么消息传来。不过,当斯蒂文斯把新计划向他汇报,要他的伞兵由德里尔渡过莱茵河到海弗亚多普时,索萨博夫斯基就明白了,厄克特的情况已经急转直下不可收拾。他事前看到数之不尽的问题,但"似乎没有人感到惊恐。斯蒂文斯只知道情况非常混乱"。索萨博夫斯基把新状况迅速通报参谋人员,把上午10点的起飞延后到下午1点。他迫切需要这段时间,重新作出部署、草拟出新的攻击计划。这3个小时的延期,或许可以让斯蒂文斯收集更多有关阿纳姆的最新消息。再怎么说,索萨博夫斯基很怀疑他的伞兵旅能在上午10点起飞。大雾再次笼罩密德兰区,天气预报并不使人放心。"天气状况以及我们收到的不充分的情报,让我非常焦虑,"索萨博夫斯基回忆,"我认为厄克特的战况并不乐观。我也开始认为,我们去荷兰跳伞是为了加速战败。"

9

阿纳姆大桥上少数英勇守军的顽强抵抗即将结束。拂晓时分,德军重启可怕的火炮攻击。晨光照耀下,那些一度是住家和办公大楼的断垣残壁,又再度受到强烈的射击。桥身两旁以及沿着欧西比尤斯大道烧焦、损毁的废墟依然存在的少数据点,正受到有系统的轰袭。原先保护大桥北端的半圆形阵线,现在几乎不存在了。然而,被火舌围困、躲避在瓦砾堆后面的,是一小批顽强的英军继续在战斗,阻止德军接近大桥。

唯有最原始的勇气,才能使弗罗斯特营坚持到现在。可是这种勇气要足够狂热和持久,才足以把德军挡住了两天三夜。第 2 营官兵和其他单位三三两两到达加入的伞兵(据弗罗斯特估计,兵力总数最高时从没有超过六七百人),在血战之中凝成了一体,自豪感与共同一致的目标融合了他们。这支孤军达成了整个空降师的目标——比该师设想的时间守得更久。在这些拼死血战、焦虑不安的时间里,他们等待着从未到达的救兵,他们共同的心情或许可以由斯派塞下士的想法来做最贴切的总结。他写道:"这次任务谁误了大事?可不是我们!"

到目前为止,他们的耐力已经接近顶点。伞兵们散布在废墟之间的散兵坑、堑壕,面对敌军毫不止息的火力,极力保卫他们本身以及装满受伤与身心创伤士兵的地窖。他们绑着污损、渗血的绷带,以及一副不算谦虚有礼的态度,仿佛那就是一枚荣誉的勋章。红魔鬼师们都知道,最终,他们是再也撑不下去的了。

察觉到事态将如何发展的英军,表现得出奇地平静,毫无半点惊恐。士兵们似乎私下都做好了决定,哪怕是被抛弃还是要打下去——只为了可以更为惹恼德军。尽管知道这一仗已经完了,大家还是找新方法继续打下去。迫击炮排发射他们最后几发炮弹,没有炮架、没有炮盘,只用绳子牵住把炮管立起来照打。有些人发现用弹簧装填的 PIAT 火箭弹没有了引信,便改用火柴制作信管来引爆。他们的弟兄到处躺着,一个个非死即伤,他们依然有抵抗的意志。过程之中,彼此还常常逗乐子。很多人都记得有名爱尔兰伞兵,被炮弹爆炸震晕了,过后他张开眼睛,说了声:"我死了!"可是,他又想了一下,又说道:"不可能吧,我在说话嘛。"

弗罗斯特认为，在阳光明亮的星期天，用他的猎号把弟兄召集到他的身边来，该是他们胜利进军的开端，他们一直没有被击败过。然而这时，在这个黑暗、悲惨的星期三，他知道："实际上不可能有援兵了。"

这时还能作战的官兵，充其量在150人到200人之间，大部分集中在大桥引道西侧损毁的营部房屋周围。300多名英德伤兵，塞满了各处地窖。弗罗斯特说："他们几乎挤成一层叠一层，医官和救护兵很难通过和治疗。"对于这些伤员，他要马上做出决定。如果营部再度被打中——这也是必然的事，他告诉高夫少校："他看不出自己怎么能打到最后一分钟，然后撤走，而让我们的伤兵遭遇火难。"一定要在房子被炸碎或被攻占以前，把伤员撤出去。他说不上还有多少时间。他依然相信还能守住大桥的引道一段时候，或许再多24小时，只是他的防线这时已经太脆弱。他晓得"敌人来上一次坚强的猛冲，就会冲进我们这里"。

在大桥引道另一面的麦凯上尉，想到被轰成残骸的校舍"就像是个筛子"。他后来回忆说："我们孤身独守，引道东面所有的房子都被烧光了，只剩下南面那一栋是德军在据守。"校舍里，恐惧的气氛日渐浓厚。"人人筋疲力尽，肮脏邋遢，"他写道，"每当我看着他们的时候，都会觉得反胃。每一个人都憔悴不堪，满眼血丝，眼眶红红的。差不多每一个人身上都会有沾染血迹、脏污的野战绷带。"受伤的人从楼上往地窖里抬时，麦凯注意到"每一级阶梯，血都分成细流流到底层去"。他剩下来的13个人，"三两成组挤在一起，把守着需要双倍兵力防守的阵地。他们唯一干净的东西，就是个人武器。"麦凯和手下士兵在两小时之中于校舍的残存结构里，击退了德军的三次攻击，四周躺着多于他们4倍的敌人尸体。

天亮以前，战斗继续不停。中午前后，顽强奋战德军的勇士也受了伤。正当弗罗斯特与少校讨论要派出战斗巡逻队肃清这带地区时，"一下惊天动地的爆炸"，把他凌空抛起，面朝地摔出好几米远。一发迫击炮弹几乎在他们之中爆炸，两个人奇迹似的还活着。碎片砍进了弗罗斯特的左踝和右脚胫骨，克劳利两腿和右手臂被炸中。弗罗斯特好不容易才恢复意识，觉得好难以为情，因为他没办法"止住自己无意识的呻吟，尤其克劳利半声都没有吭"。弗罗斯特的传令兵威克斯，帮着把他们两人拖进掩体，担架兵再抬到地窖和其他伤兵在一起。

在拥挤的地窖，伊根神父想弄清楚自己置身何处。在这间寒风瑟瑟屋子的昏暗入口，方才帮忙救起伊根的情报官布坎南中尉，看上去一身无力地靠在墙上坐着。其实他已经死了，一发迫击炮弹的震爆当场击毙了他，身上却没有丝毫痕迹。这时，依然处于震撼状态的伊根，看见弗罗斯特被抬了进来，"我记得他的脸色，"他说道，"看上去疲累得要死又垂头丧气。"地窖里其他伤员也见到营长被抬了进来。布坎南的好朋友约翰·格雷厄姆·布伦特中尉（John Blunt），看见营长躺在担架上，深受打击。"我们这些小军官一直以为他是打不垮的人。"布伦特写道，"看见他那样被抬进来真是伤心，他对任何事情从来都是不易屈服的。"

地窖另一边，被碎片炸伤的西姆斯二等兵，记得有人万分焦急地对着弗罗斯特叫道："报告营长，我们撑得下去吗？"

＊＊＊＊

在英国，索萨博夫斯基少将看着全旅官兵登上了长长行列的C-47运输机。自从星期天以来，他就感到手下官兵待命出发前的紧张感

第四部 围攻　389

越来越高,他们在星期二从营区到了机场,任务却取消了。星期三上午,索萨博夫斯基听说要改去新空降场,便把飞行延后了3个钟头,以便拟出新计划来。这时,还不到1点钟,全身沉重装备的伞兵向飞机走去,不耐烦的气氛烟消云散。波军终于上路了,索萨博夫斯基注意到,"他们当中出现接近于漫不经心的态度"。

他的态度却截然不同。自从计划更动后的这短短几个小时,他一直想了解厄克特的战况,以及有关新选空降场的一切。他向全旅三个营的排级干部简报,但是能提供的消息却少之又少。索萨博夫斯基深感准备不足,几乎是在"一无所知的情况下跳伞"。

螺旋桨开始转动,各营开始登上把他们载往荷兰的114架C-47运输机。索萨博夫斯基对装载过程很满意,登上了机队的长机。发动机加速旋转,缓缓滚行到跑道上,一个转弯就要准备起飞。这时飞机停了下来,索萨博夫斯基错愕。油门减少了,几分钟过去,他的焦虑感越来越高,不知道是什么事情耽搁了起飞。

忽然机舱门打开,一位皇家空军军官爬上飞机,穿过通道到了旅长前,通知索萨博夫斯基,塔台刚刚接到命令,机队停止起飞。又是重演星期二的情况。南部的机场已经开放,担任空投补给的轰炸机已经起飞,可是在格兰瑟姆,一层浓厚的云层进来了。索萨博夫斯基简直不敢相信。消息一传出去,他就听到手下官兵的咒骂声。任务再度延后24小时——一直要到9月21日星期四下午1点钟起飞。

加文将军的机降步兵团也是再度停飞。这一天,正是突击奈梅亨那关键的瓦尔河大桥的时刻。加文迫切需要的3,400名官兵,连同火炮与装备都不能出发。海弗亚多普-德里尔的渡船还可以运作。在这个生死关头的星期三——D日后三天,正当波军伞兵旅搞不好可以从渡口渡过莱茵河去增援厄克特日渐变弱的伞兵的这个时候,气候再度打击了"市场—花园"行动。

****

莫德尔元帅终于准备妥当要向荷兰的英美军展开反攻。9月20日,在这个危急的星期三,整个走廊上爆发德军一次又一次的攻击行动。

莫德尔的援兵源源不绝。这一次他有把握,他的部队这时强大得足以把蒙哥马利的攻势扫荡干净。他计划在松村、费赫尔和奈梅亨三处把走廊切断。至于阿纳姆大桥,他晓得差不多快要落进他手里了。而灿根将军的第15集团军——蒙哥马利在安特卫普时忘掉的那一个德军集团军——这时也慢慢重新恢复了战力。参谋正重新编组,弹药与补给每天陆续运到。据B集团军群作战日志附录第2342号(Annex 2342)所载,在48小时之内,莫德尔就灿根集团军的状况向伦德施泰特报出:"第15集团军渡过斯海尔德河的人员与装备,总计官兵82,000人,火炮543门,车辆4,600辆,马匹4,000余匹,以及大量有用的物资……①"

莫德尔对于灿根接手的能力深有信心。灿根在72小时内把整个指挥体系改编,由他本人指挥在盟军走廊以西的所有B集团军群部队。东面则指定给第1伞兵集团军司令斯图登特。该集团军正有系统

---

① 虽然这是从B集团军群作战日志中引用的确切数字,但似乎过于夸大,尤其是火炮、车辆与马匹的部分。第15集团军撤退越过斯海尔德河以及绕过安特卫习的行动,都由欧根·费利克斯·施瓦尔贝中将(Eugene Felix Schwalbe)指挥。1946年,他作出下列的估计数字:官兵65,000人,火炮225门,卡车及马车750辆,军马1,000匹(参阅舒尔曼《西线的失败》第180页)。本人无法对数字的不一致予以说明,不过施瓦尔贝的数字似乎要更贴近事实。

地增加兵力中。现在莫德尔已经到了以锐利的试探作为展开他攻击的时候。

20日上午在松桥，德军装甲部队攻进了第101师的防区，几乎夺得了该桥。只因泰勒的官兵迅速行动，再加上英军的坦克，才挡开了这次攻击。同一时间，霍罗克斯的纵队向奈梅亨疾驰时，泰勒拉长的作战区整体都遭受到压力。

上午11点位于加文的作战区内，德军部队先以猛烈的炮轰在前，然后从帝国森林一涌而出，进攻第82师的东侧。不到几个小时，一支大规模的突进部队就在莫克地区（Mook）取得进展，威胁位于赫门村的桥梁。加文从该师准备进攻瓦尔河大桥的奈梅亨驰抵现场，只见"我们拥有唯一可以让装甲兵通过"的桥梁正岌岌可危。他回忆道："它对卡在奈梅亨的英美军的存亡来说极为重要。"他的问题很棘手，第82师所有的部队都已经投入作战了。加文急忙要求禁卫冷川营（Coldstream Guards）协助，随后他亲自率领部队反击。于是一场持续了整整一天的激烈而又残酷无情的战斗开始了。加文把部队前后调动，就像在下西洋棋一样。他的部队最终守住了防线，击退了德军的进攻。他一直都害怕德军从帝国森林发动攻击，这时他与军长布朗宁将军晓得，一场全新而更为可怕的作战阶段已经开始了。捕获的俘虏中，有一些是来自欧根·迈因德尔将军（Eugen Meindl）凶悍的第2伞兵军。莫德尔的企图现在很明显夺下各地重要的桥梁、压迫这条走廊、摧毁霍罗克斯的纵队。

莫德尔看来，盟军绝对在奈梅亨过不了河，也无法达成冲刺最后这一段到阿纳姆的10公里路程。他挺有信心地告诉比特里希，他预料这一仗在一个星期内就会结束。比特里希可没有这么放心，他告诉莫德尔，如果奈梅亨大桥炸掉了，他就会更开心。莫德尔盯着他，厉声呵斥道:"不行!"

哈梅尔少将对顶头上司——威廉·比特里希——的态度感到非常懊恼。他觉得军长对于这次战役的看法,太过于远虑了。比特里希"似乎对部队在潘讷登渡河过程中出现的问题完全置若罔闻"。这些问题一开始就使哈梅尔受尽阻挠。在他看来,比特里希应该在现场逗留更久一点,"亲眼看看要把20辆坦克漕渡过河这种接近不可能的任务——其中还有3辆是虎王坦克"。哈梅尔的工兵花了接近3天的时间建立了渡口,渡船足以载运40吨的重量渡过莱茵河。虽然哈梅尔相信渡河作业现在可以加速进行,但到目前为止,却只有3排坦克(12辆豹式)抵达奈梅亨附近。其余的坦克——包括虎式——正在阿纳姆大桥作战,担任指挥的是东线的沙场老兵——彼得·克瑙斯特少校(Hans Peter Knaust)。

38岁的克瑙斯特,1941年在莫斯科附近的一场作战中失去了一条腿。据哈梅尔回忆,"他重重地踩着一条木腿走来走去,虽然一直都很痛,却从来没有抱怨过"。然而,克瑙斯特同时也是哈梅尔为很多事感到不悦的对象。

为了增援弗伦茨贝格师,克瑙斯特装甲战斗群率领35辆坦克、5辆装甲运兵车和1辆自行火炮驰赴荷兰。不过克瑙斯特手下的老兵素质不高,几乎每一个人都有过1到2次的重伤。在哈梅尔看来,他们"接近伤残"。在通常情况下,这批人不会担任现役。除此以外,克瑙斯特的补充兵很年轻,很多人只受过8周训练。阿纳姆大桥的作战进行了这么久,这时哈梅尔反而害怕起奈梅亨的情况。一旦英军突破,他就需要克瑙斯特的坦克守住大桥,以及防守奈梅亨与阿纳姆之间的阵地。更多的增援装甲部队正在路上,包括有15辆到20辆虎式坦克,以及20辆豹式坦克。可是它们什么时候到达?到达时会不会打

第四部 围攻 393

通阿纳姆大桥,加速他们南下的攻击?哈梅尔也说不上。即使大桥夺到手,哈梅尔认为那也要花整整一天把残骸清除才能使车辆通过。

为了监督全盘作战,哈梅尔选择在潘讷登西边3公里、奈梅亨东北10公里的多嫩堡(Doornenburg)附近成立前进指挥所。他从那里开车往西去,大约在奈梅亨—阿纳姆公路的中途点研究地形,以便把防御阵地确定下来。

一旦盟军取得突破,这些阵地就可以派上用场。侦察期间让他留下一个深刻的印象:不论英军或者德军的坦克,似乎都不可能离开公路。仅仅有轻型车辆可以在路面较薄、由砖砌成的次要公路上通行。他的坦克部队,从潘讷登渡河后向奈梅亨前进时,就陷在此类路上,车身的重量压碎了铺装路面。奈梅亨-阿纳姆的主要干道,有些地方是在两侧的海埔新生地上高出2.7到3.7米的堤坝公路。坦克一旦在这种绵延的高堤上行进,便会在离地的路面上映衬出侧影而完全暴露无遗,只要有良好的火炮阵地就可以容易地把它们收拾掉。当前哈梅尔没有几门大炮可以掩护这条公路。因此,在奈梅亨英军突破以前,让克瑙斯特的坦克与大炮渡过莱茵河并占领阵地的行动更是当务之急。

回到多嫩堡的师部后,哈梅尔听取佩奇中校有关最新战况的报告。阿纳姆好消息频传:捕获更多的俘虏,大桥的战斗开始减缓。克瑙斯特认为太阳西下后,就可以把大桥夺下。奈梅亨的战斗持续进行,虽然奥伊林上尉所属伤亡惨重,但还是挡住了盟军攻占公路大桥与铁路桥的一切努力。这两处前进路上的英美军都已停顿下来,在市中心也把英军挡住了,不过整体战况依然比之前还危险。

奥伊林的报告反映出来的乐观,并非哈梅尔所认同的。到最后,英军装甲兵光凭压倒性的兵力,一定会冲越德军阵线。哈梅尔点上一根雪茄、告诉佩奇，他"预料在48小时内，英美军定会全力进攻公路大桥"。倘使克瑙斯特的坦克与大炮能迅速占领阿纳姆大桥，或许可以阻止英军装甲兵的长驱急进。倘若装甲部队行动迟缓，未能及时将这一小股英军驱离阿纳姆大桥并清除桥上的车辆残骸，他就必须不顾一切命令，把奈梅亨公路桥炸掉。

尽管他的考虑十分周详，却没有料到一个最为反常的行动——美军伞兵可能试图强渡过河，发动一次大规模的水陆两栖攻击。

10

等待的伞兵们都挤在渡河点不远的地方—奈梅亨铁路大桥下游一公里。一整个星期二晚上到星期三上午，古尔本中校与范德沃特中校麾下的英军与美军，继续为了东面的公路与铁路大桥而战。英美军士兵构工把到河床边的地区拓宽，以便禁卫装甲师的坦克与重炮进入射击阵地，支援渡河攻击。作战计划H时前30分钟，台风战斗机将在北岸低飞，以火箭弹与机枪扫射整个地区。地面上，坦克与大炮再对那一带轰击上15分钟。而后，在坦克施放的烟幕下，由27岁的朱利安·阿龙·库克少校（Julian Cook）率领第一波官兵，实施有史以来最为大胆的敌前渡河行动。

指挥官们为了制定这项计划用了整整一个晚上，计划本身也尽可能趋于完美。可是，库克的伞兵为渡过这条365.8米宽河流所需的突击舟，却还没有运到。因此，原来预定的H时是下午1点，延后改为下午3点。

一小组的美军在等着时，库克不停地来回踱步，他纳闷："那些他妈的突击舟在哪里？"自从加文师长和504团团长塔克上校告诉他，他的第3营要在瓦尔河敌前登陆时，库克是"吃惊和傻了"。对这位年轻的西点军校校友来说，"要我们凭一己之力，来上一次诺曼底奥玛哈式的滩头登陆"。他底下好多官兵从来没有坐过小舟。

库克并不是唯一焦急等待突击舟到达的人。中午以前，布朗宁收到了第一份清晰的报告，内容提到厄克特面临的严峻形势。幽灵团发出的电文，经由英军第2集团军转到，其中一份内容：

（201105）……主要阵地仍在大桥北端，但已失去联络，无法再补给……阿纳姆全入敌手。乞尽一切手段驰援。战斗激烈，抵抗极为顽强，情势不佳。

布朗宁深感不安。现在每一小时都至关紧要，迅速夺取奈梅亨两座大桥，对第1空降师官兵的生存极为重要。在这时，解救阿纳姆守军几乎全靠库克和他的第3营，这是库克还没有意识到的事实。

总而言之，突击舟并未送到，也没有人晓得它们是长什么样。霍罗克斯和手下参谋，整夜都在催促运送。它们却远在工兵纵队的后方，3辆卡车载着小艇在拥挤的路上一步步向前推。到了埃因霍温，德国空军一次猛烈的轰炸攻击把它们给挡住了。市中心惨遭炸毁，好多辆卡车受袭，整整一队弹药车辆被击中爆炸，形势更是雪上加霜。现在，距离渡过瓦尔河的H时不到一小时了，依然没有这些卡车和车上重要小艇出现的迹象。

渡河点在占地很广的PGEM发电厂东边。美军原以为可以在发电厂附近渡河。河边一处河湾可以掩护登艇作业，更可遮蔽德军的观测。塔克上校却不要这处，该位置距离敌人据守的铁路桥太近，伞兵只要从登艇区一出去，德军就可以用机枪火力扫射每一波渡河的部队。那里同时也是河湾入口，每小时 13 到 16 公里的流速涌得更快。塔克把渡河点改往更远的西面，计划要伞兵以快跑的方式把突击舟带到河边，下水后划桨过去。这一下又使库克发愁。虽然他所知有限，但晓得每一条突击舟大约重 90.7 千克，一旦装载了弹药与装备，这个重量很可能还会加倍。

突击舟一下水，每一艘要载 13 名伞兵和 3 名操舟的工兵。渡河作业持续不断，一波又一波的突击舟来来往往，直到把库克营再加上由威拉德·E. 哈里森（Willard E. Harrison）上尉指挥的第 1 营的几个连全都运过河为止。禁卫爱尔兰装甲营，泰勒少校的坦克负责火力支持，他对整个构想毛骨悚然，泰勒回忆道："简直是在拿上帝来吓唬我。"他问叼着雪茄的塔克上校，该团伞兵以前有过这种渡河演练没有？"没有，"塔克直接回答，"他们现在是做'在职训练'！"

库克禁卫和爱尔兰装甲 2 营营长范德勒中校，在发电厂 9 楼以望远镜观察北岸。他们站立位置的正对面，便是从河边延伸到岸上很长的一段平地，从 200 到 732 米不等。库克的士兵登岸后必须要越过这个无遮无蔽的开阔地。在更远处的河岸边，有一条突出地面 4.5 到 6.1 米高的斜坡堤防。堤上是东西向 6.1 米宽的公路。距离公路大约 732 米的地方，有一座称为"荷兰高地堡垒"（Fort Hof Van Holland）的低矮建筑。库克和范德勒可以清楚看见沿着河堤上面，都有敌军部队驻守着，他们也判断堡垒里有观测所和大炮进驻。库克记得是这么想的："有人的噩梦要成真了。"然而，到了 H 时，有效的空军与炮兵支持，可以炸垮德军的抵抗，使伞兵迅速控制北岸。库克准备要依靠这些支持了。

范德勒则认为这次的渡河，搞不好会证实是"令人不快、死伤惨重"的结果。但是他要以手上的坦克，对美军做最大限度的支持。他计划使用大约30辆谢尔曼坦克——属于泰勒少校与德斯蒙德·菲茨杰拉德少校（Desmond FitzGerald）的两个连——下午2点30分时，坦克向河岸推进。在河堤旁以"履带相连"的方式进入阵地，用它们的75毫米口径坦克炮轰击对岸，同时加入第82师的迫击炮与炮兵的射击加强。总计，在北岸共有100门火炮加入炮击作战。

库克的部下还没有实地观察过攻击区域，他们是在快速行军途中接到简短命令的。可是河流的宽度，把每一个人都吓坏了。"起先在任务提示中，我们以为他们在说笑，"小约翰·奥格尔·霍拉伯德少尉（John Holabird）说，"听起来太异想天开了。"预定在第一波渡河的西奥多·芬克拜纳中士（Theodore Finkbeiner）则很有把握，"因为有烟幕，我们机会蛮大的。"可是I连连长托马斯·莫法特·伯里斯上尉（T. Moffatt Burriss）认为这根本就是个自杀任务。

504团基督教随军牧师德尔伯特·屈尔上尉（Delbert Kuehl）也这么想。通常他不必同突击部队出发，这回却请求要与库克的士兵在一起行动。"这是我所做出最艰难的决定，"他回忆说，"因为我是自愿前往的。这项任务看起来不可能成功，我感到士兵们如果需要我的话，那我就应当参与其中。"

亨利·鲍德温·基普上尉（Henry Baldwin Keep）是全营公认的百万富豪，因为他是来自费城的比德家族。他认为："胜算对我们太不利了。在长达18个月的作战准备期，跳伞啦，建立桥头堡啦，当山地步兵啦，当一般步兵啦，我们样样都干过，可是渡河却是件怪得不得了事！就是件不可能的事！"

据卡迈克尔中尉说，库克营长为了要使气氛轻松，宣布说，他要仿效华盛顿当年"笔挺地站在艇上，举起右拳向前挥舞，吼叫着

398 遥远的桥

'前进！兄弟们！前进'"！H连连长卡尔·W. 卡普尔上尉（Carl W. Kappel）听说阿纳姆的攻击出了麻烦，非常担心。他立刻就想"登上那他妈的小艇，死都要杀过河去"。他有位好朋友在第1空降师，他觉得要是有人在阿纳姆大桥上的话，那就会是"福哥"——弗罗斯特中校。

到了下午2点，突击舟还是不见踪影。现在要把已经出动的台风战斗机召回也已经太迟了。在渡河攻击发起位置的后面，库克营和范德勒的坦克隐身在河堤后面等待着。下午2点30分准时，台风战斗机的攻击开始。它们闪电似的在头上掠过，一架跟着一架呼啸俯冲下来，对着敌军阵地发射火箭弹和使用机枪扫射。10分钟以后，范德勒的坦克在河堤上进入阵地的同时，载着突击舟的3辆卡车驶到了。距离渡河只剩20分钟，库克营弟兄才生平头一次见到这些脆弱、折叠式的绿色舟艇。

每一艘突击舟长5.8米，有加强合板材质的平坦舟底，由木夹支柱的帆布边，从舟底到舷缘高76.2厘米。每一艘突击舟应该有8支长6.1米的划桨，可是很多都只有2支，士兵们只好用枪托当桨来划。

工兵很快就把突击舟拼合起来。分派到各舟的伞兵，要把装备搬上去，准备把它们带往河岸。在轰向对岸的弹幕震耳噪音中，这26艘突击舟终于组装完毕。帕特里克·J. 马洛伊中尉（Patrick Mulloy）回忆说："有人一声令下：'出发！'大家抓紧舷缘，用力把小舟拖下河去。"他们的后面，炮弹尖啸着从头上飞过，坦克正用大炮猛轰他们前面的堤防，据马洛伊表示，"白色烟幕看上去相当浓密"地飘过了河面。渡河开始了。

第一波大致是260人——H、I两个连，加上营部参谋和工兵——到了河边立刻下水，灾难也在这个时候开始了。下水处太浅，以至于

第四部 围攻 399

突击舟卡在河泥里闻风不动。士兵们在浅水中奋力推动，把舟艇抬到深水区，推出去后再爬上船。有些伞兵想攀舷上舟时，小舟却翻了过去。有些超载过重，陷身在急流中，开始打圈、失去控制。有些则是超重沉没，桨丢了，人也掉进水里。卡普尔上尉眼见这场"大混乱"。他的突击舟也开始下沉，他回忆说，"詹姆斯·勒加西二等兵（Legacie）掉进水里，人也向下沉去。"他跳水去救，湍急的水流出乎他意料之外，但他还是抓住了勒加西，把他拖到安全的地方。"可是把他弄到岸边之后，我也精疲力尽了。"卡普尔跳进另一艘突击舟再度出发。汤姆·麦克劳德中尉（Tom MacLeod）的突击舟边几乎与水齐平，他以为要沉下去了。他记得，"划桨像发了疯似的飞舞"。喧嚣声中，他听见库克洪亮的声音，他在附近的舟上呼喝："前进！前进！"

库克少校是位虔诚的天主教徒，他大声向天主祈祷。卡迈克尔中尉注意到自己跟着祷告的音律在划船。"万福玛利亚（Hail Mary）——慈悲为怀（full of Grace）——万福玛利亚——慈悲为怀，"库克每划一桨就吟诵一次[①]。然后，就在一片混乱，德军开始射击了。

火力猛烈又集中，马洛伊中尉想起，"比起我们在安齐奥，这一下更厉害了。他们用重机枪和迫击炮射击，大部分来自堤防和铁路桥，我觉得自己就像是个活靶子"。屈尔牧师吓坏了，坐在他旁边的士兵脑袋被打得开花，他不停祷告又祷告："主啊，愿尔旨成。"

位于 PGEM 发电厂的指挥所，范德勒、布朗宁、霍罗克斯一起观

[①] 库克说："'天主与您同在'（The Lord is with Thee）太长了，所以我不停地重复，'万福玛丽亚'（一桨），'慈悲为怀'（一桨）。"基普上尉试着回忆在普林斯顿大学时划艇的日子，可是他发觉自己只会紧张地数着"7—6—7—7—7—8—9"而已。

察渡河行动，他们神色严肃，一言不发。

"是个可怕的景象，很恐怖，"范德勒回忆，"很多突击舟被炸出水面，从北岸轰来的炮弹和轻武器的射击，冒起了巨大的喷泉，河流变成一口沸腾的大锅。"士兵们本能地蹲在小艇内，霍拉伯德少尉凝视着那脆弱的帆布舟边，觉得"完全暴露和无力"。甚至他的钢盔变得"跟毛帽没有两样"。

炮弹碎片击穿这支小小舟队。载着梅加勒斯中尉那半个排的小艇，沉没得无影无踪，没有一个人生还。艾伦·弗伦奇·麦克莱恩中尉（Allen McLain）看见两艘小艇炸开，伞兵都被抛进河里。布雷斯上尉小艇周围，射来的火力"仿佛冰雹"。最后，操舟工兵说话了："接手啊，我中弹了！"他的手腕开始发抖，布雷斯俯身去帮忙时，工兵再挨了一枪，这一回打中了脑袋。炮弹的碎片击中了布雷斯腰部，工兵翻身掉进水里时，脚卡在舷缘上，他的尸体变成了舵，带动小艇原地团团转。布雷斯不得不把死者推进水里。这时，坐在突击舟前面的两名伞兵也被击毙了。

随着强劲风势，烟幕被吹得稀疏四散。此时，德军的炮手更是逐艘地个别收拾。克拉克·富勒中士（Clark Fuller）看见有些人急于快速渡河，拼命躲避火力，"彼此划的方向相反，弄得突击舟原地打转"。德军非常容易便干掉了他们。富勒"吓得人都瘫了"。伦纳德·G. 特林布尔二等兵（Leonard G. Tremble）刚划到河中央，猛然一下摔到了舟底，小艇挨了一发直接命中弹。他的脸部、肩膀、右臂和左腿都受了伤，特林布尔想说自己一定会失血过多而死。突击舟进水，疯狂地打转，之后又缓缓漂回南岸，舟上的人统统死了，只有特林布尔生还。

范德勒在指挥所眼见"烟幕中开始出现大空隙"。他的坦克已经射击了10分钟以上的烟幕弹,可是这时禁卫装甲师各种炮弹都快见底了。"德军换不同的弹药,正开始用大口径的。我记得自己几乎是在试图恳求美军再快一点。显然这些年轻的伞兵,对突击舟的操作没有什么经验,它们并不是容易操纵的东西,伞兵们都在河面上蛇行曲折前进。"

这时第一波伞兵已经抵达了北岸。士兵们挣扎着出了突击舟,一面开枪、一面跑过开阔的开阔地。几分钟以前,还怕得一身发软的富勒中士,为了还活着而高兴,觉得"兴奋得很,不顾一切的感受取代了害怕,我觉得自己能打得过德军整整一个集团军"。范德勒亲眼看到登陆过程,"看见一两艘突击舟抢滩,紧跟着又是三四艘,没有人停下脚步,士兵一出来就朝着堤防跑。天哪,多么勇敢的场面!他们不停地越过开阔地前进,我根本没有看见半个人卧倒下来,除非是被打中了。我想成功渡河的小艇还不到一半。"然后,更使范德勒大为惊讶,"突击舟又驶回来接运第二波"。他转头对着霍罗克斯、布朗宁说:"我从来没有见过比这更英勇的行动。"

库克的突击舟快接近河滩时,便跳了出来把舟往上拖,急着把它拖上岸。忽然他看见右面灰色的河水在翻腾,"就像是个大气泡,稳稳朝河岸接近,"他回忆道,"当一顶钢盔的顶部露出水面还继续向前移动时,我以为自己产生了幻觉。接着,钢盔下露出了一张脸,原来是小个子机枪手约瑟夫·杰德里卡二等兵(Joseph Jedlicka)。他肩膀上有好几条30机枪的子弹带垂着,两手还各提一箱。"杰德里卡从突击舟上掉进了2.5米深的河里。他屏住呼吸,沉着地一步步在河底下走向前,一直走到浮出水面为止。

麦克劳德准备再渡过瓦尔河去载伞兵时,河岸上的医护兵已经在工作了。只见在弟兄们倒下去的地方,身边已经倒插了步枪。

* * * *

下午4点刚过去不久，哈梅尔将军就在多嫩堡师部接到告急的电文，报告说"盟军在荷兰高地堡垒对岸，开始施放白色烟幕"。哈梅尔带了一些参谋，坐车奔驰到伦特，那里距离奈梅亨公路大桥有一公里远，位于瓦尔河北岸。施放烟幕只有一个原因，英美军企图坐船渡过瓦尔河。然而，哈梅尔还是不敢相信自己的论断。河道这么宽，北岸有兵防守，奥伊林早上乐观的报告，加上他本人对奈梅亨市内英美军力的判断——这一切都与渡河作战相反。哈梅尔决定亲自看看，"我不打算因桥落入敌人手里而被柏林逮捕枪决，才不管莫德尔是什么想法"。

* * * *

库克知道他手下损失惊人，可是这时候他没有时间去评估伤亡数字，各连已经沿着暴露、延伸的河滩登陆。各单位混杂在一起。就当时来说，是毫无组织可言。德军正用机枪扫射河滩。然而，他手下顽强的伞兵拒绝被德军牵制在这里。一个接着一个、三三两两地，他们朝着堤防冲过去。库克回忆道："不是停下来被打成筛子，就是前进。"伞兵奋勇向前冲，用冲锋枪、手榴弹和刺刀冲上堤防，凶神恶煞地把德军撵了出来。芬克拜纳中士认定他就是第一批冲到高堤公路上的伞兵之一。他记得，"脑袋往堤顶上一冒，我正对着阵地上一挺机枪的枪口"。他的头一缩，可是"机枪口冒出来的子弹把我的钢盔都打飞了"。芬克拜纳扔了颗手榴弹到德军阵地，听见一声爆炸和凄厉嚎叫声后，再一个跃身翻上堤防公路，朝着第二处机枪阵地扑过去。

布雷斯上尉没有时间想到身上的各处伤口,他一抢滩就"为自己还活着而高兴得想吐"。他径直朝河堤跑,呼喝着手下弟兄"把左翼的机枪干掉,右翼另有一挺"。他们办到了,布雷斯看见河堤后面有几栋房子,他一脚把门踢开,吃惊"竟有好几名德军在睡大头觉,显然还不晓得发生了什么事"。布雷斯马上拿起一颗手榴弹,拔掉插销往屋子里一丢,砰然把门带上。

烟幕、喧嚣和混乱之下,第一波上岸的伞兵有些人记不起来是怎么离开河滩的。通信兵博默下士,被通信器材压得低低的,只能一个劲地向前跑。"他心里只有一个念头,可能的话,活下去吧。"他晓得一定要到达河堤,再等待之后的指示。他到了河堤顶上,只见"到处都是尸体,德军——有些不到15岁,还有些60岁以上——几分钟以前,还对突击舟里的我们大开杀戒,这时却在求饶和想投降。"伞兵们历经血战而深受冲击,对弟兄们的死亡太过愤怒,以至于没有要收容俘虏的打算。博默还记得,有些德军"立刻就被开枪扫射"。

这一次渡河打得人人心生厌恶感又筋疲力尽。死伤者都躺在河滩上,第一波部队在30分钟左右,就把河堤公路上的守军解决掉了。但并不是敌人所有的阵地都被消灭了。伞兵这时躲进之前还是德军的机枪阵地,掩护后续来的各波部队。第二次渡河又损失了2艘突击舟。尽管炮火猛烈,耗尽力气的工兵利用剩下的11艘突击舟,再来回跑了5趟,把所有美军都送过去染血的瓦尔河河岸。现在,速度最为重要了,库克的手下一定要在德军充分了解是怎么回事以前,把大桥北端攻占下来,而且要在他们炸桥以前。

目前,河堤防线已经摧毁,德军撤到了第二线阵地。库克的伞兵对他们毫不留情。基普上尉评论当时:"该营剩下的弟兄似乎变得狂躁,愤怒使得他们疯狂,一时间忘记了畏惧。我不曾目睹过人性的激变会展现得像当天这么样的激烈。那真是使人悚然的情境,但绝对不会是好的那一种。"

要么单独一人,不然就是好几个一群,他们无助地坐在突击舟里,四周的弟兄们统统死了,这时便用手榴弹、冲锋枪、刺刀,向德军索取弟兄们死伤人数的4倍、5倍当代价。他们以残酷的效率,把德军撵了出来、毫不停顿也不整顿,继续他们猛烈的突袭。顶着前方荷兰高地堡垒机枪与防空机炮轰来的火力,他们奋战穿过田野、果园和家屋,来到堤防的后面。部分兵力转向正东,沿着凹下去的堤防公路,直扑两座大桥。有些人则冲向堡垒,几乎忘了德军的火炮。有些伞兵,挂满手榴弹,游过护城河并爬上城墙。勒罗伊·M.里士满中士(Leroy Richmond)潜水游过去,出其不意地把堤道上站卫兵的德军一把擒住,挥手要弟兄们过去。据卡迈克尔中尉的说法,"有些伞兵攀到了堡顶,然后由别的伞兵在下面把手榴弹抛上去,接住后就一颗跟着一颗,立刻丢进炮塔射口内"。德国守军马上投降。

同时,两个连——伯里斯上尉的I连和卡普尔上尉的H连——正向两座大桥急奔。铁路大桥那边,H连发现德军的防务非常强势,看上去似乎美军的攻势无法有所进展[1]。这时,英美军在大桥南端和奈梅亨继续不断地施压,终于使敌军垮了。卡普尔吃惊的是,"一大批"德军开始通过大桥——端端正正走到美军的枪口前。戈尔曼中尉在PGEM发电厂附近的坦克内,"可以看见数以百计的德军,混乱、慌张,在大桥上正朝着美军跑"。大桥北岸,理查德·拉里维埃中尉

---

[1] 据麦克唐纳所著《齐格弗里德防线战役》(*The Siegfried Line Campaign*)"第181页所载,德军在这处桥头,配备有火力强大的武器装备,其中有机枪34挺,20毫米口径防空机炮2门,88毫米高射炮1门。

（Richard La Riviere）和爱德华·J. 西姆斯中尉（E. J. Sims）也看见他们来了。无法置信，他们看着德军把枪都丢了，急急忙忙往大桥北端的桥头跑。拉里维埃中尉回忆道，"他们慌乱地跑过来，我们让他们这么做——一直走到大桥2/3处"，美军就开火射击。

一阵暴雨般的子弹劈进守军身上。德军掉落得到处都是——有些掉在桥底的桥梁框架，有些落进河里，打死的一共有260人，受伤的人更多。射击停止前，就捕获了上百名俘虏。在发动渡河突袭的两小时内就夺得了第一座桥。禁卫爱尔兰装甲营的泰勒少校，看见"有人在挥手。我一直长时间地全神贯注于那座铁路桥，结果那座桥成了对我来说唯一存在的东西了。我抓起无线电向营部报告：'他们上桥了！他们夺下大桥了！'"时间正是下午5点。禁卫掷弹兵装甲营的托尼·海伍德上尉（Tony Heywood）接到了泰勒少校的消息，却"非常的混乱"，指的是哪一座桥呀？掷弹兵装甲营在古尔本中校指挥下，依然与范德沃特中校的伞兵在法尔克霍夫大桥附近并肩作战。奥伊林的党卫军部队持续把他们阻挡在公路桥以外。如果无线电指的是拿下了公路桥，海伍德回忆道："我不晓得他们是怎么过去的？"

铁路大桥完整无缺，并确实落入美军手里，可是德军——如果不是准备打到最后一人，就是吓得不敢离开阵地——依然在桥上。美军迅速在北端寻找准备炸桥用的炸药。尽管一无所获，但大桥依然可能通上导火索准备爆破。卡普尔以无线电通知库克少校，要他赶紧把英军坦克弄过桥来。有了坦克支持，他和伯里斯的I连，就可以夺得首功——距离东边不到1公里的奈梅亨公路大桥。卡普尔回忆，此时团长塔克上校到了。塔克表示，请求已经"转发过去。不过德军随时都可能把两座桥一起炸掉"。库克营的伞兵毫不犹豫，向着公路大桥冲过去。

****

哈梅尔将军搞不清楚状况。他手里拿着望远镜,站在伦特附近一座碉堡顶上。位于瓦尔河北岸的阵地,离奈梅亨公路大桥不到1公里。他看见烟雾从右面冒出,也听见了激战的噪音。但似乎没有人知道究竟那里发生了什么事,只晓得敌人企图在铁路大桥附近渡河。公路大桥的情况他看得很清楚,上面什么人也没有。哈梅尔回忆道:"伤兵开始到了。我也收到了许多互相矛盾的报告。"这才明白美军已经渡过河来了,"不过凡事都被夸大其词,我无从得知他们是10条船,还是100条船过了河。"他在心中"急忙衡量,想决定下一步该怎么办"。他询问手下工兵:"我原先收到通知,说两座桥都准备好要炸毁。"他回忆道:"本地指挥官奉令炸毁铁路大桥,而公路大桥的起爆器,则藏在伦特的碉堡附近的菜园里,有专人驻守在那,听候命令随时按下起爆杆。"这时哈梅尔第一次接到清晰的报告,只有少数小舟渡过了瓦尔河,作战依然在进行中。他在望远镜中再看一次,只见公路大桥依然空无一人,没有车辆的动静。虽然他的"直觉要把肩头上责任重大、棘手的大桥炸掉,但还不到有绝对把握大桥要失守时,他并不打算做任何事情"。哈梅尔决定,如果必要时,也一定要"炸桥时,上面是挤满了英军坦克,把它们也一并炸上天"。

****

在公路大桥南端引道附近的法尔克霍夫教堂和胡纳公园里,党卫军装甲掷弹兵的奥伊林上尉,正在为他们自己的生命而战。古尔本中校的禁卫掷弹装甲营和第82空降师505团范德沃特中校的第2营,有条不紊地发动了持续进攻。范德沃特的伞兵逐屋巷战,他的迫击炮与大炮就猛轰德军防线。与美军之间的空隙,以及奥伊林一直萎缩的防线越来越小。古尔本的坦克在纵横的街巷中行进,驱逐在前面的德军,用坦克的7.8千克主炮与机枪轰击扫射。德军的反击很凶猛,斯潘塞·弗里·沃斯特中士(Spencer Wurst)回忆道:"那是我所遭遇过最猛烈的火力。"他当时19岁,自北非战役起,就在第82师中奋战了。"我可以感觉到,我的手伸出去都可以抓得到子弹。"他趴在离法尔克霍夫教堂大约23米的房子的窗台上,从这个有利位置能够朝下看见德军的阵地。他记得:"公园里到处都是散兵坑,所有的战斗行动似乎都是以这些散兵坑以及一座中世纪的塔楼为中心。我看得见我们的弟兄从左边和右边突破,径直朝这处交通圆环冲锋。我们迫不及待要攻到大桥,我看见有些人爬过散兵坑,简直就是用拖把德军给驱赶出来的。"沃斯特的步枪枪管打得太热了,润滑油都从木质的枪托里慢慢往外流。

正当致命的火力战还在持续,沃斯特大惊失色。只见营长范德沃特"抽着一根烟,悠闲地走过街道。他在我这栋房子前面站定,抬头看着我说:'中士,我想你最好去看看能不能要那辆坦克动一动'"。范德沃特指着公园入口大门那边有一辆英军坦克停着,炮塔盖关着。沃斯特从屋顶爬下来,跑到坦克前用钢盔敲车边,炮塔打开了。沃斯特说道:"营长要你们开到那里去。来吧,我可以指示你们往什么地方射击。"他在坦克旁边前进,完全在德军视线范围内,沃斯特把目标———一指示出来。范德沃特的士兵与古尔本的坦克火力加成在一起,敌军的防御圈要开始崩溃了。那条可怕的战防炮阵线,之前挡住了每一次的攻击,这时也已经被消灭掉。最后只有在圆环掘壕固守的4辆自行火炮还在射击。下午4点过后不久,在一次步战联合的全面攻击下，这几辆自行火炮也被歼灭了。当范德沃特的伞兵用刺刀和手榴弹冲锋时，古尔本将他的4辆坦克并列，直线冲进公园。德军在恐慌中崩溃。撤退时，有些人还想在大桥横桁下掩蔽，有些则跑得更远。面对英美军的火力，德军跑向那座中古世纪古堡。德军经过时，好多伞兵向他们扔手榴弹。突击告了个段落。沃斯特说："这段时间他们真让我们打得好苦，看见他们就在我们面前跑过，跑向那条通往大桥的公路，有些人跑了过去，直奔东边。我们感到相当欣慰。"

禁卫装甲师师长阿代尔将军，在附近的建筑中指挥作战。他记得当时自己"咬紧牙关，只怕那一声爆炸响起，就是告诉我们德军炸桥了"。他却什么都没有听见，到瓦尔河公路大桥的引道已经畅通，各个桥墩完好无损。

彼得·托马斯·鲁宾逊中士（Peter Robinson）所属排的4辆坦克，一直在等着这一刻，马上朝大桥急驶①。这位29岁的敦刻尔克老兵，几个小时以前，就收到连长约翰·特罗特少校（John Trotter）的提醒，"准备冲过桥去"。德军依然还在桥上，特罗特警告罗宾逊"你过桥时，我们不晓得会发生什么情况，但是大桥一定要夺下来，遇到任何事情都不要停。"特罗特与中士握了握手，开玩笑地补充上一句："别担心，我晓得你太太住在哪里，如果出了什么事，我会让她知道的。"罗宾逊却并不觉得有趣，问道："报告连长，你可真是乐在其中啊，是不是？"他一翻身爬上坦克，一马当先往大桥驶过去。

---

① 一直有传言铁路大桥北端有一面美国国旗升了起来，在烟雾缭绕与混乱状况之中，英军坦克兵则认为它飘扬在公路大桥的最远的那一头——表示美军已占领到了那里。这故事或许是真的，不过经过多次的访问，我未曾发现有任何在现场的人能予以证实。我的足迹遍布了那个区域，似乎难以想象有谁在朝公路桥对面看过去的时候，会把在西边1.6公里以外飘扬的一面旗帜，误认为就是该桥的终点。

该排4辆坦克,从圆环的右边进入胡纳公园。罗宾逊觉得,"全市都起火了,在我左边和右边的屋子都在燃烧"。烟雾缭绕着的大桥,看上去"真他妈的大"。坦克隆隆前进,还不断以无线电向师部报告,他回忆说:"收到命令,其他的人完全不许通话。"坦克在履带铿锵声中驶上引道,罗宾逊还记得,"我们听到一声好大的爆炸声。坦克一边履带的诱导轮被打中了"。坦克依然还在前进,但"无线电却不通了,我跟师部失联了"。他呼叫让驾驶员倒车。坦克退到公路旁边,中士马上跳出车外,跑到后面的那一辆坦克,并要车长比林厄姆上士(Billingham)出来。比林厄姆还要争,罗宾逊呼和道,他在下达"直接命令,你他妈的快点下车换我,然后跟着我们一起走"。这一行中的第三辆坦克,车长是查尔斯·W. 佩西中士(Charles W. Pacey),已经赶到前面领先上了大桥。罗宾逊一跃上了比林厄姆的坦克,下令其他坦克跟着走。4辆坦克前进时,罗宾逊记得,遇上了一门88毫米高射炮的射击,来自"河的对岸,正在一些起火的家屋旁,还看还以为是一门自走炮"。

范德沃特中校看到坦克,也看到了那门88毫米高射炮在射击。他说当时"实在是壮观得可以。那门88毫米高射炮距大桥北端有100用沙袋在公路边掩护,一辆坦克和这门88毫米高射炮相互轰击了4发,坦克上的30曳光弹一直喷个不停。在黄昏的暮色中,真是好看极了"。罗宾逊车上的炮手莱斯利·约翰逊(Leslie Johnson),一发炮弹命中了88毫米高射炮。罗宾逊记得那时,带了手榴弹、步枪和机枪的德军,都攀身在桥身大梁上。坦克的机枪像是"狂风扫落叶,把他们都击毙了"。莱斯利约翰逊在回敬敌人的猛烈炮火时,"装填手把炮弹送过来的速度有多快,炮弹轰出去的速度也就有多快"。在如同冰雹的炮火掩护下,罗宾逊坦克排轰隆隆向前行,此刻已经来到公路大桥中间的位置了。

＊＊＊＊

暮色之中，翻腾的烟雾覆盖了远处的瓦尔河公路桥。哈梅尔将军站在伦特村的前进指挥所，用望远镜紧盯、注视。在他四周的枪炮声砰砰不绝，部队正从村里撤退过来据守新阵地。哈梅尔最怕的事情发生了。美军在出乎预料的情况下，已经接连在瓦尔河实施大胆而成功的敌前渡河。位于奈梅亨的奥伊林上尉，他的乐观被证实是毫无根据的。从他那里发来的最后一份电文非常简短，说他已被包围，只剩下官兵60人。这时，哈梅尔知道，大桥已经失守了。他不晓得铁路大桥是否已经炸毁，不过如果他要炸公路大桥，就应当机立断。

"似乎许多事情瞬间飘过脑海，"他回忆那时，"什么事最该先办？应该采取哪一项最紧急、最重要的行动？这全都落在那两座大桥上。"他并没有事先向比特里希报告，"提醒他，我可能不得不炸掉那座公路桥。我假定是比特里希下命令，要这些桥梁待令炸毁"。因而哈梅尔推论，尽管莫德尔有命令，但"假如比特里希在我的位置，他也会要把大桥炸掉。就我来看，无论如何，莫德尔的命令现在已是被主动推翻了"。他预料随时就有坦克在公路大桥上出现。

他站在掌管起爆器的那名工兵旁边，反复扫视大桥。起先，他察觉不出有什么动静。然后，忽然只见"一辆坦克驶到了大桥中央，右后方再出现了第二辆"。他对着工兵说："预备！"视野中又出现了两辆坦克，哈梅尔等着这一行坦克刚驶到大桥中间位置才下令，他大声喊道："爆破！"工兵把起爆杆往下使劲一压，什么事都没有，英军坦克继续往前行。哈梅尔吼道："再来一次！"工兵又猛然把起爆的把手向下冲压，可是哈梅尔期待的轰天一响的爆炸，依然没有发生。他回忆那时"正期待亲眼见到大桥垮下，坦克被炸得掉进河里去。坦克非但没有掉下去，它们反而持续地前进，车身越来越大，越来越近"。他对着焦急的参谋们大叫道："我的老天，它们再两分钟就要到这里了！"

哈梅尔对手下参谋发出连珠炮似的命令。要他们"运用一切现有的战防炮和大炮，封锁埃尔斯-伦特公路。如果不这么办，它们就会一直冲到阿纳姆去了。"这时让他更为沮丧的是，听说铁路桥依然矗立。他急忙跑到附近指挥所的一具无线电机那里，同前进指挥所通话，对师首席作战参谋说："司多勒，报告军长，他们过瓦尔河了。"①

* * * *

罗宾逊中士的4辆坦克在大桥上向前猛冲。第二门88毫米高射炮停止了射击，罗宾逊"断定也是被我们打垮的"。赫然出现在眼前的，是许多混凝土方块组成的路障，中间只有一条3.1米宽的缝隙。

---

① 这是德军企图炸毁奈梅亨公路大桥的首次记载。哈梅尔将军以前从来没有针对此事接受过任何人访问。直到今天，炸药失效的问题依然是个谜团。很多荷兰人认为，是一位年轻的地下抵抗组织人员扬·范胡夫的关系，大桥才得以保全。19日那天，第82师的荷军联络官贝斯特布鲁尔切上尉，派他进入奈梅亨担任伞兵的向导。一般人认为他成功地穿越了德军的防线，抵达了大桥，把引爆炸药的电缆切断，也许他真这么办了。1949年，荷兰有一个委员会负责调查这段经过，确认了范胡夫确实有切断部分的线路，但却不能证实光是切断了电线，就救了大桥。炸药与电线都在伦特村这一边，恶意批评者则认为，范胡夫不可能接近到以上装置而不被发现。争议仍然未能止息，虽然证据不利于他。就个人来说，我乐于相信的确是这位荷兰青年做的。范胡夫在战役期间，因为他地下抵抗组织的身份而被德军枪决。

罗宾逊看见佩西上士的坦克通过后停在另一头。随后罗宾逊的坦克也开了过去，在佩西为后面的3辆坦克掩护的时候，罗宾逊的坦克又再度一马当先。他记得当时"能见度奇差无比，我自己在大声疾呼，要在同一时间指挥炮手、驾驶员，还要向师部报告。全部混杂在一起所形成的嘈杂声是闻所未闻的，再加上从桥上方还传来了各种不同的射击声"。罗宾逊看见前面三四百米公路边上，又有一门88毫米高射炮，便对着炮手吼叫："向右，365.8米，放！"莱斯利·约翰逊把对方轰得粉碎，该炮附近的步兵拔腿逃走时，约翰逊就用机枪扫射。"那真是大屠杀，"他回忆说，"我根本用不着看潜望镜，他们人太多了，我只需要扣住扳机就行。"他还感觉到，坦克碾过躺在路上尸体时的冲击。

罗宾逊在炮塔中看见所属的3辆坦克，毫发无伤地跟了上来，便用无线电通知它们，"靠近一点，动作快"！该坦克排快速接近大桥北端。没多久，一辆自行火炮开火。罗宾逊想起当时"在我们正前方，两声好大的爆炸，我的安全盔都震掉了，可是人没有受伤"。莱斯利·约翰逊开了三四炮，对方和附近一栋房屋"陷入火海，那一带亮得和大白天一样"。罗宾逊还没有察觉到，此时他们的排已经越过了大桥。

他下令炮手停止射击。等到灰尘落定，他看见水沟里有些人影，起先还以为是德军，后来"从他们钢盔形状，我才晓得他们是洋基佬。一下子坦克上到处挤满了美国兵，对着我又是抱又是亲，甚至还亲了坦克呢"。布雷斯上尉的衣服此时都是湿的，加上还有在渡河时伤口浸透的血渍，他对着莱斯利·约翰逊笑道："你们这些家伙，是我多年来见过最漂亮的景色啊。"这座庞大、多重跨距的奈梅亨大桥，连同它的引道几乎达0.8公里长，现在完整无缺地被夺下了。"市场—

花园"行动的各座桥梁之中，倒数第二座现在已经掌握在盟军手中了，时间是9月20日下午7点15分，距离阿纳姆只有18公里了。

* * * *

皇家工兵托尼·琼斯（Tony Jones）中尉——后来霍罗克斯将军形容他是"勇者中的勇者"——正跟在罗宾逊的坦克排后面过桥，仔细搜索炸药。他专注在任务上，并不晓得德军依然还在大梁上对着他开枪。事实上，他当时"忘了还有敌人"。位于大桥中间的路障，他发现"6到8条的电线，越过了桥架摆在步道上"。琼斯立刻把电线剪断。他在附近还发现十几枚泰勒式地雷，整齐叠在一处堑壕里。他判断"这些地雷预定要用在路障之间的通道，可是德军来不及这样做"。琼斯把雷管移除后丢进河里。在大桥北端，他发现其中一座桥墩有大量的炸药。"德军爆破工作的准备吓了我一跳。"这些铁罐炸药箱漆成了绿色和桥梁颜色一致，"炸药箱是根据大梁的结构而特别定做的。每一箱都有相对应的序列号码，算起来总共有227千克TNT炸药。"这些炸药是由电力引爆，雷管依然还在定位，与琼斯刚刚在桥上剪断的电线连在一起。他不懂为什么德军不引爆，一直等到英美军突然且致命的攻击引来时，弄得他们没有时间引爆。现在，雷管被拆除，所有电线都被切断，如今大桥可供车辆和坦克安全通行了。

可是美军预计会立即冲向阿纳姆的英军装甲特遣部队，却没有如期实施。

与英军第1空降师在走廊尽头会合这件事情，沉重地压在美军的心头上。美军伞兵对依然还在当地苦战的同僚，有一份强烈的袍泽情谊。库克营在渡过瓦尔河时，伤亡相当惨重，两个连的官兵损失了一半以上——战死、负伤和失踪的官兵达134人——可是从两端攻下奈梅亨大桥,打开北进公路的任务已经达成。这时,库克营的军官,迅速将所属弟兄通过公路大桥北端,进入阵地防御。他们预计会见到坦克在眼前驰过,北上去解救英国伞兵。可是英军装甲兵却没有更进一步行动,库克不明白出了什么状况。他原以为坦克要在天黑以前,"不要命地"朝阿纳姆急进。

好友弗罗斯特中校此刻"在北方某处"的H连连长卡普尔上尉,此时心情显得紧张。H连士兵也在大桥北端发现了电线,等到都切断了以后才让他放下心来,这座桥安全了。他和卡瑞维尔中尉一直凝望着空荡荡的大桥时,卡瑞维尔不耐烦地说道:"或许我们应该派出巡逻队,牵着他们的手把英军带过桥来。"

库克营的欧内斯特·P. 墨菲少尉(Ernest Murphy),跑到刚才过了桥的坦克排罗宾逊中士那里,说:"我们已经把前面大约0.25公里范围都肃清了,现在该你们这班家伙攻向阿纳姆了。"罗宾逊想去,可是他的命令是"不惜一切代价守住公路和大桥另一端",不是前进。

504团团长塔克上校,对英军迟迟不发兵怒气冲天。他原以为大桥一到手、炸药一清除,就会有一支特遣部队从公路上冲杀过去。他认为当下就这么干,"就是现在,在德军回过头来以前,"他后来写道,"我们打得死去活来、渡过瓦尔河,夺下了大桥北端。我们刚在那里站定,一身湿漉漉的,英军却从容地要休息一晚,不掌握住战况的优势,我们实在不明白。在我们美国陆军绝对不是这种打法——尤其是自己的弟兄们在17.7公里外危如累卵时,我们会一直前进、急进,不稍停顿,那也就是巴顿将军的打法,管它是白天还是黑夜。"

据安德鲁·D. 德米特拉斯中尉(A. D. Demetras)所见,他听见塔克上校跟禁卫装甲师的一位少校争辩,"我认为最重点的决策,就是在此时此刻做出来"。在一栋作为指挥所的小型别墅里，德米特拉斯听见塔克咬牙切齿地说："你们的弟兄在北面的阿纳姆被打惨了，你们最好快走，总共才17.7公里而已！"德米特拉斯记得，少校"告诉团长说，除非步兵赶上来，英军装甲兵不能前进"。"他们还是靠着规矩来打仗，"塔克上校说，"这一晚就'避风头'去。就跟平常没有两样，他们停下来喝茶。"

尽管他手下兵力剩不到一半，弹药也几乎用光了，塔克还是想派第82师向阿纳姆推进。然而，他也晓得师长加文将军绝不会准许他这么做。第82师在走廊上的战线拉了好长，没有办法抽调出更多人力来。但加文跟官兵的看法一致：英军应该再往前进。正如他后来提道："没有任何一个军人比当时的军长布朗宁将军更优秀。然而，他是一位理论家。如果那时由李奇威担任军长，不管我们有多困难，都会奉令上路推进去搭救阿纳姆的弟兄。"[1]

尽管他们表面看上去很从容，英军将领——布朗宁、霍罗克斯、邓普西和阿代尔——都很了解前进的迫切性。然而，难处太多了点。霍罗克斯缺少弹药与油料。他所见到的迹象显示，纵队随时都会在奈梅亨以南动弹不得。市中心的作战依然在进行，而格威利姆·艾弗·托马斯少将（G. I. Thomas）的第43威塞克斯师，还远在纵队后面，甚至还没有到达南面8公里处的赫拉弗桥。谨慎而有条不紊的托

---

[1] 根据加文将军说法，"我无法告诉你我手下弟兄有多么的愤怒和难受。我在拂晓时看见塔克，气得话都说不出来。世界上我最崇拜的莫过于英国军人了，不过英军步科的长官们，不晓得什么原因，并不了解空降部队的袍泽情深。对于我们的弟兄来说，目标只有一个：营救在阿纳姆的伞兵弟兄。这是个悲剧。我晓得塔克要去驰援，可是我绝不能答应。我已经左支右绌了。除此以外，塔克和我下面的其他军官，也并不了解当时英军所面对的许多困难。"

从照片中可以清楚看出，禁卫爱尔兰装甲纵队停顿在只有一辆战车宽的堤防"岛屿公路"上。盟军面对的艰难地形可见一斑。

马斯，始终没有办法与英军纵队保持一致的速度。德军曾经在好几处地方截断了公路，托马斯的官兵历经奋战才重夺回来，并将攻击再指向德军。德军的进攻现在正从两侧挤压通往奈梅亨的狭窄走廊。尽管布朗宁将军对德军进攻的凶猛程度感到担忧，但他仍然认为托马斯的行军速度要再更快一些。可霍罗克斯没有把握。沿路的大范围交通堵塞令他很在意。霍罗克斯告诉加文："詹姆，绝对不要只想用单一道路来为一个军级单位作补给线。"

地形上的难题——蒙哥马利早已预见，而莫德尔全仰赖它——极大地影响了战术上的考虑。其中便涉及以奈梅亨大桥为起点的前进问题。禁卫装甲师师长阿代尔认为，显然坦克已经去到"市场—花园"行动走廊中最糟糕的路段。由奈梅亨到阿纳姆的直挺挺高堤公路，看上去就是座"岛屿"。阿代尔后来回忆："我一看见那座岛，心就往下沉了。你绝对想象不到有比这更不适合坦克作战的地形了——两边有高深水沟的陡坡，很容易被德军的大炮压制。"尽管有这种忧虑，阿代尔也晓得"他们不得不试试看"。可是"他根本没有步兵随行，而这一路显然该由步兵打头阵"。霍罗克斯也有同样的结论，坦克一定得等待步兵赶上来，超车来到禁卫装甲师纵队之前。如此的话，就是要18个小时以后，坦克才能发动对阿纳姆的攻击。

然而，军长也跟美国人一样，希望要在走廊上迅速推进。布朗宁以为阿纳姆大桥北端还在英军手里。夺下奈梅亨大桥以后，他便立即通知厄克特，坦克正在渡河。午夜前两分钟，布朗宁对于一大早发动攻击的想法依然很乐观，他发出了以下电报。

（202358）……拟命禁卫装甲师……拂晓即向阿纳姆大桥全力攻击前进……

45分钟以后,布朗宁晓得步兵的调度有所耽误,又发了第三封电报给厄克特。

(210045)……明日的攻击,第1空降师为第一优先,但不可能在12:00前推进。

在阿纳姆,对于所谓的"第一优先"已经太迟了。弗罗斯特中校的第2营官兵,已经厄运当头。在罗宾逊中士的坦克排轰隆隆地驶过奈梅亨大桥前3小时,德军第一批隶属克瑙斯特少校指挥的3辆坦克,终于横冲直撞打通去路,冲上了阿纳姆大桥。

11

这天下午,正当库克少校的第一波伞兵开始强渡瓦尔河时,麦凯上尉下令手下士兵撤出他们已经据守了60多个小时——打从9月17日晚上起——的阿纳姆校舍。德军一辆虎式坦克,就在64米外,一发又一发的炮弹轰进了校舍南面。"校舍已经起火,"麦凯回忆当时,"还听到我们留在楼上的那么一丁点存量的炸药,也在这时炸了开来。"依然还能行动的13个人,每人都只剩下一个弹匣。瘸步在地窖走着的麦凯,决定要带着他的伞兵突围,奋战到最后为止。

他并不打算把伤兵留在后面。由辛普森中尉领头,麦凯和另外两名士兵担任后卫,其他人则把受伤的弟兄从地窖抬上来。在辛普森的掩护下,伤兵被送进了旁边的花园。"正当辛普森向下一栋房屋移动时,一发迫击炮弹爆炸,我听见他喊'又有6个人受伤了'。"麦凯回忆道:"我知道如果我们想带着他们突围,我们将会任人宰割——至少受伤的人会是如此。我大吼叫辛普森去投降。"

麦凯把剩下的5个人集合在一起,每人各带一挺布伦机枪向东面突围——他认为,德军不会料到他们是走这个方向。他的计划是"趁黑躲藏,然后回头往西并与主力会合"。他领着这几个人过了马路,穿过路边的一堆建筑的残垣断壁,去到下一条街道。就在那里,他们与两辆坦克和伴随的五六十名德军面对面碰上了。这6名伞兵迅速排成一列,对着这一群惊慌失措的德军猛扫。"我们仅有打光一个弹匣的时间,"麦凯回忆说,"那就是两三秒钟而已,德国兵像半满的麻袋谷物般倒下。"麦凯呼喊着弟兄往附近一栋房子跑时,一人被打死,还有一人受伤。到达临时掩蔽处,他告诉剩下来的3个人,"这一仗打完了"。他建议大家个别突围出去,他说:"运气好的话,或许今晚我们会在桥边再见到彼此。"

他们分别离开了。麦凯窜进一处花园,匍匐行进爬到一丛玫瑰花下,把职级章取下来摔得远远的。他回忆说:"我以为可以睡上个小觉呢,眼睛刚刚一闭上,就在昏沉沉的时刻,我听到了德国人的声音。我试着把呼吸声放轻一点,加上身穿焦黑、沾满血迹的衣服,会让自己看起来像是个死人。"忽然间,"肋骨上挨了一下狠踢。"他软趴趴地受了这一下,"就像是一具刚死的尸体"。然后他"感觉刺刀戳进了屁股,猛然一下顿在骨盆上"。麦凯回忆起来,很奇怪,"它并不痛,不过刺到骨盆时,让我惊了一下,刺刀拔出去时我才觉得痛"。这一下激起了麦凯的怒气,他猛地站起来,抽出了四五手枪,吼道:"你们究竟是他妈的什么鬼意思,拿刺刀捅一名英国军官?"德国兵没有料到麦凯的发作,都往后退。麦凯晓得,"如果我有子弹的话,一定会打死几个，他们却不能还击。他们围在我四周，一开枪就会打到自己人，他们的情况真是好玩，我哈哈大笑起来"。德国兵都呆看着他，麦凯不屑地把四五手枪往花园墙外一丢，"这样他们就捡不到它当纪念品了"。

德军强迫他靠在墙上，开始搜身，他的手表和他父亲的一只银制小酒瓶都被搜了出来，可是胸口口袋上一张脱逃地图却没有被注意到。一位军官把小酒瓶还给他。麦凯要回手表时，德国人却告诉他："你去的地方并不需要它，而我们的手表相当缺。"德军要他把手放在头上，押着他到了一栋房子，里面也拘禁了其他的英军战俘。麦凯从这一批走到另一批，提醒说，逃走是他们的责任。忽然间，因为麦凯是这里的唯一军官，便被押进另一间房里去审讯。"我决定采取攻势，"他回忆道，"那里有一名德军中尉，说了一口好英语。我客客气气、但却十分坚定告诉他，德军整个都完了，我准备好要接受他们的投降。"中尉大吃一惊地瞪着他，不过"审讯就这样结束了"。

入夜以前，俘虏们都一批批被押解出去到卡车边，德军要把他们往东送去德国。麦凯说："他们在背后派了名卫兵，这使得想逃跑非常困难。不过我告诉弟兄们向他靠拢并把卫兵簇拥着围住，使他没办法用枪。"等到卡车在一处转弯的地方慢下来时，麦凯纵身跳下车准备逃走。"真倒霉，我选了一个最糟的位置，"他回忆说，"我跳在一名卫兵身边 0.9 米的地方，我扑在他身上，想把他脖子扭断，这时别的德军都赶到了，把我打得不省人事。"等到他醒来，麦凯发觉自己挤在一群俘虏当中，关在荷兰一家小旅馆的房间里。他想办法使自己爬过去靠墙坐着。随后，经历了 90 个小时，这名年轻的军官首次熟睡了过去。①

黄昏时分,在弗罗斯特中校营部四周,以及沿着大桥引道上,大约还有100人分成的小组,依然凶猛地作战固守。营部屋顶已经起火,几乎每一个人都打得只剩下最后几发子弹,然而这些伞兵似乎还是跟之前那样的斗志高昂。高夫少校认为,"即令到了现在,只要我们还能多守上几个小时,就会得救解围"。

大约下午7点,受伤的第2营营长苏醒过来,发觉自己一直在睡觉而感到非常懊恼。弗罗斯特在地窖的黑暗中,听见"一些弹震症士兵在胡言乱语"。德军依然不断在轰击营部,弗罗斯特意识到挤满了200多名伤兵的地窖,温度很高。他想走动一下,腿上一阵刺痛,便要人把高夫找来,"现在必须你来指挥了,"他告诉少校,"但在做出任何关键性决定之前,必须先找我商量。"到这时候,弗罗斯特知道,他最怕的事情已经开始发生了。营部的房子正往下烧,受伤的人"有活活烤死"的危险。整栋房子的人,都被呛辣的烟熏得受不了。营医官洛根上尉,蹲在弗罗斯特旁边,说:"时候到了,该把伤员搬出去了。"他很坚持,说:"长官,我们一定要跟德国人商议停火,不能再等下去了。"弗罗斯特转向高夫,要他去安排。"但是要把能作战的士兵,弄到其他房子继续打下去,我觉得即使是大桥丢了,我们还可以把引道控制一段时间。或许这段时间就够等待坦克到达。"

高夫和洛根便去安排停火。洛根提议卸除营部大门的门闩,然后

---

① 隔天,麦凯和3名俘虏从德国的埃默里希镇(Emmerich)逃出。其中一个跟他一起的,便是辛普森中尉,也就是率领一小批人从校舍突围的那一位。他们4个人越野找路到达了莱茵河,偷了一条小船后,顺流而下用桨划到了奈梅亨的盟军阵线。

在红十字旗下走出去。高夫对此想法很是怀疑。他并不相信党卫军，认为尽管有红十字旗他们还是会开枪。洛根回到弗罗斯特那里，获得许可后，医官走向大门时，弗罗斯特把职级章取了下来，希望"混进士兵里，之后可能有机会脱逃"。他的传令兵，威克斯便去找来一张担架。

伤兵当中的西姆斯二等兵就在旁边，听到正在安排撤走的计划很不开心。照道理讲，他晓得已经没有别的选项了。他回忆当时："我们的形势显然没有指望了，弹药统统打光，几乎所有的军官与士官，非死即伤。营部房子已经起火，浓烟差不多快把人呛死了。"他听见弗罗斯特告诉健全、还能走动的伤兵"逃吧"。西姆斯知道这是"唯一明智的做法，但我们要被留在后面的这个消息，却不怎么能被大家接受"。

上了楼，医官洛根上尉把大门打开，在两名医护兵和一面红十字旗陪同下，他走出去与德军碰面。战斗的噪音停了下来，"我看见一些德军跑来，绕到后面去，那边是我们的吉普车和装甲车停放的地方"。高夫回忆道，"他们需要车辆运送伤兵，我在内心里对我们留下的车子挥挥手道别"。

地窖里，人们听到通道上德军的声音，西姆斯注意到，"楼梯上有德军军靴的沉重声"。地窖一下子安静了。他看到一名德军出现在门口，使他害怕的是"一名重伤的伞兵，拿起了他的斯登冲锋枪，但是马上被人压倒了。该名军官看了一下情况，吼叫着发出一些命令。德军士兵成一路进来，把伤兵往楼上搬"。他们差一点就来不及了，搬走西姆斯时："一根烧得炽热的大片木材，几乎正掉在我们头顶上。"他很敏捷地意识到，这些德军都"紧张兮兮，无疑随时都会开枪。他们当中有好多人持的都是英国步枪和斯登冲锋枪"。

第四部 围攻 423

在一名弹震症的伞兵搀扶下,弗罗斯特被抬了起来,放在他拼命要固守住的大桥堤坡上,他只见到所有的屋子都陷入火海,烧成一片。眼见德军与英军一起"以最快速度把我们弄出来,整个场景都被火光照得通明透亮",最后一名伤兵搬出来后没有几分钟,突然一声哗啦啦响,整栋建筑塌陷成一大堆炽热的瓦砾。弗罗斯特转身对躺在旁边担架的克劳利少校,疲惫地说:"唔,老克,这一回我们逃不掉了,是吗?"克劳利摇了摇头,说:"长官,逃不掉了。不过这回我们也让他们够受的了。"

英军伤兵既小心又惊讶地注视德国人以异乎寻常的友好在他们当中走动着,把香烟、巧克力和白兰地递给他们。伞兵看上去真伤心,大部分这些补给都是原本就属于自己的,显然再补给空投时,都落在德军手里了。这批又饿又渴的人吃起来时,德军士兵蹲在旁边,为这场战斗向他们表达祝贺。西姆斯二等兵赫然看见一整排的 IV 号坦克,沿着道路伸展到后面去。一名德军看到了他的表情,点点头说道,"不错,汤米,"他告诉西姆斯,"如果你们还不投降,天亮以后这些就要让你们好看了。"

弗罗斯特营其他身体状况还好的伞兵,并没有就此罢休。当最后一名伤兵从地窖抬出以后,激战又重新开始,跟一个小时前的情况相去不远,"真是场噩梦,"高夫回忆道,"你到处都见到德军——前面、后面、两侧。停火期间,他们想尽办法派了大批部队渗透进来。现在,他们已经占据了每一栋房子,我们几乎就要被歼灭了。"

高夫下令伞兵们四散,趁夜色隐藏起来,希望在天亮时到河岸边一栋打空了一半的家屋那里,再把这一批人集合。即使到了这时候,他还期待天亮就会有援兵到达。"我不晓得为什么,以为我们还能撑到那个时候。"当手下伞兵在黑暗中散开后,高夫蹲在他的无线电旁,把麦克风放在嘴边,说:"这里是第1伞兵旅,我们没办法再守下去了,情势危急,请赶快,请赶快!"

德军知道这一仗结束了,现在剩下的便是扫荡作战。讽刺的是,坦克跨过了大桥却依然不能过来。照哈梅尔将军的判断,那一大堆残骸要好几个小时才能清除得了。要到9月21日星期四一大早,才终于清出一条车道,开始有车辆在大桥上通行。

星期四的第一抹晨光初现,高夫与仍然散开在防线里的伞兵从藏身处走了出来,但救兵并没有到来。德军有系统地扫荡各处阵地,迫使没有了弹药的伞兵投降。未被发现的幸存者三三两两分散开来试图突围,英军最后的抵抗缓慢地、不服气地结束了。

高夫少校往自来水厂走,希望潜藏在那里,休息上一阵,然后找路向西,回到厄克特的伞兵主力部队那里去。刚到自来水厂外面,他就听到德军的声音,他朝着一堆柴下窜,想钻进去。他军靴的后跟却露在外头。一名德国兵一把抓住,把高夫拖了出来。高夫说:"当时我疲倦得要死,只有看着他们嘻嘻哈哈。"他的手伸过头上,被押走了。

在满屋子的俘虏中,一名德军少校找出高夫来,对高夫来了次希特勒式的敬礼。"我知道你负责指挥。"德国人说,高夫带着警戒看着他,说:"不错。"德国军官跟他说:"我要向你和你的部下道贺,你们是英勇的军人。我在斯大林格勒打过,显然你们英国人在巷战上有很丰富的经验。"高夫愣了一下,望着眼前敌军军官,说:"不,这是我们的牛刀小试而已,下一回我们就会要好得多了。"

在这最后的几个小时的某个时刻,大桥附近不知道什么人发出了

第四部 围攻 425

最后的电报。厄克特的师部和英军第2集团军都没有收到。可是在党卫军第9霍亨施陶芬装甲师师部,师长哈策尔中校手下的无线电监听员却清楚截到了。好多年以后,哈策尔已经记不起那封电文的完整内容,可是最后两句使他很感慨:"弹药已罄,天佑吾王。"

在北边几公里外,接近阿珀尔多伦的地方,西姆斯二等兵躺在德军一间野战医院外面的草地上,四周都是其他受了伤的伞兵,在等候医疗处理。这些人都默然无语,憔悴。"自然而然地就会想到我们拼死血战,最后却一无所得。"西姆斯写道:"我不禁想到,我们的主力大军那么强大,然而这最后几公里却赶不过来救我们。最难忍受的便是这种感觉,我们就这样被人抛弃了。"

12

9月21日,星期四,上午10点40分,禁卫爱尔兰装甲营的兰顿上尉接到命令,他的第1连立即冲过新占领的奈梅亨大桥后,向阿纳姆推进。指挥官范德勒中校通知他,H时大概会在上午11点。兰顿不敢相信,以为范德勒一定是开玩笑,因为只有20分钟时间供他向部下做任务提示,并让大伙准备好发动大规模的攻击行动。兰顿亲自在一张缴获的地图上开始简报。"另外一幅我们仅有的地图,却是没有细部地形的公路图。"他说。有关敌人火炮阵地的情报,是在一张空照图上,还显示在伦特与范斯特中间,有一个防空炮阵地,"而且据称它可能已经不在那了"。

就兰顿来看,计划中的每一件事情都是错的——尤其,"他们实际上是要在 20 分钟之内发动攻击"。他的连负责攻击前进,另外一个连在后面跟进,两辆坦克上搭载步兵。兰顿得到通知,更多的步兵会跟上来。他不指望会有炮兵支援。在作战开始时运用得很成功的"随时候命"的台风战斗机空中掩护,暂时还不会有。比利时当地的天气不好,台风战机都停飞了。尽管如此,兰顿得到的指示还是"不要命地向前冲,一直冲到阿纳姆为止"。虽然范德勒没有把自己的感受透露给兰顿知道,他对这次攻击的结果却是持非常悲观的看法。早些时候,他和其他人——包括堂弟贾尔斯中校在内,曾经穿过奈梅亨大桥,去研究那条向正北方通往阿纳姆、高出路面的"岛屿公路"。在这些军官看来,这条公路透露着不祥。副营长菲茨杰拉德少校是第一个说话的人:"长官,在这条该死的公路上我们一米也走不出去。"范德勒也同意:"这里是想利用坦克最荒唐的地形。"到目前为止,在走廊中的进军尽管是以车辆排成单列纵队向前开拨,但也经常会在必要时驶离主干道。"可是在这里,"贾尔斯回忆,"根本没有离开公路的可能。一条顶上是公路的堤防,对防御是极有利的,但对坦克绝对不是有利的地方。"他转身对着别人说:"我可以想象得到德国人坐在那里,摩拳擦掌、看着我们来到,然后高兴得不得了。"范德勒默然看着现场,然后说:"不管怎么样,我们一定要试一试。要在这条他妈的公路上碰碰运气。"据贾尔斯回忆:"我们的前进根据的是一个时间计划表,要以 2 小时 24.14 公里的速度前进。"禁卫装甲师参谋长格沃特金准将,简明扼要地指示"就这样冲过去"。

上午 11 点整,兰顿上尉在搜索车上抓起无线电通话器:"前进!前进!前进!任何事情都不要停!"他的坦克轰隆隆经过伦特村邮局，上了主干道。兰顿抱着听天由命的态度，心中想的是机不可失，时不再来。经过15分钟或者20分钟后，他的呼吸才自在了些。敌人并没有什么动静，兰顿觉得"刚才那么狼狈，确实有点惭愧。我开始自问，到了阿纳姆大桥我该怎么办？以前我真的没有想过"。

在先导的坦克后面，范德勒跟堂弟坐在搜索车里。他们后面，便是皇家空军的洛夫上尉，也就是陆空联络小组的负责人。跟他一起的，又是那位萨瑟兰空军少校，人很焦躁却默不吭声。他曾在默兹—埃斯科运河突破作战时，指挥台风战斗机攻击。他爬上怀特M3装甲搜索车时，告诉洛夫："阿纳姆一带的伞兵哥儿们麻烦大了，迫切需要救兵。"洛夫搜索天空寻找台风战机，他确切认为需要它们，洛夫记得在那次突破时的可怕。"现在的情形与上个星期天相似，空军还没有找到我们的位置之前，德军就完全挡住了我们的去路。"

禁卫装甲师的坦克稳步向前行，途中经过马路左面的奥斯特豪特村（Oosterhout）和右面的雷森村（Ressen）、贝默尔村（Bemmel）。兰顿上尉在搜索车里，可以听见领先的坦克排排长托尼·塞缪尔森中尉（Tony Samuelson）报出地点。这时他报出第一辆坦克已经抵达埃尔斯外面，禁卫爱尔兰营到阿纳姆的路程大约走了一半。兰顿在听着时，意识到"我们独自上路了"。但是整个纵队的紧张正都消退了下来。洛夫空军上尉听见空中有低沉的嗡嗡声，见到第一批台风式出现了。比利时的天气变晴，各中队战机一批批飞到，它们在头顶上盘旋时，洛夫和萨瑟兰如释重负地坐了下来。

兰顿上尉在搜索车上检视着地图，整个纵队已经过了贝默尔村第二个拐弯处，向右转了。就在这一瞬间，他听到了一声猛烈的爆炸，向前一看，只见"前面一辆谢尔曼坦克的一个启动轮，缓缓地飞上了比树梢还高的位置"。他立刻晓得是前面的一辆坦克被打中了,在公路最前面的塞缪尔森中尉,马上证实了这件事。

远处,火炮开始咆哮,黑烟翻滚涌上了天空。在纵队最后面的马哈菲中尉晓得出了状况。车队突然停了下来。不晓得发生了什么事,所以纵队乱成一团。战斗爆发后,无线电传来的话都走了样,显得语无伦次。"无线电似乎有好多的呼叫声,"贾尔斯回忆说,"我告诉乔伊,我最好到前面去看看出了什么鬼事。"范德勒同意了,响应贾尔斯说:"尽快回报。"

兰顿上尉已经在往前走了。他从停下来的装甲车队旁边缓慢向前挪动,来到公路上的一个拐弯处。往前一看只见领先的4辆坦克,连塞缪尔森那辆在内,都已经被击溃,有些还冒火焚烧。炮弹来自一辆自行火炮,就在公路左面靠近埃尔斯村的树林里。兰顿命令驾驶开进弯路附近家屋的院子里,几分钟以后,贾尔斯也赶到了。很快,机枪的射击迫使这些人采取掩蔽,也没办法回到装甲车向堂兄范德勒报告了。他大声叫唤驾驶员戈德曼中士(Goldman),回到装甲车上——上面有顶盖,侧身有门的亨伯装甲车(Humber)——"戈德曼一打开顶盖,德军就对着他头上打来一串子弹,他砰地一下又把它给关上了"。最后,贾尔斯气急败坏地沿着一条水沟,爬回到了范德勒的指挥车那里。

范德勒大声疾呼地下着命令,用无线电呼叫炮兵支持。然后,他看见台风战机群飞到了头顶,下令洛夫呼叫它们。在皇家空军这辆车上,萨瑟兰抓起对讲机呼叫:"这是'酒杯'……'酒杯'……听到请回答。"台风战斗机继续在上空兜圈子,萨瑟兰气急败坏,再度呼叫:"这里是'酒杯'……'酒杯'……听到请回答。"依然没有答复,萨

第四部 围攻 429

瑟兰和洛夫两个人大眼瞪小眼看着对方。"无线电机坏了。"洛夫说道:"我们收不到任何讯号,台风式只在我们头上盘旋,而地面上炮轰还持续不停。这是我一生中最无助、最受挫折的一件事,我看着它们在上面高飞,却他妈的一点办法都没有。"洛夫晓得这些飞行缓慢的台风战机飞行员都接到指示:"不得攻击任何不确定的目标。"这时,贾尔斯到了他堂兄前,说:"范德勒,如果我们再派任何坦克沿这条路走下去,将会是一场血淋淋的谋杀。"说完,他们两人一起出发到兰顿上尉的阵地那里去。

这时,禁卫爱尔兰装甲营的步兵离开搭乘的坦克,进入公路两侧的果园。兰顿登上了一辆坦克,由于没有可以掩蔽的地方,又不能驶离公路,他只好驾着坦克前前后后挪动,试图射击隐身在树林中的那辆自行火炮。每一次他发射一发炮弹,"对方就回敬你五发"。

一名步兵上尉率领的部队正被同一个目标压制,他们在沟里挤成一团,上尉简直怒不可遏。"你究竟他妈的搞什么鬼?"他对着兰顿吼叫。年轻的兰顿很镇静,答说:"我尝试着击溃一辆炮车,如此才能到得了阿纳姆。"范德勒跟堂弟到达时,未能成功击溃那一辆自行火炮的兰顿,爬出坦克来迎接他们。范德勒回忆道:"那里乱成一团,我们什么方法都试过了,就是没有办法把坦克驶离公路,从那道该死、两侧都是陡峭边坡的堤防上下去田野。我唯一能得到的炮兵支持,只有一个野战炮兵连,但要他们对准目标的速度太慢了。"他唯一的步兵连被对方火力给牵制,又没办法召唤台风战斗机。兰顿说道:"我们一定会在什么地方得到支持。"范德勒缓慢地摇了摇头:"只怕没有了。"兰顿还是坚持,"我们可以到得了那里,"他请求说,"如果有了支持,我们便可以推进。"范德勒又摇了摇头,说:"我很抱歉,你还是得停在现在的位置,直到另有命令为止。"

对范德勒来说,情况很清楚,一直要到托马斯少将的第43威塞克斯步兵师到达禁卫爱尔兰装甲营这里以后,才能重启攻势。在那之前,范德勒的坦克只好独自被困在那条高耸又暴露的公路上。一辆自行火炮瞄准了这条隆起的干道,就有效地阻止了——整个纵队的救兵——距离阿纳姆大约只有9.66公里而已。

这路坦克纵队的后方,在埃尔斯村附近有一间温室。它的玻璃奇迹似的居然完整无毁。在温室对面,戈尔曼中尉悲愤地看着道路,自从纵队在走廊最南边的法尔肯斯瓦德停顿过以后,他就觉得前进速度要得再快一点。"我们从诺曼底一直打到这里,攻下布鲁塞尔,冲过了一半的荷兰,又过了奈梅亨大桥,"他说道,"阿纳姆和伞兵弟兄就在前方,几乎都能看得见那最后一座该死的大桥就在眼前,我们却被挡住了。我从没感受过令人如此厌恶的绝望感。"

第五部

魔窟

PART FIVE
DER HEXENKESSEL

1

"蒙蒂的坦克出发了！"沿着奥斯特贝克收缩的周边防线——从堑壕、从变成为据点的家屋、十字路口的阵地以及树林、田野——脸色阴郁、黯淡的官兵大声欢呼着。这个消息很快就扩散开来。在英军伞兵眼中，漫长的磨难就要到尽头了，他们将不再孤立无援。厄克特的莱茵河桥头堡，在地图上看起来就像是个指尖状的点。此时，这里大约3公里长，中间是2.4公里宽，另有1.6公里是沿着莱茵河的底边。红魔鬼已被团团围住了，三面受到攻击，逐渐遭到歼灭。饮水、卫材补给、食物和弹药不是缺乏，便是日渐减少。以一个师来说，英军第1空降师根本就名存实亡了。这时，官兵再度因为有了救兵的希望而振作起来。目前，也有一阵狂风暴雨般的火力咆哮着在头顶上飞过。莱茵河以南16公里的地方，英军的中型与重型火炮，正猛轰击距离厄克特前线几百米外的德军。

布朗宁将军在通信中答应了厄克特，第30军64炮兵团的大炮，会在星期四以前进入射程范围内。该团军官要求提供目标，以安排射击优先级。厄克特手下坚毅的老兵，顾不及本身的安全，很快就把坐标提供了过去。头一次有了良好的无线电通信联系，经由64炮兵团的通信网，红魔鬼们冷酷地把炮兵射击的坐标，几乎设到他们自己头上。这种射击的精度令人精神振奋，它的威力使得德军丧失了勇气。对这些衣衫破烂、满面胡须的伞兵有着莫大威胁的坦克，都被英军大炮多次打垮了。

即使有了这支受欢迎的救兵，厄克特也还是晓得，只要德军再来一次大规模的协调攻击，就可以把他的这支小部队扫荡干净。然而这时，官兵们相信有了一线希望——一个能在最后时刻夺取胜利的机会。星期四这天，情况稍微好转。经过炮兵64团的无线电网支持，厄克特有了有限的通信管道。奈梅亨大桥安全、畅通，禁卫装甲师的坦克正在路上。如果天气不变的话，波军第1伞兵旅的1,500名生力军，就要在今天下午降落。倘若波军能从德里尔迅速运用渡船渡过莱茵河，那么眼下的悲哀景象就会大为改观。

然而，假如要厄克特撑下去的话，补给与波军伞兵的到达是同等重要的。前一天，皇家空军轰炸机预计空投的300吨补给品，成功投落在哈滕斯坦附近的只有41吨。战防炮与大炮大量运到之前，密接空中支持具有关键性作用。缺乏了陆空通信——美军特种超高频率无线电机在D日起飞前几小时，才急忙送交英军，加上又设错了频率，结果毫无用处——师部的军官不得不告知皇家空军，伞兵并不在意误击，准备大胆地发动攻击吧。他们知道，绝对有必要做出这种抉择，并且为此做好了准备。厄克特发出一长串的电文给布朗宁，要求战斗机与战斗轰炸机攻击"机会目标"，而不必顾及红魔鬼师本身的阵地。这是空降部队的作战方式，但不是皇家空军的方法。即使到了这种生死关头，飞行员还坚持必须以地图上的精准度指出敌军的位置才会攻击。这对空投堡日益萎缩，在炮火围攻下动弹不得的伞兵来说，根本是个极不可能的要求。飞机没有作过任何一次的低空攻击。然而，在防线四周和向东延伸到阿纳姆的每一条公路、每一片田野、每一处树林里，都有敌军的车辆、阵地。

红魔鬼师的官兵缺乏他们极其需要的空中支持。封闭在防区里面,惨遭经常性的迫击炮轰击以及近距离作战,他们把希望寄托在禁卫装甲师的纵队上。伞兵相信他们正朝着这里驶来。厄克特没有那么乐观。敌我兵力悬殊,至少是4与1之比。在坦克与大炮不断轰击下,伤亡人数不断攀升。他晓得要有一次全面、竭尽全力的努力,才能挽救他这个被打得七零八落的部队。这个顽强英勇的苏格兰人敏锐地意识到,德国人能够像压路机一样压倒他少得可怜的兵力。不过在他告诉手下参谋们"我们必须不惜一切代价守住这个桥头堡"时,厄克特依然没有透露自己内心的想法。

防线这时划分成两个指挥责任区。希克斯旅长守西面,哈克特旅长守东边。希克斯西区的兵力,由滑翔机驾驶团、皇家工兵、边境团的残部、一些波军和各单位伞兵编成的部队把守。东面则是哈克特第10营、156营的残部,更多的滑翔机驾驶员,第1机降轻炮兵团等。从这两处主要作战区突出的北面(接近沃尔夫海泽铁路线),则由伯纳德·亚历山大·威尔逊少校(Boy Wilson)的第21独立伞兵连——也就是空降作战中最先到达的各导航组——以及罗伯特·佩顿-里德中校(R. Payton-Reid)的皇家直属苏格兰边境团第7营把守。防区南边的底线,大约东面从下奥斯特贝克的中世纪教堂,延伸向西到韦斯特鲍温丘。哈克特负责指挥边防团的其他部队。此外由南史丹福郡团1营、3营、11营的残部以及各个勤务部队组成,称为"朗斯代尔部"队(Lonsdale Force)的官兵,则是由受过两次伤的理查德·托马斯·亨利·朗斯代尔少校(Dickie Lonsdale)指挥。防线中央,是轻炮兵团团长汤普森中校的主力。这位压力很大的炮科军官,手下好几个炮兵连要不断地为紧缩中的防线提供支持,而宝贵的弹药,却又正迅速减少当中①。

从简洁的作战报告所附的地图可以看出,每一个单位都有它仔细划定的责任区。可是多年之后,那些死里逃生的人记得,其实并没有什么防线、前线可言,各单位间并没有明确的划分,各单位也没有协同作战。那里只有受到震弹影响、绷带缠绕、血迹斑斑的士兵,他们随时要填补任何地方出现的防守空隙。希克斯旅长视察手下筋疲力尽的官兵,他们正顽强防卫本身的战线。他晓得,"这是结束的开始,我想大家都知道这一点,虽然我们都想保持着若无其事的样子"。

虽然还不知道弗罗斯特在大桥的英勇抵抗已经结束,但汤普森中校多少有所怀疑,因为他与蒙福特少校之间的无线电突然断了联系。厄克特只有把希望寄托在禁卫装甲师的坦克能及时到达第2营残部的位置②。那座唯一横跨莱茵河——德国最后天然屏障——的大桥一直都是主要目标,是蒙哥马利迅速结束战争的跳板。没有了这座大桥,英军第1空降师的窘境,尤其是弗罗斯特那一营英勇官兵的牺牲,可以

---

① 东南端防线的巩固,得力于汤普森中校的敏捷想法。在9月19日混乱的交战状况中,他发现从阿纳姆撤退的官兵群龙无首,便把他们重新编组,防御火炮阵地前方最后一块高地。这些兵力,加上一些与原单位分离的官兵——150名滑翔机驾驶员,以及他本身的炮兵,一共有800来人——称为"汤普森部队"(Thompson Force)。后来兵力陆续增多,便拨交朗斯代尔少校指挥。他们在9月20日夜撤退,汤普森把他们部署在火炮阵地的四周。由于隶属关系的改变以及整体情况的变化,虽然有这些安排,却仍持续造成了部分的混乱。可是就在汤普森于9月21日受伤前,在炮兵阵地中的所有步兵,都拨交后来众所周知的"朗斯代尔部队"指挥,滑翔机驾驶员依然隶属第1机降旅之下。
② 星期四天亮后不久,当德军围捕企图顽抗的少数英军时,蒙福特把无线电机给破坏了。他回忆说:"敌军坦克与步兵就在大桥上,我帮忙抬着一些受伤的人到集合点,然后砸坏无线电机。当时汤普森中校对我们也爱莫能助。如果可以的话,每个人都想回到奥斯特贝克的师部去。"蒙福特企图重返英军阵线时,于阿纳姆郊被德军俘虏。

第五部 魔窟 437

说是毫无意义。正如厄克特告诉弗罗斯特和高夫两个人的话一样,对于他们,他已经无能为力了。救援他们一定要靠第30军的速度与装甲兵。

对厄克特来说,当务之急是把空降后的波军,尽快渡过莱茵河进入防线内。那处有渡缆的渡口特别适宜于这种行动。厄克特的工兵拍电报给军部,说:"24型渡船,可每次载3辆坦克。"尽管厄克特对韦斯特鲍温丘的高度感到担忧,又害怕位于该处的德军炮兵控制了渡口的可能性。然而,还没有敌军到达那里。由于人力太少,只能在边防团第1营中抽出一个排占据阵地。事实上,两边都没有派人进驻韦斯特鲍温丘高地。边防团查尔斯·弗雷德里克·奥斯本·布里斯少校(Charles Osborne)的D连在星期日落地以后,立刻就被分派这项任务。但是奥斯本说:"我们根本没有占据韦斯特鲍温丘,长官派我去担任侦察巡逻,以策划全营阵地,可是等我达成任务回到团部,计划已经变了。"星期四时,奥斯本的连"零星地进入哈滕斯坦酒店附近的阵地"。但那个重要的高地上,半个人也没有。星期三,工兵派出巡逻队到莱茵河,把渡口、水深、河岸情况以及水流速度报告回来。工兵汤姆·希克斯希克斯(Tom Hicks)还以为这次侦察是"协助第2集团军架桥渡河"。跟这3名工兵一起去的是1名荷兰向导。希克斯是坐渡船过莱茵河的,他看见船夫彼得"用一根渡缆操作渡船,船老大用手拉缆,似乎是水流帮他把船渡过河去"。希克斯在一根伞绳上绑了一枚手榴弹,绳索上每0.3米的地方打个结,他就拿手榴弹当测锤来测量水流。星期三晚上,自从波军伞兵的空降场改在德里尔以后,又派了一批巡逻队到渡口去。南史丹福郡营的二等兵爱德华兹说:"那是一次志愿性质的任务,我们要在海弗亚多普那里下河,找到渡船,并留在那里保护渡船。"

天黑以后，1名上士、1名中士、6名二等兵和4名滑翔机驾驶员出发。爱德华兹说："当我们要冲进海弗亚多普乡间浓密的树林时，在这中间的过程，我们遭到了迫击炮弹和火炮的密集轰击。"他们遭遇到好几次的射击，一名滑翔机驾驶员受了伤。我们走近地图上标志的河岸时，巡逻队却找不到渡船的踪迹，完全消失不见了。虽然渡船还有系泊在南岸的可能，但巡逻队受领的任务，却是要在北岸找到。巡逻队立刻散开，沿着北岸渡口两侧各0.4公里地带搜索，却毫无结果，找不到彼得的渡船。据爱德华兹回忆，率领巡逻队的上士认为，渡船可能沉了，不然就是根本不存在。天色微明时，他们放弃任务，开始了他们危险的归程。

不到几分钟，猛烈的机枪火力又打伤了其中3人，巡逻队唯有退到河边。上士觉得分散离开的成功机会要好得多。爱德华兹跟中士和两名滑翔机驾驶离开。经过与"德军小型的遭遇和冲突后"，爱德华兹这一批人来到下奥斯特贝克的教堂。这时正好一发迫击炮弹落下，爱德华兹被震倒在地上，两条腿被"小不点大的破片"炸伤，"军靴里都装满了鲜血"。在教堂旁边的一栋房子，医护兵替他包扎，事后要爱德华兹休息。爱德华兹回忆，"虽然他并没有说这是什么地方，但屋子里每厘米地方都摆满了伤兵，伤口和死人的恶臭真是令人不舒服"。他决定离开，回到开设在洗衣店里的连部中。"为了要找到人把我的报告呈上去，我把渡船的事向一位军官报告，之后就跟一个滑翔机驾驶员进到存放武器的坑道。我不知道一起出发的人是不是也回来了，同时跟我一起走进教堂的几个人对发生了什么事也一无所知。"

过了一阵子以后，依然不知道弗罗斯特命运的厄克特，向布朗宁拍发了一则电报。

第五部　魔窟　439

敌全力进攻大桥，守军力薄势危。敌自阿纳姆西及海尔瑟姆村东攻击，情况严重。但职以师余部在哈滕斯坦附近构成紧密防线。两处均希望尽早增派援兵；海弗亚多普渡口刻仍在我控制中。

正当这封电报经由第 64 中型炮兵团通信网发出去时，师部已经知道并没有找到渡船了。厄克特的参谋认为应该是德军把它给弄沉了。可是彼得的渡船并没有沉。推测应该是炮兵的射击打断了它的缆绳，等到发现渡船的时候，已经没有多大用处了。渡船最后是在 1.6 公里外、被炸毁了的铁路大桥附近被荷兰老百姓发现。它被冲上岸搁浅了，但依然保持完整。爱德华兹说："如果我们再往奥斯特贝克镇方向搜索个几百米，就会找到了。"

厄克特在星期四早上，巡视哈滕斯坦防务回到师部后，收到了重大打击的消息。距离波军伞兵空降只要再几个小时，可是要索萨博夫斯基的部队来增援防线的唯一快速的方式却没有了。[1]

* * * *

一长列载着波军第 1 伞兵旅飞往德里尔空降场的机队上，索萨博

---

[1] 有关这艘渡船的真情实况，是首度在本书提出。甚至在官方的历史中，也都说该渡船已经沉没。还有些版本的说法认为，德军为了防止它被使用，不是用火炮击沉了，便是把它运往另一个他们控制的地区了。但在德军的任何作战日志、记录或者作战报告中都无法取得相关的证据。我访问过德军军官——诸如比特里希、哈策尔、哈梅尔和克拉夫特。以我理解，他们没有一个人记得曾下令采取类似的行动。假定德军要占有渡船，我相信他们也会遇到爱德华兹要找渡船位于何处的同一难题。无论如何，没有一位德军军官记得下令切断渡缆，以阻止被英军使用。

夫斯基少将正在C-47运输机的长机座舱向下俯瞰。"我知道了实况，那也是我一直怀疑会发生的事情。"机队从埃因霍温转向北边飞去时，他只见"下面沿着整个走廊，上百辆车子堵在混乱的交通之中"。路上黑烟飞腾，敌人的炮弹正往各个不同的地点落下，卡车和其他车辆烧得火焰滚滚，"道路两边到处都有残骸"。然而，不知怎么的，车队还是在移动。过了奈梅亨，车辆的运动就停止了。索萨博夫斯基透过右侧的低云，可以见到"岛屿公路"以及上面堵塞、停顿了的坦克车队。敌军的炮火正往纵队的先头落下去。没有多久，机队向着德里尔飞去时，壮观的阿纳姆大桥已在望，坦克正在上面通过，由北向南行驶。索萨博夫斯基这才晓得这是德军的坦克，不禁大为震惊失色。如今他知道，英军并没有守住这座桥。

当星期三晚上依然没有厄克特现况的相关消息时，索萨博夫斯基显得非常激动，"我推测自己将会被送军法处置"。他对种种风声已经很不安了。他向波军伞兵旅的联络官斯蒂文斯中校要求见盟军第1空降集团军司令布里尔顿中将，他情绪激动地坚持，除非"把厄克特在阿纳姆的实际情况告知，否则波军伞兵旅将不会出发"。斯蒂文斯大吃一惊，急忙带了他的最后通牒，跑到第1空降集团军司令部去。星期四早上七点，他带了布里尔顿的消息回来。斯蒂文斯坦承，当地的情况很混乱，可是行动还是按照计划进行。位于德里尔的空降照常，"海弗亚多普渡口依然在英军手里"。索萨博夫斯基这才缓和了下来。而现在，俯瞰战局的全景，让他觉得"自己知道的比布里尔顿还要多"。

他清楚地看见德军装甲兵向奥斯特贝克镇前进。当机队前方，一阵狂风暴雨般的防空炮火飞上来迎接他时，索萨博夫斯基气坏了，觉得他的旅"将因为英军面对的灾难性结果而被牺牲掉"。过没有多久，

第五部　魔窟

他跳出机门，在穿织的防空弹幕中跳伞。已经50岁的少将注意到，跳伞的时间正是下午5点8分。

正如索萨博夫斯基所害怕的，波军正跳进了一场大屠宰场中。德军正严阵以待，打从机队飞到敦刻尔克起，他们便紧紧追踪和算好了时间。此时，空降场附近还比以往有了更多的增援部队，麻麻密密都是防炮。运输机队一飞到，顿时出现了25架BF-109战斗机，从云层中俯冲下来，扫射这些飞来的机队。

索萨博夫斯基在空中往下跳时，看见一架C-47运输机两具发动机已经陷入火海，并朝地面掉下去。亚历山大·科哈尔斯基下士（Alexander Kochalski）也见到另外一架运输机的坠落。在它落地撞毁起火以前，只见12名伞兵逃了出来。卡奇马雷克中尉垂挂在降落伞下时还做了祷告。他看见好多的曳光弹，"就像地面上每一门炮都朝向我射了过来"。科罗布下士的降落伞上满是弹孔，他在另一名弟兄的旁边落地，对方的脑袋已被打掉了。

波军在距离奥斯特贝克防线不到4公里的地方跳伞，使得原本的激战都暂时停顿了下来。德军的每一把枪、每一门炮几乎都集中在这些随风摆荡、毫无还手机会的伞兵身上。炮兵罗伯特·K.克里斯蒂（Robert Christie）说："那就像是敌人所有的枪炮同时举起、同时发射。"从持续炮击中获得的短暂喘息是宝贵且不容错失的。英军迅速把握机会，移动吉普车和装备，挖掘新的火炮阵地，填补珍贵的弹药，重新调整伪装网，把堵在堑壕中的空弹药箱给抛了出去。

兰顿上尉人在10公里外高高升起的"岛屿公路"上。6小时以前，他那领头的坦克连已经在驶往阿纳姆的途中停顿下来。兰顿痛苦地看着这次的跳伞任务，这是他未曾见过的恐怖景象。德国战机对着毫无防卫能力的伞兵运输机俯冲，"在空中就把他们扫掉"。伞兵想从起火的飞机中出来,"有些人,头朝下直直冲向地面"。伞兵的尸体"在空中翻滚,那些无生命的形体缓慢地飘落,在触地以前就已经死亡"。兰顿眼泪几乎都要掉出来了。他很纳闷:"他妈的,空中支持究竟在哪里?我们下午接到命令,说向阿纳姆的攻击行动不会有任何空中支持,因为所有飞机都得去支持波军,它们现在在哪里?天气因素?胡说八道,德国战机就在飞,我们为什么就不能飞?"兰顿从来没有感受过如此的挫折。他虽然知道有了空中支持,他的坦克"可以穿过这一段到达阿纳姆那些倒霉的混球那里去"。在焦虑和绝望之中,他突然发觉自己对眼前的一切感到恶心。

尽管对飞机与防空炮火凶猛的夹击感到震撼,但是波军伞兵大部分人都奇迹降落在空降场。就在他们着陆的同时,高射炮弹和装有烈性炸药的迫击炮弹在他们当中炸开了。这些炮火是位于奈梅亨—阿纳姆公路上的坦克、防空炮,以及德里尔以北的防空炮连发射的。索萨博夫斯基还见到机枪火力覆盖了整个地区。伞兵们在空中备受重击,落地又陷入致命的交叉火网,得拼命打出一条血路离开空降场才行。索萨博夫斯基落在一条水圳附近,他跑向掩蔽物时,碰见一具伞兵的尸体,"他躺在草地上,手伸开来就像是个十字架,"索萨博夫斯基后来写道,"是一发子弹还是一块炮弹破片,利落地削去了他的头盖骨,我不晓得在这次作战结束以前,会看到还有多少官兵像他这样,也不知道他们的牺牲是不是值得。①"

德里尔村的居民被德军猛烈的欢迎方式给吓呆了,但随即老百姓就被卷入伞兵的空降行动当中。波军伞兵落在这个小村子内外的各个

---

① 参见索萨博夫斯基所著的《我自由地服役》(*Freely I Served*)第124页。

地方——果园、灌溉水圳、堤坝、海埔地，还有人直接掉在村子里头。有些伞兵掉进了莱茵河，没办法脱掉降落伞，被水冲走、淹死。尽管有火炮和机枪对着他们射击，荷兰人依然跑出来救助这些歹命的波军，他们中有些人是红十字会成员——像科拉就是当中一员。

这次跳伞的空降场中心点，是位于德里尔南边不到3公里的地方。对村民们来说，完全出乎意料之外。这一次没有先派导航组，荷兰地下抵抗组织也不知道这个计划。科拉骑着一辆木轮胎的自行车，沿着狭窄的堤路往南骑，到一处名叫蜂蜜场（Honingsveld）的地方去，好像有许多伞兵在那里降落。她又惊又怕，不明白怎么还会有人在德军那种火力下逃得了命，她料到定有大批的伤亡。出奇的是，只见伞兵们编组好了队伍准备攻击，一批批跑到堤坝后面的安全处。她几乎不敢相信，那么多人依然还活着。她想到，"终于，汤米到德里尔来了"。

她有好多年没说过英语了，科拉可是德里尔村民中，唯一熟悉英语的人。受训成为红十字会护士时需要说英语，她也希望可以到场担任口译。她急忙往前骑时，只见许多人拼命向她挥手，显然是"警告我离开公路，因为有人开火"。可是她正处于"兴奋和愚蠢"当中，科拉一点都没有察觉到敌人如雨般的钢铁子弹对她齐放。她对着头一批遇见的人大声叫道："哈啰，汤米！"他们的回答使得她好狼狈，这些人说的是另外一种语言——不是英语。有一批被强迫加入德国陆军的波兰人，几年前曾驻扎在德里尔。她仔细听了一下，马上就从话里听出他们是波兰人，却依然使她大惑不解。

在敌人占领下生活了几年，科拉非常小心。这时在她家里的工厂，还藏有好几名英国伞兵和一组被击落的英军机组人员。这批波军似乎也同样猜疑,仔细盯着她看。他们不会说荷兰话,但是有几个会讲破英语和破德语,敢于提出一些谨慎的问题来。他们问道,她从哪里来？德里尔村里有多少人？村子里有没有德军？巴尔斯坎普农场（Baarskamp）在什么地方？一提到巴尔斯坎普农场,便引起科拉滔滔不绝地说起掺杂的英语和德语。农场就在村子的东面,科拉虽然不是德里尔村规模不大的地下抵抗组织成员,却听过一位活跃的成员——她的哥哥约瑟夫斯（Josephus）提过。该农场主人是名荷兰纳粹党党员。她也晓得巴尔斯坎普附近沿着莱茵河岸都有德军,沿着岸边的砖造房屋里,都有敌军驻守在防空炮阵地上。"不要去那里,"她要求道,"那里到处都是德军。"波军看起来并不相信,科拉回忆道:"他们没把握要不要相信我,我也不知道该怎么办,可是我却怕得要死,怕这些人会向巴尔斯坎普出发而落入圈套。"在她四周的这批人当中,其中一位就是索萨博夫斯基将军。"由于他没有佩戴什么特别的标志,看上去就像一般人,"科拉回忆,"一直到第二天,我才晓得那位不高、瘦小却结实的小个子就是旅长。"她记得索萨博夫斯基正镇静地吃着一颗苹果。他对她口中的巴尔斯坎普农场很有兴趣。会选上那里作为全旅的主要集合点完全是个意外。尽管科拉认为波军没有人相信她所说,但索萨博夫斯基手下的军官还是立刻派了传令兵出去,把巴尔斯坎普农场的情况通知各单位。吃着苹果的精干小个子现在问道:"渡口在什么地方？"

一名军官拿出地图,科拉指出它的位置。"但是,"她说,"它已经不开了。"德里尔村的人自从星期三以后,便没有见过船夫。彼得告诉他们渡缆已经被切断了,他们也认为渡船给炸掉了。

索萨博夫斯基听后一惊,跳伞落地,他就派出一组巡逻队去找渡

第五部 魔窟 445

口。这一下他的噩梦成真了,他回忆说:"我一直在等巡逻队的报告,可是这位年轻女性的消息似乎很准确,我亲切地感谢了她。①"他眼前的任务既艰难且巨大,要迅速派出救兵找到被围攻的厄克特。索萨博夫斯基必须派遣部队,坐船或乘筏渡过732米宽的莱茵河,而且是在黑夜里。他不知道厄克特的工兵是不是找到了船,也不晓得自己找到的船是否足够。他这时才知道本旅的通信兵,无法叫通英军第1空降师师部。他对师部任何新近拟定的计划,更是一无所知。

正当科拉和她一组人出发去救助受伤的人时,索萨博夫斯基看着本旅官兵在烟幕弹掩护下行动,并打垮了附近的微弱抵抗。到目前为止,德军对该旅唯一的最大抵抗,就是炮兵与迫击炮的射击。就目前来说,还没有装甲兵出现。这片松软的海域新生地似乎不适宜坦克行动。茫然又困惑中,索萨博夫斯基选在一座农舍成立了旅部,等候厄克特的消息。当听到全旅1,500人中,有500人没有抵达的时候,他的心情更是糟透了。由于天气因素,迫使已经载了将近一个营的飞机,中途折返回到了英国。就伤亡来说,他的部队已经付出了残酷的代价。尽管没有正确的数字,到天黑以前,集合的官兵大约有750人,其中还有很多人是受了伤的。

晚上9点消息来了,厄克特拍来的是相当不幸的消息。由于无线电不能叫通索萨博夫斯基,师部的波军联络官卢德维克·茨沃兰斯基上尉(Zwolanski)游过莱茵河来。"我正在地图上研究,"索萨博夫斯

---

① 有些回忆说科拉是地下抵抗组织成员,是被派去通知索萨博夫斯基,说渡船已在德军手里。科拉说:"任何事都不能离开真相太远,我根本不是地下抵抗组织成员,尽管我几个哥哥是。英军不相信地下抵抗组织,我们德里尔的老百姓,当然对这次空降事前是完全不知情的,直到波军落在我们头上。"

基回忆当时,"突然这个不可思议的人走了进来,他一身湿透,满身泥泞,只穿着内裤、披着伪装网。"

茨沃兰斯基向旅长报告,厄克特"要我们晚上渡河,他会准备渡筏接运我们过河"。索萨博夫斯基立刻下令,要一批官兵到水岸待命,他们在那里待了大半夜,可是渡筏并没有出现。"到了凌晨3点,"索萨博夫斯基说,"这时我才知道因为某些原因,计划失败了,我就把官兵调回,回到防线里。"他预料天亮后,"会有德军步兵的攻击和猛烈的炮火",要在"黑夜掩护下"渡过莱茵河的机会,"这天晚上都没有了"。

在对岸的哈滕斯坦酒店,厄克特不久前拍了封电文给布朗宁,说:

(212144)阿纳姆职属守军已24小时无消息,师余部在极紧密防线内防御,敌局部攻击后有猛烈准确炮火及机枪射击,最大损害是来自自行火炮。本师伤亡甚重,人力已使用至最大限,恳请24小时内派出援兵至要。

* * * *

荷兰三军总司令伯恩哈德亲王在位于布鲁塞尔、蒙哥马利第21军集团军司令部附近的一处小型营区之中,极度痛苦地关注着事态的发展。原本在9月初可以轻易光复的荷兰,这时却变成了一个大战场。伯恩哈德并不责怪任何人,美军和英军正牺牲他们的生命,去除压迫荷兰的残酷压迫者。然而,伯恩哈德对蒙哥马利和他的参谋们,很快地便不再那么另眼看待了。9月22日星期五,当伯恩哈德听说禁

第五部 魔窟 447

卫装甲师的坦克在埃尔斯给挡住,波军伞兵降落在德里尔附近,而不是落在阿纳姆大桥以南时,33 岁的亲王发飙了。"为什么?"他问荷军参谋长彼得·多尔曼少将("Pete" Doorman),"为什么英国人不听我们的?为什么?"

在"市场—花园"行动的计划阶段,荷兰高级军事顾问都被排除在外,而他们的忠告有可能是非常宝贵的。"例如,"伯恩哈德回忆道,"如果我们及时知道空降场的选择,以及它们到阿纳姆大桥的距离,我们的人一定会提出意见。"因为"蒙哥马利经验丰富",伯恩哈德和幕僚"没有提出任何问题而接受了这一切"。可是,当荷兰将领知道了霍罗克斯的第 30 军要采取的路线后,他们便急于想要劝阻任何听得下去的人,对使用暴露的高堤公路的危险提出警告。"在我们的指挥参谋学院,"伯恩哈德说道,"对这个问题作过了无数次的研究,我们知道在那种公路上没有步兵,坦克根本不可能作战。"荷兰军官一再地告诉蒙哥马利的参谋们,除非步兵随同坦克推进,否则"市场—花园"行动的时间表就无法维持。多尔曼将军表示,他们"在战前,正是在这一带亲自以装甲兵进行过试验"。

伯恩哈德说道,英军"对我们这种相反见解的态度,丝毫无动于衷"。尽管每一个人"都非常客气,英国人还是宁可自己策划,对我们的看法不去理睬。当时普遍的心态是,'别担心,老兄,我们就要开始做这件事情了'"。甚至到了今天,伯恩哈德还提到"凡事都归咎于天气。我的参谋一般的印象认为,英国人把我们当成白痴,竟胆敢对他们的战术提出疑问"。除了少数几名高级将领以外,伯恩哈德知道自己"在蒙哥马利的集团军司令部里,并不特别受人欢迎,因为我当时所说的话,很不幸地现在都成了事实——而且一般的英国人,都不喜欢由一个他妈的外国人来告诉他,说他错了"[1]。

在布鲁塞尔的总部,伯恩哈德让64岁的威廉敏娜女王和荷兰政府,得知所有的信息。"他们对英军作战的决策也影响不了什么,"伯恩哈德说,"由女王或者荷兰政府向丘吉尔提出这些事情是行不通的。蒙蒂的名声太大,邱吉尔不会干预战场的作战指挥,当时我们真没有什么办法可施。"

威廉敏娜女王对作战的进展很着急,也像亲王那样,以为会迅速光复荷兰。而今,如果"市场—花园"行动失败,王室深恐"德军会对我国老百姓实施恐怖的报复。女王推测德国人不会手下留情。她对德国人是那么地咬牙切齿"。

作战初期,伯恩哈德禀报威廉敏娜,说:"我们很快就会越过一些皇家的古堡和庄园。"女王回答道:"统统烧掉。"伯恩哈德愣住了,结结巴巴说:"您说什么?"威廉敏娜说:"德国人坐在我椅子上,到过我的屋里,那种地方我绝对脚都不踩一下,绝不!"伯恩哈德想让她消消气。"母后,您也有点太过火了吧,毕竟那些都是相当有用的建筑物呀,我们可以把他们的味道蒸薰掉,用DDT。"女王坚同铁石,"把王宫统统烧掉!"她降下旨意,"我绝对不踏进那处地方。"伯恩哈德亲王拒不遵旨。"女王因为我不先请旨,就跟幕僚住进王宫(没有烧毁掉)而生气。好几个星期,除了国事以外,陛下都不跟我说话了。"

---

[1] 禁卫爱尔兰装甲营的马哈菲中尉,还记得荷兰伊雷妮公主旅的一名军官,到禁卫军餐厅来吃晚饭,那时正是坦克停滞在埃尔斯以后没有多久的时候。荷军军官环视餐桌后说:"你们这次考试不及格。"他说在荷兰指参学院的考试,有一道试题专门讨论从奈梅亨攻击阿纳姆的正确途径。那是选择题:A.沿公路干道攻击前进。B.向前推进约2到3公里,转左,渡过莱茵河后作侧翼包围。荷军军官说:"那些选A沿公路干道直上的人,考试不及格;那些选择向左转然后去到达莱茵河的人,及格。"

目前，伯恩哈德和幕僚这时只能"等待和盼望。我们对事情发展的转变，感到既痛苦又挫折。我们从来没有想过，代价惨重的错误居然是位处高层的人所犯下的"。基于荷兰本身的命运，使得伯恩哈德更为忧虑，"如果英军在阿纳姆被打退了，我认为今年冬天加诸于荷兰老百姓身上的报复将会是非常可怕的"。

2

奥斯特贝克——曾经这处宁静的岛屿，这时已经成了激战的中心。打从星期三起，不到72小时内，奥斯特贝克成为屠宰场。大炮和迫击炮已经把它轰得变成好大的残骸堆。宁静的环境消失无踪，当地只剩下被破坏得光秃秃景色，到处是密密麻麻的弹坑，伤痕处处的堑壕，木材和铁料碎片散得到处都是，红砖的碎屑和灰尘堆成厚厚一层。在被火熏黑的树木上，衣服和窗帘的碎片，不成原形地迎风飞舞。街道上有脚踝高的泥灰，打过的铜制弹壳闪闪发光。道路上建起了临时路障，用的材料是被烧过的吉普车、车辆、树木、门窗和沙包、家具——甚至还有浴盆和钢琴。在半毁的砖屋和木屋后面、街巷的旁边、成了废墟的花园，都躺着军人和老百姓的尸体，彼此挨在一起。原本的度假酒店，现在成了医院，孤单地伫立在草坪之中，附近则到处乱放家具、油画、损毁了的灯具。而有着花俏条纹的天棚本来是给宽大的阳台遮阳的，现在却成了悬挂在支架上的肮脏碎布片。几乎每一栋屋子都被打中过，有些已经烧光，全镇几乎没有几扇窗还是完整的。这片充满了捣毁事物的景象，德国人称它为"女巫魔釜"（Der Hexenkessel），而荷兰人——大约有8,000到10,000名男女老幼——在挣扎着求生存。他们挤在地窖中，没有煤气，没有水，也没有电，也如同各地的伞兵般，几乎没有吃的了。老百姓看护受伤的自己人和防守的英军，偶尔也会看护曾经征服他们的德军。

斯洪奥德酒店现在是位于前线的主要急救站。酒店老板的女儿亨德丽卡·范德弗利斯特（Hendrika van der Vlist）在日记中写道：

我们不再害怕，我们已经度过了一切的害怕。我们四周都躺着受伤的人——有的已经奄奄一息。如果这是我们所要承担的事，为什么我们不该做这件事？在这段短暂的时间里，我们已经变得超然于曾经所依恋的一切。我们的财物失去了，我们的酒店已经千疮百孔，但我们都不曾留恋它们——我们也没有时间去留恋它们。如果这场战斗既要夺去英国人的生命，又要夺去我们的生命，那么我们将义无反顾地献身。

沿着街道、田野、屋顶，在建筑物废墟中那些被堵住充当掩体的窗户后面，接近下奥斯特贝克镇大教堂边，损毁了的哈滕斯坦酒店的鹿苑，紧张、眼眶深邃的英军伞兵们正据守着阵地。炮火的轰鸣声这时几乎不曾间断，士兵和老百姓都同样被震得耳朵发聋。奥斯特贝克镇中的英军和荷兰人，已经对炮击的震撼感转为麻痹。时间已经没有什么意义了，一切都变成模糊的了。然而军民协助着彼此，希望能得到解救，但精疲力尽的人们又对生死抉择感到释怀。皇家直属苏格兰边境团第7营营长里德中校提道："作战中最痛苦的事情，莫过于睡眠不足。士兵们已经到了'唯有睡觉才是生命中最重要的事'的阶段。"正如第10伞兵营本杰明·贝蒂·克莱格上尉（Benjamin Clegg）所言："我不记得疲倦以外的事——几乎到了那种被打死也值得了的程度。"滑翔机驾驶员劳伦斯·戈德索普上士（Lawrence Goldthorpe），被疲倦折磨得"有时巴不得自己能够挂彩，为的是能躺下来休息"。可是没有人可以休息。

在指尖形突出部的周边防线，从最北面、白色外墙的德赖耶尔奥特酒店（Dreyeroord，伞兵都称它"白宫"），一直到下奥斯特贝克那座 10 世纪的大教堂——人们正进行激烈的混战，攻守双方的武器与人员都疯狂地搅和在一起。英军经常发觉自己使用缴获的德军弹药和武器。德军坦克被德国地雷炸毁，德军开着英军的吉普车，并且依靠原本是要提供给英军却投错地方的补给品作战。"这是我们打过最便宜的一场仗，"霍亨施陶芬师师长哈策尔中校说，"我们有免费的口粮、香烟和弹药。"双方都历经占领、再占领对方阵地的过程，次数频繁得没有几个人可以确定下一个小时隔壁的阵地会在谁的手里。沿着防线带的地窖，对藏身的荷兰人来说，这种频频易手的情况非常可怕。

化学工程师福斯凯尔把他的家人——岳父母、太太贝莎以及 9 岁的儿子亨利——送到翁德瓦特医师（Dr. Onderwater）家里，因为那里的地窖用了沙包加固，似乎要安全一些。激战达到高潮时，英军的一个反装甲小组就在他们家楼上作战。几分钟以后，地窖门砰然飞开，一名党卫军军官由几名士兵陪同，问这批人是不是窝藏了英军？小亨利正在把玩子弹壳，是英军的弹壳。德国军官拿起弹壳，呵斥道："这是英军弹壳，统统给我上去！"福斯凯尔知道，地窖里的人铁定会全数被枪毙。他马上插手，告诉这位军官："请看，这子弹是从一架英国飞机上掉下来的，我的孩子捡到，只是拿来把玩。"德国军官突然带着他的人上了地面，走了，荷兰人安然无恙。再过了一阵，地窖门又砰然打开了，大家如释重负，原来是英国伞兵。福斯凯尔觉得"宛如鬼魅的他们，迷彩衣和钢盔上都插着树枝，就像圣诞老人，他们把巧克力和香烟分给每一个人。那是他们从刚缴获的德军卡车上弄到的"。

威尔逊少校指挥的导航组的艾尔弗雷德·琼斯二等兵（Alfred Jones），也深陷在这场混战之中。他在斯洪奥德酒店附近一处十字路口的房子据守，和同排弟兄看见德军一辆公务车开了过来。目瞪口呆的伞兵发愣地看着车子停在旁边一栋房子前面。艾尔弗雷德·琼斯回忆说："我们张大了嘴目击这一切，驾驶员替车上长官打开车门，还举手来个希特勒式敬礼，军官之后就朝屋里走。"接着，艾尔弗雷德·琼斯说："我们这才醒过来，全排一起开枪，把他们两个人都干掉了。"

有一些与敌人的遭遇战却显得多少有点人情味。滑翔机驾驶团的迈克尔·威廉·朗中尉（Michael Long），领着巡逻队在丹嫩坎普路口（Dennenkamp）附近，也就是位于防线北端，在浓密的灌木丛里穿过，突然与一名年轻的德国兵面对面撞见了。他手持一把斯迈瑟式冲锋枪，朗手里则是一把左轮手枪。他叫嚷着手下弟兄散开，并且马上开了枪。可是德国兵"比我快了一点点"，朗的大腿挨了一枪便倒在地上，德国兵则"只有右耳擦伤"。他赫然看见德军丢了颗手榴弹过来，落地"离我只有46厘米远"。朗拼命一脚把"马铃薯捣碎棒"踢开，它爆炸了，没有伤到人。朗回忆说："德国兵搜我身，从口袋里拿出两颗手榴弹，把它们丢进树林里去炸我的弟兄。然后他镇定沉着地朝我胸脯上一坐，便用他的冲锋枪开火。"这名德军对着树丛扫射时，炽热的子弹壳弹跳落在朗野战服敞开的领口里，朗冒火了，轻轻推着德兵，指着子弹壳用德语嚷道："好烫！"德国兵一面开枪，一面说："哇，真的。"他改变了一下射击姿势，使跳出来的弹壳落在地上。过了一会，德国兵停止射击，又对朗搜身，正要把他身上的急救包扔掉时，朗指指自己的大腿，德国兵也指指自己耳朵被朗子弹擦过去的伤

第五部 魔窟 453

口。四周还在射击，两个人就在树丛下彼此疗伤，然后德军把朗当成俘虏带走了。

逐步地，但可以确定，随着伞兵毙命、受伤与被俘，防线正受到了挤压。贝利斯士官长，那位带了跳舞鞋到荷兰来，以为荷兰人爱跳舞的滑翔机驾驶员，在花园中一条经过伪装的狭长堑壕里，被德军士兵"使眼色"揪了出来。他靠在墙边，接受德军的搜索和盘问。贝利斯不理会问话的人，若无其事地掏出一面手镜，查看着自己惨兮兮没刮脸的容貌，问德军："你该不会知道今晚镇上有开舞会，是吧？"他就被押着走了。

别的伞兵却真的听到跳舞的音乐，从德军的留声机里，传来了第二次世界大战期间的流行音乐——格伦·米勒（Glenn Miller）的《好心情》（In the Mood）。在堑壕和阵地里面容憔悴的伞兵，静静地聆听着音乐。唱片放完后，一个说英语的声音告诉他们："第1空降师的官兵们，你们已经被围了，不投降，就会死。"滑翔机驾驶团的伦纳德·M. 奥弗顿中士（Leonard Overton）"完全可以预见，再怎么说，现在再也不会活生生地离开荷兰了"。奥弗顿和附近的弟兄都用机枪的射击作答复。戈德索普上士也听到了广播。几个小时前，他冒着生命危险，搬回了一个空投的再补给包——打开一看，里面不是口粮，更非弹药，而是整整一包红魔鬼专用的红扁帽。这时他听到德军在广播："你们投降吧，还来得及！"他臭骂道："去你的兔崽子，你们这批蠢货王八蛋！"他把步枪端起来时，听见位于树林、堑壕的弟兄们，也如此开骂了。冒火的伞兵，对准喇叭的方向，步枪、机枪就是一长串子弹打了过去，广播的声音就此打住了。

从德军的角度看来，投降是英军唯一合理的选择——第1空降旅的理查德·亨利·斯图尔特少校（Richard Stewart）看出了这点。他被俘获之后，德军发现他的德语流利，于是把他押到更高层的司令部去。他对那位指挥官记得很清楚，军长比特里希将军"个子高大，身材瘦削，40出头或者40好几了。穿着黑皮大衣和军帽"。比特里希并没有要盘问他，"他要我回到师长那里去劝他投降，免得全师遭到歼灭"。斯图尔特婉拒了，军长"便长篇大论起来，告诉我要在我力量所及之处，用来拯救'祖国那些鲜花盛开般的青年'"。再一次，斯图尔特回答："我不能这么做。"比特里希再敦促他一次，斯图尔特问道："报告军长，如果我们转换身份，你会怎么答复？"这位德国指挥官缓缓摇了摇头："我的答复是不。"斯图尔特说道："我的答复也是如此。"

比特里希"从来没见过哪个军人，有像阿纳姆和奥斯特贝克英军那么拼命地作战"。他低估了厄克特及其伞兵的决心，并且错误判断了波军在德里尔空降的意图。他认定波军的到来，是为苦战的第1空降师"鼓舞士气"。他以为索萨博夫斯基的主要任务，是要攻击德军后方，以阻挡哈梅尔的弗伦茨贝格师利用阿纳姆大桥向奈梅亨推进。比特里希认为波军的威胁很巨大，便"插手攻击奥斯特贝克的作战"，命令克瑙斯特少校率领装甲营向南急进。克瑙斯特兵力强大的装甲战斗群，这时已经增加到了26辆60圈的虎式坦克和20辆豹式坦克。他要守住埃尔斯，阻止波军接近阿纳姆大桥南端，这边也同时可以阻挡霍罗克斯的坦克前来会师。弗伦茨贝格师在改编之后，奉令"将奈梅亨地区英美军逐退到瓦尔河"。对比特里希来说，英军从奈梅亨方向过来的长驱急进，才有十万火急的重要性。他认定厄克特师已被包围，且将会被消灭。他从来没有想过波军的目标会是去增援厄克特的桥头堡。不管怎么说，比特里希的战略——因错误的出发点而形成——却决定了第1空降师的命运。

9月22日星期五清晨,克瑙斯特战斗群的最后一批坦克驶抵埃尔斯的同时,厄克特接获了英军第30军军长霍罗克斯的消息。前一天晚上,厄克特经由幽灵团,向英军第2集团军转达的两封电文,说渡船不存在。霍罗克斯显然还不晓得有这么一回事,军长的电文是:"43师奉令冒一切危险在今日赴援,向渡口前进。如战况许可,贵师可撤至渡口或过河。"

厄克特复电说道:"本师乐于见及贵军。"

在变成残垣断壁的哈滕斯坦酒店的酒窖里——"剩下来唯一相对安全的地方",厄克特回忆着,他在那里与参谋长麦肯齐中校开会。"我们现在最不需要的就是制造恐慌,可是我觉得该想点办法解围——而且是马上。"

外面,例行性的拂晓迫击炮轰击——伞兵们称它为"早上的怨恨"——开始了。一发发打在附近的迫击炮弹幕,把已经捣碎了的哈滕斯坦酒店也都震动起来。累垮的厄克特,不晓得他们还能撑多久。当全师在阿纳姆各个空降场落地时,共计有10,005人,滑翔机驾驶员有1,100人。如今他估计,应该是不到3,000人了。5天还不到,全师官兵损失了2/3。尽管他现在与霍罗克斯和布朗宁建立了通信,厄克特却不认为他们了解了目前的情况。"我认为,"厄克特说,"霍罗克斯并不十分了解我们的困境,我一定要想办法,把情况的危急性与迫切性告诉他们。"他决定派参谋长麦肯齐和工兵主任埃德蒙·查尔斯·沃尔夫·迈尔斯中校(Eddie Myers)——"他能够处理官兵与补给渡河的专业安排"——到奈梅亨去见布朗宁与霍罗克斯。"我被告知,"麦肯齐说,"第一要紧的事便是要向霍罗克斯与布朗宁强调,本师已经溃不成军——我们只是聚集在一起苦撑的散兵游勇而已。"厄克特认为,他们已经到了耐力的极限,他要麦肯齐让对方明白,"如果今晚再没有人员、补给运过河来给我们，一定就会太迟了"。

麦肯齐和迈尔斯准备出发时，厄克特站在一旁，他晓得此行危险。也许不可能，但这种判断又似乎合理——假使霍罗克斯的电文可信，第43威塞克斯师已经按照计划发动攻击——到那时，麦肯齐和迈尔斯渡过莱茵河后，到奈梅亨该有一条已经打通的路了。这两个人离开时，厄克特"对麦肯齐最后还叮咛一句话，我告诉他试着要让他们相信我们的处境有多么危急。麦肯齐回说他会竭尽所能，我晓得他也会如此"。迈尔斯和麦肯齐带了一艘橡皮艇，坐上吉普车往下奥斯特贝克和莱茵河出发。

位于瓦尔河北边16公里的奈梅亨，禁卫骑兵团第2连26岁的理查德·约翰·罗茨利爵士上尉（Lord Richard Wrottesley），正坐在装甲车上指挥一个排，准备下令前进。晚上，他的侦察排已经奉令带领部队走在发动进攻的第43师之前，去与空降部队会师。前一天，禁卫装甲师已经停了下来，罗茨利"充分了解奈梅亨以北的德军实力"。不论是在德里尔的波军伞兵或者英军第1空降师，都没有消息传来。年轻的罗茨利回忆，该连的角色，就是"猛打猛冲，找出一条冲过敌军防线的路"。他认为，不采取奈梅亨-阿纳姆的主干道，而改走西面的一条次要公路，利用凌晨的蒙雾掩护下，"可能对我们的运气会有所帮助"，能有较好的机会穿过敌军的防线。天边一线曙光，罗茨利便下令出发，两辆装甲车和两辆搜索车便迅速没入晨雾中。跟在他后面的，是阿瑟·文森特·扬中尉（Arthur Young）指挥的另一个排。这支部队行动迅捷，在奥斯特豪特村转弯向西，沿着瓦尔河前进了大约10公里，然后一个回转，向正北方的德里尔前进。罗茨利回忆道："在某个点，我们看见不少德军。不过他们比我们更吓了一跳。"两个半小时以后，也就是9月22日星期五上午8点，"市场—花园"行动的地面部队，首度与第 1 空降师会师。蒙哥马利之前预想的 48 小时后会师，是延后到了 4 天又 8 小时才达成的。罗茨利和扬，出色地达成禁卫装甲师坦克战斗群在星期四意图完成的目标，一弹未发的情况下便抵达了德里尔和莱茵河。

H. S. 霍普金森中尉（H. S. Hopkinson）的第 3 排在他们后面跟进，却遇到了麻烦。晨雾刚散，第 3 排就被德军发现了，敌军装甲兵开火射击。霍普金森说道："第一车的驾驶员里德（Read）当场被打死。我到前面去救他，可是搜索车已经陷入火海中，敌人的坦克不断向我们射击，逼得我们只有后退。"这一下，德军再度封锁了驰援厄克特的生路。

打从一开始起就不断干扰着"市场—花园"行动的奇异、严重瘫痪交通的情况，此时又再次升级了。9 月 22 日星期五拂晓，托马斯将军长久等候着的第 43 威塞克斯师，从奈梅亨一拥而上，协助在埃尔斯停滞的禁卫装甲纵队——作战计划上要 129 旅——沿着高堤公路的两侧前进，经过埃尔斯然后直趋阿纳姆。同时，214 旅则朝西攻击，经过奥斯特豪特村，扑向德里尔和莱茵河渡口。难以置信的是，威塞克斯师从埃斯科运河出发到 97 多公里外的目的地，竟然花了快 3 天的时间才走到。部分原因当然由于敌人经常攻击走廊，但是事后也有些谴责指出，是做事有条不紊的托马斯过分谨慎所导致的结果。该师如果下车徒步行军的话，速度可能还要再快一些①。

眼下灾难又再次降临在第 43 威塞克斯师身上了。214 旅旅长埃塞姆将军好生失望。21 日晚，该旅其中一个先遣营——萨默塞特轻步兵

---

① 参见切斯特·威尔莫特（Chester Wilmot）的《欧洲争夺战》(*The Struggle for Europe*) 第 516 页。

团 7 营（7th Somersets）——迷路了，没有涉过瓦尔河。等到该营终于到达时，埃塞姆怒气冲冲责问营长："你们究竟死到哪里去了？"他们被当地人群和奈梅亨市内的路障阻挡，几个连在混乱中分散并走向错误的桥梁。埃塞姆计划利用凌晨的蒙雾，直奔德里尔的机会就此丧失。一直到早上 8 点 30 分，214 旅两翼攻击方始展开。德军由于禁卫骑兵团侦察部队的出现而提高了警觉，天亮之后便严阵以待。到 9 点 30 分，一位富于韬略、在奥斯特豪特村的德军指挥官，技巧性地运用坦克和炮兵，成功地牵制住 214 旅。直趋埃尔斯的 129 旅，企图支援范德勒的禁卫爱尔兰装甲营，却遭遇到了德军克瑙斯特少校庞大坦克群的火力。后者接到比特里希的命令，南下打击英美军的前进。厄克特认为，在这一个生死关头的星期五，第 1 空降师的命运仰赖立即赶到解围的援兵。43 师攻占奥斯特豪特时，夜色已临。要让部队继续推进，解救被围困在奥斯特贝克的伞兵，时间已经太迟了。

正如埃塞姆的反应那般，其他人对这次攻击的拖泥带水进展也感到不满。康沃尔公爵轻步兵团第 5 营①营长乔治·泰勒中校（George Taylor），不懂"是什么原因把每件事情都给阻挠了"，他晓得"花园部队"抵达第 1 空降师的时间，已经比预定迟了 3 天。他知道后很不自在，上级也在为这件事感到担忧。星期四，他遇见了军长霍罗克斯将军，长官问他说："乔治，这件事要是你会怎么办？"乔治·泰勒毫不犹豫，建议在星期四晚上，派一支特遣部队驰往莱茵河，带上满装

---

① 英军威名远播的各团名称，经常使得美军晕头转向，尤其当它们使用缩写名称时更是如此。例如发生在盟军空降集团军司令部，一封关于康沃尔公爵轻步兵团第 5 营的电报送达，电文是"5DCLI（5th Battalion, Duke of Cornwall's Light Infantry）正与空 1 师接触……"大感不解的值星官终于译出了信息，他报告说"5 辆步兵登陆水鸭子车（Five Duck Craft Landing Infantry）"，正向厄克特前进。

补给的两吨半两栖登陆车（Dukws）。"我只是抱着姑且一试的心态，"乔治·泰勒回忆道，"霍罗克斯显得有点吃惊，就像人们在听天方夜谭时所表现的那样——他随后迅速转移了话题。"

乔治·泰勒只能不耐烦地等待命令，以率领全营渡过瓦尔河。直到星期五中午，第30军派来了一名少校参谋，告诉营长，军部会拨两辆装载了弹药与给养的水鸭子给该营带到德里尔去。此外，还拨第4/7龙骑兵卫士团（4th/7th Royal Dragoon Guards）的一个坦克排给他。参谋说："阿纳姆的情况极为危急，两栖登陆车一定要在今晚渡过河去。"这时已是星期四下午3点，乔治·泰勒看到到达集结区、两辆装得满满的水鸭子，不晓得它们带的补给品够不够。"务必，"他指示营情报官戴维·威尔科克斯中尉（David Wilcox），"我们一定要找到更多补给运过河去。"

步兵正从奈梅亨桥头堡出发时，第1空降师参谋长麦肯齐中校和工兵主任迈尔斯中校，已经渡河过来德里尔，到了索萨博夫斯基的责任区。他们意外地平安渡过了莱茵河，麦肯齐说："德军对我们只发射了几发枪弹，都从头上飞过。"南岸正进行大规模的激战，波军伞兵遭受到猛烈的压迫，挡住了从埃尔斯和阿纳姆方向来的敌军步兵攻击。麦肯齐和迈尔斯两人在莱茵河南岸等待波军等了好一段时间。麦肯齐说："我们曾用无线电通知，要他们注意我们。可是正打得激烈，索萨博夫斯基任务又很忙。"到最后，他们才骑上自行车，被护送到索萨博夫斯基的旅部。

麦肯齐见到了禁卫骑兵团侦察部队，精神为之一振。可是他要迅速到奈梅亨去见布朗宁将军的希望却破碎了。对罗茨利爵士上尉和扬中尉来说，霍普金森第3排的侦察车没有抵达德里尔，意味着德军已经堵上了后面的道路，第43师的攻击也还没有突破，麦肯齐和迈尔斯只有等着道路被打通。

罗茨利说："麦肯齐立刻要求用我的无线电与军部联系。"他把一封长长的电文，经过罗茨利的连长，转发给霍罗克斯和布朗宁。参谋长并不想费力译成密码，罗茨利站在旁边，听见麦肯齐"直白"地说："我们缺乏粮食、弹药和医材，再也撑不了24小时以上了，我们能办得到的，就是等待和祷告。"罗茨利这才首次意识到，"厄克特师的状况一定很糟"。

然后，麦肯齐、迈尔斯和索萨博夫斯基商议，讨论到把波军渡过莱茵河的紧迫性。麦肯齐道："哪怕只是过去部分人员，现在也会使情况迅速改观。"索萨博夫斯基同意了，不过问到舟艇从哪里来？只有满心希望申请的水鸭子能在晚上抵达。同时，迈尔斯想到空降部队的双人橡皮艇也是可以用的。用系缆连接起来，便可以拉往返渡河。索萨博夫斯基对"这个主意感到满意"，他说，这种方式会缓慢得让人感到痛苦，"如果没有被发现，或许在晚上可以运200人过河。"迈尔斯迅速以无线电与哈滕斯坦通话，为橡皮艇渡河作安排。这次窝囊、迫不得已的行动就这么决定了，渡河作业将在晚上开始。

* * * *

莱茵河对岸的桥头堡，第1空降师继续以无比的勇气和坚毅作战。然而，即使是防线中最坚定的人，也对救兵的到来表现出担忧之意。孤立感正到处弥漫，同时也影响在此的荷兰人。

稍早之前被指派担任荷兰地下抵抗组织（25人）指挥官的前荷兰海军军官查尔斯·道·范德克拉普（Douw van der Krap），此刻正带领他的队伍与英军并肩作战。该队是因为厄克特师部的荷军联络官沃特海军少校促成的。在星期一的时候帮忙把斯洪奥德酒店变成急救站的艾克尔霍夫，负责搜刮德军的武器交给他们。英军会发给每个人5发子弹，如果找得到武器的话。艾克尔霍夫开车最远去到达沃尔夫海泽村，也才找到三四把步枪。一开始，他们新任命的指挥官为这个建议大受鼓励，可是希望却随之消逝。他手下如果与伞兵并肩作战，俘获后就会立即被处死。范德克拉普回忆说："英军没有救兵、没有补给，很明显支持不下去了。他们既不能武装我们，又不能供应粮食，我决定把队伍解散。"但是他本人还是和伞兵在一起，他说道："我要打仗，但我不认为我们有机会。"

年轻的安妮·范马南，对于伞兵的到来非常激动，每天指望见到"蒙蒂的坦克"，这时却被永无休止的炮击和战线的经常性更动而担惊受怕。她在日记中写着："嘈杂声和苦难持续不断，我再也受不了，我好害怕，什么都想不到，只想到炮弹和死亡。"与英军医官一起在塔费尔贝格酒店工作的父亲马瑞德医师，一有机会，就会给家人捎来消息。可是在安妮看来，作战似乎已经到了不切实际的状况。"我不懂，街的一边是英国兵，另一边是德国兵，大家彼此打死对街的人，每栋房子、每一层楼，每一间房里都在打。"星期五，安妮写道："英国兵说蒙蒂随时会到。我不信，见鬼了，蒙蒂！他绝不会来。"

德军和英军伤兵都挤在斯洪奥德酒店宽敞的走廊、接待厅、通道和房间里。范德弗利斯特不相信这一天已经是星期五。这处临时医院经常换手。星期三，酒店被德军接管，星期四是英军，星期五早上又再次被德军占领。谁掌控了斯洪奥德酒店，并不比防止它被轰击来得重要。好大一面红十字旗在屋顶上飘扬，数不清的小红十字旗则在四周都可以看得到，可是灰尘和飞扬的碎屑却经常遮蔽了它们。医护兵、护士、医师工作个不停，除了永无止息的伤兵以外，他们对其他事情已经完全不在乎了。

范德弗利斯特每一晚都和衣而睡。只睡几个小时,就要起床协助医师和医护兵,照顾新运到的伤兵。能说流利英语和德语的她,一开始先注意到德国兵之间的悲观情绪,相形之下,英军伤兵情绪高涨。而现在很多伤势严重的红魔鬼伞兵,似乎冷静地准备接受自己的命运。她把分量不多的汤和一片饼干——这是医院唯一能提供的一餐——端给一名伞兵时,他指着一个刚到的伤兵,告诉她:"给他吧。"范德弗利斯特把那个人的毯子拉下来,只见他穿着德军军服。那伞兵问道:"德国兵,是吧?"范德弗利斯特点点头,英国兵说:"给他吃吧,反正我昨天吃过了。"范德弗利斯特凝视他,问道:"为什么要在这里打仗,你知道吗?"英国兵疲惫地摇了摇头,她在日记中写下了自己的畏惧:"我们的村子竟成了最惨烈的战场?是什么挡住了救兵?不能再这么打下去了。"

福斯凯尔一家和二十几名荷兰人、英国兵一起躲在翁德瓦特医师的地窖里。福斯凯尔太太头一次见到地面上布满滑不唧溜的血迹。这一晚,有两名受伤的英国军官——彼得·埃斯蒙德·沃尔少校(Peter Warr)和肯尼思·鲍斯·英曼·史密斯中校(Ken Smyth),被士兵抬了进来。他们两人伤势都很重,沃尔伤在大腿上,史密斯伤在腹部。两人刚躺在地上,德国兵就冲了进来,其中一人还扔出手榴弹。史密斯中校所属第10营的乔治·怀利下士(George Wyllie)只记得"一阵闪光,然后一声震耳欲聋的爆炸"。福斯凯尔太太坐在沃尔少校后面,觉得两条腿有"火烫般的痛楚"。黑漆漆的地窖里,她只听见有人吼叫:"宰了他们!宰了他们!"只感觉一个男性沉重地倒在她身上,那是艾伯特·威林厄姆二等兵(Albert Willingham),显然他挡在福斯凯尔太太前面来保护她,怀利下士看见威林厄姆背上炸开一条伤口。他记得福斯凯尔太太是坐在椅子上,身旁有个小孩,死去的威林厄姆倒在她膝盖上。小孩看似满身是血。"我的天啊!"s怀利失去知觉时这么想:"我们杀死了一个小孩!"激烈交战一下子就过去了,有人开着手电筒,说:"你们还活着吗?"福斯凯尔太太大声叫她先生,然后伸手去够儿子亨利,孩子对她的哭喊都没有反应。她确定孩子已经死了。"我突然感到什么都无所谓了,"她说道,"无论再发生什么事情都没有关系了。"

福斯凯尔太太看见士兵和老百姓都是伤势严重且大声喊痛。就在她面前,沃尔少校的军服"被撕裂且血淋淋"。每一个人都在哭喊,都在呜咽。"安静!"福斯凯尔太太用英语大声叫道:"安静!"她把倒在身上的沉重尸体给推开了,然后看见怀利站在旁边。"这英国小伙子站起来,显然在颤抖,他的步枪枪托在地板上,刺刀几乎与我的眼睛同高。他抽搐着前后移动,试图站稳,动物般的低沉啸声——像狗吠或者狼嚎——正从他嘴里发出来。"

威利下士的脑袋清醒了。后续有人点了蜡烛,一名德国军官给他喝了一口白兰地,怀利看见酒瓶上刻有红十字会的徽章,下面一行字:"英王部队专用"。他被带出去时,回头看了看"死了孩子"的妈妈,想跟她说些什么话,却又说不出来[①]。

德军军官要福斯凯尔太太告诉英军,"他们打得很英勇,行为像君子,可是眼前他们一定要投降,告诉他们这一仗已经结束了。"英

---

① 怀利以后再也没见过福斯凯尔家的人,也不晓得他们的名字。多年来,他始终担心地窖里那位太太,并且认为那孩子已经过世。而今,年轻的亨利(Henri Voskuil)已经是名医师。怀利以后再也没见过福斯凯尔家的人,也不晓得他们的名字。多年来,他始终担心地窖里那位太太,并且认为那孩子已经过世。而今,年轻的亨利(Henri Voskuil)已经是名医师了。

军被送走时,德军一名医护兵前来检查亨利。"他昏过去了,"他告诉福斯凯尔太太,"肚皮上擦破了一点,眼睛充血红肿,但他不会有事的。"她不说话,点了点头。

地面上的沃尔少校,爆炸使得他的肩骨从皮肤下突了出来,他嚎叫、咒骂,随后又晕了过去。福斯凯尔太太俯下身把手帕打湿,擦去他嘴唇上的血迹。附近的史密斯中校含糊在说些什么,一名德国卫兵转过身来,满面狐疑地看着福斯凯尔太太。她轻轻说:"他要医官。"德国兵离开地窖,几分钟后,带着德军医官回来。他一边检查史密斯,一边说:"告诉这位军官,接下来会很疼,我对此表示歉意,但我必须查看他的伤口,要他咬紧牙关。"他开始把军服脱下来时,史密斯晕了过去。

天亮以后,老百姓奉令离开。两名党卫军士兵搀扶着福斯凯尔太太和亨利回到街上,一名荷兰红十字会人员,指示他们到牙医菲利普·克劳斯(Dr. Phillip Clous)的地窖去。福斯凯尔先生的岳父母不去,他们宁可留在家里碰碰运气。克劳斯热情欢迎福斯凯尔一家人。"不要担心,"他告诉福斯凯尔,"一切会没事的,英国人会赢的。"福斯凯尔站在受伤的太太和儿子身边,心里还停留在前一晚的恐惧,看着克劳斯镇定地说:"不会,他们不会赢了。"

尽管他们不愿意承认本身的忍耐力几乎要到临界点,很多伞兵知道他们再也不能坚守下去了。达德利·理查德·皮尔逊上士(Dudley Pearson)对于"被德国人摆布"已经感到厌倦。在防区的北缘,他和手下弟兄被坦克追赶,进而被牵制在树林里,最后被迫用刺刀打退了德军。最后,在星期四晚上,正当防线紧缩时,他跟他的人奉令后退,命令他们以烟幕弹掩护撤退。他听见附近还有一挺布伦机枪孤独地在射击。他在树丛下匍匐爬行过去,只见一名下士伏身在树林中一处深坑里。"走,"皮尔逊告诉他,"我才是最后一个留在这里的。"下士摇头,"上士,我不走"他说,"我要待在这里,不让那些杂种过来。"皮尔逊找路往后退回去时,还能听见布伦机枪在射击。他想到已经无望,开始怀疑是不是投降会好一点。

哈滕斯坦酒店网球场附近的堑壕——有许多纵横交错的散兵坑,是英军准许德军俘虏为了自我保护而挖掘的——滑翔机驾驶员米勒呆看着另一名驾驶员的尸体。尸体四肢伸展着躺在几米外,密集的弹雨让人们根本无法去搬动他。米勒目击到自从最后一次的迫击炮轰击后,尸体差不多被树叶和断裂的树枝给覆盖了。他不停地看着,心里纳闷不晓得会不会有人来处理尸体。他看着朋友的容貌在改变,心里既害怕,也会因"扑鼻的尸臭"而感到恶心。米勒还记得,当时自己绝望地狂想到,"倘若不马上想点办法,我们统统都会变成尸体。炮击会把我们一个跟着一个消灭掉,直到这里成为死人公园为止。"

其他人却觉得自己既受到鼓励、保持勇气,却又无法了解到现况。奥布赖恩二等兵在下奥斯特贝克大教堂附近,他记得"每天晚上,总有位军官来巡视,告诉我们撑下去,隔天第2集团军就会到了。大家对此非常冷淡,人人都在问地面部队究竟是在干什么,那支该死的集团军到底在哪里,我们已经受够了"。滑翔机驾驶员爱德华·米切尔上士(Edward Mitchell),位于教堂对面的阵地,记得有个伞兵把自己锁在一间小屋子里。"他不准任何人靠近,他不时喊叫,'上呀,你们这帮杂种'。然后对着屋子四周,打光了一匣的子弹。"独自一人的他,有时先大喊再开枪,有时又先开枪再大喊,就这样弄了好几个小时,之后一段时间变得很安静。正当米切尔和其他人还在争论该怎么把他弄出来时,屋子里突然短促地一阵连放,之后又是一阵安静。他们靠近屋子一看,人已经死了。

到处都有弹震症、脑震荡、战斗疲劳的官兵在哈滕斯坦酒店附近溜达，终于忘却了战争。医护兵塔菲·布雷斯（Taffy Brace）星期二还在照料朋友米尔本血肉模糊的身体。眼下，当他在处理伤员时，又再次遇到了这些悲惨而可怜的弟兄。可是吗啡已经用光了，而且还是用纸替代的绷带来包扎伤口。他可不能透露自己没有了药。"你要打吗啡针干什么？"他问一名重伤的士兵，"吗啡是给那些真正受伤的人用的，你的伤还好。"

当布雷斯在替人裹伤时，觉得身后有种怪异的鸣叫声。转身一看，只见一名弟兄一丝不挂，两只手上上下下就像压水唧筒似的，"在模仿火车头的声音"。对方一看到布雷斯就咒骂："这个该死的消防员，他从来不是什么好东西"。布雷斯带了一名伤兵进入防区内一栋屋内时，听见有人轻声在哼唱《多佛尔的白色断崖》（*The White Cliffs of Dover*）。布雷斯以为他在安慰别的伤兵，便对他微微一笑，点点头表示鼓励。那家伙却冲过来想把他掐死，"我要宰了你，"他大声叫道，"你懂多佛吗？"布雷斯把对方的手指头松脱。"没关系，"他客气说道，"我去过那里。"这家伙后退了几步，说道："喔，那就好。"几分钟以后，他又唱起来。其他人还记得一名患了弹震症的士兵，晚上在他们之间走来走去，见到缩成了一团准备要睡的弟兄，就俯身下去使劲把他们摇醒，直瞪对方眼睛，千篇一律地问说："你信不信神？"

* * * *

尽管那些令人怜悯、受到震吓、绝望的人们，已经失去了信心，其他数以百计的人，却受到一些行为古怪却英勇无畏的士兵激励着。

第五部　魔窟　467

那些人拒绝向伤痛和艰苦低头。"朗斯代尔部队"指挥官朗斯代尔少校本人,防守在下奥斯特贝克教堂附近的阵地。他似乎无所不在。"他是个能振奋人心的人物,"皮尔逊上士说,"他的一条手臂挂在血迹斑斑的吊带上,头上绑着同样血淋淋的绷带,一条腿还绑着厚实的敷料。"朗斯代尔步履蹒跚来回地激励手下弟兄,领着他们一次又一次地战斗。

卡拉汉士官长在自己的制服之外,添加了一些额外的点缀。他在一辆灵车上找到顶高顶礼帽,便四处戴着它走动,向弟兄们解释说,他已被提名为"希特勒葬礼的空降部队代表"。这使人想起朗斯代尔曾在教堂内,对弟兄们所发表的一篇铿锵有力、昂扬不屈的演说,军官把士兵们聚在一起,领着他们进入已经成为废墟的古老建筑物。卡拉汉回忆:"教堂屋顶没了,每一发炮弹的爆炸,都使得泥灰像雨水般往下落。"阿兵哥们正懒洋洋地靠在墙上,以及残破的长椅上一抽烟的、发懒的、半梦睡半醒的——朗斯代尔正爬上讲坛。官兵们呆看着上面这位凶神恶煞、血染一身的人。卡拉汉记得朗斯代尔说:"我们在北非、西西里岛、意大利本土打过德国人,当时他们不是我们的对手!现在他们更不是!"滑翔机驾驶团的迈克尔·坦普尔·科里上尉(Michael Corrie)一踏进教堂,"被眼前的破败景象弄得情绪消沉,可是朗斯代尔的话却使人振奋,他的演讲是那么激励人心,他的话让我感到震惊、骄傲。士兵们进去的时候如同一群颓废的败兵,但当他们出来时却被注入了全新的必胜信念,从他们的脸上你就可以看出来"。

有些士兵似乎已经战胜了恐惧——这种甚至能使人失去勇气的恐惧源自于敌人装甲部队的凶猛进攻。伞兵没有多少的反装甲武器,敌人的坦克和自行火炮在周围徘徊,把阵地一处跟着一处地粉碎,对它们可以说是毫无招架之力。然而,伞兵还是在奋力迎敌,甚至连60

吨重的虎式坦克都被他们击毁了——而经常都是那些以前从未射过战防炮的伞兵的杰作。原先曾热切地盼着去阿纳姆，因为那会让他从英国的营房的"噩梦"中——那只侵入他床垫的鼹鼠——解脱，可现在他却以表面上的平静面对着更为可怕的噩梦。他和另一名弟兄二等兵诺比·克拉克（Nobby Clarke），跟隔壁堑壕的滑翔机驾驶员混得很要好。在一次迫击炮轰击的中间，驾驶员向纳恩喊道："老兄，我不晓得你知不知道，可是我们右边前方有一辆大得不得了的坦克，看起来是虎式家族的那种。"克拉克看着纳恩，问道："我们应该怎么办？过去在它身上钻几个洞吗？"

纳恩小心地从堑壕上缘看出去，那辆坦克真是"庞然大物"。附近的灌木丛里，隐藏着一门战防炮，可是炮手都已阵亡。纳恩身边没有人懂得如何装填与射击火炮。纳恩和滑翔机驾驶员决定匍匐前进过去。两个人一爬出来，就被坦克发现了，还被开炮射击。纳恩回忆说道："我们趴得那么低，鼻子在地上都可以挖出沟来了。我们所在的小树林，没多久四周的树木都被轰倒，宛如置身在伐木工场。"靠近到战防炮时，虎式坦克"开始用机枪专对着我们两人招呼过来"。滑翔机驾驶把战防炮炮管压低瞄准，开心地叫道："这门炮正对准了坦克，如果我们知道怎样使用，就有可能瞄得更准一些。"他看着纳恩，说："真希望这家伙管用。"他把击发绳一拉，紧接着一下惊天动地的爆炸，把两个人都摔成了四脚朝天。"等到我们耳朵不再鸣叫后，听见别人在我们四周哈哈大笑和喝彩。"纳恩说道，他不可置信地看着那辆虎式坦克陷入了火海，车内的炮弹还被引爆了呢。滑翔机驾驶员转身对着纳恩，一本正经地握手说道："我想，应该是我们打中的。"

很多人还记得南史丹福郡团第 2 营的罗伯特·亨利·凯恩少校（Robert Cain），他是打坦克和自行火炮的真正专家。在凯恩看来，自

奥斯特贝克的教堂几乎被完全摧毁了。

从他们到了以后，他和营内官兵便一直受到虎式坦克的追击和威胁。目前，他的小部队分别部署在下奥斯特贝克大教堂、公路对面的房屋和花园，以及在一家老板叫范多尔德伦（Van Dolderen）的洗衣店里。凯恩决心把见到的每一辆装甲车辆打垮。他侦察后寻找实施反装甲作战的最佳地点，选定了范多尔德伦的店。洗衣店老板不愿意离开，凯恩巡视了一下后面的菜园，说道："好吧，那就这么办。我在外面这里挖工事，然后弹药会堆放在你的地方。"

凯恩用的类似"巴祖卡"，称为 PIAT 的火箭弹筒式反装甲武器来狩猎装甲车。星期五这天，巷战越来越激烈，凯恩的耳膜因为不停的射击都快要爆开了。凯恩用棉花往耳朵里一塞，继续发射火箭弹弹。

突然有人大声叫凯恩，说路上来了两辆坦克。凯恩在房屋转角上，把 PIAT 装好弹药瞄准。滑翔机驾驶员理查德·朗上士（Richard Long）吃惊地看着，说："他是我生平所见过最勇敢的人，他开始射击时，距离只有 91 米远。"凯恩来不及再装填，坦克先还击，炮弹打中了他后面的建筑物，凯恩在浓密的灰尘碎屑飞之中再三射击。他看见领头坦克的乘员跳出车来，用机枪扫射街道。凯恩附近的弟兄，立刻用布伦机枪还击，凯恩回忆说："那些德国兵刚好被打掉了双脚。"他再装填、发射，理查德·朗只见"好大一下闪光"。PIAT 打出去的火箭弹弹在坦克内爆炸，凯恩双手在空中挥舞、身体往后就倒。我们跑过去，他一脸漆黑，第一句话是：'我想我瞎了。'"其中一名操作布伦机枪打死德军坦克兵的沃尔顿·阿什沃思上士（Walton Ashworth），发愣看着凯恩被抬走，"我只想说，他真是个'倒霉的杂种'"。

不到半小时，凯恩的视力恢复了，可是脸上却满布碎片。他不肯用吗啡止痛，认为"伤势并没有重到要在医院停留"，然后又回到战场。威廉泰勒上尉形容说："又要回去增加他的坦克击溃纪录了。"到星期五下午，35岁的凯恩战绩丰满。自9月18日跳伞落地以来，他一共击毁、击退了6辆坦克，还加上数量不少的自行火炮。

桥头堡里的英军，勇猛地顽强抵抗，对自身的安危毫不在意。星期五黄昏时，曾不顾一切都要抵达阿纳姆大桥与弗罗斯特官兵会师的菲奇中校第3营内仅存的官兵中，伦纳德·福尔莫伊中士（Leonard Formoy）在距离哈滕斯坦酒店师部不远的西边占据了一处阵地。他回忆道："实际上，我们受到来自四面八方的射击。"突然一辆虎式坦克从阿纳姆方向驶来，轰隆隆朝福尔莫伊附近这一批人冲过来。在暮色中，福尔莫伊看见它的炮塔在转动。"凯伯"·卡洛韦中士（"Cab" Calloway）捡起 PIAT 并快跑前进，福尔莫伊听见他在吼叫："你要去哪里，我就跟到底！"卡洛韦距离坦克大约46米发射，火箭弹弹打中了履带、坦克停下。可是卡洛韦也差不多在同一瞬间被坦克炮击毙。福尔莫伊回忆道："那真是不要命的行动，他被打成了两截，却救了我们一命。"

詹姆斯·F.琼斯一等兵（James Jones）还记得有位不知名的少校，要他和其他3个人，跟着少校一起离开防线去搜刮武器和弹药。他们无预警地与几名在机枪阵地中的德国兵碰上。少校扑上前去，大声吼道："这些王八蛋别想再活下去！"德国兵一开火，大伙散开，琼斯被困在一辆毁掉的吉普车后面。他回忆道："我在祷告，等那挺机枪打完一轮，然后跑回防线内。"他之后再也没有见到那名少校了。

高阶军官在士兵面前树立了令人永世难忘的榜样，但他们自己往往没有意识到这一点。希克斯旅长在作战期间都不愿意戴钢盔。高夫少校侦察中队的二等兵钱德勒跟队友，星期天在北边的"豹线"被截断，进而退回到奥斯特贝克的一处交叉路口。他记得在一批批戴钢盔的官兵中，希克斯的红扁帽很特出。"喂，旅长，"不知谁人在喊，

"戴上你那顶他妈的钢盔吧。"希克斯只是笑笑，挥挥手解释道："我不是故作优雅，只是受不了那东西他妈的在我头上蹦蹦跳跳。"他的行为可能多少与年龄有点关系。有些士兵回忆，希克斯每天都频繁地往师部里跑，而且他每次都是用慢跑过去，当德军炮火落在附近时，旅长就开始狂奔，躲避炮火。希克斯自己也承认，"当我完成那些疯狂冲刺的时候，我真是感到了岁月不饶人了"。

哈克特旅长曾经率领第 10 营和 156 营进行勇敢但徒劳的尝试，他们试图突破德军在东北两边的战线去阿纳姆。最后哈克特还是带着他们回到奥斯特贝克。他时常去看自己的弟兄，对他们总是赞誉有加。鲍威尔少校带领来自 156 营两个排官兵，守在北边的阵地。他回忆说："我们缺乏粮食、弹药和饮水，医药材料也几乎快没有了。"哈克特忽然星期五出现在鲍威尔的指挥所。据鲍威尔说，那里"是刺进敌军阵线的战线"。哈克特解释，之前他一直没有时间来看看他们，直到现在才来，"不过你们守得很好，鲍威尔，我对你们放心"。鲍威尔感到高兴，说："旅长，到目前为止我所犯的真要说的错误，应该就是把指挥所设在养鸡场里，弄得我们全身是虱子。"第 4 旅书记官皮尔逊上士觉得大家是尊敬哈克特的，因为"他与我们同甘共苦，把我们平等看待，我们吃，他也吃；我们饿，他也饿。他好像没有自己的餐具。星期五那天，他坐下来跟我们吃一点东西，却是用手抓的"。皮尔逊便去替他找餐具，回来时脚后跟受了伤。不过，他说："我认为旅长在我们之间生活，应该要像样一点。"

师部炮兵指挥通信组的通信兵肯尼思·皮尔斯（Kenneth Pearce），永远记得那位对他伸出援手的人。皮尔斯是负责被他称为"笨家伙"的大型储电电池——每一个大约 11 公斤重，装在上头镶有铸铁把手的木箱里——作为无线电的电源。夜深了，皮尔斯挣扎着把一个新的

"笨家伙"电池,从贮放的堑壕深处里搬出来。他听见堑壕上面有人说:"喂,我来帮你吧。"皮尔斯便指示对方抓住一边的把手,然后把电池箱往上拉。之后两个人一起把沉重电池箱抬到指挥所壕沟。皮尔斯说:"还有一箱,我们再去抬。"两个人又走了一趟,到了指挥所壕沟,皮尔斯跳进去,让那个人把电池箱降下去给他。当他们离开那里时,皮尔斯忽然发现对方佩挂高阶军官的红肩章,他猛地立正、结结巴巴说道:"报告师长,太谢谢您了。"厄克特点点头,说:"小兄弟,别客气。"

* * * *

危机正持续一步步靠近。这一天没有一件事情是对劲的,霍罗克斯将军称其为"黑色星期五"。英国与荷兰两地的坏天气又使盟军飞机停飞,无法执行空中补给。厄克特请求战斗机攻击时,皇家空军的答复是"……经过最审慎的评估,由于暴风雨,申请歉难接受……"而正在这节骨眼上,霍罗克斯需要每一名兵员、每一辆坦克、每一吨补给来维持蒙哥马利在莱茵河对岸的桥头堡,以及突破敌军与红魔鬼师会师。可是就在这时候,莫德尔元帅的反攻终于成功地把走廊给切断了。霍罗克斯接到麦肯齐的电报,说厄克特很可能在24小时内就要被敌军击溃。30分钟后,又接到了一封,位于第101空降师的战线,德军强大的装甲部队,已经在费赫尔北边切断了走廊。

莫德尔实施攻击所选择的关键点与时间点,不可能有比这个时候更好的了。英军第7军与第8军的步兵沿公路两侧前进,这时才刚抵达松村,距第101师战线还有8公里。他们遭到了敌人的顽强抵抗,所以进展速度慢得令人痛苦。第101师师长泰勒将军，原以为英军早就该抵达"地狱公路"中的这一段。第101师在没有支持的情况下连续激战了5天，伞兵倍感压力，兵力已经很单薄，处处都很脆弱。公路沿线部分地区，除了英军装甲兵与步兵北上推进会经过之外，根本没有人防守。其他地方，所谓"前线"，实际上就是道路的两侧而已。莫德尔元帅选定费赫尔作为反攻起点，是有他特别的理由。整个"市场—花园"行动的走廊中，费赫尔当地的桥梁最多——不少于4座，其中1座是主要渡过运河的大桥。莫德尔希望在一击之下，掐死盟军的生命线。他几乎办到了，如果不是荷兰地下抵抗组织，或许他已经成功。

位于费赫尔东边的村落，荷兰人在深夜和凌晨见到德军兵力的增加，立刻打电话给第101师的联络官。这次警告来得很及时。德军庞大的装甲兵力差点就压过泰勒的部队。沿着走廊长达8公里的激战区，德军坦克在4小时中来了2次攻击，企图冲向各座桥梁。第101师在英军炮兵与装甲兵的协助下，击退了这些攻击。但德军却从北边6公里外的于登把走廊给切断了。此时激战正难分难解，后方又被切断与孤立，霍罗克斯因此被迫做出一项极为重要的决定。他不得不把装甲部队——迫切需要用来突围解救厄克特的兵力——向走廊南边撤回来协助泰勒将军，他这时比任何人更迫切需要这支战力。禁卫第32步兵旅奉令向南驰援第101师，重新打通走廊。骁勇的第101师据守在各座桥梁，即使有了32旅的协助，今后的24小时，依然没有一兵一卒、一辆坦克和军需卡车能沿走廊北上。莫德尔的逆袭，当时虽然并不成功，却依然收到了丰厚的成果。到最后，走廊之战将会决定阿纳姆的命运。

第五部　魔窟　475

＊＊＊＊

9月22日星期五下午4点,在奈梅亨到阿纳姆的这一带地区——自从被德军炮兵和坦克牵制住长达六个半小时以后——英军步兵终于在奥斯特豪特村奋力打出了一条出路。村庄烧得烈焰冲天,党卫军俘虏正被集中起来。在"岛屿公路"西边的解围路线——天亮时,禁卫骑兵团向德里尔急进时所使用、贴近地面的次要道路——这时已经认定没有了敌人,往最坏说,也只有少数敌军据守。康沃尔公爵轻步兵团第5营,在龙骑兵卫士团一个坦克连的支援下,带着两辆宝贵的水鸭子两栖登陆车。车上载满了补给军需,准备冲破残余的抵抗,向莱茵河直冲。部队指挥官乔治·泰勒中校,迫不及待要突破到厄克特那里,他"感到有一种强烈的渴望,想亲手把我的步兵推到坦克上去,让他们立即出发"。

装载完毕的车辆,正位于奥斯特豪特村北边的一个小树林内待命。乔治·泰勒忽然看见远处有两辆虎式坦克,他悄悄地警告情报官威尔科克斯中尉。"不要说话,我不想有任何人知道坦克的存在,现在我们不能停了。"乔治·泰勒向路上的解围纵队挥手前进。"如果我们再等上5分钟,"他说道,"这条路又会再次被封锁。"

乔治·泰勒的纵队全速前进——步兵都搭载在坦克、半履带车以及卡车上——奔驰过荷兰的大小村落,到处都遇见了惊喜、欢呼的村民,却没有因此造成延误。乔治·泰勒唯一放在心上的事就是驶往莱茵河,他说道:"我感受到有种莫大的迫切感,损失那么一点时间,就会给予敌人大好机会派出部队来封锁。"车队没有遇见抵抗,乔治·泰勒觉得:"当光线迅速变得昏暗,纵队的前锋到达德里尔的时候,那感觉真使人精神抖擞啊。"16公里路程他们只花了30分钟就抵达了。下午 5 点 30 分，龙骑兵卫士团的第一批坦克到达了莱茵河，然后沿着东北向的河岸掠过，来到德里尔外围。乔治·泰勒听见一声爆炸，马上猜到是怎么回事。小心谨慎地来到索萨博夫斯基防区时，一辆坦克压到了一枚波军地雷。

乔治·泰勒到达索萨博夫斯基旅部时，天色已晚。对于有关厄克特的消息他所知有限。"我不知道他们在阿纳姆的什么地方，也不晓得他们是不是还守在大桥的那一端。"乔治·泰勒计划把步兵和坦克立即开往大桥南端去。他晓得水鸭子车必须"要立刻过桥。如果大桥还在盟军手里，从桥上开过去，显然要比水上浮游要快得多"。乔治·泰勒对于在索萨博夫斯基旅部，见到麦肯齐中校和迈尔斯而感到惊讶。他们马上劝他不要去阿纳姆大桥。麦肯齐解释说，自从星期三晚上以后，弗罗斯特那里已经断了消息，师部认定"大桥已经完全失守"。

乔治·泰勒忍痛放弃了他的计划，下令一个侦察组沿河岸寻找可供水鸭子车下水的地方。索萨博夫斯基的工兵对此并不看好。这些笨拙的水鸭子车在通过水沟和河岸下到河边的时候已被证明操作起来很不方便了，在夜间情况更是麻烦。很快，乔治·泰勒的侦察组证实了波兰人的看法。他们认为水鸭子车可以到达河边，但是要经过一条狭窄而沟壑纵横的道路才能把它驶到莱茵河畔。此时还是去不了奈梅亨的麦肯齐参谋长，亲自去督导渡河作业。水鸭子将在 23 日星期六凌晨 2 点钟渡河。第一优先还是派部队过去增援，索萨博夫斯基的波军伞兵，将用一批橡皮艇渡河。

星期五晚上 9 点，渡河作业开始，波军伞兵悄悄地沿着河岸蹲下来等待。两岸的工兵在迈尔斯中校指挥下，准备把扣在橡皮艇上的拉索来回拉扯。一共只有四条橡皮艇——分别是两条二人艇，两条一人艇——横渡366米宽的莱茵河，一次只能渡过6人。波军工兵为了弥补橡皮艇的不足，用木头做了几只木筏，可以载运少量军需和补给。在索萨博夫斯基命令下，6名伞兵坐进橡皮艇出发，不到几分钟，人已经开始渡河，后面跟着一连串的木筏。

一登上北岸，马上又把橡皮艇和木筏拖了回来。索萨博夫斯基记说："这是个缓慢又费力的过程。但到目前为止，德军似乎还没有察觉。"

就在这时，对岸登陆点西边某处，一发照明弹打上天，几乎整个作业区都被伞降镁制照明弹照耀得通明透亮。马克西姆机枪立刻开始朝河里扫射，索萨博夫斯基回忆，"搅起了小小的波涛，炽热的钢铁仿佛连河水都沸腾了起来"。同时，迫击炮弹开始落进待命的波军中间来。不到几分钟，两条橡皮艇被打成蜂窝，艇上的人都掉进水里。南岸的士兵纷纷散开，朝着照明弹开枪。在毫无遮掩的情况下，索萨博夫斯基决定停止渡河作业。官兵退回去并且进入新阵地，避开迫击炮弹的轰击。照明弹熄灭后，他们又跑回橡皮艇和木筏上去，渡河再次开始。另一发照明弹又射向天空。面对残酷的一捉一放，波军遭受了惨重的伤亡，但还是以剩下的艇、筏持续渡河一整晚。德里尔已经改为急救站的校舍里，科拉正照料着那些抬进来的伤兵。一名波军告诉她："我们过不去啊，那里简直是屠宰场——我们却无从还击。"

凌晨两点，乔治·泰勒的水鸭子车开始向河边前进。由于白天下过大雨，这条又低、又窄、沟渠又多的道路，现在变成有好几厘米深的烂泥地。两辆水鸭子车包括周围围绕着的60名官兵，慢慢到了河边时，河岸起了一层浓雾，看不见路也看不到河。一次又一次，水鸭子滑出道路多次，士兵们挣扎着费了好大劲把它们弄回路面。车上的补给品都被卸了下来以减轻车子的重量，可是这也还是不够。无可避免的，虽然费尽力气，两辆笨重的水鸭子车在离莱茵河只剩不到几米的地方滑进了一条水沟，不管怎样努力但还是没办法拉得回来。"不行了，"断了念头的麦肯齐告诉乔治·泰勒，"没有希望了。"凌晨三点，渡河作业终止。一共只有 50 个人渡河成功，加入了厄克特，但几乎可以说没有任何的补给品被送到对岸去。

3

9 月 23 日星期六早晨，麦肯齐终于抵达奈梅亨、布朗宁将军的军部，军参谋长沃尔克准将还记得他"倦得要死，冻得发僵，牙齿还不停在颤抖"。尽管他决定立即去见布朗宁，沃尔克还是先要麦肯齐"洗个热水澡"。

英军使用西边与"岛屿公路"平行的解围路线，这时已在不断地运兵前往德里尔，但沿路尚未能完全肃清敌人。然而罗茨利爵士上尉还是决定试试，把麦肯齐和迈尔斯送往奈梅亨。这段由几辆侦察车组成的小车队所历经的短暂旅程，可以说是令人毛骨悚然的。行驶到一处交叉路口时，发现一辆半毁的德军半履带车正横在路中央，罗茨利下车来引导车队。就在这时，远处出现了一辆虎式坦克。为了避免遭遇，载了麦肯齐的装甲车便往后倒，猛然间，车辆下方的路面坍塌，装甲车翻落路面。罗茨利对着自己车上驾驶员吼叫，要他"死命地踩油门"，朝着奈梅亨的路上开，去找英军部队，这时翻车的麦肯齐和车上士兵被迫躲在田野里躲过德军步兵。罗茨利挑选了救援组，火速开回来找麦肯齐。援兵到达时，德军坦克已经开走，最终在麦肯齐掩蔽的田地里接到了他们。混乱之中，迈尔斯坐在第二辆装甲车上，这时却与其他人分离了。

布朗宁迫不及待地迎接麦肯齐。根据他的参谋说,"这一周是一连串痛苦、悲惨的挫折。"尤其未能与厄克特有完整的通信网,更是让布朗宁在意。即使到了现在,第1空降师与军部间,虽然有通信来往,布朗宁对厄克特的情况,依然显得非常模糊。在原本的"市场—花园"计划中,只要第1空降师找到了合适的空降场——理想的日期是9月21日,星期四——便要把第52低地师空运前往。等到厄克特的情况危急到人人皆知的时候,第52师师长埃德蒙·黑克威尔-史密斯少将(Edmund Hakewill Smith),立即提出把自己的一部分部队冒险用滑翔机运往,尽可能降落在被围的第1空降师附近。星期五早上,布朗宁驳回了提议,回电道:"贵官来电获悉,致谢。情况较贵官所料为佳,所提并无——重复,并无此需要……第2集团军确定……一俟情况许可,拟将贵师空运荷兰迪伦机场。"后来,盟军第1空降集团军司令布里尔顿将军,在日记中提到这封电报,批评道:"布朗宁将军过于乐观,并不充分了解红魔鬼师的窘境。"但在当时,布里尔顿所知道的消息,也不见得比布朗宁好到哪里去。他在致艾森豪威尔的报告——后来又在星期五晚上转呈华府马歇尔将军——提到奈梅亨与阿纳姆,"当地战况,正显现出大有改善"。

不到几小时,布里尔顿和布朗宁的乐观就消退了。星期五要与厄克特会合的努力失败之后,似乎是这位军长的转折点。据他的参谋说:"他憎恨托马斯将军和他的43师。"他觉得他们的推进速度不够快。他告诉幕僚们说,托马斯"在前进的时候,把太多的时间和精力用于清理道路附近的敌人了"。除此以外,当前布朗宁的权限也只能限于英军地面部队,一旦进入奈梅亨地区,行政管制便划归第30军军长霍罗克斯将军。一切决策必须要由霍罗克斯以及他的顶头上司英军第2集团军司令邓普西将军下达，布朗宁无权过问。

跟多少有点振作的麦肯齐坐在一起，布朗宁这才第一次知道厄克特危殆处境的细节。麦肯齐把每件发生的事情一五一十说了出来。沃尔克准将记得他报告布朗宁说："全师在一处非常狭小的防线中，任何物资都缺少——粮食、弹药与医药补给品。"麦肯齐说道，情况虽然严峻，"如果第2集团军还有赶到的机会，我们还可以撑一下——但是不会太久"。沃尔克还记得麦肯齐不祥的结语，他说"那里没有什么多的剩下来了"。布朗宁安静聆听，然后他安慰麦肯齐，他并没有放弃希望。正在实施计划，把人员与补给在星期六晚上运进去。不过，沃尔克准将说道："我确实记得布朗宁告诉麦肯齐，似乎没有什么机会能把大批部队渡过河去了。"

麦肯齐再度启程回德里尔去时，因对军部想法的矛盾——以及后续他的两难状况而深受打击。显然，第1空降师的命运还悬而未决，到目前为止，还没有人做出确切的决策。可是他该怎么向厄克特报告呢？他说："在见到莱茵河两岸的情况以后，我觉得从南岸的渡河不会成功，我可以这么向他说。或者就像别人告诉我的一样，我去向他说，'一切都在尽最大的努力，即将会渡河，我们应该守下去'。哪一种说法比较好？告诉他以我的看法，救兵渡河连他妈半点机会都没有？还是，援兵正在途中？"麦肯齐决定采取后面的说法，觉得这样可以帮助厄克特，"如果就这么说，可以让他鼓励官兵们守下去"。

也像布朗宁一样，盟军统帅部也是到此时才晓得第1空降师的真实情况。在艾帅总部、蒙哥马利集团军司令部以及在布里尔顿集团军的不列入记录的简报中，上级告诉战地记者们，"情况严重，但已经采取一切的措施去解救厄克特"。这种点到为止的关心，代表了态度上的剧烈变化。打从作战一开始所公布的数据，就把"市场—花园"

渲染成是排山倒海似的成功。9月21日星期四，英国一家报纸大字标题："前面是坦克的天堂"，下面内容："希特勒的北翼正在粉碎，蒙哥马利元帅在盟军第1空降集团军声威赫赫的协助下，已铺平了进入鲁尔区的大道——以及进入大战的尽头。"甚至稳重的《泰晤士报》，在星期五也有这种标题，"向阿纳姆前进途中，坦克已越莱茵河"。唯有在副标，暗示以后还可能有麻烦，"空降部队在阿纳姆作战的艰苦时刻即将告一段落"。但外界对记者不能责备，他们缺乏通信手段，盟军指挥官们表现出的好大喜功以及严格的新闻检查，阻止了准确的新闻报道。然后，一夜之间形势变了。23日星期六，《泰晤士报》的标题是："第2集团军遭遇顽强抵抗；空降部队正苦战中"。《每日快报》（London Daily Express）更称阿纳姆是"一座修罗场"[①]。

然而希望还是很高的。星期六——"市场—花园"行动的第七天，

---

① 第二次世界大战部分最好的报道就是来自阿纳姆。配属在第1空降师的10人新闻小组，包括了新闻官罗伊·奥利弗少校（Roy Oliver），新闻检查官比利·威廉斯空军中尉（Billy Williams）以及彼得·布雷特上尉（Peter Brett）；陆军摄影刘易斯（Lewis）及沃克（Walker）中士，《每日快报》记者艾伦·伍德（Alan Wood），英国广播公司记者斯坦利·马克斯特德（Stanley Maxted）及盖伊·拜厄姆（Guy Byam），路透社记者杰克·斯迈思（Jack Smythe），还有配属在索萨博夫斯基伞兵旅的波兰记者马雷克·斯维齐茨基（Marek Swiecicki）。这些人虽然每天仅限于发出几百个字的稀少通信，却在战地报道的优秀传统中，成功描述出第1空降师官兵的苦难。本人无法确认以上这一组人的状况，只能假定他们都已经阵亡。

第二次世界大战期间最好的新闻报导可以说是出自阿纳姆。英国陆军摄影刘易斯和沃克上士，正和一位向荷兰女性分享餐点。古普车左前可以见到代表了英军空降师的飞马徽章。

伦敦的《每日快报》战地记者艾伦·伍德（头戴伞兵头盔、打字）从战场发出的精彩报导，震惊了英国的民众。

第五部 魔窟 483

英国天气晴朗,盟军飞机再度起飞[1]。这批庞大的滑翔机队,自从星期二以后,便一直在格兰瑟姆周围待命。这天终于载了3,385名官兵飞往加文将军的第82空降师。这批部队正是他长久等待着的325机降步兵团。深受压力的泰勒将军第101师,也增加了接近3,000人,达到了全师的满额战力。可是在德里尔依然遭受猛然攻击的索萨博夫斯基,却得不到该旅其余兵力的增援。布朗宁被迫下令让其他的波军伞兵,在第82师责任区内跳伞。布里尔顿前所未有、最庞大的空运计划,是要在3天时间空投35,000人,却因为天气因素,花了比计划多一倍的时间才能完成。

尽管再次运送补给品的任务在其他地方得以成功完成,但第1空降师官兵在奥斯特贝克快速减缩的口袋阵地中,一再眼睁睁看见空投的补给品落入敌人手中。担任空投补给的飞机,无法确认哈滕斯坦酒店的空投区,并且还要飞经火力猛烈的防空炮火,面对各种持续出现的困难。123架飞机有6架遭击落,63架受伤。厄克特发给布朗宁的一封电报,说:

(231605)……空投补给,仅拾获少量。狙击限制行动及收集。断桥残垣及倒屋阻塞街巷,吉普车行动根本不可能。不管怎么说,吉普车已经失去了功能。

---

[1] 无法解释的是,英国部分官方或半官方资料,坚持称在9月23日星期六,恶劣的天气妨碍了空军的活动。气象方面,空降军军部以及盟国空军作战报告,都记载着星期六天气良好,出动的任务远比自从星期二(19日)以来任何一天都多。半官方的《欧洲争夺战》一书中,作者威尔莫特的叙述有误,说"星期六的空迟补给因为天气恶劣而受挫"。这一句话改变了这次战役的其他后续记载。其他叙述,因为以威尔莫特的记述作为准则,遂致以讹传讹。

战斗机的密切支持也不足。在阿纳姆，上半天的天气一直不好，只有到中午才放晴，结果只有少数几架皇家空军的喷火式与台风式攻击防区周边的目标。厄克特无法理解，后来他回忆起来，"从我军具有完全空中优势的角度来说，我对缺少战斗机支援感到既心酸又失望"。可是对第1空降师的官兵来说——自从D日、上一个星期天以后，就没有见过一架战斗机——这些攻击会使人感到振奋。到目前为止大多数人都晓得，英军终于抵达莱茵河南岸的德里尔。他们相信救兵就在咫尺之间。

尽管有许多的挫折，此时的托马斯部队，正在平行的次要道路上向德里尔推进中。霍罗克斯将军相信，厄克特的恶化情势会缓和下来。霍罗克斯有才能、有想象力，而且有决心，他反对把已经获得的东西都抛弃。然而他必须找出办法，把部队与补给品运过去。他后来说道："我很确定，那是我一生中最黑暗的时刻。""河对岸的空降部队，在拼死拼活的激战中奋斗的景象"，使他很悲痛，以至于晚上会失眠。而费赫尔以北的走廊自星期五下午被切断以后，严重威胁着整体作战。

而今，每一小时都生死攸关。也像霍罗克斯般，托马斯将军决定派部队渡过莱茵河。他的第43威塞克斯步兵师，正进行两阶段的全力攻击作战先攻占埃尔斯，继而直趋德里尔。尽管到了这个时候，没有人还妄想可以攻占阿纳姆大桥——从空中侦察照相图清楚显示，敌人有重兵驻守——托马斯的右翼终点在埃尔斯，如果要从德里尔渡过莱茵河的任何作战，埃尔斯就必须加以掩护。霍罗克斯也希望，除了波军伞兵而外，星期六晚上也该有些英军步兵过河进入桥头堡。

他的乐观未免想得早了点。托马斯的两个旅，在奈梅亨—阿纳姆干道西边那条次要公路上前进时，形成了一处大瓶颈。两个旅各有

第五部 魔窟 485

3,000多人——一个旅向西北攻击直趋埃尔斯,另一个北扑德里尔——都企图行经同一处交叉路,德军的炮击更增添了拥挤与混乱。因此,等到托马斯的130旅主力开始抵达德里尔时,天已经黑了——参加波军开始有组织地渡河的企图已经太迟。

子夜过后不久,在猛烈火炮支持下,索萨博夫斯基的波军开始渡河,这一回用的是第82师敌前渡过瓦尔河剩下来的16艘突击舟。过河遭到了猛烈的敌火,伤亡惨重。只有250人上到了北岸,进得了哈滕斯坦防区的,又只剩下200人。

在这个诸事不吉的一天,霍罗克斯和托马斯只接到一项好消息:下午4点,费赫尔以北的走廊已经打通,车辆开始再度机动。在工兵纵队中还有许多突击舟。不愿放弃的霍罗克斯还满怀希望,可以及时火速运上前去,在星期天晚上,运送步兵渡河。

可是,第1空降师还能撑24小时吗?厄克特的危急局面迅速恶化,星期六晚上,他在致布朗宁的战况报告中,道出:

(232015)……今日遭敌小部队步兵、自行火炮及坦克之攻击,其中并有火焰喷射坦克。每次攻击,本师周边均伴有极猛烈迫击炮、大炮火力。经多次惊慌及短暂袭击后,防线实质上无变化,但据守力量极稀薄。与南岸尚未实际接触。空运补给失败,仅获极少量弹药。依然无粮食,由于缺水,官兵极为肮脏。士气尚可,但猛烈不断之迫击炮及大炮轰击,具有明显影响。职师将固守,同时希望24小时内战况好转。

这天下午,盟军庞大的滑翔机队的出现,出乎莫德尔元帅意料之外。在这次决战的最后关头,他没有料到还会有盟军空降部队降落。

险恶的天气推迟了盟国空降军团3.5万名官兵的集结命令。攻击行动的第二天，101空降师伞兵的降落伞，布满了田野。

1944年9月23日，第1空降师士兵使用降落伞从位于奥斯特贝克哈滕施泰因酒店的第1空降师总部向盟军补给飞机发出信号。

第五部　魔窟

正当他发动的逆袭展开冲力时，盟军这些新到的增援部队，可能会扭转会战的走势——或许有更多的部队正前往战场途中。自从盟军开始攻击以来，他首次对结果产生了疑问。

他坐车到杜廷赫姆去和比特里希开会，并要求，据党卫第 2 装甲军军长的回忆，莫德尔说："把奥斯特贝克的英军，来一次迅速了断。"莫德尔需要所有官兵和坦克，这么大一支兵力竟锁在"一次好几天以前就该了结的战斗上"。比特里希说，莫德尔"非常激动，不断反复地说'这里的事情什么时候可以完结'"？

比特里希坚持，"我们从来没有经历过像这次的战斗"。在埃尔斯，克瑙斯特少校阻挡住英军步兵与坦克的纵队，使他们无法再往阿纳姆的干道推进。可是克瑙斯特无法一边守住埃尔斯，又一边向西攻击在德里尔的英军与波军。他的虎式重坦克驶进海埔新生地就陷入了地面。比特里希表示，对德里尔的攻击，是步兵和轻型车辆的任务。他说道："莫德尔对原因从来都没有兴趣，虽然他是理解的，但也只给了我 24 小时来收拾英军。"

比特里希驱车到埃尔斯去看克瑙斯特，少校正在担忧。一整天下来跟他对抗的敌军兵力似乎越来越强大。当他晓得英军坦克离不开公路干线、盟军会从西边发动攻击的可能性就开始令他烦心。比特里希警告："面对英军的突破要不惜一切代价阻止。当我们在肃清奥斯特贝克的同时，你能不能再撑 24 小时？"克瑙斯特要比特里希放心，他办得到。装甲军军长告别克瑙斯特之后，立刻下令党卫军第 9 装甲师师长哈策尔中校，"明天加强对空降部队的所有攻击，本人要把这事给了结"。

哈策尔的状况也很困难。虽然他已经把奥斯特贝克团团围住，镇上狭窄的街道证明了运用坦克是几乎不可能的——尤其是 60 吨的虎式坦克,"压裂了的路基,使得道路看上去就像犁过的田地。它们转弯时,把铺平的路面都刮掉了"。除此以外,哈策尔还向比特里希报告:"每一回我们压迫空降部队的口袋阵地,虽然越缩越紧,英国兵反而打得更狠。"比特里希则指示:"猛烈的攻击应该从口袋防线底部的东西向发动,把英军与莱茵河切割开来。"

负责在奈梅亨—阿纳姆地区,牵制、击退盟军部队的党卫军第10装甲师师长哈梅尔将军,也收到了比特里希的指示。他要集结全师出击的时候,却因为阿纳姆大桥上的残骸而受到了延误,哈梅尔也没法在"岛屿"高堤公路的两侧建立一个封锁阵地。英军在奥斯特贝克的战斗,已经分散了他的兵力。当时,第10装甲师只有一小部分在西侧据守。目前,该师其余的兵力与装备都在公路东边。他要比特里希放心,埃尔斯守得住,英军在干线公路上不能越雷池一步,但是要阻止他们向德里尔急进却无能为力。他向比特里希说:"我无法防止他们要往前或回退。"党卫军第2装甲军军长却很坚持,他警告今后24小时将非常关键,"英军会竭尽一切力量来增援他们的桥头堡,同时也会向阿纳姆进兵"。只要哈梅尔守得住,哈策尔对奥斯特贝克的进攻便会成功。正如比特里希所言,"我们会把他们一把抓住,你一定要斩断这只手指头"。

* * * *

英军第43步兵师的大炮雷鸣。奥斯特贝克防线的西南角上,一个大型的汽油槽爆炸着火,把一道怪异且摇曳不定的淡黄色光影投在了莱茵河上。麦肯齐在北岸爬出突击舟时,一眼就明白何以他们在无线电告诉他说要等人来带。河岸线已经辨认不出来,船艇的残骸,倒下的树木以及弹坑，已经淹没了延伸到桥头堡的道路。如果他想独自离开，一定会迷路。现在，在一名工兵领路之下，他走向哈滕斯坦酒店。

对于要向厄克特提出的报告，麦肯齐的想法不变。他在等待划水过河到第1空降师的防区时，再一次想起他的意见。尽管麦肯齐目击在德里尔以及南岸的准备进度，但是救兵能不能及时抵达本师，他始终心存疑虑。他对自己决定要提的报告内容，深感内疚。然而，仍旧还有一线机会，他个人的看法太过于悲观了。

一片狼藉的哈滕斯坦酒店地下室里，厄克特正在等候。麦肯齐向师长说了官样角度的回报，"救兵正在路上，我们应当固守下去"。他记得，厄克特"面无表情地听，对这个消息既不沮丧，也不高兴"。两个人没有说出的疑问依然存在：我们还必须撑"多久"？此时，刚好是9月24日星期天才来到没几个小时，也是这场血战的第八天，厄克特估计兵力已经降到了2,500人以下。对于他们来说只有一个问题：蒙蒂的大军何时会到？那些在堑壕、火炮阵地、前哨、屋子和店铺的废墟、医院和急救站里的官兵，还有那些焦虑、毫无怨言，躺在病床、床垫、地面的伤员，他们无人不是抱着孤寂感在想着这个问题。

步兵已经在南岸，伞兵并不怀疑第2集团军终归要渡河。他们唯一不知道的便是，会有人还能活着见到这支长久等待的救兵吗？在这最后、悲惨的时刻，他们持续不断的恐惧便是被扫荡尽歼，为了消除这种害怕，盟军想尽了一切办法来提高士气。笑话依然盛行，受伤的人依然守在自己岗位，不顾自己的伤势，无比骁勇的模范成了常事。尤其厄克特的官兵非常自豪，他们后来说，在那些日子，他们共同拥有一种比他们所知的一切都还要强大的团队精神。

炮兵琼斯下士，从背包中把随身携带的唯一非军用品拿出来——学生时代所吹的长笛。他回忆说："我只想再吹吹它。一连三四天，迫击炮弹如雨下，我怕得要死，于是就把长笛拿出来开始吹奏。"附近炮阵地的军官詹姆斯·亨利·伍兹中尉（James Woods）有个主意，由琼斯领头，伍兹和另外两名炮手随后，爬出堑壕，围绕着火炮阵地开始齐步行进。他们排成单行，伍兹开始唱歌，后面两名伞兵把钢盔脱下来，用棍子在上面敲。久战疲惫的官兵们，听见《不列颠掷弹兵进行曲》(*British Grenadiers*)和《苏格兰勇士》(*Scotland the Brave*)的旋律幽幽穿透。其他人起先轻轻地唱，到后来伍兹"放声高歌"，火炮阵地热情地唱起歌来了。

位于乌得勒支—阿纳姆公路边的斯洪奥德酒店，位置大约在防区东面的中央，在德军卫兵的监视下，荷兰志愿者和英军医护官兵们照料着上百名伤兵。范德弗利斯特在日记中写道：

9月24日，星期日，今天是神的日子，外面战事激烈、房屋在震动，也就是医官没办法做手术或者上石膏的原因。我们不能替伤兵清洗，因为没有人能在这种情况下，冒险到外面去找水。随军牧师在笔记本上写字，我问他什么时候可以举行礼拜。

佩尔牧师写完了笔记，他和范德弗利斯特巡视酒店的每一间房间。他回忆道："炮击似乎特别大声，外面作战的声音几乎让我听不到自己说话。"然而，"看到士兵们都从地板上抬起头来"，佩尔牧师"感受到了激励，要用内心上帝的平和与外面的枪炮声战斗"。他引用马太福音，说道："不要为明天忧虑。不要为生命忧虑吃什么，喝什么；为身体忧虑穿什么。"之后，他也像那些炮兵那样，开始唱起歌来。当他开始唱起基督教诗歌《求主同住》(Abide With Me) 时，人们一开始只是静听，然后一起哼唱了起来。映衬着斯洪奥德酒店外雷鸣的弹幕声，上百名伤员和奄奄一息的人们和着歌词，"求助无门，安慰也无求处，常助孤苦之神，与我同住"。

下奥斯特贝克大教堂的对街，凯特·特尔霍斯特太太（Kate ter Horst）走出家里3米长、2米宽的地窖——当中躲着她的5位子女和其他11个老百姓——走过躺着伤兵的地面。这栋拥有14间房、前牧师宿舍的200年古宅，现在压根认不出原来的样子了。窗户不复存在，她回忆说："大厅、餐厅、书房、凉亭、寝室、走廊、厨房、锅炉间和阁楼，每一平方米都挤满了伤兵。"他们甚至躺在车库和楼梯下，总共有300多名伤员挤在屋内和地上。此时，还有其他伤兵被抬进来。在这个星期天早上，霍斯特太太看见户外的战场上空，是一片朦胧的烟雾。她写道："天是黄黄的颜色，黑云像湿抹布般垂挂在空中，大地都已经被撕裂开来。"她看见"地上的死人，我们的死人，被雨淋得湿透，却又硬邦邦。他们俯身躺着，就像是昨天和前天的他们——一脸乱蓬胡须的男人，一张黑脸的人，还有好多好多别的人。"最后，一共有57个人埋在花园里，霍斯特太太写道："其中一个还只是个小男生，因为空间不够，死在屋子里。"屋里医护人员当中的唯一医官是维克多·戴维·兰德尔·马丁上尉（Randall Martin），他告诉霍斯特太太，小男生"砰的一声把头撞在暖气炉上，最终伤重不治"。

霍斯特太太在各个房间轻手轻脚地走动着，心里在思念着她的先生。他在星期二晚上骑了一辆自行车出去探听附近有关德军阵地的消息，并且转述给一个英军炮兵军官知道。他出门以后，附近便成了阵地，面对激战状况，霍斯特也因此回不了家。后来他们两人彼此没有见面超过两周时间。自从星期三以后，霍斯特太太便在马丁医官和医护兵身边工作，根本没有睡过。她从一间房走到另一间房，为受伤的人祈祷，向他们念《诗篇·第91篇》："你必不怕黑夜的惊骇，或是白日飞的箭。"

这时，一整个上午，趁着黑夜渗透进来的德军狙击兵，"无耻地朝一栋从来没有发过一枪的屋子开枪"。她写道："子弹嗖嗖地穿过挤满了无助人们的房间和走廊。"两名医护兵抬着担架经过窗户，便被打中了。后来，发生了人人最害怕的事情，马丁医官也被打伤了。他告诉霍斯特太太，"只伤了我的脚踝骨，下午我又会到处跳了"。

外面，炮击又取代了狙击枪声。霍斯特太太记得，迫击炮弹爆炸的轰雷声、劈裂声，"简直难以形容。"迈克尔·G. 格罗二等兵（Michael Growe）觉得，"这位太太似乎镇定沉着得出奇，毫不慌张"。格罗的大腿上本来被破片炸伤，现在又被炮弹炸伤了左脚，医护兵急忙把格罗和其他刚受伤的人，从一排落地窗前抬走。

摩根斯下士在奥斯特贝克教堂附近据守一处阵地时，头部和右膝都受了伤。就在一辆德军坦克从路上驶来时，他被抬进了霍斯特家。正当医护兵向摩根说明"他们没有绷带，没有麻醉剂，也没有食物，只有一点点水"的时候，德军坦克对准屋子便是轰隆一炮打过来。博尔多克二等兵腰和背都被子弹打伤，悚然看见这辆坦克"停下来转动炮塔，我听见机枪急促射击的哒哒声，然后一发炮弹就从我背部上面的墙穿过，泥灰砖石落得到处都是，打死了好多伤兵"。楼下炮兵连的医护兵 E. C. 博尔登（E. C. Bolden）可气得火冒三丈，抓起一面红十字旗便冲出屋外，对准德军坦克跑过去，摩根斯下士清楚听着他对着坦克车长厉声呵斥："你他妈的在搞什么？房子清楚明白有红十字旗，快他妈从这里滚开！"焦急的伤兵们都在听着，只听见坦克倒车

第五部　魔窟　493

的声音,博尔登回到屋来,摩根斯回忆他:"火气依然未消。他要离开时,我们问他发生了什么事?"博尔登答得很干脆:"那德国兵道歉了,不过也他妈的滚了。"

虽然这栋房子没有再受到炮击,炮火却从没有停止过。霍斯特太太写道:"周围的这些人都奄奄一息了,他们一定要在这种飓风中咽下最后一口气吗?喔,天哪!给我们一阵宁静吧,让我们安静。哪怕是短短的一阵子!最低限度让他们可以静静死去,让他们逝世迈向永生时,有一刻神圣的宁静吧。"

在各处防线,当疲惫、虚弱的伞兵到了他们的体能极限时,德军坦克冲入了防御阵地里面来。到处都是恐怖的景象,尤其是火焰喷射器所带来的恐怖。有一个发生在党卫军身上的残酷例子。一辆悬挂红十字旗、载着伤兵的吉普车,被4名德军把车拦了下来。一名医护人员解释是送伤兵到急救站去,这些德军用火焰喷射器朝他一喷,然后便走开了。然而,不论是在阿纳姆大桥还是防御阵地,这场战役从始至终,都有许多表现出双方骑士精神的卓越事例。

在哈克特旅长防区的东面,一名德军军官举着白旗开车到了英军阵地,要求见指挥官。哈克特见了他,才知道德军"准备要进攻,首先会先以迫击炮和大炮对着我们的前沿阵地轰击"。因为德军知道攻击前线有急救站,便要求哈克特把前沿阵地后撤549米。对方表示,"我们不愿弹幕射击打中伤兵"。哈克特知道他不能照办。厄克特后来写道:"如果防线按照德军要求的距离向后撤,就会使得师部位在德军战线后面183米了。"虽然他无法后撤,哈克特注意到攻击终于发动时,弹幕却很小心地落在急救站以南的位置。

另一位在塔费尔贝格酒店的医官盖伊·里格比-琼斯少校(Guy Rigby-Jones),正位于酒店娱乐室的撞球台上动手术。

德军一发 88 毫米高射炮弹从屋顶穿过时，他的手术器材全都毁了。虽然有一个野战救护组在彼得堡酒店设置了一间手术室，但是自从星期四以来，他就无法动手术。他回忆道："我们有 1,200 到 1,300 名伤员，不论医官和看护，都没办法适当治疗他们。我们只能用吗啡止痛，最大的问题是食物和饮水。我们已经把中央供热系统的水放出来作饮水。我不做手术后，差不多就成了后勤官，我要想办法让伤兵有东西吃。"伤兵中有一位是 156 营的沃迪少校。他在星期二的时候被德军狙击兵打中了腹股沟，后来又再受了伤。那是一发迫击炮弹，落在谷仓的窗台上爆炸后，破片炸中了沃迪的左脚。之后同一栋谷仓又挨了一发直接命中弹，掉落的砖块和碎木，划破了他的右肩、脸部和下巴。师部军医组长格雷姆·马修·沃拉克（Dr. Graeme Warrack）从所在的塔费尔贝格酒店冲了出去，帮助沃迪抓着墙壁拖着身体站起来，只见沃拉克站在街上对着德军吼叫："你们这班他妈的杂种，难道没有人认识红十字吗？"

范马南家——安妮、她哥哥保罗和婶婶——都在范马南医师的指示下，24 小时不停地在塔费尔贝格酒店工作。学医的保罗记得，"星期天真恐怖，我们几乎一直都在被炮火击中。我还记得我们当着伤员面前，一定不能露出害怕的神色，可是我已经打算逃出去要大声喊叫了。我没这么做，因为受伤的人都很镇静地待着"。伤员们从被炸坏的房间搬到另一间时，保罗记得，"我们开始唱歌，为英国人唱，为德国人唱，也为我们自己唱。后来几乎大家都在唱，用上所有的感情，人们会因为哭泣而停止了歌声，但还是会再从头唱起"。

年轻的安妮曾怀有一个浪漫的梦想，那就是被从天而降的聪明强壮的年轻人解放。对她来说，这个浪漫的梦想正在绝望中结束。很多荷兰人被抬到塔费尔贝格酒店，并因为伤重而死去。安妮在日记中写

第五部　魔窟　495

道:"有两个漂亮的女孩,都是溜冰好手,跟我一样大,都是17岁,现在我再也见不到她们了。"安妮觉得,那个酒店经常被炮弹击中,她在地窖哭了起来,写道:"我很怕死,爆炸好猛烈,每一发炮弹都要人命,神怎么会让这种地狱存在?"

星期天上午9点30分,军医组长沃拉克决定想办法解决这种地狱问题。附近的9个急救站和医院,都被双方的伤员挤得满满,沃拉克开始觉得,"这场仗不能再用这种方式打下去了"。医护人员"在几乎不可能的情况下工作,有些人连外科器材都没有"。在德军加剧攻击下,伤员不断增加——其中包括勇敢无畏的哈克特旅长。上午8点左右,一发迫击炮弹把他的腿和腹部炸成了重伤。

沃拉克所决定的事情,必须获得厄克特的同意。他前往哈滕斯坦。他说:"我当时向师长报告,尽管有红十字旗,所有医院都正遭受炮击,有一处中了6发炮弹并燃烧了起来,迫使我们搬出了150名伤员。"他说伤员正受到"严重打击,是时候该跟德军做些安排了。"尽管要把伤员后送渡过莱茵河是不可能的事,但沃拉克相信很多人的生命还是会被保全的,"只要把伤员交给德军,然后在阿纳姆的医院治疗"。

沃拉克医官回忆当时,厄克特"看上去无奈"地同意了这个计划。可是他警告在任何情形下,"都不能让敌人想到,这是本师防线崩溃的开始"。沃拉克要向德军表明,这种安排纯粹是基于人道立场。厄克特说,如果要谈判,"条件上要使德军知道,你是代表病人的大夫,而不是本师的官方代表"。厄克特就此准许沃拉克前往要求下午有一段停火空窗,双方"继续交战"以前,移出交战区内的伤兵。

沃拉克赶紧去找荷军联络官沃特海军少校、马瑞德医师,要求他们两个人在谈判中助他一臂之力。因为要担任传译的沃特是荷军军官,"到德军司令部可能会有危险",沃拉克便替他取了个假名"约翰逊"。3个人马上到斯洪奥德酒店,去跟德军的医官接头。

不约而同,29岁的德军医官斯卡尔卡少校,声称他也想到与沃拉克同样的结论。据他回忆,星期天上午,他认为"一定要想点办法,不但为我方的伤兵,也是为了身陷在'女巫魔釜'中的英军"。斯洪奥德酒店里,"伤员躺着满地都是——甚至直接躺在地板上"。据他说,在沃拉克来以前,他想去见"英军军医组长,建议移出伤员"。不论是谁先有这种构想,他们的确见了面。沃拉克对于年轻的德军医官,印象上觉得"外表上有点娘娘腔,却很富于同情心,显然他很想巴结英国人——正好有机会"。沃拉克对着这位瘦长、整洁、军服讲究的英俊医官,由"约翰逊"担任传译,提出了自己的建议。交谈中,斯卡尔卡打量沃拉克,"个子高高瘦瘦,一头黑发的家伙,像所有英国人一般冷淡,他似乎疲倦得要死。除此以外,身体状况还不算差"。斯卡尔卡准备同意后送计划,但是他告诉沃拉克"首先要到我们的司令部里去,确实弄明白我们师长不反对这件事。"斯卡尔卡不肯带马瑞德医师一起走,他们坐在一辆缴获的英军吉普车上,斯卡尔卡、沃拉克和"约翰逊"3人出发到阿纳姆去,由斯卡尔卡开车。他回忆:"自己开得很快,来回曲折地走,我不要让沃拉克搞清楚方向。我的开车法使他好难受,我们走得非常快,部分时间还是在炮火之下,吉普车曲折七转八弯地进入了市区。"

对沃特来说,这短暂的一段车程"既悲伤又悲惨",处处都是残骸,房屋不是废墟便是在冒烟。他们所经过的一些道路,被坦克履带啃翻,被炮弹轰得全是坑坑洞洞,"看上去就像刚犁过的田野"。损毁的枪炮、翻倒的吉普车、烧焦的装甲车,以及"死者扭曲的尸体",就像是一条直接通向阿纳姆的小径。斯卡尔卡并没有把两人蒙眼，沃特觉得他也没有打算隐瞒他所走的路线。令他惊讶的是，这位优雅的党卫军医官似乎"热切要让我们看一看德军的力量"。斯卡尔卡穿越过余烬未熄、废墟般的街道向西北行驶，停在黑苏贝尔赫街（Hezelbergherweg）的一所中学门前——哈策尔中校的师部。

虽然沃拉克和沃特的到达，引起了参谋军官的惊讶，可是哈策尔已经收到电话通知，正在等待他们。斯卡尔卡让这两位军官留在屋外，自己进去报告师长。哈策尔很生气，他说道："我那时大吃一惊，斯卡尔卡没有把他们两人眼睛蒙上，现在他们晓得我师部的正确位置了。"斯卡尔卡哈哈笑了，要哈策尔放心："我开车经过的路线，如果他们还找得到位置，那我也满意外的。"

这两个德国人跟英军代表坐在一起。哈策尔说："当时那位医官建议，把英军的伤员从他们防线撤出来，因为再也没有地方，更没有补给品可以照料他们。要求几个小时的休战。我告诉他两国交兵，我很难受，再怎么说，为什么我们要打仗？我同意他的建议。"

沃拉克介绍沃特是"加拿大士兵，名叫约翰逊"。他印象中的这次会议的情况是完全不同的。他说道："首先，党卫军中校曾一度拒绝考虑休战，屋内还有好几位参谋军官，包括助理参谋长施瓦茨上尉（Schwarz）在内。他后来对哈策尔说，这件事必须报告军长。"德国人都离开了屋子，沃特说道："我们在等候时，德军给了我们三明治和白兰地。沃拉克警告我不要空肚子喝酒，三明治里面不知道是什么东西，反正铺了一层洋葱。"

当德国人再度走进屋内时，沃特记得，"每一个人都砰地立正，好多人喊着'希特勒万岁'！比特里希军长进来了，他没有戴军帽，穿着黑色、长长的皮大衣，他只停留了一下子"。他打量了这两人，用德语说："我为两国的交战深感遗憾。"军长静静倾听沃拉克的后送计划，准许这么办。比特里希说："我同意，因为一个人不能——当然，假若他在开始时就有这种感情——没有人性，哪怕是在最激烈的战斗中。"然后，比特里希把一瓶白兰地酒交给沃拉克，说："这瓶酒送给你们师长。"他便离开了。

星期日上午10点30分，部分停战达成了协议。沃特回忆："德军似乎很担心，塔费尔贝格与斯洪奥德两家酒店都坐落在前线，德国人不能保证停止迫击炮与大炮的轰击。"哈策尔主要关心的是莱茵河南岸英军炮兵的远距离射击，在伤员后送期间是不是能控制得了。斯卡尔卡说，他在这一点上获得了保证以后，他接到英军第2集团军的一封无线电报。"它的收件人只写着'党卫军第9装甲师医官'收，除了谢谢我以外，问停火能不能延长，好使英军可以把卫材、药品和绷带运过莱茵河。"斯卡尔卡拍电报回答道："我们并不需要你们的援助，唯一请求贵方空军克制，不要不断地轰炸我方红十字卡车。"他马上就接到了回信："不幸得很，这种攻击双方都有。"斯卡尔卡认为这封电报"荒谬至极"，愤愤回电道："抱歉，但本人已经两年没有见到我方空军了。"英军回电"只要按照协议即可"。斯卡尔卡这时很生气，他说得太过火了，拍电过去"你舔我的……[①]"

最后双方同意的安排，便是从下午3点起两小时的停火，伤员由塔费尔贝格酒店附近一条指定的道路离开英军阵地。要尽一切努力"减少射击或者完全停止"。据守前线的双方部队，都奉令要停止射击。正当斯卡尔卡开始下令"在前线阵地后方，集结所有的救护车和

[①] 斯卡尔卡所说双方发生这种电报来往，八成真有其事。但是电报中的字句当然有疑问，尤其他的答复中提到德国空军，在那一周确实在空中骚扰英军的空投。尤其，电文中对一个军种（空军）的贬损，向敌军表示对自己军方轻视的看法，在党卫军官中的确并不常有。

吉普车"时,沃拉克和沃特也要返回自己的阵线,德军准许他们在口袋中装满吗啡和医药用品。沃特"很高兴能离开,尤其是助理参谋长施瓦茨上尉对他说过,'你的德语说得不像英国人'之后"。

沃拉克和沃特在另外一位德军医官护送下,坐一辆悬有红十字旗的吉普车驶返阵地。途中,准许他们在圣伊丽莎白医院停一下,检查医院情况,探访一下英军伤员,其中便有拉思伯里旅长,他拆掉了官阶,这时是"下士"拉思伯里。迎接他们的是英军主任医官亚历山大·李普曼-凯塞尔上尉(Lipmann Kessel),外科主任锡德里克·詹姆斯·朗兰少校(Cedric Longland),以及荷兰资深外科医师范亨厄(Dr. van Hengel)。沃拉克记得,他们"都迫切需要知道消息"。凯塞尔说,医院内曾发生激烈的战斗,有一阵打得最激烈的时候,德军人就在病房内,子弹直接在病人的头上飞过。但是自从星期四以后,这附近开始平静了。沃拉克发现,和阵地中伤员悲惨的境遇比较起来,医院里的"英军伤员都躺在病床上,有毛毯和床单,由荷兰的修女和医师细心照料"。他们两人告知凯塞尔,将会有大批伤员涌到后,便返回奥斯特贝克。据沃拉克回忆,此时他们正好"赶上了塔费尔贝格酒店附近一轮的迫击炮轰击"。

下午3点,局部性停火开始。射击顿时减少,然后整个停止。炮兵下士帕克斯因为"惊天动地的噪音已经成了家常便饭,眼前的这种寂静很不真实,有那么一阵子还以为是自己死了"。在英军与德军的医官与医护兵督导下,双方的救护车与吉普车开始装载伤员。伞兵第4旅的皮尔逊中士,被放在吉普车上、哈克特旅长的担架旁边。哈克特说:"皮尔逊,你也挂彩了。"皮尔逊只穿着军靴和裤子,右肩用绷带扎得很厚,"伤口被破片撕开好大一个口"。哈克特面容灰白,显然腹部的伤口很痛。他们朝阿纳姆运去时,哈克特说:"皮尔逊,我希望你不要以为我是讲军阶，不过我想，我的伤势比你要惨一点，到了医院，如果他们先抬我，你不介意吧？①"

带了"伞鸡桃金娘"跳伞的格洛弗中尉，在极度痛苦的情况下被送到圣伊丽莎白医院。一发子弹打断了他右手中的两条血管，送往斯洪奥德急救站途中，又被一块破片炸中了右小腿。急救站没有多少吗啡，人家告诉他，除非他认为是绝对必要，才会替他打一针。格洛弗并没有要求打吗啡。这时，他在半睡半醒中，想起了"桃金娘"。他记不起来它是哪一天被打死的。作战过程中，他和传令兵斯科特，把装它的小袋轮流提来提去。后来，在炮火下的一处堑壕里，格洛弗突然发现"桃金娘"的袋子不见了，便对着斯科特吼道："'桃金娘'在哪里？"斯科特指着堑壕上面，说道："报告排长，在那里。""桃金娘"躺在袋子里，两脚朝天。那天晚上，格洛弗和斯科特两个人，把这只鸡埋葬在一处树篱附近的小小浅洞里。斯科特在那上面覆土时，他望着格洛弗说道："排长，'桃金娘'也算是坚持到底了。"格洛弗记得自己没有把"桃金娘"身上的伞兵飞翼摘下来。这时，他身体有够

---

① 拉思伯里和哈克特两位旅长，都在医院中成了"下士"。哈克特在动手术以前，由戴夫·莫里斯中士输血（Dave Morris），他被告知不得透露旅长的身份。19日起就在医院的拉思伯里，等到奥斯特贝克的伤员送到后才首次听到消息，包括厄克特终能返回师部以及弗罗斯特营守住阿纳姆大桥达4天之久等。两位旅长后来都在荷兰人协助下逃出医院藏匿。拉思伯里最后碰到了开朗乐观的泰瑟姆-沃特少校，后者换上便衣，与荷兰地下抵抗组织合作，"相当公开地走动，有一回还帮忙把一辆德军公务车从一条水沟里拉上来"。拉思伯里加入一批大约120人的队伍，成员都是荷兰人掩藏的伞兵、医护兵和滑翔机驾驶员。在一名荷兰人向导带领下，于10月22日晚上，横过莱茵河到美军前线。了不起的泰瑟姆-沃特少校，协助大约150名英军逃脱。附带一提，我花了7年打听他的下落。直到一次偶然机会，我在英国的出版商在肯尼亚遇到了他。自第二次世界大战结束以后，他就住在那里了。泰瑟姆-沃特说："我在战场上带一把伞，是为了识别，并没有任何用意，因为我老是忘记口令。"

战役中的斯洪奥德酒店。

战役中的塔费尔贝格酒店。

痛的，可是他很高兴已经替"桃金娘"举行过荣誉葬礼——还带着它的职级章——就像作战阵亡的伞兵般的待遇。

在斯洪奥德酒店的范德弗利斯特，看见德军医护兵开始把伤员往外送。突然重启射击。一名德军吼叫道："如果不停止射击，我们就要开火了。没有一个伤兵、一名医官或者一名护士能活着出去。"范德弗利斯特不理会他，她说："总是最年轻的兵吼得最大声，我们现在已经习惯于德国人的威胁了。"射击停止了，搬运继续。

长长的队伍中，有走路的伤员，还有救护车、吉普车和卡车的车队，向着阿纳姆前进时，双方爆发了好几次交火。"这是不可避免的，"厄克特回忆说，"双方都有误会，让一场战斗暂时停止下来是不容易的。"塔费尔贝格酒店的医官们，"开头就要交出斗志旺盛的德军，深感不安"。大家几乎都记得，那些刚到达的波军，都不明白这种局部性停火的必要性。厄克特说："他们有好多好多的老账要算。波军认为并没有正当合法的理由不容许他们开火。"最后，他们"被说服，并压抑住战斗欲望，直到伤员撤送完成为止"。

整个下午，德军医官斯卡尔卡少校和沃拉克医官一起让车队持续运转。有200多名伤兵由人搀扶步行离开，250多人由医护车队载送。斯卡尔卡说："我从来没有见过像奥斯特贝克的这种情况，全是死亡和残骸。"

胸部在阿纳姆受伤的斯坦福斯中尉，正在圣伊丽莎白医院休养。他听见第一批徒步的伤员走了进来。他说："我觉得浑身有种激动的颤栗感，从来没有这么骄傲过。他们走进来时，我们其余的人都为之悚然，每个人都留有长达一星期的胡须，野战服撕破并浸染了血迹。人人都绑着鼓鼓的、腥臭的、血浸的绷带。最引人注目的是他们的眼睛——红红的眼边，眼眶深深注了下去，从皱纹满布、结了一层泥的

第五部 魔窟 503

脸向外窥探。他们缺乏睡眠，人好憔悴。然而他们走进来时并无败象，依然令人望而生畏，完全能当场接管此地。"

当最后一批车辆离开奥斯特贝克镇的同时，沃拉克对那位党卫军医官表达谢意，"斯卡尔卡慎重地看着我，说：'我能有一份书面的谢函吗？'"沃拉克没有理会他的这句话。下午5点，激战再起，就像是从来没有停止过似的。

帕克斯下士的炮兵阵地，就在范多尔德伦的洗衣店附近，"一下子就天翻地覆，德国鬼把所有东西都向我们砸过来。"在撤走伤员这段比较宁静的时间以后，帕克斯如释重负，"一切又恢复往常了，我也能适应，重新又干上买卖啦。"德军利用暂时停火的机会，已经渗透进了好多地区，德军和英军在街巷、花园里彼此追逐，只听见四面八方吼叫和枪声不断。帕克斯在堑壕里，眼见一辆坦克冲过一个甘蓝菜圃朝连部驶来。两名炮手冲到路上那门3公斤战防炮、开始射击，帕克看着一颗颗甘蓝菜在他的堑壕上飞过，"那门炮的后坐力吸起了甘蓝菜，连根拔起、向空中抛了出来。然后，好大一声砰隆，我们目击炮弹命中了坦克"。

凯恩少校听见有人大叫："虎式！"那门小小的战防炮，正放在他所在这排房屋的一栋屋子边。一名炮手跑去协助他，两个人一起把战防炮推进阵地。"放！"凯恩吼叫一声，只见炮弹打中了坦克，打得它动弹不得。他吼道："我们再放它一炮以求保险。"炮手看着凯恩摇了摇头："长官，不行了，它完蛋了，驻退机毁了。"

在霍斯特家里面听起来，这一阵炮声好响亮，人人都震得耳朵发聋、手脚发软。霍斯特太太突然觉得"一阵惊天动地的摇晃，砖头轰雷般坍塌，木材断裂，到处都听到有人在啜泣"。爆炸的力量把地窖门塞得死死的。在空间狭小又烟尘呛鼻的这里，她听见"男人们在用圆锹和工具在掘着……把梁木锯开……在砖块和泥灰中，人们的脚步声嘎吱作响……随后是沉重的物品被前后拖拽的声音。"地窖门打破了，新鲜空气涌了进来。霍斯特太太到了地面，只见部分走廊和花园小屋已经敞开，部分围墙被向内炸进来。被爆炸波抛出去的人躺了一地，再次被击中的马丁医师再也不能走路了。前几天送来的一名弹震症士兵，正在被炮弹炸翻躺了一地的人中间徘徊。他盯着霍斯特太太，说："我好像以前在什么地方见过你。"她温柔地领着他到地窖去，在石头地板上给他找了个位置，他几乎立刻就睡着了。后来他醒过来，走到霍斯特太太前悄声说："我们随时都会被抓走了。"话毕又倒头再睡。霍斯特太太疲惫地靠着墙，5个孩子都在她身旁。她等待着，等待就如同"令人恐惧的时间在缓慢地延续着"。

离凯恩少校阵地不远的地方，鲁利耶上士看见又来了一辆坦克。他和一名炮手冲向战防炮——似乎是连上唯一剩下来的一门。两个人到达炮旁，正好坦克一个转向他们。炮弹发射、打中坦克的同时，出现一阵火光。一挺机枪同时开火了。跟鲁利耶一起的炮手，倒抽一口气倒在他身上。鲁利耶转身扶着他躺下去，一发子弹打中他的左手，手马上不由自主地抖个不停，鲁利耶推测应该是打中了神经。他把炮手轻轻仰天放倒，就要回自己堑壕去，他告诉那名血流一身的伞兵说："我去找人来帮忙。"走到霍斯特太太家门，鲁利耶停了下来、不想进去，他听见人们在吼叫、胡言乱语，有的讨水喝，有的喊叫亲人的名字。鲁利耶说："啊，老天！我来这里干吗？"这时，医护兵博尔登出现了，看见他那只手在抖，说："鲁利耶，老兄哪，刚打完字吗？"鲁利耶解释说是来找人救那名受伤的炮手。博尔登说："好吧。"一边替他的手上绷带，一边说："我会过去。"鲁利耶回到自己阵地，经过霍斯特家的花园时，吓得目瞪口呆定格站着。他以前从来没有见过有这么多的死人堆在一起,有些尸体脸上还有件衣服遮蔽,其他却什么都没有蒙,"他们的眼睛睁大大地望向四方。"那里的尸体一堆堆,多到没人有办法在之间走过去。

回到堑壕,鲁利耶等着,一直到到博尔登带了两名担架兵来到。"不要担心,"博尔登告诉鲁利耶,大拇指一比,"所有事情都会好转的。"鲁利耶并不这么想,当时在英国,这位31岁的伞兵请求参与这次任务,但因年龄的关系,虽然挂的是炮科,做的却是助理食勤上士。但是他还是争取到了获准参战的机会。眼前,他望着四周围又困又渴又饿的伞兵们,至今还记得"突然明白了什么,把眼前的战斗丢在一旁,想弄点东西让大家吃"。他不晓得自己在附近毁掉的菜园和半毁的屋子爬了多久,翻来覆去地找厨柜、搜地窖,寻找食物的踪迹。他在某个地方找到一个没有损坏的铁桶,就把找到的东西统统往里面丢——几个枯萎了的红萝卜、一些洋葱、一袋马铃薯、盐巴和一些浓缩汤块。他在附近又找到鸡舍,只有一只鸡还活着,鲁利耶就捉了回来。

在一栋废墟房屋的石地板上,他用砖块围成圈放铁桶,把壁纸从墙上一片片撕下,加上木材,生起火来了。

他再到外面去找水,根本不记得外面仗打得正凶——铁桶里装了一些水,摇摇晃晃地提了回来。他把鸡宰了、剖出内脏,丢进桶里。天快黑时,他的炖鸡也做好了,扯下两张窗帘,包住铁桶热呼呼的把手,找来一名弟兄帮忙,抬着往堑壕过去。这是他过了好几个小时以后,才又意识到迫击炮弹临头的感觉,炮轰的间歇时两个人就走,炮弹一炸就停,然后再走。到了炮兵阵地,鲁利耶大喊:"开饭了,来啊!"眼睛发红、视力模糊的伞兵们对此大为惊奇。他们小心拿着历经沧桑的空罐头和野战餐具过来排队。他们恍惚、语意含糊地说了声谢谢,舀上一瓢菜后,就消逝在逐渐转暗的夜色中。不到 10 分钟,一桶菜干干净净,鲁利耶看看桶底,还找得到零星的马铃薯块。伸手去捡,放进口中,这还是这一天头一次吃了些东西,鲁利耶觉得从来没有比这更快乐的时候了。

在哈滕斯坦酒店的一条 5 人壕沟里,滑翔机驾驶员奥弗顿睁大眼睛盯着加深的暮色。同壕沟的其他 4 个人不见了。忽然间,他看见黑黑的身形走近,轻悄悄说:"是我们。"这 4 名阿兵哥跳进壕沟,奥弗顿看见他们带了一件绑在一起的雨衣,小心翼翼地把雨衣打开,在一边拿着一个空罐,倒出了几乎有一品脱的雨水。其中一人掏出一小块茶叶放在罐里开始搅动。奥弗顿看着他们,简直傻了,他说:"那一天我们没有东西吃,也没有水喝,仅仅吃了在前一天星期六分下来的两块硬饼干。"他们把空罐递给他,喝了一口再传给身边的喝。然后意想不到的,4 人都轻声跟他说:"祝你生日快乐。"奥弗顿忘了 9 月 24 日星期六,是他的 23 岁生日。

原本在斯洪奥德酒店的重伤和能走动的轻伤员都送走了,可是弹震症的伤兵,依然在偌大酒店里徘徊。佩尔牧师走过一间几乎没什么人的房间时,听到屋内某处传出回音,有一个颤抖的声音,细声细气在唱《暮色之歌》(*Just A Song At Twilight*)。佩尔爬到楼上房里,蹲在一名弹震症很严重的年轻士兵旁,"牧师,"那小伙子说,"你能帮我盖紧一点吗?那些声音让我好害怕。"佩尔没有毯子,可是他装成盖上了的样子。"牧师,这好多了,现在我觉得很好,您再帮我一个忙好吗?"佩尔点点头,"您为我念主祷文好吗?"佩尔念了一遍,抚摸着年轻人的头发,告诉他:"现在闭上眼睛,好好睡吧,上帝保佑你!"士兵微微笑了:"晚安,牧师,上帝保佑你。"两个钟头后,医护兵来找佩尔:"您认识那个小伙子吗?替他念主祷文的那一个?"佩尔问道："有什么事吗？"医护兵摇了摇头："他刚刚死了，他说要告诉您，他受不了外面的声音。"

夜色降临，位于皇家直属苏格兰边境团防线的里德中校，烦闷地看见"24日令人伤感的结束了。地面部队援军的早日到来是大家的最大希望，现在不约而同却成了不可说的话题"。

星期六夜深，幽灵团的海伊中尉，奉令到哈滕斯坦酒店地窖的厄克特房间里去。海伊说道："他交给我一份颇长的电报，告诉我译密完毕以后，再交还给他，我记得他说：'或许到时候他就不必发送它了。'"海伊一看电文，大吃一惊："电文的真正意思是说，他们必须来援救我们，否则我们会被歼灭。"海伊把电报译成密码，交还给厄克特，说："我希望它用不着发出去。'"电报最后还是发了出去。

厄克特呈布朗宁：必须预告钧座，倘不能在9月25日晨与本师实际接触，恳考虑本师无法再固守。目前官兵均力竭，缺乏粮食、饮水、弹药及武器，军官伤亡率甚高。甚至敌稍作攻势，我或将全部瓦解。倘发生此种情况，当下令所属向桥头堡突围而非投降。而今敌前任何行动均不可能，职已竭尽力所能为，也尽可能如此作为。[1]

* * * *

连续两个晚上企图把人员与补给运给厄克特的行动都失败了。然而第30军顽固的军长霍罗克斯将军，拒绝放弃努力。如果要挽救桥

---

[1] 这份电报在其他阿纳姆战役相关的其他忆述中，出现了不同的版本。上述为原件内容。海伊中尉保有幽灵通信网当时这份通信记录，并供本人使用。对他的帮忙谨致最大感谢。

莫德尔元帅、毕特利希中将、独脚的克瑙斯特少校以及海因茨·哈梅准将在作战中的会议。克瑙斯特少校的虎式战车,阻挡了英军为解救阿纳姆大桥守军所发动的最后攻势。

第五部 魔窟

头堡,把第 1 空降师救出来,一定要在星期六晚上实施救援。天气又再一次来搅局。未能期待以英国为基地的飞机,能飞来提供补给或支持的任务了。可是这时大军已集结在德里尔 - 奈梅亨地区,而霍罗克斯——达成了接近不可能的目标,率领整整一个军的官兵,沿着只有一辆坦克宽的狭窄走廊,攻抵了莱茵河边的最前锋——但大家始终想到的,就是把他和空降师分隔开来的眼前这条 366 米宽的大河。作战的胜利近得几乎是触手可及。他下令给第 43 威塞克斯步兵师师长托马斯将军,作最后一次推进,由杰拉尔德·蒂利中校(Gerald Tilly)的多塞特团第 4 营(4th Dorsets),连同波军其余兵力,在晚上 10 点开始,实施敌前渡河进入桥头堡。

蒂利的行动只不过是一个大计划的第一步,"如果事情顺利的话,"霍罗克斯后来写道,"我希望让第 43 步兵师实施迂回,在西侧远处渡过莱茵河,对攻击空降师阵地的德军,来上一记左勾拳。"另外一个办法就是撤退。到了"市场—花园"作战的第八天,霍罗克斯坚持不肯面对这种选择。然而,别人却正在认真计划该如何收拾残局。

根据第 1 空降军参谋长沃尔克准将说,军长布朗宁将军这时"已经相当公开地谈到撤退"。第 43 步兵师进抵德里尔时,该计划还在权衡当中。可是"他们一旦被卡住,布朗宁认为我们必须把厄克特的人撤出来。"第 2 集团军司令邓普西将军,也得出同样的结论。自从战役一开始,他就没有见过霍罗克斯。而今,时间越来越急迫,邓普西便命令霍罗克斯到走廊下方的圣乌登罗德开会。在指挥体系上,邓普西代表了蒙哥马利,具有最后的裁决权。这个折磨人的决策,完全是基于一个人在逼迫他们所造成的——莫德尔元帅。

霍罗克斯坐车向南面的圣乌登罗德驶去时,蒂利中校的多塞特团第 4 营准备在夜间渡河。全营正迅速进入德里尔的集结区，这时走廊已经打通，突击舟也在运来的途中。蒂利收到的指示很清楚，他的旅长本迪什·布罗姆·沃尔顿准将（Ben Walton）亲自做简报，告诉蒂利"拓宽桥头堡防线底层的范围"。这次渡河要在旧的渡口实施，大致在奥斯特贝克西边 1.6 公里的位置。多塞特团第 4 营一渡过河，就要"固守以待援兵到达"。他们轻装渡河，只带足够三四天的粮弹。依 35 岁的蒂利看来，第 4 营"是为整个邓普西第 2 集团军做开路先锋的特遣部队"。他敏锐地意识到迅速与厄克特会师的急迫性。就他所知，第 1 空降师正随着时间凋零。

星期天，蒂利三度爬上德里尔损毁的教堂尖顶，观测第 4 营官兵要在莱茵河北岸登陆的附近一带。黄昏接近时，他在村南果园的营部，不耐烦地等待全营部队从德里尔西南几公里外的霍默特（Homoet）到达，还有突击舟也要经由走廊运达。

下午 6 点刚过，旅长沃尔顿准将派人把蒂利找去，旅部在村南一栋家屋里。蒂利料到旅长要把夜间作战的细节再检讨一遍，沃尔顿没这么做，而是告诉他计划有了变更。沃尔顿说，刚接到消息："整个行动——大规模敌前渡河——取消了。"第 4 营依然渡河，但目的不同。他边听边气馁。原来要他的营去守住厄克特阵地的底边，让第 1 空降师撤退！要他尽可能少带人过去——"只要能办到这样就够了"。人员大约是军官 20 名和士兵 400 人，蒂利本人并不需要去，可以交给副营长詹姆斯·格拉夫顿少校（James Grafton）指挥。虽然蒂利报告说他会"考虑考虑"，他已经决定亲自带队过河。离开旅部时，蒂利觉得正是要他的人当牺牲品，沃尔顿对如何撤退这些人，半个字都没有吭。然而他也晓得旅长对情况的改变也是无能为力了。使他大惑不解的是，发生了什么事情？为什么渡河计划改变了？

第五部　魔窟　511

一张德军拍摄的阿纳姆公路大桥照片显示了战争的废墟。尽管英军一度占领了部分大桥,但他们最终在9月25日晚间用船撤走了大部分幸存的空降部队。

德国士兵对留在阿纳姆的400名受伤的英国空降部队人员进行急救。

把厄克特的人撤退回来的决定，还要由蒙哥马利认可。一直到9月25日，星期一，早上9点30分，他才终于批准——是邓普西将军下达的。他在星期天下午，与霍罗克斯、布朗宁在圣乌登罗德开会，霍罗克斯提出大规模渡过莱茵河的计划。考虑过以后，邓普西不予批准。跟霍罗克斯不同，邓普西并不认为敌前渡河会成功。他对霍罗克斯说："不可以，把他们撤出来。"邓普西又转向布朗宁说"你认为可以吗？"布朗宁沉默不语，只服从地点点头。邓普西立刻通知在德里尔的托马斯。圣乌登罗德的会议还没有开完，德军又再度把费赫尔以北的走廊切断了。霍罗克斯坐上装甲运兵车，突破了德军阵线，回到奈梅亨军部。莫德尔元帅最近几次的攻击，使得走廊被封锁长达40多个小时。

蒂利的第4营大部分都已经到达德里尔，他就在官兵之间挑选他要带过去的人。他拍着士兵们的肩膀，说："你去。""你不去。"这次敌前渡河的真正企图是机密，他对那些抗议为什么留在后面的官兵说他不能透露，"挑中的这些老兵，他们绝对清楚——最重要的——是留在后面的人。"

这种决定很痛苦，看着这些官兵，他认为"一定会战死。"他找来副营长格拉夫顿少校，"格拉夫顿，"副营长记得他这么说，"我要告诉你一件事，因为除了我以外没有人晓得这次渡河的真正目的。"他谈到计划的变更，蒂利镇静地补上一句："只怕我们会被抛弃。"

格拉夫顿吃了一惊，看着蒂利。蒂利又说道，最重要的，不能让任何人知道这个消息，他解释："那太冒险了。"

格拉夫顿知道蒂利的意思，如果明白了真相，对士气会造成沉重的打击。格拉夫顿准备要走时，蒂利说道："格拉夫顿，我希望你会游泳。"格拉夫顿笑了，说："营长，我也这么希望。"

第五部　魔窟　513

晚上9点30分,蒂利第4营官兵行军到河边时,依然没有突击舟的踪迹,蒂利问工兵官查尔斯·A.亨尼克中校(Charles Henniker):"没有船,究竟要我们用什么鬼渡河?"他们的口粮也没有运到,蒂利晓得这次任务的真正目的,这种理解使他负担更重、脾气更暴躁,他跟多塞特团第5营的营长巴兹尔·奥布里·科德中校(Aubrey Coad)说:"没有一件事是对的。突击舟没有到,又没有发口粮给我们。如果不再想点办法,我就不准备去了。"科德便下令他的弟兄把口粮交给蒂利的官兵。

在冰冷的毛毛细雨下,蒂利的官兵等突击舟等了3个小时。半夜消息传来,突击舟运到德里尔了。可是运到的只有9艘。黑夜里,有些卡车拐错弯,开进敌军战线。有两辆滑出土堤公路,已经报销。步兵在汇合点把突击舟扛在肩上,要走过549米湿地去到渡河点。士兵们在湿地沿路的泥泞上跌跌撞撞,花了一个多小时的努力,才把突击舟抬到河边。直到9月25日,星期日凌晨2点左右,突击舟才组装完成。

全营官兵准备渡河以前,蒂利交给副营长格拉夫顿两封电报,要他转交厄克特将军:一封是来自布朗宁,另一封则是托马斯将军扼要提示撤退计划的密电。电报一式两份,另一份交给厄克特的工兵主任迈尔斯中校。迈尔斯见过布朗宁以后从奈梅亨回来了,他带着同样的电文,正等候渡河。蒂利告诉格拉夫顿:"你的任务,便是迈尔斯中校万一到不了厄克特将军那里,由你把电报送到。"蒂利强调,电文中包括了撤退计划,"非常重要"。

很显然,德军对于盟军有再一次的渡河行动,已经做好了充分的防御准备。英军一共只有15艘突击舟——还包括了3辆水鸭子车,以及前一晚那支小船队运用过的剩余木筏。到了最后一分钟,由于突击舟缺乏，预定要在多塞特营渡河点东边、由波军实施的伴动渡河决定停止。蒂利的官兵分成每波3艘的5次舟波渡河。准备工作进行时，迫击炮弹已在南岸炸开。德军明显在防线的底边两侧已经布置好了重机枪，此刻正对着河面扫射。蒂利中校跨进突击舟，第一波开始渡河。

尽管南岸英军的每一门火炮都在轰击，意图在多塞特营上形成保护伞，但行动还是遭到了无情的轰击。帆布与合板制的突击舟，被射击打穿了洞，随后沉入水中消失。有些突击舟，像格拉夫顿少校那一艘，还没有驶离南岸就起了火。格拉夫顿立刻换乘另一艘出发。突击舟行驶到半途，他才发觉自己是舟波中硕果仅存的一艘。这15分钟，他觉得"侥幸还活着"，成功渡过河去了。

面对骤雨与暗夜，以及规划良好的机枪火力射击，5批舟波都遭受到惨重的损失。可是当时最可怕的敌人还是水流。河水在午夜之后意外变得湍急起来，无助的多塞特郡营士兵既不习惯操纵船只，又对这可怕的激流无可奈何，结果有不少人被水冲过了防区底边的两端，不幸落入了敌人控制的区域。他们分散在好几公里远，幸而生存的人，则很快就被德军切断、包围起来。向桥头堡出发的420人，只有239人到得了北岸。蒂利中校一上岸，就被手榴弹海淹没——就像保龄球从山上滚了下来般。他率领官兵冲出修罗场，只听见他在吼叫："跟他们拼刺刀！①"

多塞特营官兵未能以有战斗力的形式与厄克特会师，只有少数到达哈滕斯坦酒店的防线。其中包括副营长格拉夫顿少校在内。他带着

---

① 其中一枚滚下来的手榴弹，砸中蒂利的头后爆炸。难以相信的是，他只受到轻伤，死里逃生成了战俘，直到大战结束。

完整的撤退计划,穿过下奥斯特贝克教堂附近的朗斯代尔少校阵地。迈尔斯已回到了师部,带着交给他的公文。两个人都不知道托马斯密码电报的内容,也不知道电文中那个讽刺到近乎残忍的行动代号。蒙哥马利原本催请艾森豪威尔,"一次强有力的挺进直捣柏林……从而结束战争"。他的单向挺进没有获得批准。"市场—花园"行动是一个折中方案。现在,为厄克特浴血官兵的撤退计划已经正式核定,第1空降师的残部即将要撤退回来,行动代号是"柏林行动"(Operation Berlin)。

4

"市场—花园"——蒙哥马利希望迅速结束大战的作战计划,正不可避免地走向它的结局。人们据守分布在恐怖97公里范围内的各座桥梁,只为了一条道路而战——走廊。泰勒将军位于埃因霍温北部的责任区,伞兵们在英国步兵与装甲兵增援下,击退了一次又一次的猛烈攻击,以打通在乌登被切断了的去路。加文将军第82空降师所在的区域,瓦尔河上的大桥正不断遭受到炮轰,兵力日增的敌军从帝国森林继续压迫过来。一个星期以前,认为战争几乎就要结束的那种态度已经消逝了。现在盟军遭遇到的敌军部队,很多都是在之前就被注销又重建的单位。在9月的第一个星期,原以为失去方向、行将崩溃的纳粹战争机器,竟奇迹似的生产出60辆虎式坦克,并在9月24日上午拨交给了莫德尔元帅①。"市场—花园"行动被叫停了。当前，该计划的主目标——跨过莱茵河的立足点、进攻鲁尔区的跳板，都要放弃了。9月25日，星期一清晨6点零5分，厄克特将军接到了撤退的命令。

在阿纳姆作战的计划过程，厄克特的部队预计是要在48小时内解围。布朗宁原来预想第1空降师最长不会孤军死守超过4天。厄克特的部下无论在兵力还是武器装备方面都不如敌人，但他们坚持的时间却比所预估的还要长两倍。对一个空降师来说，这是史无前例的成就。撤退对于这位首次指挥空降师、勇敢的苏格兰人来说是痛苦的。然而厄克特知道，撤退是唯一的办法。眼下他的兵力已经不到2,500人，对这些顽强的伞兵，他不能再有所求了。实际上，前来救援的英军部队就在1.6公里外待命，彼此相隔只有莱茵河宽度那么短，实在令人气结。厄克特满心不愿地遵从上级的决定。是时候把这些勇敢的人从阿纳姆给撤出去了。

疲倦的迈尔斯中校送来两封致厄克特的信到哈滕斯坦酒店——布朗宁一封，还有托马斯将军的撤退命令。布朗宁那封道贺与鼓舞的电文，是24小时以前所写，已经过时了。其中一部分写着，"……大军正纷纷涌到驰援，但……在今天稍晚时刻"，以及"我虽不像你那样疲倦和沮丧，但关于整个战役，我大概比你的感觉还要糟糕……"

到目前为止，更使人沮丧的便是这份撤退命令了——尤其是出自托马斯之手。对于他的进度迟缓，厄克特也和布朗宁一样，无法宽恕。托马斯在电文中说，第43威塞克斯师此时正开始承受到德军日

---

① 哈梅尔于9月24日作战日志的第6号附件中记载，这一批坦克一早就到达，党卫军第2装甲军军部，把其中的大部，45辆虎式坦克，拨给了党卫军第10装甲师。"

第五部　魔窟　　517

渐增加的压力。任何想在莱茵河对岸扩展主要桥头堡的希望都必予以放弃。第1空降师即将撤退，在厄克特与托马斯达成共识下，在指定的日期与时间实施。

厄克特仔细考虑他的选项。当他听到外面迫击炮与大炮不断的轰击声，对于实施日期与时间的决定就毫无疑问了。如果他的官兵还能死里逃生，撤退就要立即实施，并且要在黑夜的掩护下执行。早上8点零8分，厄克特拍发无线电告知托马斯"'柏林行动'必须在今晚执行"。

20分钟以后，厄克特把前一晚交给海伊中尉加密的电报发给布朗宁。电文依然很适合，尤其是带有警告意味的一句，"甚至敌稍作攻势，我或将全部瓦解"。到了这一刻，厄克特的情况已经危急到了极点，不知道手下官兵能不能撑到天黑。接着，心情苦闷的师长，开始计划作战中最难实施的行动——撤退。只有一条生路，那就是渡过恐怖的366米宽莱茵河到德里尔。

厄克特的计划是依照英军另一次著名的撤退行动——1916年的加里波利（Gallipoli）撤退来规划。当时也是经过几个月的作战之后，最后实施欺敌行动之下撤退。当主力部队撤离时，少数兵力在战线上持续射击以掩护撤退。厄克特策划的是类似的计划。大部队开始撤出时，多组的小部队沿着防线不断射击用以欺骗敌军。防线边的各部队逐渐沿着两侧，向莱茵河退去，最接近河边的部队，是最后撤出的兵力。厄克特后来说："我的计划就像是一个折叠的牛皮纸袋，要小部队据守在关键地点。表面上我们依然在那里，但同时沿着两翼向南撤退。"

厄克特希望制造其他看似"正常"的假象，无线电的发报频率不变；汤普森的炮兵要射击到最后为止，位于哈滕斯坦酒店网球场的德

德国人彻底摧毁了英军的据点。英军伞兵坚守在哈尔滕施泰因酒店周围的阵地。阵地后面是关押德国俘虏的网球场。

废墟当中一辆被炸毁的德军"虎王"坦克。

军战俘收集区，宪兵继续巡逻，他们也将是最后一批撤出的人员。很明显，除了后卫部队以外，其他人不得不留守的，包括医官、医护兵、重伤员。不能行走，但还能占领防御阵地的伤兵，则留下来持续射击。

撤退人员要沿着防线两侧的路径撤到河边。滑翔机驾驶员充当导航，领着他们沿着撤退路径走，有些地方用白布条标示。士兵的军靴用布包起来，以掩饰他们的脚步声。到那里，滩勤队长会把他们安排上小型船队：14艘动力突击登陆艇——由两连加拿大工兵操作——每一艘能载14人，还有一些不同类型的船艇。它们没有明确的数字，没有人——连滩勤队长在内——记得一共有多少艘，但其中有几辆水鸭子，以及少数几艘之前渡河剩下来的帆布合板突击舟。

厄克特是在赌命，希望德军看到舟艇在行动，会以为是企图渡河去北岸，而不是从那里退出来。除了部队会被发现的这个糟透的可能性之外，2,000多人企图撤走，也可能会发生其他危险。如果不能严格遵守时间安排，厄克特推测，防线底部目前只有594米宽的渡河点就会形成一个可怕的瓶颈。假如大家都挤在登船区，搞不好就会遭遇无情的歼灭。基于波军和多塞特营北渡的企图徒劳无功之后，厄克特并不认为撤退的执行能够轻易完成。尽管第30军能运上来的每一门大炮，都要参与其中掩护他们，他依然认为德军有可能会造成他们惨重的伤亡。现在时间就是你的敌人，这需要花上好几个小时才能完成后撤。对行动要实施保密，也是个挑战。因为士兵可能在实施之前被俘虏，进而被审讯，除了高级军官和获有任务的人员以外，不到最后一分钟，不能把后撤的消息告诉任何一个人。

厄克特用无线电和托马斯将军商量，在后撤计划的各个要点获得同意以后，他便把剩下来的少数高阶军官招来开会。他们分别是希克斯旅长、滑翔机驾驶团的伊恩·阿瑟·默里中校（Iain Murray）——当时负责指挥受伤的哈克特旅长留下的部队、炮兵主任西蒙兹中校、参谋长麦肯齐中校，以及负责后撤作业的工兵主任迈尔斯中校。就在开会之前，军医主任沃拉克来看厄克特，他成了第一位知道计划的人。沃拉克"垂头丧气、很不开心，倒不是因为我必须留下——我对伤员有责任——而是都已经到了这个时刻，我还以为本师在很短时间内，就会有援兵来解围"。

哈滕斯坦酒店的地窖里，厄克特四周是手下的军官，他发布了消息，告诉大家，"今晚我们撤退"。他一步步说明计划，撤退的成功有赖于时间控制得好。任何部队的聚集，或者路上发生拥挤，都会招致祸害。一定要让官兵不断前进，不能停下脚步交战。"要是遭受射击要闪避，只有在攸关生死的关头方能还击。"当沮丧的军官们准备离去时，厄克特警告说，对后撤行动要保密到最后一刻，除非必要，其他人一律不得告知。

对于与会高阶军官来说，这消息并不意外。过去这些时间以来，很明显，情势一点希望都没有了。但如同沃拉克，他们对于援军没有出现深感痛苦。他们心中也害怕手下官兵在撤退过程中，可能比在阵地里要忍受更大的苦难折磨。师部通信兵詹姆斯·D. 科克里尔（James Cockrill），意外收到了一个简短的电文："今晚柏林行动。"他对电文的含义琢磨了老半天，但撤退却是没有想到的。他认为全师"会打到最后一人，打到最后一发子弹"。他以为"柏林行动"可能是指总攻击的意图，要"像史诗《轻骑兵进击》（*Charge of the Light Brigade*）般或其他类似方式"，向阿纳姆大桥突破。另外，有人是清楚知道这其中的含义的。第 1 机降旅旅部、直属苏格兰边境团的里德中校，是负责安排防线西翼的撤退细节。他听到旅长希克斯在喃喃自

第五部　魔窟　521

语说到什么"又一次敦刻尔克"。

这一整天,德军疯狂地一次又一次的攻击,企图以此击溃英军,但是红魔鬼师依然挺住了。人们记得,晚上8点过后,撤退的消息开始扩散。对人在防线最北边的哈克特旅156营鲍威尔少校来说,这个消息"不仅是晴天霹雳,我想到所有死去的弟兄,而且所有的努力都付之东流"。由于156营是距离最远的部队,他因此在晚上8点15分便要官兵成单纵队开始出发。

第10伞兵营的罗伯特·唐宁二等兵(Robert Downing),奉令离开堑壕到哈滕斯坦酒店里去。他在那里遇见一位中士,对方告诉他:"这里有一把旧的塑料刮胡刀,没有水,你就干刮你的胡子吧。"唐宁看着他,"赶快呀!"中士说,"我们要过河去了,看在老天份上,回去总要像个英国军人呀。"

凯恩少校在他阵地附近的一个地窖里,借到一把刮胡刀,有人找到了水。凯恩用刮胡刀把这一个星期长出来的胡须刮掉,然后用身上那件被烟熏黑、血浸透的军服内里,仔细把脸擦干。他走出去,在冲刷的大雨下站住,望着下奥斯特贝克教堂整整一分钟。教堂风信标上有一只金鸡,作战期间,凯恩不时都会看一看它。对他来说,那是好运气的标志。只要那只金鸡还在,第1空降师就会在。他只感到令人无法忍受的忧伤感,不晓得到了明天,风信标还在不在。

滑翔机驾驶团的托马斯·伊恩·乔德雷尔·托勒少校(Thomas Toler),跟其他人一样,默里中校也要他整理仪容。他懒得理,整个人疲倦得"光只是想到整理仪容都要花费力气"。默里把自己的刮胡刀递给他。"我们要走了,可不要被集团军以为我们是群要饭的。"默里脸上还带着一些肥皂泡沫就走了,托勒也动起手来,他回忆当时,"刮完脸,我自己也感到惊奇,精神上、身体上都觉得好多了"。默里的指挥所有一面"飞马旗",是哈克特官兵准备在第2集团军到达时让他展开飘扬的,托勒看了看,然后小心把它卷好收起。

这时的炮兵阵地,炮手可以随意发射以掩护撤退的事实。克里斯蒂听见通信兵威利·斯皮迪(Willie Speedie)在呼叫炮兵连,指定一个管制台以后,直截了当地说:"现在本台关闭,结束。"

托马斯·斯坦利·沙利文中士(Stanley Sullivan)是9天以前带头空降的导航组人员之一,收到消息时他可火大了。"我已经想过了,再怎么说也都会完蛋,倒不如去拼个死活。"沙利文人在前哨——是一间小学,"小孩子要念书的地方,如果我们撤走了,我为他们感到害怕。我一定要让他们知道,也让德国人知道,我们是怎么想的。"他在自己一直坚守的教室黑板上,端端正正写上几个大字,下面画了好几条横线:"我们会回来!!!①"

晚上9点整,第30军密集的炮火闪光撕裂了夜空,沿着防线边缘枪炮齐发,倾斜的炮弹如雨般落在德军阵地。45分钟以后,第1空降师开始撤出。长达一星期的恶劣气候,原本使部队与补给不能迅速抵达,这时却帮了红魔鬼师的忙,撤退在将近强风的状况下开始——再加上炮轰的雷鸣声——有助于掩护英军的逃脱。

第1空降师残存的官兵,在疾风骤雨之下,满脸涂黑,装备收好,军靴做好静音措施,然后笔挺地爬出了阵地,排成一列,开始了走向河岸的这段危险路程。暗夜、气候又坏,连要看见前面一两米外的距离都不可能。士兵们组成一条人肉链结,手牵着手,或者抓住前

---

① 小孩子没有看到这些字。9月27日,德军对荷兰人实施残酷的报复,命令整个阿纳姆地区的居民撤走。阿纳姆和附近村庄便无人居住至第二次世界大战将近结束——1945年4月14日——加拿大军抵达为止。

第五部 魔窟 523

面人的迷彩外套。

滑翔机驾驶汤普森中士,弓起背来抵挡倾盆大雨,他负责协助指示伞兵到河岸的路上。汤普森做好要全身湿透度过一整夜的心理准备,他看见弟兄们的队伍经过时,心里很感动。"除了我们外没有几个人晓得,活在三平方公里内的屠宰场会是什么滋味。"

对于通信兵科克里尔,"柏林行动"的意义现在已经够清楚了。他已经奉令要留守,并持续操作无线电。他的指示是"不断发报,使机器运作,好让德军以为一切正常"。黑夜里,他独自一人坐在哈滕斯坦酒店的游廊下,"猛敲发报键,我听见附近好多人在走动,可是我的命令,是除了不断发报以外没有别的了"。科克里尔很确定自己在天亮前就会成为俘虏,步枪就在身旁,可是没有用。他只剩下了一发子弹。弹头还是空的,里面装的是与第2集团军通信用的密码,这是他唯一剩下的东西了。

医官、医护兵和荷兰红十字会看护人员,都在莱茵河南岸的接收区和收集站待命。长长的救护车和一般车辆组成的车队,正在德里尔等着把第1空降师死里逃生的官兵送去奈梅亨。尽管接收撤退人员的准备工作在她周围进行着,可是科拉经过三天三夜忙于照料伤员之后,如今已经精疲力尽。她以为炮击和南岸的活动,是另一次企图渡河的前奏。敌炮集中朝德里尔轰击过来时,科拉的头、左肩和腰部都被破片炸伤。伤口虽然很痛,她却认为不打紧。科拉在意的是身上沾满血迹的衣服,于是骑车回家去换衣服,料想不久之后会有新伤员涌进,她要在他们到达以前先行回村。骑车途中,她遇上敌军的炮击,把她整个人从自行车上抛起,甩进泥沟里躺了一会儿,人却没有受伤。到了家里,疲乏压倒了她,在地窖躺下来睡个小觉,却睡了整整一晚,没有察觉"柏林行动"正在进行。

沿着河边、英军防线底部，英军和加军工兵操作的撤退船队正在等候。到目前为止，还没有引起敌军的猜疑。显然，德军并不知道发生了什么事情，他们的大炮正在轰击留下的多塞特营——他们此刻正开始在防线西边展开佯攻。再更西边，英军炮兵正在发动弹幕射击，仿佛那一带正要执行敌前渡河的样子，德军也在还击。厄克特的欺敌计划看来是奏效了。

倾盆大雨之下，一队队官兵从防线两侧缓慢曲折前进来到河边。有些人太疲困了，竟迷路落进敌人手里。还有些人无法行动，要靠别人搀扶。黑夜中没有一人停下脚步。一停会引起鼓噪、混乱——甚至死亡。

威尔逊少校导航组下的肯特中士，在灼热的火光与火海环绕的屋中，领着他的排出发到一处甘蓝菜圃，那里是全连的指定集合点。他们在那里等到全连集合完毕再向河边出发。肯特说："虽然我们知道莱茵河在正南方，却不晓得他们在何处把我们撤回去。"忽然，大家看见来自南面的红色曳光弹飞过，以此作为导引向其前进。他们马上就看到了白布带，以及指挥他们行动的滑翔机飞员身影。肯特这一组，听见左侧有机枪射击声和手榴弹的爆炸声。威尔逊少校的那一组则撞上了德军，进而发生的激烈冲突中，2名士兵阵亡。他们距离安全地带只剩下1.6公里的距离而已。

人们还记得撤退时的各种细节——生动的、吓人的，甚至是幽默的。第1营的亨利·布莱顿二等兵（Henry Blyton）走向河岸时，听见有人在哭泣。队伍前头停住了，伞兵向旁边走过去，草地上躺着一名受伤的士兵在哭着叫娘。士兵们的命令是继续前进，没有人为了伤兵停下脚步，然而还是有好多人这么做了。朗斯代尔部队离开阵地时，他们去到霍斯特太太家里，尽可能多地带走了还能走动的伤兵。

本周稍早前,与一名滑翔机驾驶员共同击毁了虎式坦克的纳恩一等兵,以为他再也到不了河边了。白天在教堂边被敌军冲击的炮兵阵地附近,纳恩和直属苏格兰边境团的一批士兵,与德军来上了一次激烈、短暂的小战斗。大部分人都在滂沱大雨与黑夜掩护下撤离。9天以来,纳恩还是头一次挂彩,人躺在地上。炮弹破片击中了一块石头,散飞的石屑砸中了纳恩的一颗门牙。

第10营的托马斯·西里尔·本特利中士(Thomas Bentley),跟在幽灵团无线电操作官海伊中尉的后面。他回忆道:"我们不断遭德军狙击,我看见两名滑翔机驾驶从暗处走出去,故意吸引德军的射击,显然是让我们看得出射击是从哪里来的。"这两名引路人都被击毙了。

厄克特和参谋准备离开哈滕斯坦酒店,作战日志已经停笔,文件已经焚毁。接着,传令兵汉考克把厄克特师长脚上的军靴用窗帘缠起来。随军牧师在念主祷文时,大家都跪了下来。厄克特还记得D日当天,传令兵放进他背包的威士忌,"我传出去大家轮流喝,"厄克特说,"每个人都喝了一口。"最后,厄克特到地窖去看看伤兵,他们的"绷带染满血迹,裹着简陋的夹板"。他对那些知道是怎么回事的弟兄道别。其他伤兵昏睡在吗啡的作用中,算是幸运不晓得有这次的撤退。一名面容憔悴的士兵,靠着地窖的墙撑起身体,告诉厄克特:"报告师长,希望你成功。"

派在师部的荷军联络官沃特海军少校,跟在师长这一批人后面走,保持着绝对的安静。他说:"以我的口音,一开口人家八成就会把我当成是德国人抓走。"在好几个地方,沃特没有抓牢前方的伙伴,"我不知道怎么办,只有边走边祷告自己走的方向是正确的。"一想到太太和自己从没见过的女儿,就觉得特别难过,尽管他家就在离哈滕斯坦不到几公里远的地方,却没办法打电话回去。在英国替太太买的手表,依然在他口袋里,准备送给女儿的那只大泰迪熊,留在滑翔机的残骸里。如果他运气够好、去到河边,沃特或许又得再离家一次——到英国去。

渡河作业已经在河边开始。迈尔斯中校和手下的滩勤队,尽快把到达的官兵,一个个送上突击艇。这时德军虽然不知道英军正在撤退,却在照明弹的光芒下,看到了渡河作业。迫击炮和大炮的炮弹开始轰过来,舟艇被打穿后翻覆,人们在河里挣扎,厉声哀叫救命。还有些被打死的士兵则随流漂走,受伤的人攀住漂浮物,意图漂到南岸去。不到半小时,撤退船队被消灭殆尽,可是作业并没有停止。

等到鲍威尔少校的队伍沿着防线东侧漫长的路途抵达河边时,他以为撤退已经结束了。一艘艇在水中浮浮沉沉,波浪来来回回,让它越陷越深。鲍威尔走去岸边,那艘艇全身是弹孔,里面的几名工兵都死了。正当他几个弟兄手脚扒动要游起来时,黑暗中突然出现一只小艇,鲍威尔赶紧安排登艇,他和其余的人就等着,直到小艇回来为止。到了莱茵河南岸地处较高的堤岸上,鲍威尔向北岸看了一眼,"立刻意识到我过河了,我简直不敢相信自己能活着出来"。他转身对着15名满身湿透的士兵说:"成3列。"领着他们齐步走到收容区。到了门外,鲍威尔喝令:"156营,立定!向右转!解散!"他站在雨中,凝望着他们向屋里走。"一切都过去了,但老天爷可以作证,我们退出来时也和打进去时一样,依然充满傲气。"

厄克特那艘拥挤的小艇准备离开时,却搁浅在烂泥巴里。他的传令兵汉考克跳出艇外,奋力把小艇推离。

"他把我们推开了,"厄克特说,"可是他挣扎着要回来艇上时,有人吼叫道'走开!船已经超载了!'这种忘恩负义让汉考克火冒三丈,才不理人家怎么说。他用尽余力翻身奋力上到了小艇。"

第五部 魔窟 527

面对机枪的射击,厄克特的小艇驶到半途,引擎顿时突突响了两声,接着便完全停住了。小艇就随水流飘动,厄克特觉得"直到引擎恢复以前,似乎是整整过了一个世纪那么久"。几分钟以后,他们抵达了南岸。回头仰望,厄克特只见德军轰击河中所引发的炮弹爆炸及闪光,他说:"我不相信他们知道自己是在对着什么东西射击。"

沿着莱茵河北岸,以及在河岸后的草地、树丛,数以百计的部队在等待。可是这时只有一半艇队还在运作,面对猛烈的机枪火力,厄克特所害怕的瓶颈发生了。拥挤的队伍发生了混乱,但不是恐慌。很多人想往前挤,军官与士官阻止了他们。第1营的托马斯·H.哈里斯一等兵(Thomas Harris)记得:"几百人在等着渡河,好多小艇都被想挤上船的人抢着上而超载。"德军瞄得准确,迫击炮弹又落在装载区。哈里斯也像很多人一样,决定游泳过河。他脱掉了作战服和靴子,纵身入水。他是不相信,但确实成功游过去了。

别的人就没有这么幸运。等到炮兵查尔斯·佩维(Charles Pavey)来到河边时,装载区已经笼罩在机枪火力之下。人们挤成一团的河岸边,一个人朝着佩维站着的地方游过来。对方不管子弹在岸上乱飞,使劲上岸,吐了一口大气,说:"谢天谢地,我可过来了。"佩维听见有人说:"他妈的傻蛋,你还在原来的岸上呢。"

在星期天想办法做了一顿饭请大家吃的鲁利耶上士,这时也打算游过河。正当他在水里挣扎时,一条小艇在旁边驶过来,什么人一把抓住了他的领子,只听见那个人在叫:"好了,兄弟,再来,再来。"鲁利耶搞分不清东西南北,以为自己要淹死了,又听见同一把声音说:"好极了,老兄。"一名加军工兵把他拖上艇。晕头转向的鲁利耶嘀咕着说:"我究竟在什么鬼地方?"那名加军工兵笑了:"差不多就到家了。"

通信兵科克里尔在哈滕斯坦酒店游廊上守着那部机器，天快亮了时，听见一声超小声的耳语："小伙子，来吧，我们走。"当大家正往河边走，刺耳的一声爆裂，科克里尔突然觉得脖子和肩膀被什么东西强力一拉。原来背上的斯登冲锋枪，被一块炮弹破片打得分了家。快接近河岸时，这一组人遇见少数几名滑翔机驾驶员站在树丛里，其中一人说："我没叫你们就不要动。德国人弄了挺马克西姆机枪堵住这里，有着齐腰的高度。"在驾驶员指示下，这些人一次一个向前冲刺，轮到科克里尔时，他腰身一弯拔腿就跑。几秒钟后翻倒在一大堆尸体上。他回忆道："那一定有二三十人，我还听见有人在叫娘，有人求我们别把他们扔下，我们不能停。"到了河边，一发照明弹炸开，好多挺机枪开火了。科克里尔听见有人在叫能游的就游，他跳进冷冰的河里，从那些似乎在他身边挣扎的人旁边奋力游了过去。

突然他听见有人说："好了，老弟，别着急，我来拉你。"一位加拿大士兵把他拉进小艇。几秒钟后，科克里尔便听见这艘小艇触地的声音。他说："我发现自己又回到了刚才下水的地方，差不多要哭了出来。"小艇是驶来搭救伤员的，人们在四周都帮着装上去，小艇再度离开，科克里尔记得猛然一冲，人们从四面八方爬了上来，尽管已经超载，又在敌人射击下，加军还是驶到了对岸。在那处游廊上坐了好几个小时，又经过这次噩梦似的过河旅程，科克里尔觉得天旋地转。"下一件我记得的事情，就是我躺在一间仓库，然后有人给了我一根香烟。"后来，科克里尔还想起一件事，他发了狂似的去搜自己的口袋，找到了他那唯一一发的子弹，里面有密码表的那发 0.303 的步枪空包子弹。

差不多快要到凌晨 2 点前，第 1 空降师剩余的弹药都销毁了，汤普森的炮手打完了最后一批炮弹，把炮闩拆下。帕克斯下士和他同一

第五部　魔窟　　529

藏在一枚在7.7毫米口径子弹弹头中的密码表，原该在撤离之前就击发。可是对撤离感到激动的通信兵詹姆斯·科克里尔，却忘记了这项指令。后来这枚子弹和当中的密码表，都还留在他的战斗服口袋里。

门炮的炮手，收到指示要撤退。帕克斯很惊讶，他压根没有想过撤退这回事，原以为要死守阵地，直到德军杀过来为止。等到了河边，他甚至更为惊讶。这里挤进好几百人，有人说船都沉了，帕克斯身旁有人深吸口气，说："看来我们要游过去了。"帕克斯惊看着莱茵河，"它好宽，涨满了水，流速少说有九节。我想我是游不过去的了。我看见一些人衣服没有脱就跳进河，然后被河水冲去下游。还有人游过了河，刚一爬出水就被击毙。我还看见一个家伙在木板上用手划了过去，还带着背包。假如他办得到的话，我也可以。"

帕克斯脱掉衣服，只剩下了短裤，其他东西都扔掉——连那只黄金打造的怀表也不要了。湍急的水流把短裤也冲掉，他索性它踢开。帕克斯终于过了河，藏身在树丛以及水沟里，终于到了一处无人的小农舍，便进去找衣服穿。出来不到几分钟，遇到了多塞特营的一名士兵，指示他到集合站去，那里给了杯热茶和一些香烟。过了好一阵子，筋疲力尽的帕克斯才晓得为什么人人都盯着他看，他上身穿着一件色彩鲜艳的男用运动衫，下身穿了一条女用灯笼裤，膝盖边还打了个结的那种。

第 10 营二等兵艾尔弗雷德·J. 达尔福斯（Alfred Dullforce）裸泳要去南岸，却还是带了自己的 0.38 手枪。让他觉得难堪、丢脸的是，岸上除了军中弟兄之外，还出现了两名女性站在那。达尔福斯"很想直接跳回水里去"。其中一位女性叫着他，给他一件裙子，"对于我一身光溜溜，她眼睛都不眨一下。"他回忆说，"她告诉我别担心，因为她们就是来帮忙我们这种过河的人。"达尔福斯穿着一条五颜六色的齐膝裙子和荷兰木屐。他被送上一辆把幸存者送往奈梅亨的军车。

这时候，德军开始猛轰登艇区，迫击炮弹咻咻地落了下来。沃特海军少校正在一排轮着登艇的人后面跑时，他们之间传出一声爆炸。

第五部 魔窟 531

沃特回忆说:"我一点伤都没有,可是我周围死了8个,重伤1个。"他帮伤者打了吗啡,扶着他上船。超载的小艇已经没有沃特的空间,他只好下水,悬挂在船边被拖过河去。踉跄着踏上了南岸后,沃特倒地,并昏迷了过去。

拂晓来临,撤退艇队几乎都被消灭殆尽了。然而加军和英军工兵,不顾迫击炮、大炮和机枪的射击,继续利用仅有的舟艇装运官兵过河。第 11 营的阿瑟·希尔伍德二等兵(Arthur Shearwood),看见加军工兵把一些伤员装上一艘小艇,有一名加军协助希尔伍德登船。舷外机此时却发动不起来,加军就要还带着步枪的人开始划水。希尔伍德拍拍前面的人,说:"走了,划吧!"那个人看了一眼希尔伍德,面无表情地说,"我没办法,"他指了指挂着绷带的肩膀,"我少了一条手臂。"

天亮之前,凯恩少校已经把他的弟兄都运过了河。他和罗宾逊军士长("Robbo" Robinson)两个人在岸上等待,可是却不见还有其他舟艇回来。另外一群其他单位的人当中,有人指着一艘弹孔较少的突击舟在河里载浮载沉,一名伞兵游出去把它拖了回来。凯恩和罗宾逊两人就用步枪划水,其他的伞兵用钢盔往外舀水。到了南岸,一名宪兵指示他们到一座仓库。凯恩一进去,头一批认出来的人当中,就有希克斯准将。旅长快步上前,说:"好哇,至少这里有一位是刮了胡子、整理好仪容的军官。"凯恩疲倦地笑了笑:"报告旅长,我可是有良好教养的呢。"

在德军的炮火轰击下,位于防线边缘的几十名士兵仍然在雨水中挤作一团。虽然有一两艘小艇想在烟幕掩护下驶过去,可是这时天色已明,撤退已经不可能继续了。有些人想游过河,不是被湍急的水流冲走,就是被机枪击中,但还是有人办到了。一些伤势较重的,一点办法也没有，就在滂沱大雨中无依无助地坐着，或者向北走一回到阵地里的医院去。很多人决定躲藏起来，等到天黑再到对岸。到后来，有好多人都用这种方式出来了。

南岸的德里尔，筋疲力尽、神色沉重的人们，寻觅着自己的单位——或者单位剩下来的人。导航组的沙利文上士——在校舍黑板上写上了无畏字句的那位——只记得有人在问："第1营在哪里？"一名中士立刻站了起来，说："长官，这里就是。"在他身边，一小组满身污泥的士兵，痛苦地立正站起来。克里斯蒂穿梭在人群之中，寻找着同一个炮兵连的弟兄，但没有找到熟悉的人。一时间他热泪盈眶，不知道炮兵第2连是不是除了他以外就没有其他的生还者了。

前往德里尔途中，厄克特将军经过托马斯将军的师部，但他拒绝进去。他站在大雨中的门外等候侍从官替他安排交通工具。但其实并不需要如此。正当厄克特站在外面时，布朗宁军部开来了一辆吉普车，一名军官陪同师长前往军部。厄克特和自己身边的人，被带到奈梅亨南郊的房子。厄克特说："布朗宁的侍从官哈里·凯特少校（Harry Cator），请我们进入房间，并建议我们脱掉一身的湿衣。"这位骄傲的苏格兰人拒绝了，"我很倔强，这就是我们一直以来的样子，他要见我们也只能看到这副模样"。等了好久，布朗宁终于出现，"像平常一样的仪容整洁"。厄克特觉得他就像"刚刚阅兵回来，而不大像是在一场决战中从床上醒过来的样子"。对着军长，厄克特说得很简单："我很遗憾，到头来事情并不像我原来希望的那么顺遂。"布朗宁递给厄克特一杯酒，说："你已经尽力了。"后来，厄克特在为他安排的寝室中，发觉渴望了好久的睡眠却怎么样也合不上眼。"在我的脑海和良心里面，还有太多太多的事情。"

的确，要想的事情很多。第1空降师被牺牲、屠宰掉了。编制内原有官兵 10,005 人，只有 2,163 人，连同波军 160 人和多塞特营 75 人渡过莱茵河归来。经过 9 天之后，第 1 空降师约有 1,200 人战死，6,642 人失踪、受伤或被俘。后来才知道，德军的死伤也很惨，伤亡达 3,300 人，其中阵亡 1,100 人。

进攻阿纳姆的行动连带"市场—花园"行动一起告终。这时已经没有什么好做的了，只有把部队撤回整补。战争将持续到 1945 年 5 月为止。一位美国历史学家后来写道："因此，第二次世界大战最大的空降作战在失败中告终。尽管蒙哥马利言之凿凿，它取得了 90% 的成功，这番言词只不过是自我安慰的说辞。所有解救阿纳姆的目的都到手了，但少了阿纳姆，其余就显得无足轻重。历经这些英勇与牺牲之后，盟军的回报是一条 80 公里长的突出部——而没有出路。[①]"

或许预料能脱逃的人数不多，运输车辆的安排并不能满足这些筋疲力尽的幸存者的需要。很多人忍受了太多的折磨后，这时还得徒步行军走去奈梅亨。禁卫爱尔兰营的兰顿上尉，站在冷飕飕的雨水看着第 1 空降师归来。当这些疲倦、肮脏的人们跌跌撞撞走过时，兰顿向后退。虽然他了解自己的坦克连，从奈梅亨经高堤公路向阿纳姆攻击前进时已尽了力，然而他深感不安。"就连对他们说话都开不了口。"装甲师一名士兵默默站在路边，一名伞兵走近时，大叫："老兄，你们究竟到哪里去了？"这名禁卫军装甲兵轻声回答："我们一直作战了 5 个月。"禁卫军的切内尔下士听见一名伞兵说："哦，是吗？这一路上感觉还舒畅吗？"

人员不断地往后走时，一名军官在雨中站了好几个小时，仔细观

[①] 参阅约翰·C. 沃伦博士（Dr. John C. warren）的《第二次世界大战欧洲战区中的空降行动》（*Airborne Operations in World War II*）第 146 页。

战斗第四天,英国 6 磅炮的炮手与德国装甲部队交战。此时,第 1 空降师的主力力量已经很弱,无法到达约翰·弗罗斯特中校在桥上被孤立起来的第 2 营。

1944 年 9 月 28 日,荷兰奈梅亨市的全景,背景是瓦尔河(莱茵河)上的奈梅亨桥。该城市遭到德国与盟军的轰炸和炮击。

察着每一张脸。率领一小批人,在阿纳姆大桥附近校舍奋勇抵抗的麦凯上尉成功逃出,并来到了奈梅亨。此刻他正在找同连的弟兄,他们大部分都没有去到阿纳姆大桥,可是麦凯还带着不死心的盼望,对着从奥斯特贝克出来的伞兵队伍中寻觅。"最可怕的就是他们的脸孔,"他谈到那些伞兵,"看上去都那么苍老,疲倦得令人难以置信,到处都可以挑出一名看似历经风霜的老兵脸孔——那些绝对错不了'我才不管你'的脸庞,就像他从来打不败似的"。一整夜到天亮,麦凯都在公路上"找不到一个我认识的。我继续注视着,但心里有恨。我恨该为这一切负责的人,我恨那支优柔寡断的部队。想到生命的浪费,一个精锐师尽填沟壑,为的是什么"?麦凯回到奈梅亨时,天色已经大亮了,他又开始到各收集站、各营区去一一检查,决心要找到同连弟兄。那个原本200人的工兵连,回来的人连同麦凯在内,一共只有5人。

在莱茵河的另一岸,因为伤势与职责关系,而被要求留下来的军民,都还在原地。一小批错过渡河的官兵,也留在那边,蹲缩在这时空无一人的堑壕和火炮阵地。对这些幸存者来说,不再有任何希望,人们待在熏黑一片的阵地,等待命运找上门来。

医护兵布雷斯把最后一批能走动的伤员送到河边时,发现河岸已经空空荡荡,他挤在伤兵中间。一位上尉走来,问布雷斯:"我们怎么办?一条船也没有了。"布雷斯看看伤员,说:"我想我们只有跟他们留在一起,我不能离开他们。"上尉跟他们一一握手,告诉他们:"祝你们好运,我要试试游泳过去了。"布雷斯最后见到上尉时,人已经在涉水走出去了,布雷斯叫道:"祝您好运,再见。"

对于留在塔费尔贝格酒店的医官瑞比—琼斯少校来说,"全师的撤走,是难以下咽的苦药"。但他还是执行自己的工作,他跟好几组的医护兵,匆忙把酒店附近房屋里的伤员抬进来。他们经常是直接用手抬着伤员到收集站,医护兵把他们装上德军卡车、救护车和吉普车,然后自己也爬上去,驶向俘虏营。

佩尔牧师在斯洪奥德酒店里整整睡了一晚,醒来吓了一跳,想说有什么事不太对劲。最后,他觉得安静得太不自然了。他匆匆去到一间房,只见一名医护兵站在窗边,是外面任何人都看得到他的那种。佩尔走过去时,医护兵转过身,说:"全师走了。"没有人告诉过佩尔撤退这回事,他瞪大眼睛看着医护兵说:"你这家伙疯了!"医护兵摇摇头说:"自己看看吧,您看哪,我们现在是真正的俘虏了,弟兄们不得不退啊。"佩尔不相信,"医官,"医护兵说,"您一定要把这个消息向病人说,我没有那个胆子告诉他们。"佩尔在酒店上上下下走了一遍,他回忆道:"每个人都试图情绪高昂地接受它,但实际上我们全都极度沮丧。"然后,在那间仍然收容着大多数伤员的大房间里,一名士兵坐在钢琴前开始弹起一长串的流行歌曲。士兵们放声高歌,佩尔也不由自主地跟他们一起唱起来。

"历经这几天的地覆天翻以后,这可真是怪。"佩尔说:"德国人不懂,但说起来很容易可以明白。那种提心吊胆、被抛弃的感觉,让人们的心理产生了极大反转。除了唱歌之外,我们没有其他事情可做。"后来范德弗利斯特和其他的荷兰老百姓准备离开这里去协助德军医院中的伤员时,佩尔满怀谢意向他们挥手道别。"他们跟我们一起受苦受难,忍饥耐渴,然而他们却从没有为自己想过。"最后一批救护车出现时,佩尔和医护兵把自己手边的私人物品装上卡车。他回忆当时:"德军帮我们的忙,出奇的是并没有敌意,我们没有一个人有什么话想说的。"卡车开走时,佩尔感触地凝望斯洪奥德酒店被熏黑的残骸,"那里确实创造出了非凡的奇迹。"他"绝对有信心,只要个一两天,可能就是今天晚上,第2集团军会渡过莱茵河,把这一带又夺

第五部　魔窟　537

回来"。

教堂的对街,霍斯特太太对伤员——现在是战俘了,说再见。她推着一辆手推车,5个孩子陪着她,开始向阿珀尔多伦走去。没走多远,她停下脚步,回看一眼这曾经是她家的旧牧师宿舍。她写道:"阳光照射垂挂在屋顶上的一张明亮的黄色降落伞上……黄得耀眼……来自伞兵们的问候……再会了,朋友们……上帝保佑你们。"

年轻的安妮也在前往阿珀尔多伦的路上,一辆辆红十字会的车子以及救护车从塔费尔贝格酒店载了伤员驶过时,她忍不住地找起了父亲。姑妈、哥哥和她在一起注视着那些过去一周来认识的熟悉脸孔。然后,一辆卡车驶过时,安妮看见父亲坐在上面。她大声喊叫、拔腿奔跑,车停了下来,范马南医师下车来迎接家人。他搂抱着他们,说:"我们从没这么贫穷过,也从没这么富足过。我们的村子、家和财物都损失了,可是我们彼此都在,都还活着。"范马南要上车去照料伤员,跟家人安排好在阿珀尔多伦碰面。他们在上千难民队伍中走着时,安妮回头看了一眼。她写道:"天空是一片深红色,就像伞兵为我们捐出了生命的鲜血。我们一家四口都还活着,但在这个毫无希望的星期结束时,战斗在我的灵魂留下了印记。光荣归于所有亲爱、勇敢的汤米,以及所有奉献生命来协助、拯救别人的人。"

* * * *

科拉在德里尔静得出奇的环境中醒了过来。已经是9月26日星期二的上午了,伤口痛得好厉害,宁静使她产生了疑惑。科拉有气没力地走到外面,滚滚黑烟从市镇中心、从河对面的奥斯特贝克向上升起。可是战争的声音不见了。她跨上自行车,缓缓向村里骑去。街道空荡荡，部队已经走了。遥望远处，车队最后一批车辆正朝南向奈梅亨驶去。德里尔一间毁坏了的教堂附近，只有少数几个士兵在吉普车旁徘徊。科拉顿时意识到英军和波军正在撤离。血战已经过去，德军马上就会回来。她朝这些士兵走过去时，教堂损毁的钟楼里钟响了，科拉抬头一望，一名伞兵坐在钟楼上，头上绑着绷带。"怎么回事呀？"科拉高声问道。"一切都结束了，"伞兵回答，"全都结束了，我们退出去了。我们是最后一批。"科拉盯着他："那你为什么敲钟呀？"伞兵再敲一下，钟声在这处千年的荷兰德里尔古村里回荡，然后再渐渐消逝。阿兵哥向下看着科拉，说："好像是要敲钟才对呀！"

"以我明显有偏狭的观点来看，如果这次行动从一开始就得到支持，并且拥有所需的飞机、地面部队与行政资源，那这次行动即使有我的失误、恶劣天气，或是有党卫军第2装甲军出现在阿纳姆地区，最后还是会成功的。我至今仍是支持"市场—花园"行动的坚定支持者。"

——陆军元帅蒙哥马利爵士，《蒙哥马利回忆录：阿拉曼的蒙哥马利》（*Memoirs: Montgomery of Alamein*）第267页。

"我国再也无法承受另一次蒙哥马利式的成功了。"

——荷兰伯恩哈德亲王对本书作者的描述。

针对伤亡人数的说明

盟军在"市场—花园"行动的伤亡比诺曼底登陆的整个庞大过程还要多。大多数历史学家同意，1944年6月6日D日之后的24小时内，盟军的总伤亡大约在10,000人到12,000人之间。而在"市场—花园"行动的9天内，空中与地面部队的伤亡与失踪人数则超过17,000人。

英军的伤亡最为惨重，有13,226人。英国第1空降师几乎全灭。在阿纳姆的10,005人中，包括波军与滑翔机驾驶在内，共有7,578人伤亡。除此以外，还有294名皇家空军的飞行员和机组人员伤亡，因此，伤、亡、失踪总数达到7,872人。霍罗克斯将军的第30军折损了1,480人，英国第8与第12军又另外损失3,874人。

美军的伤亡包括滑翔机驾驶与第9空运司令部旗下的人员在内，一共有3,974人。加文将军的第82空降师折损1,432人，泰勒将军的第101空降师折损2,118人；航空部队折损424人。

完整的德军统计数字至今仍然不明，但在阿纳姆与奥斯特贝克，目前公认的伤亡数字是3,300人，包括1,300人阵亡。然而在整个"市场—花园"行动的交战区域内，莫德尔元帅手下的伤亡要高得多。虽然无法找出敌军阵亡、受伤与失踪的明细，但从内佩尔特的突破，再到奈梅亨、赫拉弗、费赫尔、贝斯特与埃因霍温等交战的走廊地带，在访问德军指挥官后，我会保守估计 B 集团军群至少另外承受了 7,500 人到 10,000 人的伤亡，其中大约有 1/4 是阵亡。

荷兰的平民又有多少伤亡呢？没有人知道。阿纳姆与奥斯特贝克两地据说平民伤亡不多，不到 500 人，但没有人真的确定。我曾听过伤亡数字（包括死亡、受伤与失踪），宣称整个"市场—花园"行动和强制撤离阿纳姆地区加起来，共有高达 10,000 人的伤亡，包括在战役后的寒冬中饥荒与物资缺乏所造成的伤亡。

最近刚过世的布鲁门特里特将军在一次访谈时告诉我，说伦德施泰特元帅对于希特勒在信中暗示他曾经"请求解除职务"这点相当受伤。"总部有些人真的以为他提出过请求，但他没有。伦德施泰特否认自己曾经请求解除职务，甚至也否认自己曾经想要这样做。他非常生气，生气到甚至还发誓再也不在希特勒底下指挥部队。我知道他不是这个意思，因为对伦德施泰特来说，军事上的服从是无条件而绝对的。"

根据《威廉·凯特尔元帅回忆录》（*The Memoirs of Field-Marshal Wilhelm Keitel*）一书（第 10 章，247 页）的编辑乔利兹·瓦特（Walter Goerlitz）回忆，伦德施泰特对希特勒这样说："我的元首，不论您有何命令，我都会执行，直到我剩最后一口气为止。"有关伦德施泰特的反应，我难免偏向他的前参谋长布鲁门特里特的描述。"我什么都没有说，"伦德施泰特告诉他，"我要是开口的话，希特勒肯定会'对着我'讲 3 个小时的话。"

致谢

本书写作时，第二次世界大战已过去将近30年，虽有大量盟军与德军记录留存，但当代的史学家已经逐渐难以找到战争的生还者。许多领导人物都已过世，有许多困扰大家的问题，其答案也跟着带进了坟墓。在诺曼底登陆之后的所有大规模行动与战役，没有一个比"市场—花园"行动更为重大。然而除了一些个人回忆录与少数官方与半官方历史中的篇章以外，这个悲剧故事在美国却相当不为人知。第82与第101空降师的成功角色（尤其是加文的部队跨越瓦尔河的作为），在英军的记录中只有一两段带过而已。

英国第1空降师在阿纳姆的坚守，至今仍是第二次世界大战军事史上最伟大的壮举之一。但这也是一场惨败，可说是英国的第二个敦刻尔克。因此，政府基于习惯而隐藏自己的失败，英美两国档案库中对于此事的记载往往束之高阁、难以取得。为了解开部分谜团、呈现出我认为是史上第一次由参与各方（盟军、德军、荷兰地下抵抗组织以及平民）的观点完整描述本次空降—地面作战，我花了将近7年的时间调查。这段时间内有些时候，尤其是在我重病的时候，我真的觉得这本书不会有付梓的一天。

如同笔者先前的第二次世界大战书籍（如1959年的《最长的一天》和1966年的《最后一役》），本书的信息主要来自参加战役的人：

盟军的士兵、和他们交战的德军，还有勇敢的荷兰平民。一共有大约1,200人对《遥远的桥》分享了自己的经历。这些军人、前军人和平民都无私而大方地贡献了他们的时间，接受我的采访、指引我踏上战场、提供各种文件与细部数据，包括日记、信件、军事专著、电话记录、小心保存的行动报告、地图与照片。若是没有这些人的贡献与协助，本书绝不可能完成。

基于种种原因，包括重复、缺乏实证与纯粹的数量过多，本书并未写入每一位受访者的个人故事或经验。在那1,200名贡献者中，有超过一半接受了访问，其中有约400人的说法获得采用。但30年过去了，记忆当然不会完全准确。我必须采取特定的严格标准，类似于我先前所著书籍的研究程序。本书中的每个说法或引言都有文件为证，或是有其他听见或看见所述事件的其他人证实。本书无法加入口耳相传、谣言或是第三方的说法。我的档案中有数百个也许完全正确的故事，但却都无法得到其他参与人士的证实。为了追求史实，这些故事便没有使用在这里。我希望这许许多多的贡献者都能明白我这么做的理由。

在我重建"市场—花园"行动恐怖的那9天时，有好多人都帮了我的忙，多到让我不知道应该从谁讲起的地步。然而首先我想特别感谢荷兰的伯恩哈德亲王殿下，他花了许多时间，帮我找到、建议要访问的人，并让我得以进入荷兰和英国的档案库。我还要温暖地感谢《读者文摘》的德威特·华莱士（DeWitt Wallace）和莉拉·华莱士（Lila Wallace）夫妇。他们不但承担了研究这段历史的许多开销，还让我借用美国与欧洲办公室的许多记者和研究人员。在这些人当中，我要特别感谢以下人士：纽约的希瑟·查普曼（Heather Chapman）；华盛顿特区的朱莉亚·摩根（Julia Morgan）；伦敦的迈克尔·伦道夫（Michael Randolph）；巴黎的约翰·D. 帕尼察（John D. Panitza）、约

致谢 543

翰·弗林特（John Flint）、于尔叙拉·纳卡什（Ursula Naccache）、吉塞尔·凯泽（Giselle Kayser）；斯图加特最近刚过世的阿尔诺·亚历克西（Arno Alexi）；阿姆斯特丹的阿德·范莱文（Aad van Leeuwen）、扬·海恩（Jan Heijin）、莉丝贝特·斯德曼（Liesbeth Stheeman）和扬·范奥斯（Jan van Os）。

我必须专门空出一段，来感谢弗雷德里克·凯利（Frederic Kelly）孜孜不倦而又不辞辛劳的努力。他当了我两年的助理。他在英国、荷兰与美国的研究、访谈与深入采访的执行，可以说是无价的，就如同他拍下的参战老兵近照一样。

我也必须感谢美国国防部军事历史首席办公室（U.s. Defense Department's Office of the Chief of Military History）处长哈尔·C. 帕蒂森（Hal C. Pattison）准将（当时的军阶），以及协助我建立军事组织架构的助理，尤其是迪特马·M. 芬克（Detma M. Fincke）和汉娜·蔡德里克（Hannah Zeidlik）。我还必须提一个帮我许多、鼓励我许多的人，就是军事历史处的查尔斯·B. 麦克唐纳（Charles B. MacDonald），他在《齐格弗里德防线战役》书中的内容也包括了"市场—花园"行动的详细精确陈述。我也非常仰赖马丁·布吕芒松所著的《突围与追击》一书，该书同为军事历史处的官方历史系列丛书。我还要再次感谢福里斯特·C. 波格博士，因为他在军事历史处的《最高统帅部》一书中详细说明了指挥架构。

对于在美国与欧洲寻找老兵、安排访谈的协助，我必须感谢美国国防部书刊科（U.s. Defense Department's Magazine and Book Division）的军官处长小格罗弗·G. 海曼（Grover G. Heiman, Jr.）空军上校（已退役）、副主任小查尔斯·W. 伯蒂克（Charles W. Burtyk, Jr.）中校、罗伯特·A. 韦布（Robert A. Webb）空军中校、安娜·C. 厄班德

（Anna C. Urband）小姐，以及陆军副官长办公室里的西摩·J. 波姆伦茨（Seymour J. Pomrenze）。

针对德军方面的研究，我必须感谢以下美国国防部二次大战文献处（U.s. Defense Department's World War II Records Division）的人士：主任罗伯特·W. 克劳斯科普夫（Robert W. Krauskopf）博士、赫尔曼·G. 戈德贝克（Herman G. Goldbeck）、托马斯·E. 霍曼（Thomas E. Hohmann）、洛伊丝·C. 奥尔德里奇（Lois C. Aldridge）、约瑟夫·A. 埃弗里（Joseph A. Avery）、黑兹尔·E. 沃德（Hazel E. Ward）、卡罗琳·V. 穆尔（Caroline V. Moore），以及希尔德雷德·F. 利文斯顿（Hildred F. Livingston）。若是无法完整了解我得到的德军战争日志与专著，就几乎不可能准确地访问德国方面的参战人员，尤其是党卫军的指挥官比特里希中将、哈梅尔少将和哈策尔中校，他们都是第一次将自己有关"市场—花园"行动的故事讲给美国人听。

在荷兰，我和我的助理得到荷兰档案库管理单位的全力配合。我最感谢的是国家战争文献资料研究所（State Institute for War Documentation）所长路易斯·德容（Louis de Jong）博士、档案保管员雅各布·兹瓦恩（Jacob Zwaan）、阿纳姆空降兵博物馆馆长 B. G. J. 德弗里斯（B. G. J. de Vries）先生，以及爱德华博士和埃米·格勒内费尔德（Emmie Groeneveld）夫人。在荷兰皇家陆军的军事史部门中，有许多人帮我的助理做了许多重要的研究，包括赫里特·范·厄延（Gerrit van Oyen）中校、奥古斯特·克内普肯斯（August Kneepkens）中校、吉尔伯特·弗赖克斯（Gilbert Frac kers）上尉、亨德里克·希尔克马（Hendrik Hielkema）上尉。荷兰各界的协助非常详细，我甚至取得"市场—花园"行动各座桥梁有关的比例地图、图画与照片。其中路易斯·艾因特霍芬（Louis Einthoven）的协助尤其重要，他是战

致谢　545

后荷兰的国安与情报长官,他协助我公开荷兰间谍林德曼斯的故事。

阿纳姆、奈梅亨、费赫尔与埃因霍温等地的市立档案库都对本书有着非常大的贡献,我在上述档案库都找到了大量的背景资料,并加以检视。我真的亏欠上述中心的以下人士甚多:阿纳姆档案馆的克拉斯·斯哈普(Klaas Schaap)、安东·施坦弗(Anton Stempher)、彼得·范伊德金厄(Pieter van Iddekinge)博士;奈梅亨档案馆的阿尔贝图斯·厄延(Albertus Uijen)和彼得鲁斯·施利彭贝克(Petrus Sliepenbeek);费赫尔档案馆的扬·容格尼尔(Jan Jongeneel);埃因霍温档案馆的弗兰斯·科尔蒂。

许多荷兰的贡献者中,最值得特别一提的包括来自奥斯特贝克的霍斯特夫妇以及福斯凯尔夫妇。他们花了好几个小时的时间,和我细说第1空降师在他们村子里受苦的那最后几天的每个细节。福斯凯尔先生带我前往战场,霍斯特夫妇则第一次替我揭开德里尔渡口的神秘面纱。在德里尔,科拉的家人提供了我好几个小时详细的访谈内容,后来都很有用。至于检视并解读荷兰这边的访谈,我也必须感谢一个人,就是来自阿姆斯特丹《电讯报》(*Amsterdam Telegraaf*)的 A. 胡格诺·范德林登(A. Hugenot van der Linden)。若是没有他的仔细检查,我一定会犯很多错误。这点也适用于沃特少校,他现在是鹿特丹的警察局局长,他给了我一套几乎是以分钟为单位的详细解说,说明厄克特将军的师部到底发生了什么事。在奥斯特贝克,范马南家族提供了惊人的日记与访谈内容,而范德弗利斯特的详细笔记也和范马南家族提供的文献一样,让我得以清楚看到急救站的状况。他们鲜明的纪录与超凡的协助让我得以重建当时的气氛。我真的很感谢他们所有人。

众多军方的贡献者当中,有许多人必须特别提出来单独致谢,其中包括加文中将、泰勒上将、厄克特少将与麦肯齐上校,他们都耐心地参与了无数次的访谈。其他帮助我最多的人还包括弗罗斯特少将、麦凯上校、希克斯少将、哈克特上将、查特顿准将、沃尔克准将、厄克特先生、最近刚过世的索萨博夫斯基少将，以及佩尔牧师所提供的笔记，得以建构出一份难以忘怀、凄美的文献。布朗宁夫人达夫妮·杜穆里埃（Daphne du Maurier）的智慧与常识成了令人鼓舞的访谈对象，并且也解决了阿纳姆周遭的许多迷思。

在德国，我在寻找生还者和背景资料、专著与战争日志的工作上得到了许多人的大力协助，包括波恩的新闻信息局的布利泽纳（Bliesener）博士、国防部的西格尔（Siegel）中校、军事历史研究所的沃尔夫冈·冯·格罗特（Wolfgang von Groote）博士和福维克（Forwick）少校，以及联邦档案局的中校施塔尔（Stahl）博士。

还有很多很多其他人，他们的支持与协助都让这本书得以付梓。我必须再次感谢我的妻子凯瑟琳，她自己就是作家，帮我组织、整理研究，并帮我检查、修改我不连接的分词用法。同时在我病得最重的时候，我必须全心感谢我的好友帕特里克·尼利根（Dr. Patrick Neligan）医师，他与威利特·惠特莫尔（Dr. Willet Whitmore）医师两人的细心照顾，让我奇迹似的撑了过来，得以继续写作。同时我也要再次感谢杰里·科恩（Jerry Korn）来当我的首席"挑剔专家"、仔细阅读原稿的苏珊娜·格利夫斯（Suzanne Cleaves）和约翰·托尔（John Tower）、我的挚友与助理安妮·巴登哈根（Anne Bardenhagen），以及偶尔充当秘书的朱迪·缪斯（Judi Muse）和波莉·杰克逊（Polly Jackson）。我还要感谢我的经纪人保罗·吉特林（Paul Gitlin）；出版社西蒙与舒斯特（Simon and Shuster）那边给我建议的彼得·施韦德（Peter Schwed）和迈克尔·科达（Michael Korda），以及耐心等待本书完成的《读者文摘》总裁霍巴特·刘易斯（Hobart Lewis）。